Kohlhammer

Franz Stimmer

Grundlagen des Methodischen Handelns in der Sozialen Arbeit

2., überarbeitete und erweiterte Auflage

Verlag W. Kohlhammer

Für meinen Sohn Danny

2., überarbeitete und erweiterte Auflage 2006

Alle Rechte vorbehalten
© 2000 W. Kohlhammer GmbH Stuttgart
Umschlag: Gestaltungskonzept Peter Horlacher
Gesamtherstellung:
W. Kohlhammer Druckerei GmbH + Co. KG, Stuttgart
Printed in Germany

ISBN-10: 3-17-018857-7
ISBN-13: 978-3-17-018857-0

Inhaltsverzeichnis

Vorwort 9

1	**Einleitung**	11
2	**Zwei Praxisbeispiele**	16
2.1	Nachsorgephase bei Alkoholabhängigkeit	16
2.2	Straßensozialarbeit	17
3	**Grundbegriffe und Modelle**	20
3.1	Basisdefinitionen	21
3.2	Orientierungsraster Methodischen Handelns	23
3.3	Differenzierungsgrad von Konzepten und Methoden ..	27
3.4	Problemtypen	28
3.5	Mehrperspektivität von Problemen	31
3.6	Zirkulärer Problemlösungsprozess	32
3.7	Reflexionsfragen	33
4	**Basis Methodischen Handelns**	35
4.1	Ethik und Moral	35
4.2	Anthropologie und Sozialphilosophie	36
4.3	Moderne Gesellschaft	38
4.4	Sozialstaat und Sozialpolitik	40
4.5	Berufsethik – Praxisethik	41
4.6	Verständigungsorientiertes Handeln	44
5	**Handlungsleitende Konzepte**	49
5.1	Empowerment	50
5.1.1	Axiologie und theoretische Grundlagen	51
5.1.2	Vier Ebenen des Empowerment	54
5.1.3	Professionelle Rollen	57
5.2	Case Management	60
5.2.1	Aufgaben – Ziele	60
5.2.2	Handlungsphasen	62
5.2.3	Einschätzung	66
5.3	Netzwerkansatz	68

Inhaltsverzeichnis

5.3.1	Theorieaspekte: Figurationssoziologie und Soziometrie	68
5.3.2	Netzwerktypen	72
5.3.3	Netzwerkarbeit	73
5.4	Lebensweltorientierte Kinder- und Jugendhilfe	77
5.4.1	Lebensweltorientierung	78
5.4.2	Hilfe und Ordnungsrecht	81
5.5	Komplementäre Konzepte	86
5.5.1	Netzwerkorientierte Gemeinwesenarbeit	86
5.5.2	Straßensozialarbeit (Streetwork)	88
5.5.3	Erlebnispädagogik	90
5.6	Exkurs: Transversale Konzeption Sozialmanagement	92

6 Interaktionsmedien ... 99

6.1	Basismedium: Beratung	99
6.1.1	Begriffsbestimmung und Inhalte	100
6.1.2	Beratungsbedürfnis – Beratungsbedarf – Beratungspflicht	102
6.1.3	Strukturelemente	103
6.1.4	Integration vs. Monomethode	104
6.1.5	Abgrenzungen – Integration	106
6.2	Komplementärmedien	110
6.2.1	Psycho-soziale Therapie	111
6.2.2	Begleitung – Unterstützung – Betreuung	113
6.2.3	Bildung und Erziehung	117

7 Situationsanalysen ... 121

7.1	Person-in-Environment-System (PIE)	124
7.2	Entdeckungskarten	131
7.3	Reflexionsraster	135
7.4	Soziales Atom	137
7.5	Kulturelles Atom	141
7.6	Soziometrischer Test	144
7.7	Diagnostisches Rollenspiel	146
7.8	Netzwerkanalyse	147

8 Ziele und Hypothesen ... 150

8.1	Strukturierung und Formulierung von Zielen	150
8.2	Bildung und Formulierung von Hypothesen	159

9 Situationsinterventionen ... 162

9.1	Klientenzentrierte Gesprächsführung	168
9.1.1	Menschenbild	169
9.1.2	Theoretische Konzepte	170
9.1.3	Sozialpädagogische Haltung	172

9.1.4	Verfahren und Techniken	175
9.1.5	Klientenzentrierter Ansatz vs. Gesprächspsychotherapie	178
9.2	Psychodrama	179
9.2.1	Entwicklung	179
9.2.2	Menschenbild und theoretische Konzepte	180
9.2.3	Gruppenarbeit	182
9.2.4	Psychodrama in der Sozialen Arbeit	184
9.3	Themenzentrierte Interaktion	189
9.3.1	Menschenbild	190
9.3.2	Strukturmodell	190
9.3.3	Gruppenarbeit	194
9.4	Komplementäre Verfahren	196
9.4.1	Netzwerkförderung	196
9.4.2	Moderation	199
9.4.3	Zukunftswerkstatt	200
9.5	Exkurs: Klassische Methoden	202
9.5.1	Soziale Einzelfallhilfe	203
9.5.2	Soziale Gruppenarbeit	205
9.5.3	Gemeinwesenarbeit	208

10 Reflexion 210

10.1	Selbstevaluation	211
10.1.1	Begriff	211
10.1.2	Verfahren	212
10.2	Supervision und Coaching	219

11 Sozialpädagogische Kompetenzen 223

11.1	Von Fliegenfängern und Holzschnitzern	223
11.2	Von Fremdgängern und Brückenbauern	224

Literatur 227

Vorwort

Wenn ich PraktikantInnen nach einem 6-monatigen Praktikum frage, mit welchen spezifischen Methoden in ihrer Praktikumsstelle gearbeitet wurde, bleibt in den meisten Fällen die Antwort diffus. Dies nicht, weil die StudentInnen dies nicht beurteilen könnten, sondern weil in den Praktikumsstellen selbst keine Eindeutigkeit vorhanden ist. Da ist zwar von „Gruppenarbeit" oder „Einzelberatung" die Rede, nach welchen Handlungsleitenden Konzepten oder spezifischen Methoden aber gearbeitet wird, bleibt ungeklärt.

In einer kürzlich von mir zu begutachtenden Diplomarbeit, bei der es um sozialpädagogische Arbeit mit „benachteiligten Jugendlichen" ging, hat der Diplomand auch die Professionellen von mehreren Einrichtungen danach befragt, mit welchen spezifischen Methoden sie arbeiten. Die Antworten waren zum Teil erschütternd. Neben den Pauschalbegriffen „Einzelfallhilfe" und „Gruppenarbeit" wurden als „Methoden" u.a. die folgenden genannt: „Hilfe zur Selbsthilfe", „Vermittlung von Schlüsselqualifikationen", „Teamkooperation", „offenes und flexibles Handeln", „klare Richtlinien setzen". Als spezifische Methoden wurden lediglich einmal zwei erwähnt („Klientenzentrierte Interaktion" nach Rogers und „Neuro-Linguistisches Programmieren"), allerdings mit dem Hinweis, dass vieles auch „angelesen" wurde, je nachdem, was die befragten sozialpädagogischen Fachkräfte gerade gut fanden und „brauchen" konnten.

Man stelle sich vor, ein Patient kommt zum Arzt und klagt über stechende Schmerzen auf der rechten Bauchseite und zudem über Übelkeit. Der Arzt diagnostiziert über Ultraschall und durch eine Blutuntersuchung, dass Gallensteine vorliegen und die Leberfunktion wohl eingeschränkt ist. Auf die Fragen des Patienten, wie es denn nun weitergehen soll, gibt ihm der Arzt etwa folgende Antwort: „Wir werden Ihnen über offenes und flexibles Handeln, aber in Teamkooperation wieder Qualifikationen vermitteln, die sie zur Selbsthilfe befähigen. Dies geschieht aber nach klaren Richtlinien!". Was dem Patienten bleibt ist Flucht oder untertänigste Ergebenheit in sein vom Arzt bestimmtes Schicksal.

Die beiden Beispiele aus den Praktika und aus der Befragung betonen natürlich nur eine Seite der Realität. Auf der anderen Seite gibt es Institutionen, in denen methodenbewusst sozialpädagogisch sehr effektiv gearbeitet wird. Dazwischen liegen viele Tätigkeitsfelder der Sozialen Arbeit, die bezüglich ihres methodischen Handelns mehr der einen oder mehr der anderen Seite zugeordnet werden können.

Die benannten Probleme in der Praxis spiegeln allerdings auch Probleme in der Ausbildung wider. Wenn heute noch, entgegen möglicher besserer Erkenntnis, als *die* Methoden der Sozialen Arbeit „Einzelfallhilfe", „Soziale Gruppenarbeit" und „Gemeinwesenarbeit" genannt und gelehrt werden, noch dazu meist ohne intensivere praktische Erprobung, und wenn es bis vor wenigen Jahren noch keine auf einen neueren Stand gebrachten Lehrbücher zum methodischen Handeln gab und wenn „Methoden" lange, zumindest in der universitären Ausbildung, als etwas Anrüchiges erschienen, was es „offensiv" oder auch „alltagsorientiert" zu überwinden galt, dann verwundert es nicht, dass sich methodisches Handeln oft so unreflektiert und unsystematisch in der Praxis spiegelt.

Einen systematischen Zugang zum methodischen Handeln in der Sozialen Arbeit zu finden ist das Hauptziel dieser Einführung, die sich vor allem an Studierende der Sozialen Arbeit und verwandter Gebiete sowie an Professionelle in der Praxis Sozialer Arbeit richtet.

Der Anlass für dieses Buch sind Erfahrungen wie die eben genannten und auch die manchmal erlebte eigene Ratlosigkeit, die sich bei manchen Fragen von Studierenden in Seminaren und in den Sprechstunden einstellte. So ist dieses Buch auch der Versuch, Antworten für diese Fragen zu finden und diesen Antworten eine Struktur zu geben. Dabei waren mir bei der Vorbereitung Studierende und KollegInnen behilflich, insbesondere Kerstin Janßen, Anja Peters, Dr. Henno Wiesner und Michael Zwilling. Ihnen danke ich besonders für die konstruktive Kritik und die kreative Diskussion.

Vorwort zur 2. Auflage

Studentinnen und Studenten vor allem – neben einigen Praktikern – haben mir Anregungen für die Überarbeitung dieses Buches gegeben. Dafür bedanke ich mich. Neu aufgenommen – in Form von Exkursen – habe ich zwei Themen, ein „historisches" (Klassische Methoden) und ein „zukunftsträchtiges" (Sozialmanagement). Ersteres bildet die ideelle Grundlage für heutiges methodisches Handeln und beinhaltet zugleich – bei einer intensiveren Beschäftigung als es hier möglich war – viele Gesichtspunkte, die es wert wären, wieder entdeckt zu werden. Das zweite Thema geht über das Bemühen dieses Buches, eine Systematik des direkten klientenbezogenen methodischen Handelns zu entwickeln, hinaus in Richtung einer Konzeption der organisatorischen Voraussetzungen für professionelles Handeln in der Sozialen Arbeit. In diesem Bereich gibt es bereits eine Vielzahl von bedeutsamen Verfahren und Techniken, teilweise auch theoretisch fundiert, eine Systematik ist aber noch nicht absehbar. Einige Aspekte zu diesen beiden Themen wurden in diese Arbeit mit aufgenommen.

Für die konstruktive Diskussion und für die hilfreichen Korrekturarbeiten danke ich besonders Herrn Dr. Michael Zwilling sowie Herrn Dipl.-Sozialpädagogen Henning Strunk.

Adendorf, im November 2005   Franz Stimmer

1 Einleitung

Wer sich über Basisbegriffe der Sozialen Arbeit wie Autonomie, Emanzipation, Bildung, Erziehung ... oder eben Methoden im Rahmen etwa von Seminar- oder Examensvorbereitungen oder in der Praxis der Jugendamtsarbeit oder in der Drogenberatungstelle orientieren möchte, greift als erstes wohl nach einem Lexikon oder Handbuch der Sozialpädagogik und der Sozialarbeit. Wer etwas über „Methoden" erfahren möchte, wird vielfach auch hier die Erfahrung machen, die Oelkers bezüglich der Begriffe „Erziehung" und „Bildung" formuliert hat, dass sie nämlich vage bleiben, dass die Konturen zerfließen, wenn konkret bestimmt werden sollte, was denn genau gemeint ist (vgl. Oelkers 1991, S. 237). Als Folge entstehen daraus Schwierigkeiten zu benennen, was die spezifischen Inhalte sind und wozu denn diese Begriffe – hier „Methoden" oder „methodisches Handeln" – gut sind. Dies betrifft auch die Definition von „Sozialer Arbeit" selbst.

In diesem Buch wird Soziale Arbeit als Oberbegriff verwendet, dem die Begriffe Sozialpädagogik und Sozialarbeit subsumiert werden. Sicherlich ist es so, dass, historisch gesehen, mit den beiden letztgenannten Begriffen zwei inhaltlich unterschiedliche Stränge benannt sind, die aber in der heutigen alltäglichen Arbeit zunehmend nicht mehr zu trennen sind. Die moderne Praxis hat die Historie hier überholt, was nicht ausschließt, dass es dazu andere Meinungen gibt und zudem eine Vielzahl von Versuchen existiert, das Verhältnis von Sozialpädagogik und Sozialarbeit differenzierter zu klären. Es lassen sich zumindest mehrere Variationen einer Zuordnung von Sozialpädagogik und Sozialarbeit finden. Mühlum (1996) hat mehrere Varianten unterschieden:
- das Divergenztheorem (zwei eigenständige Bereiche),
- das Subordinationstheorem (Verhältnis der Über- und Unterordnung),
- das Substitutionstheorem (Austauschbarkeit),
- das Identitätstheorem (völlige Übereinstimmung),
- das Konvergenztheorem (Zusammenwachsen) und
- das Subsumtionstheorem (gemeinsamer Oberbegriff, der die Übereinstimmung bei noch bestehenden (geringen) Unterschieden betont).

Hier wurde die letztgenannte Variante gewählt, allerdings mit einer starken Annäherung an das Identitätstheorem. Das bringt es mit sich, dass das Adjektiv „sozialpädagogisch" oder das Substantiv „Sozialpädagoge" dann auch „sozialarbeiterisch" und „Sozialarbeiter" meint. Bezüglich der weiblichen und männlichen Form wird das Substitutionstheorem bevorzugt, es ist, je nach Formulierung, (fast immer) auch das jeweils andere Geschlecht gemeint.

Die genannte diffuse begriffliche Unbestimmtheit bezüglich „Methoden" wird vielfach bestätigt, so z.B. von Brack (1993, S. 645): „Der Methodenbegriff in der Sozialarbeit – und darüber hinaus in allen agogischen Disziplinen – entzieht sich einer einfachen Definition, vielmehr ist er unklar und vieldeutig." Es verwundert, dass in einem so wichtigen humanwissenschaftlichen Bereich wie der Sozialen Arbeit die Vorstellung und Benennung dessen, was methodengeleitetes Handeln ist, in Vagheit verharren darf. Die Gründe hierfür sind sicher vielfältig und müssten auch historisch aufgearbeitet werden. Sie betreffen a.) die Soziale Arbeit allgemein und b.) methodisches Handeln im besonderen:

Zu a.) gehören beispielsweise
- das Theorie-Dilemma in der Sozialen Arbeit, die ungeklärte Frage, was denn die theoretischen Grundlagen heutiger moderner Sozialer Arbeit sind (Theorienproblem),
- die narzisstische Abwehr einer deutlicheren Bestimmung und Begrenzung dessen, was das Arbeitsfeld Sozialer Arbeit ausmacht (Allzuständigkeitsproblem) und
- das ständige Bemühen um „neue" individualistische Wortschöpfungen (z.B. „bisubjektives Handeln"), die „alte", bereits bewährte und allgemein anerkannte Begriffe („kommunikative Verständigung") ersetzen sollen (Profilierungsproblem).

Einige Beispiele zu b.) sind
- Entwertungsrituale, die „Methoden" konsequent in Richtung inhumaner technizistischer Funktionalisierung definieren (Entwertungsproblem),
- eine ideologisch verzerrte sog. Methodenkritik, die mit Sozialer Arbeit ausschließlich revolutionäre Gesellschaftsveränderung meint (Ideologieproblem),
- die Unkenntnis konkreter methodischer Arbeit, mit der Folge, die durchaus vorhandenen Gefahren dieser Arbeit zu verallgemeinern und als real existierend zu kritisieren (Verallgemeinerungsproblem),
- Ängste und Unsicherheiten bei Praktikern, die in der Ausbildung methodisches Handeln nur unzureichend erlernt haben, weil das Angebot gefehlt hat oder weil sie es nicht wahrgenommen haben (Ausbildungsproblem) und
- das Theorie-Praxis-Dilemma, die Schwierigkeiten, in Wechselwirkung zwischen Theoretikern und Praktikern sowohl die Theorie wie auch die methodische Umsetzung in die Praxis zu fördern (Theorie-Praxis-Problem).

Die unter a.) benannten Probleme haben natürlich Konsequenzen für den Methodenbereich. Das betrifft vor allem das Theorienproblem, da „Methoden" genau so wenig wie „Bildung", „Erziehung" oder „Emanzipation" festgelegte Gegenstände sind, sondern ihren Sinn erst durch ihre je unterschiedlichen theoretischen Begründungen erfahren. Als Folge des Allzuständigkeitsproblems ist zudem die Verführung groß, ständig neue „Methoden" zu kreieren, die dieser Breite der Anwendung von Sozialer Arbeit gerecht werden sollen.

Eine weitere Schwierigkeit kommt hinzu: In der Sozialen Arbeit, wie in anderen Humanwissenschaften, die sich keine ausschließende Kunstsprache zugelegt haben, taucht bei der Klärung ihrer Basisbegriffe zusätzlich das Problem der „doppelten Hermeneutik" (Giddens 1997, S. 338) auf, dass ihre Begriffe nämlich weitgehend durch Alltagssprache (auch von SozialpädagogenInnen) vor- oder mitdefiniert sind. Umgekehrt wirken sozialpädagogische Begrifflichkeiten austauschend auf die alltäglichen Lebenswelten und Wirklichkeiten zurück. Ein gutes Beispiel hierfür ist der Bericht in einer Tageszeitung über einen Vortrag zu Ursachen von Gewalt unter Schülern. Da stellt – so berichtet der Journalist – der Referent die Frage: „Warum stellt Karlheinz Annegret in der Schule ein Bein und freut sich, wenn sie hinfällt?" Der Artikel klärt auf: „Für die Antwort benötigt der Praktiker keine psychologischen und sozialpädagogischen Weisheiten. Aus seiner Sicht entsteht Gewaltbereitschaft aus einem Mangel an Liebe zu sich selbst." Was dann in diesem Artikel weiter folgt sind Aspekte von Selbstwert- und Narzissmustheorien, deren Inhalte offensichtlich so alltagssprachlich geworden sind, dass sie nicht mehr als „psychologisch" oder „sozialpädagogisch" benannt werden.

Von dieser verkürzten und undifferenzierten, aber dennoch zutreffenden Situationsbeschreibung ausgehend, erscheint der Bereich „Methoden in der Sozialen Arbeit" ein durchaus problematischer zu sein, der gerade auch deshalb einer zeitgemäßen Lösung bedarf. Zumindest muss damit begonnen werden. Mit dem zuletzt genannten Satz ist auch zugleich das Ziel dieses Buches umschrieben. Es geht vor allem darum, eine Systematik zu entwickeln, die einerseits klientenbezogenes methodisches Handeln in der Sozialen Arbeit verstehbarer und überprüfbarer und die Praxis handhabbarer macht und die andererseits für weitere Verfeinerungen, Differenzierungen und Modifikationen eine Grundlage bildet. Dabei ist es unabdingbar, zunächst ein ganz allgemeines Modell (Metamodell) zu entwickeln, aus dem sich vor jeglicher Spezifikation und Differenzierung die Basisbegriffe und -variablen ableiten lassen. Dieses Modell kann dann als grundlegendes Raster dienen für weitere Entwicklungen und Modifikationen und eben auch für die Integration neuer Aspekte, ohne dass jeweils wieder ganz von vorne begonnen werden müsste.

Daraus wird auch deutlich, dass es in diesem Buch nicht darum geht, was die Verwirrung nur noch erhöhen würde, alles zu beschreiben, was heute als „Methoden" praktiziert oder gefordert wird. Das Spezifische des klientenbezogenen methodischen Handelns in der Sozialen Arbeit soll benannt und diskutiert werden, das, was Soziale Arbeit auszeichnet, und nicht jenes, was auch von anderen Professionen kompetent betrieben werden kann oder was die klientenbezogene Arbeit nur randständig (wenn auch vielleicht in der Gesamtheit der Arbeit als durchaus wichtiger Teilbereich) berührt. Öffentlichkeitsarbeit beispielsweise ist eine wichtige Aufgabe für Soziale Einrichtungen, sie muss aber nicht zwingend von SozialpädagogInnen geleistet werden und sie ist ohne Zweifel keine Primäraufgabe klientenbezogener Sozialer Arbeit. Zwangseinweisungen als weiteres Beispiel sind ärztliche (Feststellung der medizinischen Notwendigkeit) und juristische (Feststellung der gesetzlichen Zulässigkeit) Interventionen, SozialpädagogInnen haben dabei eine wichtige begleitende Funktion, die vor, während und nach der Intervention bedeutsam ist, die Intervention selbst ist aber keine per se sozialpädagogische. Ebenso bieten die Sozialplanung und das Sozialmanagement wichtige Voraussetzungen für klientenbezogenes Handeln, sie werden aber auch von anderen Professionen (Soziologen, Ökonomen) durchgeführt, die aufgrund ihrer Ausbildung dafür u.U. qualifizierter sind. Das heißt nicht, dass SozialpädagogInnen sich die genannten Gebiete (Öffentlichkeitsarbeit, Sozialplanung, Sozialmanagement) nicht erschließen sollen und können, aber es soll deutlich werden, dass die Arbeit in diesen Bereichen zwar eine wichtige Grundlage für klientenbezogenenes Handeln bildet, dass sie aber ein spezialisiertes Wissen und Können voraussetzt, das nicht – im Sinne des Allzuständigkeitsproblems – so nebenbei in der klientenbezogenen Arbeit zu lösen ist (vgl. Kap. 5.6). Gleiches gilt für die Forschung in der Sozialen Arbeit, die als Spezialgebiet natürlich auch für SozialpädagogInnen relevant ist und deren Ergebnisse wiederum von der klientenbezogenen Praxis aufzunehmen und reflektiert umzusetzen sind, die aber nicht im Zentrum dieser Praxis steht. Diese Abgrenzungen machen deutlich, wie notwendig Kooperation und Teamarbeit in der Sozialen Arbeit sind, um klientenbezogenes methodisches Handeln erfolgreich zu gestalten. Sie dienen hier aber auch dazu, den Themenbereich dieses Buches sinnvoll zu begrenzen. Gegenstand ist im Wesentlichen klientenbezogenes methodisches Handeln in der Sozialen Arbeit. Methoden der Planung und Organisation sowie Forschungsmethoden werden nicht behandelt bzw. nur randständig thematisiert.

Es gilt noch eine weitere Einschränkung: Historische Fakten zur Methodenentwicklung werden nur im Rahmen eines Exkurses erwähnt (vgl. Kap. 9.5). Hierzu liegt die umfassende Arbeit von C. W. Müller (1994, 1997) vor, in der auch die drei „Klassischen Methoden der Sozialarbeit" – Einzelfallhilfe, Gruppenarbeit und Gemeinwesenarbeit – ausführlich gewürdigt werden.

In diesem Buch konnte bezüglich der Methodenliteratur doch auf eine ganze Reihe von Veröffentlichungen zurückgegriffen werden, die erfreulicherweise in den vergangenen Jahren (im Gegensatz zu den 70er und 80er Jahren) erschienen sind und die sich mit Handlungsleitenden Konzepten und Interaktionsmedien (Abb. 1) differenziert auseinander setzen. Hierzu gehören u.a.: Herriger 1997 (Empowerment), Wendt 1997 (Case Management), Bullinger/Nowak 1998 (Soziale Netzwerkarbeit), Noack 1999 (Gemeinwesenarbeit), Sickendiek u.a. 1999 (Beratung).

Einführende Arbeiten dagegen, die zugleich einen größeren Überblick vermitteln oder gar eine Systematik methodischen Handelns anbieten, sind dagegen selten. Galuske (1998) gibt einen guten Überblick über die historische Entwicklung der Methodendiskussion und formuliert „Steckbriefe" von „Methoden" in der Sozialen Arbeit. Dabei wird allerdings der Begriff „Methode" in einer so pauschalen Form verwendet, dass er für eine Systematisierung methodischen Handelns nicht mehr nutzbar ist. Einen knappen, aber ausbaufähigen Rahmen für eine Systematisierung methodischen Handelns bietet B. Müller (1997) mit der „multiperspektivischen Fallarbeit". Differenziertere konkrete Umsetzungen (Methoden, Verfahren, Techniken) werden dabei allerdings nicht vollzogen. Letztere werden von Heiner u.a. (1994) in Verbindung mit systemtheoretischen Überlegungen ausführlich behandelt, die Systematik, die immer wieder angeschnitten wird, wird aber immer nur punktuell sichtbar. Eine umfassende systematische Untersuchung liegt inzwischen von von Spiegel (2004) vor.

Das Ziel dieses Buches ist es, um dies noch einmal zu betonen, eine Einführung in eine Systematik klientenbezogenen methodischen Handelns in der Sozialen Arbeit vorzulegen, bei der alle Aspekte differenzierter beschrieben und vor allem in ihrem wechselseitigen Zusammenhang dargestellt werden.

Die Grundlage hierfür bietet das Orientierungsraster methodischen Handelns (Abb. 1, S. 24), das zugleich die Ordnung für die Gliederung der Arbeit bildet:
- Zwei Praxisbeispiele aus unterschiedlichen Handlungsfeldern und die daraus ableitbaren Fragen illustrieren die Vielfalt und Komplexität methodischen Handelns in der Sozialen Arbeit (Kap. 2).
- Grundlegende Definitionen wie die von „Methoden" als differenziert planbare, geregelte und zielorientierte Wege des Problemlösens und die einzelnen

Ebenen des Orientierungsrasters selbst werden in Kap. 3 ausführlich beschrieben. Dabei wird auch deutlich, dass methodisches Handeln ein Prozess ist, der mehrere Perspektiven (Lebensstile, Lebenswelten, Gesellschaft) zu beachten hat und der nur zirkulär von der Situationsanalyse bis zur Evaluation (mit Schritten nach „vorne", aber auch wieder „zurück") gestaltet werden kann.
- Bei allem Handlungsdruck in der Praxis bildet die Reflexion von Menschenbildern und Gesellschaftsvorstellungen und die damit verbundenen Fragen der Ethik und Moral die Basis des Handelns in der Sozialen Arbeit. Daraus lässt sich eine Berufsethik ableiten und vor allem die grundsätzliche sozialpädagogische Haltung, nämlich das verständigungsorientierte Handeln, das unabhängig von spezifischen Methoden und Verfahren grundlegend zu gelten hat (Kap. 4).
- Methodisches Handeln, das in eine Planungs- und eine Handlungsphase zu unterscheiden ist, muss orientiert sein an sozialpädagogisch relevanten Konzepten, die handlungsleitend sind: Empowerment, Case Management, Netzwerkansatz, Lebensweltorientierte Kinder- und Jugendhilfe u.a. (Kap. 5).
- Im Rahmen dieser Handlungsleitenden Konzepte werden die Beziehungen zwischen SozialpädagogInnen und KlientInnen über unterscheidbare Medien der Interaktion gestaltet, innerhalb derer wiederum spezifische Methoden und Verfahren Anwendung finden: Beratung, psycho-soziale Therapie, Begleitung/Unterstützung/Betreuung und Erziehung/Bildung (Kap. 6).
- In dem bisher beschriebenen Gesamtrahmen findet nun konkretes methodisches Handeln (Handlungsphase) statt, das die folgenden Ebenen bzw. Phasen zu berücksichtigen hat:
  – die mehrperspektivische Analyse der Situation oder des Problems von KlientInnen anhand spezifischer Verfahren (Kap. 7),
  – eine differenzierte Formulierung und Strukturierung von Zielen und Hypothesen als „Wegweiser" des Handelns (Kap. 8),
  – die sozialpädagogischen Interventionen mit relevanten Basismethoden (Klientenzentrierte Gesprächsführung, Psychodrama, Themenzentrierte Interaktion) und ergänzenden Verfahren (Kap. 9).
- Am „Ende", aber nicht nur dann, sondern auch während des gesamten Prozesses methodischen Handelns findet eine reflektierende Bewertung anhand verschiedener Kriterien (Effektivität bezüglich der Ziele, Qualität der Durchführung ...) durch die SozialpädagogInnen selbst statt (Selbstevaluation). Diese Reflexion (Kap. 10) wird durch die Beratung von Professionellen, die Supervision, hilfreich unterstützt.

Manche Konzepte werden im Verlauf der Darstellung benannt, aber nur kurz ausgeführt, da sie wie erwähnt für die Konzeption dieses Buches – klientenbezogenes methodisches Handeln – nicht zentral sind, wie Öffentlichkeitsarbeit, Sozialplanung, Sozialberichterstattung u.a. (vgl. Kap. 5.6). Da diese umfassenden Konzepte im Text nicht prägnant und zugleich inhaltlich angemessen definiert werden können, werden jeweils Hinweise auf AutorInnen gegeben, die dafür „Kurz-Porträts" liefern; dies fast ausschließlich, um die Sucharbeit zu erleichtern, in dem „Lexikon der Sozialpädagogik und der Sozialarbeit" (Stimmer 2000 b). Neben einem knappen Überblick sind dort auch weitere Literaturangaben zu finden.

2 Zwei Praxisbeispiele

Die beiden Beispiele aus der Suchtberatung und der Aufsuchenden Sozialen Arbeit bezeichnen klassische Arbeitsgebiete der Sozialen Arbeit. Sie unterscheiden sich aber wesentlich voneinander. Im Beispiel der Suchtberatung geht es um die Nachsorgephase, die im Rahmen einer Suchtberatungsstelle und innerhalb eines erfahrenen Teams als zusätzliche Aufgabe gestaltet werden soll. Im Beispiel der Straßensozialarbeit stehen präventive Aufgaben im Vordergrund, wobei die Arbeit von einer noch nicht sehr praxiserfahrenen Sozialpädagogin geleistet werden soll, wo es noch keine Vorarbeiten oder Kooperationen gibt und auch kein ausgearbeitetes Handlungsleitendes Konzept vorliegt.

2.1 Nachsorgephase bei Alkoholabhängigkeit

Da es bei Alkoholkranken nach einer stationären Entwöhnungsbehandlung trotz zunächst recht guter Stabilisierung häufig im Alltag schnell zu Rückfällen kommt, beschließen die Mitarbeiter einer Suchtkrankenberatungsstelle ein Nachsorgeangebot für Alkoholabhängige in der Beratungsstelle einzurichten. Die Motivation dazu ist insgesamt hoch, eine Mitarbeiterin und ein Mitarbeiter der Beratungsstelle, beide Sozialpädagogen, die schon lange im Team mitarbeiten, wollen diese Aufgabe speziell übernehmen. Wie das im einzelnen aussehen könnte ist zunächst aber noch recht offen. Die Problematik ist zwar allen bekannt, genauere Informationen, was bei Rückfällen eine Rolle spielt, müssen aber erst eingeholt werden. Über Kontakte mit anderen Beratungsstellen, die diese Arbeit schon leisten, werden deren Erfahrungen gesammelt und diskutiert, ebenso spezielle Veröffentlichungen, so dass nach einiger Zeit ein deutlicheres Bild über die Situation dieser Klienten entsteht, und es werden auch methodische Ansätze zur Beratung, Betreuung und Therapie eruiert, die zum Teil schon bekannt sind und in der Beratungsstelle auch praktiziert werden; manche davon sind allerdings auch neu und den Mitarbeitern noch unbekannt. Langsam entsteht ein Bild davon, wie diese Arbeit aussehen könnte, in das auch die bisherigen Erfahrungen der Mitarbeiter mit einfließen. Daraus entwickelt sich eine vorläufige Konzeption, die die Leitlinien festlegt, die mit der Klientensituation, mit den Mitarbeitermöglichkeiten und mit der Konzeption der Beratungsstelle kompatibel sein müssen. Viele kleine Schritte sind noch nötig, bevor die Arbeit erst einmal beginnen kann: Welche Klienten sollen wie angesprochen werden? Nur Männer oder nur Frauen oder beide? Soll es eine altersmäßige Begrenzung geben? Sollen nur die Klienten selbst beraten werden oder sollen auch Angehörige und Arbeitskollegen mit einbezogen werden? Soll eine intensive Werbung in der Tageszeitung betrieben werden, sollen Ärzte oder Fachkliniken als Vermittler gewonnen werden? Ist die Problematik eine rein sozialpädagogische oder sollte nicht von vornherein die Kooperation mit anderen Professionellen mit eingeplant werden? Wenn diese Teilaufgaben entschieden sind, geht es um die Frage, wie denn die Arbeit mit den Klienten gestaltet werden soll. Soll es Individualberatung oder doch besser Gruppenarbeit sein? Reicht eigentlich Beratung aus oder müssten nicht auch psycho-soziale Therapie, vielleicht auch Unterstützung im Alltag oder gar Betreuungsaspekte mit einbezogen werden? Welche spezifischen Methoden werden denn vermutlich erfolgreich sein? Soll es eher um gesprächsorientierte oder doch mehr um handlungsorientierte Methoden gehen? Welche Methoden beherrschen die Mitarbeiter? Welche müssen sie sich noch aneignen? Lassen sich einzelne Verfahren miteinander kombinieren? Gibt es bereits erfolgreiche Handlungskonzepte, die übernommen werden könnten? Wie können die unterschiedlichen Situationen der zukünftigen Klienten erhoben werden? Welche Arbeitsformen und Methoden kennen die Klienten schon aus der Fachklinik? Es sind weiter die schwierigen Fragen zu klären, warum diese Arbeitsform und jene Methode und eben nicht andere gewählt werden. Letzteres heißt auch eine Hierarchie der Zielvorstellungen zu entwickeln, also Fragen zu stellen, was denn eigentlich erreicht werden soll. Wie sehen die Annahmen (Hypothesen) aus? Dies ist wiederum die Grundlage für eine Bewertung der Tätigkeit, also der Frage, ob die Arbeit letztendlich erfolgreich war. Wenn all dies deutlich geworden ist, beginnt die eigentliche Arbeit, die dann allerdings einer ständigen Überprüfung unterliegen muss, was wiederum zu Veränderungen der gesamten Arbeit selbst, der Arbeitsformen, der Methoden, der Klientenauswahl, der Mitarbeiterqualifikationen etc. führen kann.

2.2 Straßensozialarbeit

In diesem Beispiel der Aufsuchenden Sozialen Arbeit beginnt diese ohne größere Vorplanung. In einem Stadtteil einer mittelgroßen Stadt, der wegen des relativ hohen Ausländeranteils, der vielen Sozialhilfeempfänger, die dort leben, und einer sich konstituierenden Drogenszene als „schwierig" gilt, sollen über „Straßensozialarbeit" in präventiver Absicht Kontakte mit Jugendlichen aufgebaut und sozialpädagogische Angebote entwickelt werden. Die Probleme dieses Stadtteils unterscheiden sich aber von der Quantität her wesentlich von denen in manchen Großstädten mit ausgebildeten Drogen-, Kriminalitäts- oder Armutsszenen. Einer Entwicklung in diese Richtung soll durch offene Jugendarbeit vorgebeugt werden.

Die Arbeiterwohlfahrt stellt eine Sozialpädagogin kurz nach deren Studienende zunächst befristet auf ein Jahr für dieses Arbeitsfeld ein. Hier stellen sich gleich wieder eine Reihe von Fragen: Ist das, was geplant ist, mit dem Begriff „Straßensozialarbeit" prägnant umschrieben oder sind nicht andere Konzepte wie die netzwerkorientierte Gemeinwesenarbeit erfolgversprechender? Kennen Mitarbeiter des Trägers oder die Sozialpädagogin alternative Konzepte und die jeweils relevanten spezifischen Methoden? Ist dieses Arbeitsfeld einer Berufsanfängerin ohne grundlegende Weiterbildung zuzumuten? Kann in einem solchen sensiblen Bereich einfach „irgendwie" begonnen werden, ohne Gefahr zu laufen, dass die Arbeit von vornherein auf große Widerstände stößt (bei möglichen Klienten, aber auch bei konkurrierenden Institutionen)? Muss diese Tätigkeit nicht von Anfang an langfristig angelegt sein? Stehen der Sozialpädagogin angemessene Instrumente der Netzwerkanalyse zur Verfügung oder wird sie dabei von MitarbeiterInnen der Arbeiterwohlfahrt unterstützt? Sind Selbstevaluationsverfahren bekannt und in welcher Form werden sie angewendet? Ist die Tätigkeit der Sozialpädagogin in das Evaluationssystem des Trägers integriert? Steht ihr von Beginn an Supervision zur Verfügung? usw.

In dem Praxisbeispiel ist die Sozialpädagogin auf den Straßen des Stadtteils unterwegs, „mischt sich unters Volk", stellt Kontakte her, macht sich bekannt, hört sich um und macht vorsichtig Angebote. Oft ist aber im weiteren Verlauf auch ein schnelles Reagieren gefragt. Da gibt es Ärger auf einem Spielplatz. Anwohner rufen die Polizei, weil sie sich von Jugendlichen, die sich dort abends treffen und Musik hören, gestört fühlen und weil dabei angeblich auch Drogen die Runde machen. Da die Sozialpädagogin sich vor Aufnahme ihrer Arbeit bei vielen Institutionen und auch bei der Polizei vorgestellt und über ihre Arbeit informiert hat, verständigt die Polizei sie, ohne selbst in Erscheinung zu treten. Es gelingt ihr, mit den Jugendlichen ins Gespräch zu kommen, wobei deutlich wird, dass nach ihrer Ansicht von einem Drogenkonsum keine Rede sein kann, wenn einige der Jugendlichen auch leicht angetrunken waren. Als Ergebnis des Gesprächs sollen gemeinsam andere Möglichkeiten für die Treffs der Jugendlichen gesucht werden, wobei diese lautstark monieren, dass es im ganzen Viertel kein Jugendzentrum gibt. Hier schließen sich wieder einige Fragen an: Wie kann die Kooperation mit der Polizei begründet werden? Hat die Sozialpädagogin genügend Kenntnisse, um zu entscheiden, ob ein Drogenkonsum bzw. ein Drogenmissbrauch vorliegt? Schätzt sie den Alkoholkonsum als Drogenkonsum ein? Wie kann die Einrichtung eines Jugendzentrums von ihr gefördert werden? Sind politische Aktivitäten dabei sozialpädagogisch zu vertreten? usw.

Neben solchen Tätigkeiten, die die Gestaltung des Freizeitbereichs betreffen, geht es aber auch darum, die Jugendlichen bei der Suche nach Arbeit oder nach einer Lehrstelle zu unterstützen. Viele von ihnen beherrschen die deutsche Sprache nur unvollkommen. Sie kamen mit ihren Eltern als Aussiedler aus Russland, als Flüchtlinge aus Bosnien oder als Gastarbeiter aus der Türkei. So gehört zur täglichen Arbeit der Sozialpädagogin auch die Hilfestellung bei Bewerbungen oder auch vorher schon bei den Schularbeiten ebenso wie Vermittlungsgespräche zwischen Eltern und Jugendlichen, wenn etwa Anzeigen wegen Ladendiebstahls vorliegen. Auch die Kontaktaufnahme zum Jugendamt oder zur Drogenberatungsstelle ist hier und da notwendig, wenn eine Jugendliche nächtelang nicht nach Hause kommt und die Eltern die Sozialpädagogin daraufhin ansprechen oder wenn nachts ein Jugendlicher total betrunken von der Polizei aufgegriffen wird und dies der Sozialpädagogin rückgemeldet wird. Auch hier wiederum einige Fragen: Ist die Sozialpädagogin für all diese Probleme zuständig? Wie kann es ihr gelingen, als „verlängerter Arm" der Eltern oder der Polizei den Kontakt zu den Jugendlichen nicht zu verlieren? Gibt es Verfahren, die die Begleitung und Unterstützung der Jugendlichen strukturieren helfen? Ist eine spezifische Methode für diese Tätigkeit ausreichend oder müssen Methoden und Verfahren kombiniert werden? usw.

Aus den beiden kurzen Beispielen lassen sich zusammenfassend Fragen zum methodischen Handeln ableiten. Mit welchen Begründungen handeln die Mitarbeiter der Drogenberatungsstelle und die Sozialarbeiterin so, wie sie handeln? Werden dabei Theorien oder Forschungserkenntnisse einbezogen? Wird die Arbeit in größere Zusammenhänge integriert (Netzwerke, Gemeindeorientierungen, Jugendhilfeplanung)? Nach welchen Handlungsleitenden Konzepten wird gehandelt (Empowerment, Case Management, Erlebnispädagogik ...)? Sind die Arbeitsformen (Einzelarbeit, Gruppenarbeit ...) und die Interaktionsmedien (Beratung, Unterstützung, Erziehung, Bildung ...) reflektiert in die Arbeit aufgenommen? Gibt es so etwas wie eine Situationsanalyse? Wenn ja, mit welchen Verfahren? Wird nach spezifischen Interventionsmethoden gehandelt und wird dieses Handeln evaluiert (Fremd- oder Selbstevaluation)? Ist Supervision für die Beteiligten gegeben? Wenn ja, welche (Einzel-, Gruppen-, Teamsupervision)? Wenn nicht, warum nicht? Werden berufsethische Fragen reflektiert? Fragen über Fragen, die es bei der Betrachtung konkreten Handelns in der Sozialen Arbeit zu beachten und zu beantworten gilt. Genau dazu dienen die Systematik des Orientierungsrasters (Abb. 1) bzw. die weiteren Ausführungen in diesem Buch.

3 Grundbegriffe und Modelle

Am Alltagsbeispiel des Baus eines Holzschuppens – ein Abenteuer, dem sich Herr S. kürzlich gestellt hat – sollen zunächst einige wesentliche Elemente methodischen Handelns benannt werden.

Für einen professionellen Holzschuppenbauer wäre der Bau eines solchen eine Routineaufgabe, die ihn nicht besonders beunruhigen würde. Für Herrn S. war es ein Problem, das gelöst werden sollte (Routinehandeln vs. Problemlösungshandeln).

Ausgangspunkt war ein unerwünschter Ist-Zustand, dass nämlich das Holz, das Herr S. für seinen Kamin im Herbst und im Winter benötigt, irgendwo und irgendwie im Garten herumlag, meist feucht und längst als Behausung von Kellerasseln in Beschlag genommen (Situationsanalyse).

Der erwünschte Soll-Zustand, das Ziel war es, trockenes, gut abgelagertes und gut brennbares Holz zu bekommen. Um dieses Ziel zu erreichen, gibt es verschiedene Möglichkeiten. So kann das Holz sackweise gekauft werden, Herr S. kann es beim Nachbarn ausleihen oder stehlen. Er kann auch ganz auf die Holzfeuerung verzichten und sich stattdessen einen Öl- oder Gasofen zulegen, frieren oder sich eine dicke Wolldecke kaufen (Basisziel, Methodenvielfalt).

Das erklärte Ziel von Herrn S. war aber der Bau eines Holzschuppens, in der Annahme, dass dann das Holz trocken und ohne Kellerasseln und Tausendfüßler zur Kaminfeuerung verwendbar sein wird, mit den zusätzlichen Folgen, dass der Kamin besser brennt und der Schornstein weniger raucht. Dieses Ziel bzw. diese Ziele sollten unter Berücksichtigung der Randbedingungen, der vorliegenden Verhältnisse (Menge des benötigten Holzes, Zugänglichkeit des Schuppens, räumliche Möglichkeiten auf dem Grundstück, behördliche Vorschriften ...) und unter Vermeidung unerwünschter Nebenwirkungen (zu hohe Kosten, Brandgefahr, Ärger mit dem Nachbarn ...) erreicht werden (Teilziele, Mehrperspektivität, Hypothesenbildung).

Unter diesen Zielvorgaben erfolgte eine Planungsphase, bei der in der Fantasie, auf dem Papier und in Diskussion mit der Ehefrau mögliche Arbeitsformen (Alleinarbeit, Gruppe von Freunden oder Nachbarn, Handwerksbetrieb) unter Berücksichtigung der genannten Bedingungen von Herrn S. durchgespielt wurden, um dann nach Festlegung eines Handlungsleitenden Konzeptes (Bauplan eines Architekten, Pläne aus der Heimwerkerliteratur) einer speziellen Arbeitsform (Einzel- oder Gruppenarbeit), eines Interaktionsmediums – einer Handlungsart – (gleichberechtigte Kooperation, Meister-Lehrlingsverhältnis, Auftraggeber-Auftragnehmer-Verhältnis) und einer entsprechenden spezifischen Methode (Stahlbau, Holzkonstruktion, Zeltbau) den Handlungsplan zu formulieren (Planung).

In diesem Fall hat sich Herr S. für das Arbeitsprinzip „Selbstbau" entschieden (dahinter steht vielleicht ein Prinzip wie „Selbst ist der Mann"), die Problemlöser waren er selbst und ein Bekannter, der einen Plan für den Holzschuppen zeichnete und ihm beim Bau half, was zur Arbeitsform Partnerarbeit führte. Als Interaktionsmedium wählten sie eine gleichberechtigte Kooperation mit manchen Spezialisierungen (Löcher bohren, Nägel einschlagen) und als spezifische Methode den Holzbau. Damit waren auch bestimmte weitere Verfahrensweisen, als Teilschritte innerhalb dieser Methode, festgelegt (Imprägnieren des Holzes, Verbindung von Pfählen mit Balken und Latten in vorher festgelegter Abfolge ...) und bestimmte Techniken (Nageln, Bohren, Sägen ... mit tauglichem Handwerkszeug) vorgegeben (Arbeitsprinzip, Handlungsleitendes Konzept, Arbeitsform, Interaktionsmedium, Intervention: spezifische Methode, Verfahren, Techniken).

Die Handlungskontrolle, die Erfolgskontrolle (Standfestigkeit, Schutz vor Regen, genügend Raum ...) hat das Werk, mit zufriedener Betrachtung des Holzschuppens unter Beteiligung kritischer Blicke von Familienangehörigen und Bekannten, abgeschlossen. Weitere Kontrollen in der kommenden Zeit werden zeigen, ob ein Langzeiterfolg erreicht wurde oder ob weitere Maßnahmen (Modifizierungen), im schlimmsten Fall der Abbruch des Holzschuppens, nötig sind und andere Arbeitsformen, Interaktionsmedien und Methoden in Erwägung gezogen werden müssen (Evaluation).

Im Verlauf des Prozesses des Holzschuppenbaus ergaben sich einerseits die Notwendigkeit von Verfahrenskorrekturen (Veränderung des Dachneigungswinkels, um den Wasserabfluss zu gewährleisten durch Unterlegen eines Klotzes ...) und andererseits Zielveränderungen bzw. neue Ziele (Optik des Schuppens, Verschönerungen ...). Daraus abgeleitet entstanden weitere Problemlösungsversuche (Zirkulärer Problemlösungsprozess).

Der Soll-Zustand stand anfangs für Herrn S. nur vage fest. Mit der Wahl der Arbeitsform, des Interaktionsmediums und der spezifischen Methode wurde das Basisziel konkretisiert. Die Zieldefinition änderte sich aber mit der Methodenwahl. Es entstanden Teilziele oder Unterziele. Das Basisziel war es, trockenes Holz zu bekommen. Mit der Wahl der Arbeitsform (Selbstbau in Partnerarbeit) und der Wahl des Interaktionsmediums (gleichberechtigte Kooperation) und der Methode mit ihren Verfahren und Techniken (Holzkonstruktion) und den damit verbundenen Möglichkeiten haben sich aber Unterziele ergeben, die plötzlich sehr viel wichtiger wurden, als nur trockenes Holz zu erhalten: Ästhetik des Holzschuppens (hier noch eine Latte, dort noch ein Überstand, vielleicht ein grüner Anstrich), Lob für den Problemlöser („Das habe ich Dir gar nicht zugetraut!"), gesteigertes Selbstvertrauen, sich nun auf weitere handwerkliche Abenteuer und neue Ziele einzulassen ... (Prozessoffenheit).

Die in dem Holzschuppen-Beispiel erwähnten Begriffe bilden die definitorische Grundlage für die weitere Diskussion.

3.1 Basisdefinitionen

Das „wissenschaftliche" an den Wissenschaften ist das methodische Vorgehen als ein der intersubjektiven Überprüfung offener komplexer Prozess mit einer variabel festgelegten Abfolge von einzelnen Phasen („Problemlösungsphasen"). Begrifflich sind dabei folgende Unterscheidungen zu treffen:

- Methoden (methodos = das Nachgehen, Verfolgen) sind mehr oder weniger differenziert planbare, geregelte und zielorientierte sowie konsequent und reflektierend zu verfolgende „Wege" des Problemlösens.
- Methodisches Handeln ist sowohl das Planen der einzelne Schritte des Weges von der Idee bis zu den notwendigen Techniken als auch die konkrete Umsetzung – das Gehen auf diesen Wegen –, also das kunstfertige und kreative Anwenden von spezifischen Methoden und Verfahren im Rahmen der gegebenen Problemstellung. Davon zu unterscheiden sind quasi automatisch ablaufende Routineaufgaben.
- Die Methodologie i.e.S. ist die Lehre vom methodischen Handeln, also die Lehre, die Rede vom „Richtigen-Weg-entlang-Gehen" (Methodenkonzept, Handlungsmodell).
- In den Methodenkonzepten/Methodologien werden programmatisch die jeweiligen Wege beschrieben und eventuell auch forschungsmethodisch untermauert. Vor dem Hintergrund dieses Anspruchs lässt sich leicht einsehen, dass die Präzision der Formulierungen je nach Wissenschaft bzw. Handlungsfeld recht unterschiedlich ausfallen können (z. B. Sozialpädagogik vs. Brückenbau). Die Gesamtheit der Methodenkonzepte/Methodologien in einer Wissenschaft ist deren Methodenlehre (oder Methodologie i.w.S.).

Als Titel des Buches wurde bewusst nicht „Methoden der Sozialen Arbeit" gewählt, auch nicht „Methoden in der Sozialen Arbeit", sondern „Grundlagen des Methodischen Handelns in der Sozialen Arbeit" bzw. im Text auch „methodisch handeln in der Sozialen Arbeit", um den (begrenzten) Rahmen, vor allem aber, um den Prozesscharakter dieser Tätigkeit deutlich zu machen. Methodisches Handeln in der Praxis Sozialer Arbeit bezieht sich – außer auf forschungsmethodisches Handeln, natürlich nur analytisch getrennt – vor allem auf zwei Bereiche:
- erstens auf die antizipatorische Festlegung des Weges („Landkarte", „Tourenbeschreibung") und zwar
  - von einer problematischen Situation ausgehend, die es zu lösen gilt,
  - über die Wahl theoretischer Konzepte, die operatives Hintergrundwissen vermitteln,
  - bis zur Ermittlung Handlungsleitender Konzepte, Handlungsformen, Interaktionsmedien und spezifischen Methoden, Verfahren und Techniken (Planungsphase anhand des Orientierungsrasters (Abb. 1), die das konkrete methodische Handeln vorbereitet) und
- zweitens auf die Durchführung mit dem gewählten spezifischen Methodeninstrumentarium („Bewegen im Gelände") (Handlungsphase).

Methodisches Handeln (methodisches Vorgehen) ist damit die zirkulär orientierte Planung des Handelns und das konkrete Handeln selbst mit spezifischen Methoden der Situationsanalyse, Intervention und Evaluation. Beim ersten Beispiel (Nachsorge, Kap. 2.1) war die Planung im Vordergrund, beim zweiten (Straßensozialarbeit, Kap. 2.2) das konkrete Handeln. Die Erfahrungen im Handeln machen u.U. eine Neuplanung oder Modifizierung des alten Plans notwendig. Ebenso müssen aber auch, wenn zunächst „planlos" gehandelt wird, was mehr oder weniger ausgeprägt häufig geschieht, auch diese Erfahrungen, wenn sie reflektiert werden, in eine weiterführende handlungsleitende Planung einfließen, immer unter der Voraussetzung, dass dieses Tun als methodisches Handeln qualifiziert sein soll.

3.2 Orientierungsraster Methodischen Handelns

Das „wissenschaftliche" an den Wissenschaften ist, wie schon erwähnt, das methodische Handeln als ein intersubjektiv überprüfbarer (und meist komplexer) Prozess. In dem statischen Modell des Orientierungsrasters (Abb. 1, S. 24) werden die zentralen inhaltlichen Ebenen methodischen Handelns in der Sozialen Arbeit zusammengefasst. Dabei wird deutlich, dass spezifische Methoden in einen sehr viel größeren Zusammenhang eingebettet sind, ohne dessen Beachtung sie inhaltsleer bleiben müssten.

Methodisch handeln in der Sozialen Arbeit heißt, die Zusammenhänge zwischen den komplex miteinander verbundenen Bereichen des Orientierungsrasters von der Anthropologie bis zu den Techniken zu verstehen, umzusetzen und auch in der alltäglichen konkreten Arbeit mit spezifischen Methoden immer wieder zu reflektieren. Und es heißt auch, dass die Planung und Organisation dieses Handelns (Sozialplanung, Sozialmanagement) sich dieser Zusammenhänge bewusst sein muss, um auf ihre Weise effektiv zu sein. Im folgenden werden die einzelnen inhaltlichen Ebenen kurz beschrieben:

- Die Grundlage Sozialer Arbeit und damit zugleich die Basis jeglichen Handelns in der Sozialen Arbeit bilden nach dem Orientierungsraster Anthropologie, Sozialphilosophie und Ethik (Kap. 4). In ihnen sind zugleich, hierarchisch gesehen, die „höchsten" Ziele und Werte und die Rahmenbedingungen dieses Handelns verankert. Die an diese Basis rückgekoppelte Definition von Sozialer Arbeit bestimmt die Arbeitsprinzipien (Handlungsnormen).
- Je nach Definition, je nach „Schule", je nach bevorzugter Theorie von Sozialer Arbeit (Marburger 1979, Engelke 1998) sind die Konsequenzen für jeweils alle weiteren Schritte im Rahmen des Orientierungsrasters zu beachten. Eine „kritisch-rationalistische" Sozialpädagogik (Sozialarbeitswissenschaft i.S. von Lutz Rössner), eine „alltagsorientierte" Sozialpädagogik (Alltagsansatz i.S. von Hans Thiersch), eine „kritisch-emanzipatorische" Sozialpädagogik (i.S. von Hermann Giesecke oder Klaus Mollenhauer), eine „historisch-materialistische" Sozialpädagogik (i.S. von Walter Hollstein oder Karam Khella) oder eine „geisteswissenschaftliche" Sozialpädagogik (i.S. von Herbert Nohl oder Erich Weniger), um einige Grundorientierungen zu nennen, werden sich von den Basisdefinitionen her u.U. erheblich voneinander unterscheiden und damit auch bezüglich der von ihnen bevorzugten Arbeitsformen, Interaktionsmedien, spezifischen Methoden (Problemanalyse-, Interventions- und Reflexionsmethoden), Verfahren und Techniken. Dennoch gilt auch hier der wissenschaftstheoretische Lehrsatz Schopenhauers von der Notwendigkeit der gleicherweisen Beachtung von Homogenität und Spezifikation. Es ist also zu fragen, wo bei den genannten Orientierungen übereinstimmende Aussagen zu finden sind und worin sie sich wirklich unterscheiden. Dies bedeutet dann auch, ausgehend von den homogenen Aussagen, homogene Arbeitsprinzipien, Arbeitsformen, Interaktionsmedien und Methoden zu formulieren und sich gleichzeitig der darüber hinausgehenden spezifischen Unterschiedlichkeiten bewusst zu bleiben. In differenzierter Form ist diese Frage bisher umfassend noch nicht bearbeitet worden. Dies kann auch hier nicht geleistet werden. Die

Grundbegriffe und Modelle

Methodisch Handeln in der sozialen Arbeit

Anthropologie – Sozialphilosophie – Ethik

Soziale Arbeit

Sozialpädagogik   Sozialarbeit

Personenbezogene (und strukturbezogene) präventive, korrigierende und kompensierende Dienstleistungen einschließlich ihrer Organisation, fokussiert auf Sozialisationsprozesse und Soziale Problemlagen

Theorien – Forschung

Handlungsfelder

Lebensalterspezifisch   Lebenslagenspezifisch

Handlungsleitende Konzepte

Generalisiert   Lebensalterspezifisch   Lebenslagenspezifisch

Arbeitsprinzipien

Förderung von Hilfe zur Selbsthilfe, Emanzipation, Mündigkeit, Menschenrechte
Kommunikative Verständigung, Mehrperspektivität, zirkuläre Problemlösung

Arbeitsformen

Arbeit mit   Einzelnen   Gruppen   Organisationen   Regionalen Einheiten

Interaktionsmedien

Beratung

Psycho-soziale Therapie   Begleitung-Unterstützung-Betreuung   Bildung-Erziehung

Methoden

Monokonzepte   Kombinationskonzepte

Verfahren

Methodenimmanent   Eigenständig

Techniken

Methodenimmanent   Eigenständig

für Situationsanalyse – Intervention – Reflexion

Abbildung 1: Orientierungsraster: Inhaltsebenen Methodischen Handelns von der Anthropologie bis zur Technik (und zurück)

Handlungsleitenden Konzepte, die vorgestellt werden (Kap. 5), sind jedoch so offen, dass sie für unterschiedliche theoretische Konzepte grundlegend sind.
- Aus den theoretischen Konzepten der Sozialen Arbeit resultieren (in Wechselwirkung mit konkreten sozialen Problemen) letztendlich deren Arbeitsfelder, die nach Lebensalter und/oder nach Lebenslagen strukturiert werden

können. Ohne Zuordnung von Handlungsfeldern zu theoretischen und erkenntnisleitenden Konzepten bleiben diese beliebig, Moden oder politischen Forderungen unterworfen.
- Theoretische Konzepte der Sozialen Arbeit sowie die Praxiserfahrungen bilden die Basis für die Handlungsleitenden Konzepte. Unter Konzept wird ein Entwurf, ein Plan, ein Modell verstanden, in dem die einzelnen Inhalte in einen sinnhaften Zusammenhang gebracht werden. Handlungsleitende Konzepte in der Sozialen Arbeit zeichnen sich dadurch aus, dass ein logischer Zusammenhang von den axiologischen Grundannahmen bis zu den konkreten Techniken hergestellt wird. Je nach Vollständigkeit der inhaltlichen Ebenen und der Differenziertheit ihrer Ausgestaltung ergeben sich unterschiedliche Differenzierungsgrade (Kap. 3.3) von Handlungsleitenden Konzepten. Manche dieser Konzepte sind in vielen Arbeitsfeldern anwendbar, haben also einen hohen Grad von Allgemeingültigkeit (Kap. 5.1 – 5.3), andere sind eingeschränkter lebensalterspezifisch oder lebenslagenspezifisch (Kap. 5.4 und 5.5).
- Arbeitsprinzipien sind zu begründende Handlungsnormen, Grundsätze des Handelns zur Lösung von Problemen. In ihnen sind wesentliche Ziele spezifischen Handelns verdeutlicht. Sie leiten sich aus den sozialphilosophischen und ethischen Überlegungen (Kap. 4) ab.
- Arbeitsformen sind unterschiedliche Sozialformen mit jeweils eigenen Voraussetzungen, die im Rahmen Handlungsleitender Konzepte umgesetzt werden. Sie dienen als Differenzierungsraster für die spezielleren Interaktionsmedien (Interaktionsmodi, Handlungsarten) und die spezifische Methodenwahl. Je nach Problemstellung und damit einhergehender Festlegung der Arbeitsformen und der Interaktionsmedien sind also einzelne Methoden als Problemlösungswege lege artis zu wählen (monomethodisches Vorgehen) und anzuwenden oder aber ein verschiedene Methoden oder auch einzelne Verfahren integrierendes Konzept (Kombinationsmethode) zu verwenden oder auch erst zu entwickeln und umzusetzen. Für die Wahl der Arbeitsformen und spezieller der Interaktionsmedien und noch spezieller der Methoden, Verfahren und Techniken ist die Problem- bzw. Situationsanalyse (Kap. 7.) einschließlich der Ziele- und Thesenformulierungen (Kap. 8) bestimmend.
- Spezifische Methoden beinhalten mehr oder weniger differenzierte Systeme von geregelten Verfahren(sweisen) und Techniken. Aus dem Instrumentarium der Basis- oder Standardverfahren eines Methodenkonzeptes werden die speziellen Verfahren entwickelt, als konkrete und situationsspezifische Anwendung der Basisverfahren zur Lösung von speziellen Praxisproblemen, u.U. mit entsprechenden Modifikationen (= sozialpädagogische Kreativität). Daneben gibt es Verfahren, die aus der Praxis heraus entwickelt wurden, die aber mangels axiologischer Fundierung und theoretischer Begründung (Abb. 2) nicht den Status einer Methode erreichen. In der Praxis werden des Weiteren viele Verfahren (und Techniken) angewendet, ohne auf die Methoden bezogen zu werden, aus denen heraus sie entstanden sind (Rollenspiel, Skulpturarbeit, positive Verstärkung ...). Techniken bilden das methodenimmanente und spezifische „Handwerkszeug", das im Rahmen der gewählten Verfahren einer Methode Anwendung findet. Sie bezeichnen somit die grundlegenden Handlungsregeln, die eine Methode und ihre Verfahren (bzw. auch eigenständige Verfahren) in besonderer Weise kennzeichnen.

Die Effektivität der Wahl von Handlungsleitenden Konzepten, Arbeitsformen, Interaktionsmedien, Methoden, Verfahren und Techniken bezüglich der Problemlösung ist zu evaluieren (Kap. 10.1). Dabei sind auch die Qualität der Situationsanalyse und die der Durchführung der gewählten Methode mit ihren Verfahren und Techniken zu prüfen. Unter Umständen sind sogar als Folge der Reflexion/Evaluation die Arbeitsprinzipien zu revidieren oder gar die Basistheorie und die Basisdefinitionen bezüglich Sozialer Arbeit zu modifizieren oder als nicht hinreichend brauchbar zu verwerfen. Im Rahmen des Evaluationsprozesses wird auch deutlich, ob die Problemlösung wirklich nur eine sozialpädagogische Aufgabe ist, ob nur Teilbereiche dies sind, ob andere Professionen beteiligt werden müssen oder ob es überhaupt eine sozialpädagogische Aufgabe ist. Evaluation darf somit nicht nur am „Ende" eines Problemlösungsprozesses stehen, sondern ist als zirkulärer Reflexionsprozess zu verstehen, der alle Schritte immer wieder in Frage stellt und der auch den Aspekt der Wirtschaftlichkeit (Kosten-Nutzen-Analyse) mit einschließt.

Ganz gleich, wo in dieses Modell eingestiegen wird, sind die jeweils anderen Aspekte mehr oder weniger mit zu bedenken, soll kompetent und professionell methodisch gearbeitet werden. Eine noch so wirkungsvolle Technik muss dann bezogen werden auf die zugrunde liegende Methode, auf deren axiologische Basisannahmen (Ethik, Menschenbild) und den daraus ableitbaren Arbeitsprinzipien, auf ihre theoretische Begründung, auf die Spezifika unterschiedlicher Arbeitsfelder sowie auf ihre Zuordnung zu den Arbeitsformen und Interaktionsmedien. Im ersten Beispiel (Nachsorge, Kap. 2.1) ist die Aufgabe zu lösen, alkoholabhängige Menschen in der Nachsorgephase in der Vorbereitung auf Alltagssituationen zu unterstützen (Arbeitsfeld, Problem). Wenn als Arbeitsprinzip Multiperspektivität (weite Themenwahl: Lebensstil- und Lebensweltelemente, gesellschaftliche Bezüge) und Hilfe zur Selbsthilfe gelten soll, ist im Rahmen eines passenden Handlungsleitenden Konzeptes (z.B. Empowerment) die Arbeitsform begründet zu wählen (z.B. Gruppenarbeit, um den Austausch der direkt Betroffenen untereinander zu fördern), das Interaktionsmedium zu vereinbaren (z.B. Gruppen-Beratung), die Methode festzulegen (z.B. Kombinationsmethode Themenzentrierte Interaktion und Psychodrama) sowie die Verfahren (z.B. Themeneinstimmung nach der Themenzentrierten Interaktion und zukunftsgerichtetes Rollenspiel) und Techniken (z.B. Dreifach-geleitetes Schweigen, Rollentausch und Spiegeln) zu bestimmen. Erst im Rahmen einer solchen Systematik wird methodisches Handeln den formulierten Ansprüchen gerecht, allerdings immer unter dem Vorbehalt der Verständigungsorientierung. Die vorläufige Planung muss flexibel revidierbar sein, sie muss in ihren einzelnen Phasen mit den Bedürfnissen und Zielvorstellungen der Klienten konfrontiert und professionell evaluiert werden. Dabei muss aber eine für alle Beteiligten stabilisierende Struktur, die klar vereinbart wird, beibehalten werden, auch dann, wenn Konflikte auftreten, die Anlass für eine konstruktive Auseinandersetzung sind. Ein ständiger Wechsel von Handlungsleitenden Konzepten, Arbeitsformen, Methoden usw. signalisiert eine Schwäche in der Systematik, die viele Quellen haben kann. Es kann beispielsweise sein, dass die Methode, selbst wenn SozialpädagogInnen sie beherrschen, für manchen Klienten „nicht passt" oder dass zwar die Methode geeignet wäre, Professionelle aber damit nur ungenügend arbeiten können oder dass das Arbeitsprinzip zu elitär gewählt wurde oder dass die Vereinbarungen nicht klar genug formuliert wurden oder dass ein Sozialpädagoge ganz einfach Angst hat und deswegen allen Wünschen seiner Klienten nachgibt usw.

3.3 Differenzierungsgrad von Konzepten und Methoden

Spezifische Methoden finden im Rahmen des Orientierungsrasters bei der Problemanalyse, bei den Interventionen und in der Evaluation Anwendung. Sinnvoll kann dies nur unter den Vorgaben Handlungsleitender Konzepte (Kap. 5) sein. Diese haben allerdings – wenn als Messlatte die Berücksichtigung der Ebenen des Orientierungsrasters oder die Beurteilungskriterien nach Abbildung 2 angelegt werden – einen bezüglich der Vollständigkeit der inhaltlichen Ebenen und der Differenziertheit ihrer Ausgestaltung sehr unterschiedlichen Differenzierungsgrad (nach König 1967, S. 5), wobei die Übergänge fließend sind:
- Viele Konzepte beschreiben lediglich Beobachtungen empirischer Regelmäßigkeiten (wie sie etwa in den Jahresberichten einer Vielzahl von sozialpädagogischen Projekten und Beratungsstellen zu finden sind),
- die meisten sind Ad-hoc-Konzepte (beispielsweise kommt es in einer Gemeinde zu aggressiven Auseinandersetzungen zwischen Jugendgangs, was dann u.U. zu einem kurzfristigen Modellversuch „Straßensozialarbeit" führt),
- einige sind Konzepte mittlerer Reichweite (Empowerment, Case Management),
- Konzepte höherer Komplexität fehlen bisher.

Was für die Handlungsleitenden Konzepte gilt, gilt bezüglich ihres Differenzierungsgrades gleichermaßen auch für spezifische Methodenkonzepte und daraus abgeleitet natürlich auch für das methodische Handeln selbst. Sowohl Handlungsleitende Konzepte wie auch spezifische Methoden sind hinsichtlich ihrer axiologischen, theoretischen, praxeologischen, wissenschaftstheoretischen und empirischen Fundierung zu differenzieren. Nicht jede Technik wie die Visualisierung über Pinboards ist eine Methode oder ein Verfahren. Diese Technik kann allerdings in Verbindung mit weiteren Techniken Teil des Moderationsverfahrens (Kap. 9.4.2) werden. Wenn das Menschenbild mit den Prinzipien der Eigenverantwortung und Gleichberechtigung und den daraus abgeleiteten Arbeitsprinzipien wie Demokratie und Toleranz sowie die theoretischen Grundlagen (Kommunikationspsychologie, Gruppendynamik) und eventuell noch wissenschaftstheoretische und forschungsmäßige Fragestellungen reflektierend zu einem übergreifenden Konzept verbunden würden, könnte sogar von einer Moderationsmethode gesprochen werden. Die Kriterien zur Beurteilung von Handlungsleitenden Konzepten sowie von spezifischen Methoden sind in der Abbildung 2 zusammenfassend formuliert.

Erläuterungen zur Abbildung 2:
- Praxeologie: In der Lehre von der Praxis geht es darum, erstens erarbeitete Praxiskonzepte in methodisches Handeln umzusetzen (Verfahren, Techniken) sowie die damit gemachten Erfahrungen in die Konzepte zurückfließen zu

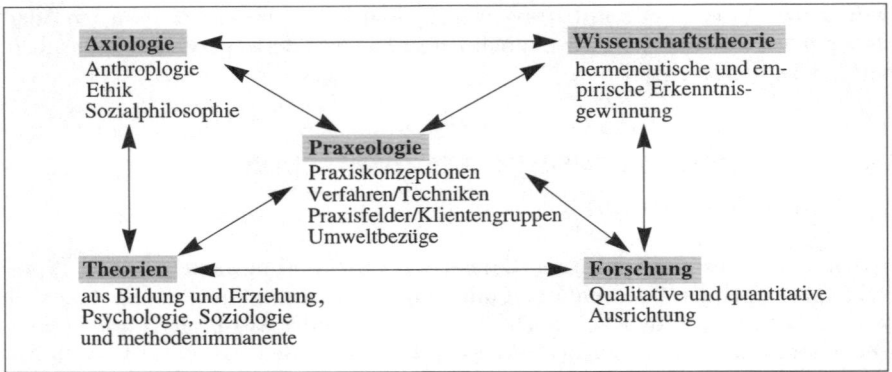

Abbildung 2: Kriterienraster zur Beurteilung von Methoden und Handlungsleitenden Konzepten

lassen (Differenzierung, Modifikation), zweitens die Konzepte für unterschiedliche Praxisfelder zu differenzieren bzw. integrative Modelle zu entwickeln und drittens die Umweltbezüge, innerhalb derer gearbeitet wird (Politik, Recht, Ökonomie ...), zu berücksichtigen. Frage nach dem „Wie kann ich handeln?".
- Theorie: Die Konzepte und die einzelnen Schritte des methodischen Handelns sind durch psychologische, soziologische, pädagogische und methodenimmanente Theorien zu begründen. Frage nach dem „Warum handle ich so wie ich handle und nicht anders?".
- Axiologie: Hier ist die Frage nach den Zielen hinter den praxeologischen Zielen zu stellen, somit sind Fragen nach dem Menschenbild und nach Ethik und Sozialphilosophie zu beantworten. Frage nach dem „Wozu dient mein Handeln?", „Wohin soll mein Handeln führen?".
- Wissenschaftstheorie: Fragen, auf welchen Wegen die Erkenntnisse gewonnen wurden. Frage nach dem „Woher kommt mein Wissen?".
- Forschungsmethoden: Fragen der Überprüfung bezüglich der Folgen und Nebenfolgen praktischen Handelns (Evaluation). Frage nach dem „Was bewirkt mein Handeln?".

3.4 Problemtypen

Da methodisches Handeln im wesentlichen auch Problemlösungshandeln ist, hängt die besondere Weise des Vorgehens von der Art des Problems und den speziellen Kompetenzen der Problemlöser ab. Für einen Architekten, der sich vor den neugierigen Augen der Nachbarschaft schützen möchte und deswegen eine Mauer am Rande seiner Terrasse in Wochenendarbeit mit einem Freund, der Polier ist, errichten möchte, stellt diese Arbeit kaum ein Problem dar, höchstens vielleicht ein zeitliches und finanzielles, vielleicht auch ein juristisches, je nach den örtlichen Bauvorschriften. Für einen Sozialpädagogen, der den Unterschied zwischen Mörtel und Beton und den zwischen Sandstein und Klinker nicht so genau kennt und der von Statik keine Ahnung hat, ist der Bau der gleichen Mauer ein großes Problem, das, u.U. über Zuhilfenahme von Heimwerkerliteratur und Erkundigungen bei erfahreneren Bekannten, einer genauen Planung, eines differenzierten methodischen Vorgehens bedarf, soll das Ziel erreicht werden. Natürlich könnte er sich auch im Sinne von Versuch und Irrtum langsam vorantasten, all die Erfahrungen, die über Jahrtausende mit Mauerbau gemacht wurden, vernachläßigend, um vielleicht sein Ziel zu erreichen. Was für den Sozialarbeiter also ein schwieriges Problem darstellt, ist für den Architekten eine Routineaufgabe. Wenn es aber darum geht, für einen hochverschuldeten Familienvater einen Weg zu finden, innerhalb einer gewissen Zeitspanne eine Lösung für dieses belastende Problem zu finden, wäre dies u.U. genau umgekehrt. Hier schließt sich auch, was bei der Mauer noch erlaubt sein mag, eine eventuelle Problemlösung nach Versuch und Irrtum aus.

Die Problemlösungsaufgaben im Rahmen der Sozialen Arbeit lassen sich auf einem Kontinuum denken (Abb. 3), das die beiden Extrempunkte „völlig neuartiges Problem" und „völlig institutionalisiertes Problem" aufweist. Probleme, die sich in der konkreten Realität stellen, sind zwischen diesen Extrempunkten, mehr oder weniger zur Mitte hin, angeordnet.

```
       // ...x.....................a.......................y... //

   völlig neuartiges Problem         völlig institutionalisiertes Problem
```

Abbildung 3: Problemtypen-Kontinuum

Probleme vom Typ x verlangen eine Planungsphase entsprechend dem Orientierungsraster (Abb. 1), d.h., es müssen alle Ebenen von der Ethik bis hin zu den Techniken bedacht, integriert und zu einem Konzept methodischen Handelns gebündelt werden. Wenn sich etwa in einer Gemeinde zeigt, dass eine Jugendhilfeeinrichtung im Sinne von Diversionsprojekten (Programme, mit deren Hilfe die stigmatisierenden Auswirkungen durch formale Eingriffe des Justizsystems bei jugendlichen Delinquenten so weit wie möglich vermieden werden sollen) sehr sinnvoll wäre und einige Bürger sich zu einem Verein zusammenschließen, der diese Aufgabe organisieren möchte, keiner aber recht weiß wie, dann beginnt genau diese Art von Problemlösung. Es müssen, um einige Punkte zu nennen, regionalorientierte Handlungskonzepte entwickelt, die Kooperation am Ort gefördert (Gericht, Jugendamt), Jugendliche für die Einrichtung gewonnen, Mitarbeiter eingestellt, juristische Rahmenbedingungen beachtet, die Öffentlichkeit informiert und die Finanzierung gesichert werden. Die Zielvorgaben sind zunächst noch relativ diffus.

Probleme vom Typ y und deren Lösungen sind von den Problemlösern verinnerlicht. Hier besteht bereits eine Orientierung an Handlungsleitenden Konzepten, die Arbeitsformen und Interaktsmodi sowie die spezifischen Methoden sind im Rahmen dieser Arbeit anerkannt. Dies sind Probleme, wie sie in Institutionen mit einer klar umrissenen Aufgabenstellung auftreten. Beispiele sind etwa die Schwangerschaftskonfliktberatung, die Heimerziehung oder die Jugendamtsberatung von Pflegeeltern. Hier wird in der Regel das Orientierungsraster nicht mehr bewusst reflektiert, außer es kommt zu Problemen, wenn sich beispielsweise rechtliche Vorgaben ändern, Finanzierungen gefährdet sind, Mitarbeiter erschöpft aufgeben, die Klienten wegbleiben oder Kritik von außen zum Umdenken zwingt. Die Zielvorgaben sind relativ eindeutig. Problemlösungen dieses Typs reduzieren verwirrende Komplexität und erleichtern dadurch das Handeln, unterliegen aber der Gefährdung, dass soziales Handeln in eine ritualisierte Abfolge von Teilschritten gepresst wird.

Probleme vom Typ a treten dann auf, wenn etwa eine Institution, für die bisher Probleme vom Typ y kennzeichnend waren, sich auf neue Aufgaben einlässt, für die es vielleicht auch schon Modelle gibt, die aber für die spezifische Problemlage transformiert werden müssen. So kann eine Drogenberatungsstelle, die bisher schon Erfahrungen in der Suchtprävention in Schulen gemacht hat, aufgrund von neuen Möglichkeiten, die das Sozialministerium eröffnet hat, zusätzlich die Aufgabe übernehmen, Suchtprävention im Kindergarten langfristig zu gestalten. Zur Prävention und zur Suchtprävention gibt es genügend theoretisches und handlungsmethodisches Material, die praktischen Erfahrungen der Mitarbeiter in den Schulen sind profund und es sind auch einige Erfahrungen mit der Suchtprävention im Kindergarten zumindest ansatzweise in anderen Regionen bereits gemacht worden. Die Übertragbarkeit muss nun überprüft werden, es muss gefragt werden, ob Prävention wirklich im Kindergarten das geeignetste Konzept ist oder nicht vielleicht besser neuere Konzepte der Gesundheitsförderung der Aufgabe angemessener sind, wobei die Ziele vielleicht erst noch genauer definiert werden müssen. Die Handlungsleitenden Konzepte, die sich in der Schule bewährt haben und die darin integrierten spezifischen Methoden, Verfahren und Techniken müssen vermutlich modifiziert, ergänzt oder ersetzt werden. Weiter ist die Frage zu klären, wer denn eigentlich die Klienten sind; sind es die Kinder, die Erzieherinnen, die Eltern oder alle zusammen? Die Zielvorgaben sind weniger diffus als bei Problemen vom Typ x und weniger eindeutig als beim Typ y.

Die Sogwirkung der Institutionalisierung und der Ritualisierung bringt es mit sich, dass alle Problemtypen sich im Laufe der Zeit dem Typ y annähern. Dies ist im Grunde auch wünschenswert, zumindest nicht zu verteufeln, da routiniertes Arbeiten in Teilbereichen es erst ermöglicht, effektiv und kompetent die gestellten Aufgaben einer Lösung zuzuführen, ohne in der verwirrenden Diffusität oder den Zufälligkeiten des Alltags zu versinken. Um umgekehrt aber nicht der Erstarrung eines computergesteuerten Robotersystems zu verfallen, sind die Evaluation bzw. viel mehr noch die Selbstevaluation und die Supervision notwendige Instrumente, um dieser Entwicklung vorzubeugen. Wenn als Basis des methodischen Umgangs mit Klienten die kommunikative Verständigung anerkannt wird und damit strategisches Handeln (Abb. 7) weitgehend vermieden werden kann, ist dies ein weiteres Präventionselement, das einem konservenhaften Handeln in der Sozialen Arbeit vorbeugt. Routine muss also immer wieder misstrauisch hinterfragt werden. Positiv formuliert zeichnet sich sozialpädagogische Kreativität dadurch aus, dass vor dem sicheren Hintergrund stabilisierenden Routinehandelns versucht wird (nach Moreno), für alte Probleme neue Lösungen zu finden und für neue Probleme angemessene Lösungen zu entwickeln.

3.5 Mehrperspektivität von Problemen

Mehr als in vielen anderen Berufen ist in der Sozialen Arbeit die Rede von der Multiperspektivität der Problemgenese und Problemlösung. Dennoch ist die Reduktion von Vielfalt notwendig, um in konkreten Situationen handlungsfähig zu bleiben. Methodisches Handeln in der Sozialen Arbeit ist Handeln in komplexen Situationen, die nach Dörner (1992, S. 58 ff.) durch Vernetztheit, Dynamik, Intransparenz und (notwendigerweise) ein unvollständiges Strukturwissen gekennzeichnet sind. Eine Vergewisserung wesentlicher Aspekte dieses Handelns, immer unter der Ausrichtung auf einen verständigungsorientierten zirkulären Problemlösungsprozess (Kap. 3.6) sowie einer Orientierung und Ausrichtung des Handelns an Basiskriterien (Abb. 1 und 2) ist daher hilfreich für die Strukturierung verwirrender Komplexität und Voraussetzung für effektives Arbeiten. Das Bewusstsein bzw. Bewusstmachen von netzwerkartigen Problemverflechtungen ist eine notwendige, wenn auch noch nicht ausreichende Voraussetzung, um die auftretenden Probleme in den diversen Arbeitsfeldern Sozialer Arbeit angemessen zu bewältigen. Hinzukommen muss eine verantwortete Beschränkung von Dienstleistungen, die die äußeren und inneren Grenzen von Sozialpädagogen und Klienten bewusst berücksichtigt. In der Abbildung 4 sind einige zentrale Aspekte des Perspektivengeflechtes zusammengefasst.

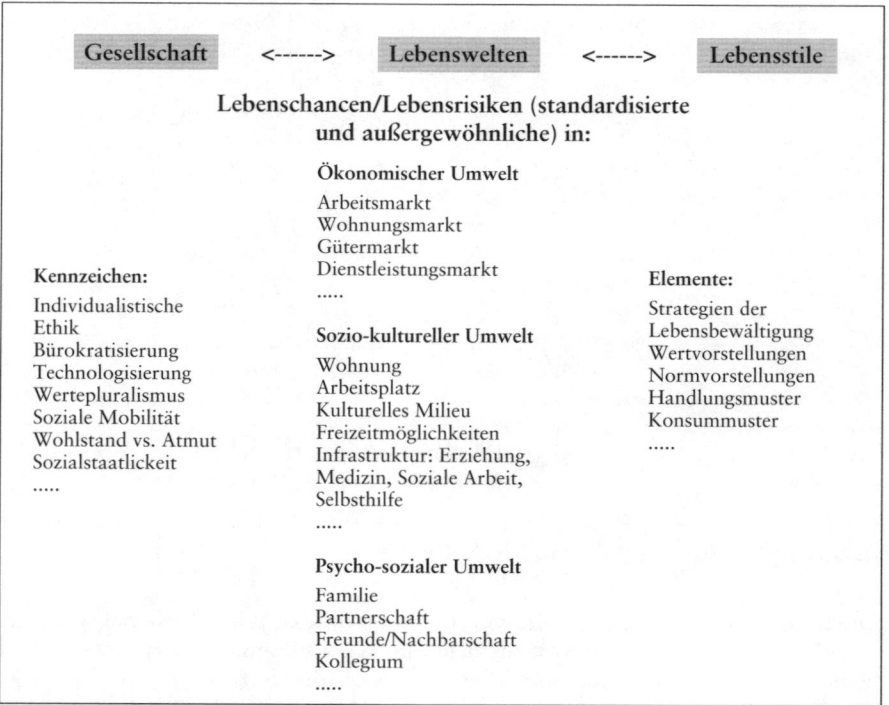

Abbildung 4: Perspektiven: Gesellschaft – Lebenswelten – Lebensstile

In der Sozialen Arbeit sind die Problemanalyse-, Interventions- und Reflexionsmethoden bzw. -verfahren im Sinne mehrperspektivischen Denkens und Handelns bezüglich der Problemzuordnung, aber eben auch der Ressourcenfindung auf die Lebensstile und die Lebenswelten der Klienten sowie auf die gesellschaftlichen Rahmenbedingungen, in denen sozialpädagogisches Handeln stattfindet, einschließlich ihrer Wechselwirkungen zu beziehen. In den Lebenswelten sind nicht nur pathogene Wirkungen zu finden, sondern auch salutogene Möglichkeiten zu suchen. Dies beinhaltet auch die Frage, was in der Umwelt zu verändern ist, um positive Veränderungen in den Lebensstilen der Klienten zu bewirken bzw. auch umgekehrt.

3.6 Zirkulärer Problemlösungsprozess

Es versteht sich von selbst, dass das statische Orientierungsraster sich erst in der Dynamik konkreter Handlungsansprüche bewähren muss. Eine Problemlösung in diesem Sinne ist ein zirkulärer Prozess, d.h. dass Evaluation eine ständige Aufgabe im Gesamtverlauf ist und unter Umständen dazu führt, auch nach Beginn der Intervention wieder zur Problemanalyse zurückzukehren usw.

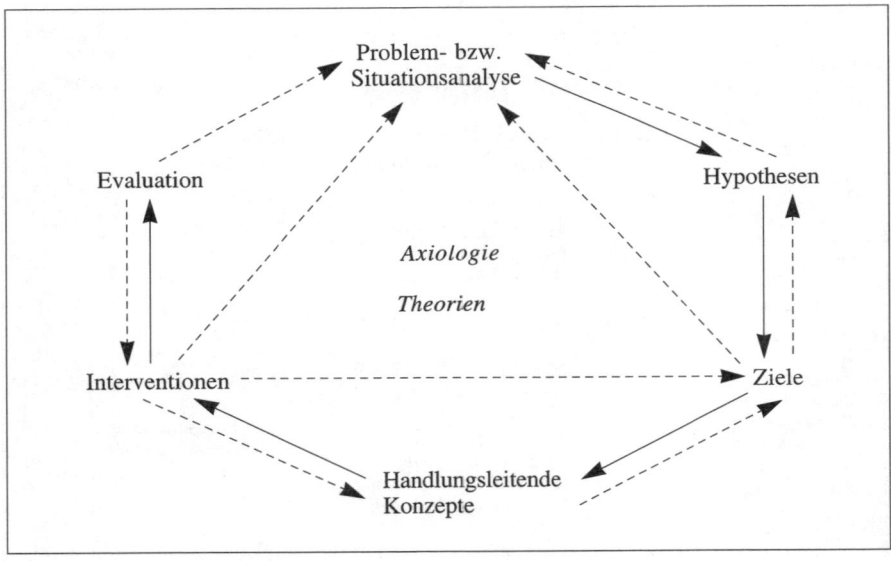

Abbildung 5: Zirkulärer Prozess des Problemlösens

Durch die Pfeile dieser Abbildung soll ausgedrückt sein, dass methodisches Handeln in der Sozialen Arbeit nicht unilinear sein kann, sondern dass es viele Schleifen gibt, Neuanfänge auf allen Stationen dieses Prozesses und dass zu beachten ist, dass der Gesamtablauf immer wieder durch den Filter der Axiologie und der relevanten Theorien reflektiert werden muss. Es stellt sich dann auch die

Frage, ob sich durch den Handlungsprozess die Situation verändert hat, ob sie gleich geblieben ist oder sich gar verschlechtert hat. Dann sind u. U. Fragen zu stellen nach den wirksamen Variablen, die die Situationsveränderung oder auch deren Stagnation verursacht haben und ob diese innerhalb oder außerhalb des sozialpädagogischen Handlungssystems oder auch in beiden zu finden sind.

Die einzelnen Schritte des zirkulären Prozesses des Problemlösens lassen sich unter den Bedingungen der Praxisethik (Kap. 4) und der Prozessevaluation (Kap. 10) benennen, wobei die Reihenfolge in der Praxis nicht der folgenden entsprechen muss:

- Kontakt mit dem Problemfeld, dem unerwünschten Ist-Zustand; Komm- bzw. Gehstrukturen,
- Problemanalyse, Situationsdefinition, Bestandaufnahme, Datensammlung, Anamnese, explizierende (erläuternde, erklärende) Rekonstruktion des Problemfeldes, wozu unmittelbar wirkendes Hintergrundwissen (Theorien, Handlungsleitende Konzepte) (Kap. 5) nötig ist: Situations- bzw. Problemanalysemethoden/-verfahren (Kap. 7),
- Zielbestimmungen, Zieledefinitionen (Kap. 8.1),
- Arbeitshypothesen (Kap. 8.2),
- Planung unter Einschluss alternativer Möglichkeiten,
- Wahl der Arbeitsformen und Interaktionsmedien (Kap. 6),
- Methodenwahl: Einzelmethode (Monomethode), integriertes Methodenkonzept (Kombinationsmethode): Interventionsmethoden/-verfahren (Kap. 9),
- Kontrakt, Vertrag,
- Durchführung, Intervention i.e.S., Therapie,
- Abschlussbericht, Katamnese, Überprüfung, Erfolgskontrolle, Auswertung, Reflexion, (Selbst-)Evaluation bezogen auf die technologische Effektivität (Angemessenheit der Methoden und Verfahren) und die Qualität der Durchführung: (Selbst-)Evaluationsmethoden/-verfahren (Kap. 10).

3.7 Reflexionsfragen

Die Kap. 3.2–3.6 zusammenfassend lassen sich als Anregung folgende Fragen formulieren. Dabei ist für x eine der Basismethoden (Klientenzentrierte Gesprächsführung ... Kap. 9.1–9.3) oder eines der komplementären Verfahren (Zukunftswerkstatt ... Kap. 9.4) einzusetzen.

1. Welches Menschenbild wird in x vertreten oder lässt sich konstruieren?
2. Hat x eine eigenständige Hintergrundtheorie? Ist diese explizit ausformuliert?
3. Gibt es Forschungsergebnisse, die die Aussagen von x bestätigen?
4. In welchen Handlungsfeldern oder Arbeitsbereichen Sozialer Arbeit und der Pädagogik effektiv sein? Voraussetzungen dafür?
5. Soziale Arbeit beinhaltet präventive, korrigierende und kompensierende Dienstleistungen. In welchen dieser drei Bereiche ist x schwerpunktmäßig zuzuordnen?
6. Zu welchen Handlungsleitenden Konzepten (Empowerment, Case Management, Netzwerkarbeit, Lebensweltorientierte Kinder- und Jugendhilfe, Straßensozialarbeit ....) „passt" x (Menschenbild, Theorie, Praxis)?

7. In welchen Arbeitsformen (Arbeit mit einzelnen, Gruppen, Organisationen, Regionale Einheiten) findet x speziell Anwendung?
8. Zu welchen Interaktionsmedien (Beratung, Psycho-soziale Therapie, Begleitung-Unterstützung-Betreuung, Bildung-Erziehung, Training) kann x zugeordnet werden?
9. Ein differenziert ausgearbeitetes Geflecht von Praxeologie, Axiologie und Theorie kennzeichnet eine Methode. Hat x dann den Status einer Methode oder ist es eher ein Verfahren oder eine Technik?
10. Mit welchen anderen Methoden oder Verfahren ist x kompatibel (Methodenintegration)?
11. In welchen Teilbereichen des Zirkulären Problemlösungsprozesses ist x weiterführend?
12. Fördert x einen kommunikativen Verständigungsprozess als Grundlage sozialpädagogischen Handelns?
13. Zu welcher Theorie der Pädagogik oder der Sozialpädagogik lassen sich von oder zu x Verbindungen herstellen?
14. Ist x mehrperspektivisch orientiert?
15. Ist x für eine multiprofessionelle Zusammenarbeit offen?
16. Ist x auch ein Instrument für Teilbereiche von Sozialmanagement-Aufgaben?
17. Mit welchen Problemtypen ist x kompatibel?
18. Wie kann für einen interessierten Laien x in maximal 4 Sätzen definieren werden?
19. Wie kann, vor dem Hintergrund von x, jemandem geantwortet werden, der folgende Behauptung aufstellt: „Methoden führen in der Sozialen Arbeit/Pädagogik zu einer instrumentalistischen Haltung und zu einem Machtgefälle, die wirkliche Hilfe verhindern"?

Entsprechend variiert, kann ebenso eines der Handlungsleitenden Konzepte (Empowerment ... Kap. 5) Gegenstand der Fragen sein und für x eingesetzt werden.

4 Basis Methodischen Handelns

4.1 Ethik und Moral

Die Begriffe Ethik und Moral werden in der Literatur und im Alltag oft widersprüchlich verwendet, häufig auch einfach gleich gesetzt. Im Verlauf dieser Diskussion geht es lediglich darum, ausgewählte bedeutsame Aspekte dieser Thematik zur Begründung methodischen Handelns in der Sozialen Arbeit darzustellen.

Gegenstand der Ethik sind moralische Phänomene und Werte (Wertlehre, Wertphilosophie oder Axiologie). Insofern ist sie eine „Reflexionstheorie der Moral" (Luhmann) oder Moralphilosophie. Sie formuliert und reflektiert Möglichkeiten guten und gerechten Handelns als Leitsätze (mit Werten wie Würde oder Emanzipation). Moral dagegen ist auf konkretes Handeln bezogen, sie ist die konkrete Umsetzung ethischer Prinzipien (über Normen wie: „Du sollst Manipulationen vermeiden!"). Ethik als Werte-, Bewertungs- und Begründungssystem bietet somit Reflexionsmaßstäbe für die Moral als System normierter Handlungsanweisungen. Mit dieser Definition sind die Bereiche der deskriptiven Ethik (Fragen nach den biologischen, psychologischen, sozialen und historischen Grundlagen der Moral) und der Metaethik (Fragen nach den erkenntnistheoretischen und sprachphilosophischen Grundlagen moralischer Bewertungen) für unser Thema randständig. Im Zentrum steht hier die normative (präskriptive) Ethik, die moralisches Handeln diskutiert, es zu begründen und zu systematisieren versucht und danach beurteilt, ob die ethischen Prinzipien dabei erfüllt werden oder nicht bzw. in welchem Ausmaß dies stattfindet. Insofern hat sie eine Kompaßfunktion zur Beurteilung konkreten Handelns.

Für die Ethik und die daraus abgeleitete Moral methodischen Handelns in der Sozialen Arbeit gelten natürlich die allgemein verbindlichen Werte und Regelungen, die eine Kultur oder noch umfassender die Menschheit kennzeichnen, wie das Recht auf Leben bzw. die Forderung „Du sollst nicht töten!", daneben gibt es aber spezifische Betonungen in Teilbereichen dieser Werte und Normierungen und es gibt vor allem spezialisierte Vorstellungen, die den sozialpädagogischen Arbeitsbereich in besonderer Weise kennzeichnen. Sie bilden die Basis für die Berufsethik in der Sozialen Arbeit, die am Ende dieses Kapitels diskutiert wird. Die Berufsethik und die daraus ableitbare Handlungsmoral sind eingebunden in historische Gegebenheiten, also nicht grundsätzlich unveränderbar. Besonders für die Soziale Arbeit gilt es, die Wechselwirkungen zwischen Menschen- und Gesellschaftsbildern (Anthropologie bzw. Sozialphilosophie, die allgemeine Modelle des Verhältnisses von Individuum und Gesellschaft entwickelt), real existierenden Gesellschaften (Struktur und Dynamik, Sozialstaat, Sozialpolitik) und sozialpädagogischer Ethik und Moral zur Kenntnis zu nehmen. Soziale Arbeit selbst ist ein Produkt gesellschaftlicher Entwicklung und Teil des gesellschaftlichen Systems, was das Verstehen dieser Wechselwirkungen nicht einfacher macht. Dennoch sollen wenigstens ansatzweise einige Faktorenbündel genannt werden, die methodisches Handeln in der Sozialen Arbeit beeinflussen bzw. die Grundlage für dieses Handeln bieten und die Ethik und Moral in diesem Zusammenhang berühren: Anthropologie, Sozialphilosophie, Gesellschaft, Sozialstaatsprinzip und Sozialpolitik. Diese wesentlichen Elemente des Rahmens, innerhalb dessen Soziale Arbeit stattfindet, werden im folgenden kurz beschrieben. Grafisch lassen sich diese Ebenen erst einmal wie folgt verdeutlichen und zuordnen (Abb. 6).

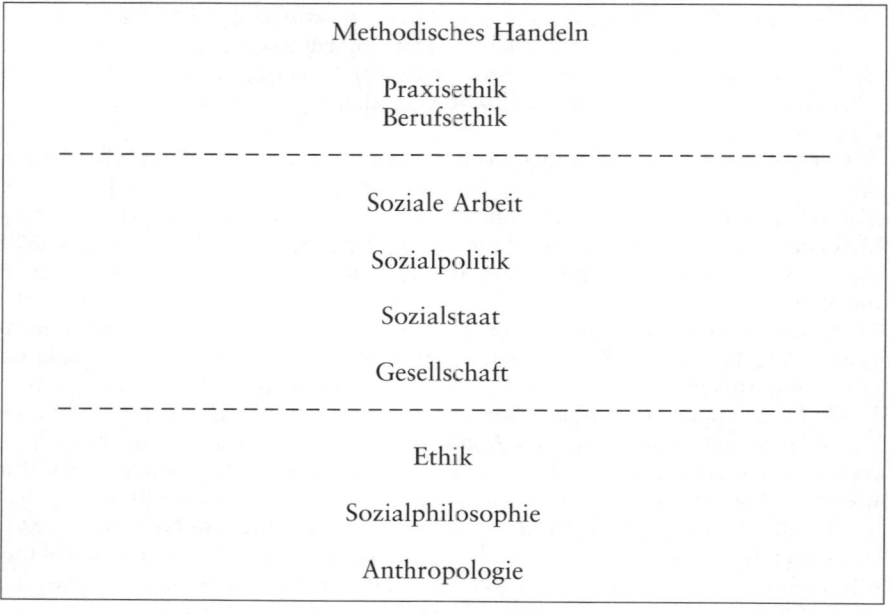

Abbildung 6: Vom Menschenbild zum Methodischen Handeln (und zurück)

4.2 Anthropologie und Sozialphilosophie

Die Anthropologie beschäftigt sich von unterschiedlichen theoretischen Blickwinkeln (Philosophie, Biologie, Soziologie, Pädagogik ...) her mit der Frage „Was ist der Mensch?". Aber nicht nur Wissenschaftler, sondern jeder Mensch hat, bewusst oder unbewusst, reflektiert oder unreflektiert ein Bild von sich und den Mitmenschen. Meist begleiten uns diese Bilder diffus, werden aber zumindest als Fragestellung in problematischen Lebenssituationen konturierter, oft drängend und manchmal auch quälend deutlich. Umbruchsituationen wie der Gang in die Arbeitslosigkeit, Armut und Krankheit, aber auch normierte lebensaltersspezifische Übergänge wie die von der Jugend ins Erwachsenenalter oder von diesem in das Rentenalter ziehen, wenn sie nicht verdrängt werden, Fragen nach dem Sinn des Lebens und nach dem Menschsein nach sich. Zumindest eine „Kryptoanthropologie" (Lassahn 2000, S. 474) ist in allem menschlichen Denken und Handeln nachweisbar. Hinter den verschiedenen Schulen der Sozialen Arbeit und den damit verbundenen Theorieansätzen (geisteswissenschaftlich-hermeneutisch, kritisch-emanzipatorisch, marxistisch-leninistisch, kritisch-rationalistisch, alltagsorientiert ...) lassen sich unterschiedliche Auffassungen vom Wesen des Menschseins finden, die mehr oder weniger explizit formuliert werden. Je nach dem, wie die Bilder vom Menschen sich abzeichnen, werden Theorieentwürfe, Handlungsleitende Konzepte und Handlungsstrategien gestaltet sein, manchmal entgegen jeglicher empirisch möglicher Einsicht. Wer der Meinung ist, alte Menschen möchten am liebsten in Ruhe gelassen werden, und wer weiter davon überzeugt ist, dass im Alter die körperlichen, psychischen und sozialen Fähigkeiten zwangsläufig abnehmen, wird vielleicht ein Anhänger der „Disengagementtheorie" und wird sich als Sohn oder als jüngere Ehefrau oder als Sozialpädagoge in seinem Verhalten entsprechend darauf einstellen und die Meinung vertreten, dass „die Alten" am besten in Ruhe gelassen werden sollen, weil dies ihrem natürlichen Sein entspricht. Sozialpädagogisch würde sich dann das Interaktionsmedium „Betreuung" anbieten, andere Medien wie „Bildung" oder „(Freizeit-) Beratung" wären kontraindiziert.

Menschenbilder, das war die Annahme, bilden die wesentliche Grundlage für Ethik und Moral. Die Sozialphilosophie erweitert oder – besser vielleicht – fokussiert den Blickwinkel. Sie setzt auf den Menschen als soziales und damit immer auch kulturell und gesellschaftlich mitbestimmtes Wesen, was in den sozialphilosophischen Modellen immer auch die Auseinandersetzung mit dem Thema Gentilizismus (Kollektivismus) vs. Individualismus beinhaltet. Daran schließt sich die zentrale Frage nach der gerechten Gesellschaft und den sie prägenden Werten und Normen an. So bildet die normative Sozialphilosophie den Kern einer normativen Ethik. Schlüter (2000, S. 683) hat die Aufgabe der Sozialphilosophie prägnant definiert: Sie „hat – ausgehend vom empirischen Befund – die Aufgabe, die Sozialgebilde der Gesellschaft analytisch-kritisch im Hinblick auf die implizierten Axiome, die methodischen Voraussetzungen und die praktischen Handlungskonsequenzen zu reflektieren und konstruktiv-projektiv ihre Umgestaltung vorzudenken. Kriterium für Kritik und Konstrukt ist eine Idee vom Wesen des Menschen und seiner gesellschaftlichen Grundverfasstheit – ein Entwurf, der seinerseits stets der Kritik und Neukonstruktion unterworfen bleibt". Hier läge eine Möglichkeit, dem viel beklagten Defizit der Theorien Sozialer Arbeit durch Aufnahme sozialphilosophischer Ideen und deren konsequenten Weiterentwicklung unter Einbeziehung sozialpädagogischer Problematiken entgegenzuwirken. Soziale Arbeit als Menschen- und Sozialrechtsprofession (Staub-Bernasconi 2000b) ist in der Sozialphilosophie begründet, aus der heraus sich auch bestimmende Rollenbilder Professioneller der Sozialen Arbeit ableiten lassen, z.B. Anwalt, Vertreter, Unterstützer derjenigen zu sein, die an der Einlösung ihrer Sozialrechte (Rechte auf Bildung, Ausbildung, Arbeit, soziale Sicherheit ...) gehindert sind, oder „Normalisierungs-Intervenierer" zu sein mit dem Ziel, über professionelle Interaktionsmedien (Beratung, psycho-soziale Therapie, Erziehung ...) im Rahmen ökonomischer und rechtlicher Rahmenbedingungen Autonomie, Selbstverantwortung und Selbstvertretung zu fördern.

4.3 Moderne Gesellschaft

Menschenbilder und sozialphilosophische Ideen und die damit wechselwirksam verbundenen Ethiken schweben nicht im luftleeren Raum, sondern sind auf das engste verknüpft mit real existierenden Gesellschaften. Um Grundzüge einer Berufsethik zu entwickeln, sind deshalb gegebene gesellschaftliche Strukturen zu benennen und ihre dynamische Entwicklung zu berücksichtigen. Gesellschaft befindet sich immer im Übergang, wenn auch die Veränderungsgeschwindigkeit historisch unterschiedlich ist. Damit ist auch ein Teil dieser Gesellschaft, nämlich die konkrete Soziale Arbeit immer auch ein Übergangsphänomen. Dabei ist allerdings zu berücksichtigen, was an Grundhaltungen und Basiswerten unbedingt zu schützen ist und was zeitbedingt begründet aufgegeben werden kann.

Der Alltag in einer Gesellschaft wie der Bundesrepublik Deutschland beinhaltet Chancen und Gefährdungen zugleich. Die Chancen zugänglicher zu machen und die Gefährdungen zu mildern oder weniger tief greifend wirken zu lassen ist individuen- wie strukturbezogen präventive, korrigierende und kompensierende Aufgabe der Sozialen Arbeit. Wie schwierig dies ist, wenn nicht nur anpassungsethisch korrekt gehandelt werden soll, zeigen einige Kennzeichen dieser Gesellschaft und der damit „kompatiblen" Persönlichkeitsbilder. Das heißt auch, dass, je mehr reale Menschen sich diesen idealtypischen Bildern bezüglich der erwarteten Fähigkeiten nähern, die Wahrscheinlichkeit steigt, dass ihre Teilhabe an den Chancen dieser Gesellschaft gesicherter ist und umgekehrt. Dies dient der Stabilisierung der Gesellschaft wie der Identität ihrer Mitglieder, birgt allerdings auch die Gefahr der Erstarrung für beide Teile in sich. Gesellschaftsfremdes, Randkulturelles, Abweichendes hat die lebenswichtige Funktion der gesellschaftlichen und kulturellen Dynamisierung und, wenn es gut geht, der kreativen Veränderung. Gestern noch als abweichend bekämpftes Verhalten ist heute erwünscht und gefördert. „Dynamische Stabilität" (Capra 1986, S. 362) ist auch hier ein wesentliches Ziel.

Als ein zentrales Element sozialphilosophischer Auseinandersetzung wurde das Verhältnis von Gentilizismus (Kollektivismus) zu Individualismus benannt. Ob die heutige Gesellschaft als „postmodern" deklariert wird oder nicht – eindeutig ist, dass im Prozess der Modernisierung seit der Renaissance ein Übergang von einer gentilizistischen zu einer individualistischen Grundorientierung stattfand und weiter stattfindet, wenn es auch zu Gegenströmungen kommt, die wie kleine Felsen im Fluss der Zeit Wirbel erzeugen, den Fluss oder den Flussverlauf selbst aber kaum verändern. Mit dieser Umorientierung sind je unterschiedliche Formen der Vergesellschaftung, Typen der Moral und Möglichkeiten der Persönlichkeitsbildung verbunden. So kommt es zu einer Schwerpunktverlagerung von einem soziozentrischen zu einem individuum-zentrierten Sozialleben, von der Kollektivverantwortung zur Eigenverantwortung, von der Volksreligion zur privatisierten Religion, vom Gruppeneigentum zum persönlichen Eigentum, von der Bedeutung der „Ehre", deren Wurzeln gesellschaftliche Werte und institutionalisierte Rollen sind, zur menschlichen „Würde", deren Träger das Individuum ist. Mit der individualistischen Orientierung mit ihrer ausgeprägten Betonung von Lebenshaltungen, die mit Begriffen wie Emanzipation, Selbstverwirklichung und Autonomie zu umschreiben sind, sind in enger wechselseitiger Abhängigkeit weitere Phänomene verbunden: gesellschaftliche Pluralisierung und soziale Dynamik, globale Interdependenzen und Abhängigkeiten, lebensweltliche Segmentierungen, Urbanisierung, massenmediale Versorgung, Technologisierung und Bürokratisierung ... und sozialstaats- bzw. wohlfahrtsstaatliche Absicherungen.

Ralf Dahrendorf hat das Spannungsfeld zwischen individuumorientierter und kollektivorientierter Ausrichtung im Konzept der „Lebenschancen" (1979) differenziert beschrieben. Darunter versteht er die „Möglichkeiten des individuellen Wachstums, der Realisierung von Fähigkeiten, Wünschen und Hoffnungen", die durch „soziale Bedingungen bereitgestellt" werden (S. 50). Dies sind u.a. das Recht auf freie Ortswahl, das allgemeine Wahlrecht, die infrastrukturelle Versorgung, also allgemeiner die Realisierung der durch das Sozialstaatsprinzip betonten Chancen auf soziale Gerechtigkeit und soziale Sicherheit. Nun bestimmt aber Dahrendorf die sozialen Bedingungen für die Lebenschancen näher als Optionen und Ligaturen. Optionen sind die gesellschaftlich eröffneten Wahlmöglichkeiten, die Handlungsalternativen, die strukturell vorgegeben sind. Ligaturen dagegen sind die Zugehörigkeiten, die Bindungen und sozialen Bezüge, die wiederum gesellschaftlich bereitgestellt werden und die der sozialen Position des einzelnen einen verbindlichen Charakter, Sinn und Bedeutung geben und die in Konfliktsituationen unterstützend wirken (primäre Netzwerke wie Familie, Verwandtschaft, Nachbarschaft, Heimat, religiöse und geschichtliche Bezüge). Formal sind Lebenschancen bei Dahrendorf eine Funktion von Optionen und Ligaturen, sie sind „Gelegenheiten für individuelles Handeln, die sich aus der Wechselwirkung von Optionen und Ligaturen ergeben". Für moderne Gesellschaften gilt nun, dass die Ligaturen sich quantitativ verringert haben und vor allem aber sich die Bindungsintensität der bestehenden Ligaturen als verbindliche und sinngebende Instanzen stark gelockert hat. Parallel dazu kommt es zu einer erheblichen Ausweitung der Optionen, die häufig nur durch eine Auflösung von Ligaturen möglich wird. Dahrendorf sieht die Gefahr, dass die „Zerstörung von Ligaturen (...) menschliche Lebenschancen bis zu dem Punkt reduziert (hat), an dem selbst Überlebenschancen wieder gefährdet sind" (S. 59). Genau hier setzt Soziale Arbeit an.

Um in dem hier pauschal skizzierten gesellschaftlichen Rahmen die gegebenen Lebenschancen nutzen zu können und den Gefährdungen so weit wie möglich zu entgehen oder die auftretenden Konflikte bewältigen zu können, bedarf es persönlicher und sozialer Kompetenzen, die in familialen und außerfamilialen Lebenswelten in lebenslangen sozialen Prozessen zu erwerben sind. An Formulierungen konkreter Eigenschaften des modernen Menschen, der bestrebt ist, die ermöglichten Chancen seiner Gesellschaft kreativ für sich umzusetzen, die individuellen Freiheiten und Rechte zu beanspruchen und die Werte der Autonomie und Selbstverwirklichung zu realisieren, mangelt es nicht. Die Werbung, Bekanntschafts- und Arbeitsvermittlungsanzeigen, TV-Filme sind voll davon: offen, veränderungswillig, flexibel, dynamisch, spontan, wach, reflexiv, sensibel, empathisch, kooperationsbereit, außengeleitet, mobil ... . Hinter diesen anschaulich-oberflächlichen Beschreibungen steht die Annahme, dass die Persönlichkeitsbildung in modernen Gesellschaften nur als ein dynamischer und stets unabgeschlossener Prozess denkbar ist, in dem in einer lebenslangen Interaktion mit anderen die Selbst- und Weltbilder auf unterschiedlichen Ebenen erworben, abgeändert, verworfen und mühsam immer wieder neu aufgebaut werden. Soziale Arbeit ist eines der modernen Steuerungselemente, präventiv, korrigierend und auch kompensierend diese Prozesse individuen- und strukturbezogen zu begleiten, Integration zu fördern, Desintegration und ihre Folgen zu beheben oder zu mildern und die Organisation dieses Arbeitsfeldes zu planen und situationsgerecht zu verändern.

4.4 Sozialstaat und Sozialpolitik

Neben den beschriebenen allgemeineren Folgen gesellschaftlicher Wandlungsprozesse mit ihren Chancen und Gefährdungen für alle Gesellschaftsmitglieder sind dabei natürlich vor allem Gruppierungen für die Soziale Arbeit bedeutsam, die in besonderer Weise, kurzfristig oder dauerhaft, den Gefährdungen der Gesellschaft oder gesellschaftlicher Umbrüche unterliegen (Armut, Arbeitslosigkeit, Imigration, Sucht, Behinderungen ...). Das Sozialstaatsprinzip und die Sozialpolitik geben dabei den Rahmen für die Handlungsmöglichkeiten professioneller Sozialer Arbeit vor, wenn dabei auch, vielleicht zunehmend, privatwirtschaftlich organisierte Hilfen angeboten werden und Laienhilfe und Selbsthilfe wichtige und unterstützende Faktoren des Hilfesystems darstellen.

Die Idee des Sozialstaats bzw. die Begründung des Sozialstaatsprinzips als aktives Regelungsinstrument des Staates zur Lösung gesellschaftlicher Probleme entwickelte sich mit den Verelendungsfolgen der Industrialisierung im 19. Jahrhundert. Der Sozialstaat ist heute unter den Begriffen „sozialer Bundesstaat" bzw. „sozialer Rechtsstaat" im Grundgesetz verankert (Art. 20 bzw. 28 GG). Daraus lässt sich das Sozialstaatsprinzip mit der Verpflichtung zur sozialen Gerechtigkeit (Angleichung unterschiedlicher Lebenschancen) und zur sozialen Sicherheit (ausreichender Schutz bezüglich der üblichen Lebensrisiken) ableiten und die Notwendigkeit spezieller sozialer Dienste begründen. Mit dem Begriff der Sozialpolitik sind die Bemühungen umschrieben, soziale Gerechtigkeit und soziale Sicherheit für benachteiligte Personen oder Gruppen zu gewährleisten. Wie der Begriff Sozialstaatsprinzip ist auch der der Sozialpolitik nicht stringent definiert, was nicht nur von Nachteil ist, da etwa über die Rechtsprechung und über politische Aktivitäten flexibel situationsspezifisch reagiert und agiert werden kann. Neben der staatlichen bzw. kommunalen Sozialpolitik wird diese auch von nicht-staatlichen Organisationen (Wohlfahrtsverbänden, Gewerkschaften) und von den Kirchen gestaltet. Die zentralen Inhalte der Sozialpolitik sind Armut und soziale Benachteiligung, Arbeit und Arbeitslosigkeit, Wohnen und Wohnungslosigkeit, Gesundheit und Krankheit, Behinderung, lebensaltersspezifische Probleme und Mitbestimmungrechte (Arbeitnehmer, Kinder, Bewohner von Alten- und Pflegeheimen, behinderte Menschen). In diesen Inhalten spiegeln sich zugleich wesentliche Tätigkeitsbereiche Sozialer Arbeit. Die Umsetzung sozialpolitischer Vorgaben ist gesetzlich verankert. Das Sozialrecht beinhaltet all die Leistungsbereiche, die sich aus individuellen und kollektiven Notlagen ableiten lassen, deren Lösung der staatlichen Hilfe bedürfen, da sie von einzelnen nicht mehr zu bewältigen sind. Im Sozialgesetzbuch (SGB) sind die wichtigsten Bereiche zusammengefasst (Sozialversicherung: Kranken-, Unfall-, Renten- und

Pflegeversicherung; Arbeitsförderung; Kinder- und Jugendhilfe; Sozialhilfe). Für die Umsetzung gilt dabei das Subsidiaritätsprinzip, das zwar nicht den Rang einer allgemein gültigen Rechtsnorm besitzt, sondern einen sozialphilosophischen Grundsatz, eine ethische Forderung für die sozialpolitische Praxis darstellt und das die Zuständigkeiten der verschiedenen Trägerorganisationen und auch das Verhältnis zwischen den Leistungsnehmern und den Leistungsgebern regeln soll. Allgemein bezeichnet dieses Prinzip den Vorrang der kleineren Gemeinschaften (etwa Familie und wohlfahrtsstaatliche Verbände wie Caritas oder Diakonisches Werk) gegenüber staatlichen Trägern, was auch die Unterstützung dieser kleineren Gemeinschaften durch die größere Einheit mit einschließt (oder es zumindest sollte). Neben den großen wohlfahrtsstaatlichen Verbänden existieren heute eine Reihe kleinerer sozialer Initiativen, vor allem auch aus der Selbsthilfebewegung, so dass neben den staatlichen und den kommerziellen Trägern sozialer Hilfeleistungen ein „Dritter Sektor" entstanden ist, der ebenfalls die aus dem Sozialstaatsprinzip, der Sozialpolitik und dem Sozialrecht ableitbaren Aufgaben erfüllt und nach dem Subsidiaritätsprinzip eine öffentliche Förderung und mehr rechtliche und finanzielle Eigenständigkeit fordert.

4.5 Berufsethik – Praxisethik

Soziale Arbeit hat ihr Aufgabenfeld im sozialstaatlichen Rahmen mit seinen sozialpolitischen und sozialrechtlichen Ausformungen unter Einbeziehung weiterer spezieller Vorgaben wie durch das Kinder- und Jugendhilfegesetzt (KJHG), das Betreuungsgesetz (BtG) oder das Ausländergesetz (AuslG) zu gestalten, wozu eine ausreichende inhaltlich-sachliche Kompetenz und Beziehungskompetenz (Kap. 11) ihrer Professionellen zu fordern ist. Die Basis dieser Kompetenzen, das war die Ausgangsthese, bildet der Bereich, der mit den Begriffen Anthropologie, Sozialphilosophie und Ethik umschrieben wurde. Die dazu eingangs formulierten Aussagen werden jetzt mit dem Ziel wieder aufgegriffen, einige Aspekte einer Berufsethik Sozialer Arbeit und damit einer Ethik methodischen Handelns in der Sozialen Arbeit zu benennen.

Noch einmal: zentral ist hier die normative (präskriptive) Ethik, die konkretes Handeln diskutiert, es zu begründen und systematisieren versucht und es danach beurteilt, ob die ethischen Prinzipien dabei erfüllt werden (moralisches Handeln) oder nicht. Ethik wird so zum Maßstab auch für methodisches Handeln. Darüber hinaus hat Ethik noch eine allgemeinere Funktion, nämlich eine Begründung für die Legitimation Sozialer Arbeit überhaupt erst zu liefern (Sozialphilosophie) oder auch Fragen zu klären, inwiefern bestimmte und scheinbar selbstverständliche Vorstellungen der Sozialen Arbeit wie Emanzipation oder Autonomie oder das Recht auf freie Meinungsäußerung Allgemeingültigkeit beanspruchen können oder auch inwiefern als allgemeingültig anerkannte Leitsätze wie das Selbstbestimmungrecht in spezifischen Bereichen Sozialer Arbeit unhinterfragt übernommen werden dürfen, etwa bei der Sterbehilfe oder bei Suizidankündigungen. Dies alles sind Inhalte einer sozialpädagogischen Berufsethik, so dass der Bereich, um den es hier ganz speziell geht, nämlich die Beziehung zwischen Professionellen der Sozialen Arbeit und den Klienten (Auftraggebern) Sozialer Arbeit, besser als Praxisethik bezeichnet werden kann, wobei die Beziehungsgestaltung jeweils ethisch zu rechtfertigen ist.

Dass die Praxisethik der Sozialen Arbeit als Erfolgsethik zu kurz greift, leuchtet ein, selbst wenn dies im Gefolge des Evaluierungsdrucks oder auch einer „Ökonomisierung" sozialpädagogischen Vokabulars, was sich dann in Begriffen wie Leistungs- und Kundenorientierung ausdrückt, manchmal auch anders erscheint. Nach der These, die hier vertreten wird, kann die Praxisethik Sozialer Arbeit auch keine monologische, einseitige (Gesinnungs-)Ethik sein, sondern ist nur als dialogische, zwei- oder mehrseitige (Verantwortungs-)Ethik vorstellbar.

In Erweiterung der Gedanken Max Webers, der den modernen ethischen Lebensstil in einer Verbindung zwischen Gesinnungs- und Verantwortungsethik sieht (1964, S. 70), hat Schluchter diese Lebensstile weiter differenziert (1980, S. 37). Er unterscheidet eine Gesinnungsethik (die moralische Angemessenheit einer Handlung steht über ihrer Effizienz), eine Anpassungsethik (die Effizienz einer Handlung steht über ihrer moralischen Angemessenheit) und eine Verantwortungsethik (zwischen moralischer Angemessenheit und der Effizienz einer Handlung wird in Berücksichtigung vorgegebener Bedingungen ein spannungsreicher Ausgleich herzustellen versucht). Während die Gesinnungsethik über die Ablehnung situationsspezifischer Gegebenheiten („Weltflucht") und die Anpassungsethik über die Angleichung an normierte Vorgaben („Weltanpassung") die Träger dieser Ethiken aus diesem Spannungsverhältnis herausnimmt, ist es allein die Verantwortungsethik im definierten Sinne, die die Probleme der modernen Welt und die Probleme Sozialer Arbeit in ihr bewältigbar erscheinen lässt. Erst dieser ethische Lebensstil führt zur Weltbewältigung („Weltbeherrschung"), deren „subjektives Korrelat Selbstbeherrschung gegenüber den eigenen und den fremden ‚Göttern'" ist (Schluchter 1980, S. 40). Die Bewältigung von Problemen in der Praxis Sozialer Arbeit hat unter der Prämisse der Verantwortungsethik die Selbstbestimmung der Klienten zum Ziel und die Selbstbestimmung der Professionellen zur Voraussetzung.

Brumlik (1992) hat in seiner „advokatorischen Ethik" eine für die Soziale Arbeit grundlegende Variante einer Verantwortungsethik entwickelt. Mündigkeit wird dabei nicht vorausgesetzt und die Würde des Menschen nicht an seine Mündigkeit gekoppelt. Unter Berücksichtigung gegebener Bedingungen wird in der advokatorischen Ethik das Ziel formuliert, die gleichberechtigten und in einem fragilen Gleichgewicht zueinanderstehenden Prinzipien der Bemündigung und der zu schützenden Integrität von Menschen zugleich zu verfolgen. Aus welchen Gründen auch immer Menschen (situationsspezifisch oder allgemeiner) unmündig geworden sind, sie sollen wieder mündig(er) werden, wobei in diesem Bemündigungsprozess ihre körperliche und geistige Integrität absolut schutzwürdig bleibt. Dies ist ein schwieriges und spannungsreiches Unternehmen, das professionell in methodischem Handeln in der Sozialen Arbeit zu verantworten ist. Dabei muss aber auch berücksichtigt werden, dass die Grundidee der advokatorischen Ethik nicht nur in Richtung der Klienten Gültigkeit besitzt, sondern natürlich auch für die Professionellen der Sozialen Arbeit gilt. Auch sie bedürfen immer wieder der Bemündigung unter Aufrechterhaltung ihrer Integrität etwa in Teamprozessen, in der Supervision oder auch in einer Therapie. Dies sind notwendige Voraussetzungen, um den Anforderungen moderner professioneller Sozialer Arbeit angemessen gerecht zu werden.

Wenn es in der Sozialen Arbeit in Deutschland bislang auch noch keinen allgemein gültigen Verhaltenskodex und entsprechende ethische Begründungen gibt, so lassen sich einige Leitsätze zu einer Berufsethik bzw. Praxisethik benennen:

- Berufs- bzw. Praxisethik in der Sozialen Arbeit ist normative Ethik in der Ausprägung der Verantwortungsethik.
- Handeln in der Sozialen Arbeit
  – muß kommunikativ verständigungsorientiert sein (Kap. 4.6) und schließt strategische Handlungen (Zwang, Manipulation, Techniken verzerrter Kommunikation) aus;
  – ist parteiergreifend, allerdings unter möglichster Berücksichtigung aller Beteiligten (Schlüter);
  – es zielt auf größtmögliche Autonomie und Selbstverantwortung der Klienten (Schlüter) und
  – es ist durch „streitbare Toleranz" (Schlüter) ausgezeichnet.
- Die Haltung Professioneller ist durch unbedingte Wertschätzung (Rogers) und Achtung dem Klienten gegenüber gekennzeichnet.
- Die Handlungsmaximen der Professionellen müssen allen Beteiligten und Betroffenen gegenüber rechtfertigbar sein (Schlüter), dazu gehört auch das immer wieder neue Bemühen der Professionellen um eine Praxisethik mit der nicht immer leichten Aufgabe der Reflexion der eigenen Menschenbilder und sozialphilosophischen Vorstellungen, aber auch der Anerkenntnis des unterschiedlichen Werteverständnisses der Beteiligten und Betroffenen des jeweiligen Handelns (Löwitsch).

Neben diesen Leitlinien gibt es auch Versuche, ethische Grundlagen zu formalisieren. So hat die International Federation of Social Workers (IFSW) 1994 auf ihrem Weltdelegiertentreffen in Colombo „Ethische Grundlagen der Sozialen Arbeit – Prinzipien und Standards" verabschiedet. Dieses Grundsatzpapier ist die Basis für die „Berufsethischen Prinzipien des Deutschen Berufsverbands für Sozialarbeit, Sozialpädagogik und Heilpädagogik (DBSH)", die dieser 1997 für alle Mitglieder des DBSH verpflichtend auf der Bundesmitgliederversammlung in Göttingen beschlossen hat. Differenziert in viele Unterpunkte sind dabei die Bereiche „Allgemeine Grundsätze beruflichen Handelns", „Verhalten gegenüber Klientel", „Verhalten gegenüber Berufskolleginnen und Berufskollegen", „Verhalten gegenüber Angehörigen anderer Berufe", „Verhalten gegenüber Arbeitgeber/innen und Organisationen" und „Verhalten in der Öffentlichkeit" geregelt. Eine Ethikkommission hat die Aufgaben einer kontinuierlichen Revision und Aktualisierung dieser Prinzipien sowie der Erarbeitung konkreter Verfahrensregeln. Die Prinzipien des DBSH, die den genannten Leitlinien entsprechen, wenn sie auch notwendigerweise sehr viel differenzierter formuliert sind, bieten eine sinnvolle Grundlage für eine über die Verpflichtung von Verbandsmitgliedern hinausgehende allgemeine Berufsethik. Diese könnte als Verpflichtung für die Professionellen der Sozialen Arbeit eine ähnliche Bedeutung erlangen wie der „Hippokratische Eid" für die Ärzte.

4.6 Verständigungsorientiertes Handeln

Aus den Überlegungen zur Berufs- und Praxisethik und den Versuchen, einen Verhaltenskodex zu entwickeln, lässt sich eine allgemeine Grundhaltung ableiten, die als notwendige Basis allen Handelns in der Sozialen Arbeit gelten muss: die kommunikative Verständigung (Abb. 7, S. 47). Diese Haltung ist zugleich Grundlage und Ziel methodischen Handelns. Es geht dabei nicht um den Erwerb eines statischen Faktors, den jemand besitzt oder nicht, sondern um ein dynamisches Bemühen, diese Haltung immer wieder neu anzustreben, Abweichungen wahrzunehmen und immer wieder flexibel in Richtung kommunikativer Verständigung umzugestalten. Diese Haltung ist ein so grundsätzliches Arbeitsprinzip, dass sie für alle Arbeitsfelder, Arbeitsformen, Interaktionsmedien, spezifischen Methoden und Verfahren Geltung beanspruchen darf. Ohne sie hat Soziale Arbeit und methodisches Handeln in ihr keine Daseinsberechtigung. Ihre Realisierung, in welcher äußeren Form auch immer, ist vermutlich auch der zentrale Wirkfaktor für das Gelingen sozialpädagogischer Interventionen. Diese sozialpädagogische Haltung darf aber nicht als überzogene und unrealistisch-idealisierende Schwärmerei formuliert oder gefordert werden. Es handelt sich lediglich um „Idealtypen" (Max Weber) oder „Konstruierte Typen" (Howard Becker), die über wenige Fakten einen Sachverhalt überdeutlich sichtbar machen, während reale Menschen in konkreten Situationen sich diesen Idealtypen immer nur mehr oder weniger annähern, ohne mit ihnen identisch zu werden.

Es geht in der Sozialen Arbeit zuvorderst und zunächst um soziales Handeln mit ganz konkreten Menschen in ihrer jeweiligen Lebenswelt, wie viele Facetten ein Problem in den jeweiligen Arbeitsbereichen auch haben mag. „Soziales Handeln" ist nach Max Weber ein Handeln, „welches seinem von dem oder den Handelnden gemeinten Sinn nach auf das Verhalten a n d e r e r bezogen wird und daran in seinem Ablauf orientiert ist" (1976, S. 1). Er erweitert diese Definition um die Wechselseitigkeit des Handelns zwischen Akteuren: „Soziale Beziehung soll ein seinem Sinngehalt nach aufeinander gegenseitig e i n g e s t e l l t e s und dadurch orientiertes Sichverhalten mehrerer heißen" (S. 13). Eine völlige Übereinstimmung konkreter Beziehungen mit diesen Formulierungen sieht Weber als Grenzfälle, allerdings verliert das Handeln den Charakter einer sozialen Beziehung, wenn „ein Aufeinander b e z o g e n s e i n des beiderseitigen Handelns tatsächlich fehlt" (S. 14), wobei, und dies ist besonders bedeutsam, im realen Handeln Übergänge nicht die Ausnahme, sondern die Regel sind. Das Bemühen um kommunikative Verständigung ist also ständig bedroht durch Entfremdung, Gegenseitigkeit durch Schein-Gegenseitigkeit (Wynne), Bestätigung durch Pseudobestätigung (Laing), Solidarität durch Täuschungsmanöver (Goffman), kommunikatives Handeln durch strategisches Handeln (Habermas) oder wie dieser Tatbestand im einzelnen auch bezeichnet werden mag. Es gilt also nicht ein strenges „Entweder-oder", sondern ein „Sowohl-als-auch", was sich bildhaft in Form eines Kontinuums darstellen lässt (Abb. 7), das auf der einen Seite durch „Verständigungsorientierung" und auf der anderen durch „Erfolgsorientierung" begrenzt wird. Handeln in der Sozialen Arbeit ist, erst einmal unter Verkürzung des professionellen Handelns auf den Beziehungsaspekt, auf diesem Kontinuum zugeordnet und in der Reflexion erkennbar, kritisierbar und veränderbar.

Verständigungsorientiertes Handeln

Professionelles Handeln in der Sozialen Arbeit hat neben und in Wechselwirkung zu dem Beziehungsaspekt natürlich auch einen Inhaltsaspekt, es geht ja nicht nur um „Beziehungsarbeit" allein, quasi um ihrer selbst willen, sondern immer auch um die Erledigung, die Bewältigung, die Veränderung einer „Sache". Eine noch so gute Beziehung zwischen einer Sozialpädagogin und einem Elternpaar, das ein Kind in Pflege nehmen will, nützt wenig, wenn nicht auch Inhalte, eingebettet in den Beziehungsprozess, transportiert werden, die manchmal den guten Kontakt vielleicht sogar etwas stören können (Verpflichtungen der Pflegeeltern, Pflegegeld, Besuchsregelungen, Kontrolle durch das Jugendamt, Erziehungsziele usw.). Die Fokussierung auf den Beziehungsaspekt darf die Pflicht zur Sachlichkeit, einschließlich der Forderung nach Verständlichkeit (Schulz von Thun 1998, S. 129 ff.) nicht auslöschen. Darüber hinaus zeigt sich aber auch noch ein weiterer Aspekt, den Watzlawick u.a. in ihren schon klassischen Axiomen menschlicher Kommunikation in diesem Zusammenhang formuliert haben: „Jede Kommunikation hat einen Inhalts- und einen Beziehungsaspekt, derart, dass letzterer den ersteren bestimmt und daher eine Metakommunikation ist" (1996, S. 56). Der Beziehungsaspekt definiert, wie eine Mitteilung zu verstehen ist, er ist daher eine Metakommunikation, eine Mitteilung über eine Mitteilung, oder: „Der Inhaltsaspekt vermittelt die ‚Daten', der Beziehungsaspekt weist an, wie diese Daten aufzufassen sind" (S. 55). Es hängt also von der Mimik, Gestik, Tonlage der Sozialpädagogin ab, wie etwa die Kontrollen des Jugendamts in der Wahrnehmung der Eltern wirksam werden, als unverschämte Einmischung, als kränkender Akt oder als hilfreiche Handreichung für die Eltern zum Wohle des Kindes. In der Sozialen Arbeit geht es also um „Sacharbeit" (Unterstützungswege, Beratungsinhalte, Konfliktlösungen, Erziehungsmöglichkeiten, materielle Zuwendungen ...) und deren Gestaltung über die „Beziehungsarbeit" zwischen Professionellen und Klienten, wobei die Qualität der letzteren über den Erfolg bzw. Misserfolg sozialpädagogischer Sacharbeit entscheidet. Formal kann diese Art der Beziehungsgestaltung annähernd als Interdependenzrelation im Sinne der Hypothesenbildung (vgl. Kap. 8.2) verstanden werden.

Die These ist, dass Soziale Arbeit um so erfolgreicher sein wird, je weniger erfolgsorientiert und je ausgeprägter verständigungsorientiert sie ist. Auf dem oben erwähnten Kontinuum steht auf der Seite der Verständigungsorientierung ein Handeln, das inhaltlich den Definitionen sozialen Handelns bzw. sozialer Beziehung von Max Weber entspricht und das mit unterschiedlichen Interaktions-Begriffen belegt ist, wie „Begegnung" (Moreno), „Dialog" (Buber), „Kommunikatives Handeln" (Habermas), „Rapport" (Bandler und Grinder) u.v.a. Diese Begriffe sind nicht synonym zu verwenden, sie haben aber die gleiche Grundrichtung, nämlich die Verständigung als Ziel des Handelns, wobei das, was erreicht werden soll, erst auszuhandeln ist und der Erfolg, nämlich die Zielerreichung, immer auch ein gemeinsamer bleibt. Wenn ein Alkoholabhängiger nach einem wiederholten „Rückfall" in die Beratung kommt, geht es nach diesem Modell zunächst um Verständigung. Die Haltung des Beraters sollte, das hat Rogers sehr eindeutig nachgewiesen, durch Wertschätzung, Empathie und Kongruenz (Kap. 9.1.3) geprägt sein, um überhaupt auf die Ebene der Verständigung zu kommen. Die Sachargumente wie Entgiftung, ambulante Therapie, Selbsthilfegruppenbesuch kennt der Alkoholabhängige aus eigener Erfahrung mindestens genau so gut wie der professionelle Berater. Diese Angebote allein bleiben letztlich folgenlos. Bietet der Berater dem Klienten aber z.B. an, als eine Wahlmöglichkeit neben den anderen Vorschlägen, weiter zu trinken, ist dies, wenn die Beziehungsgestaltung diesen Vorschlag nicht als Zynismus entlarvt und wenn es dem Bedürfnis des Klienten entspricht, eine verständigungsorientierte Lösung, die u.U. über kurz oder lang zum Erfolg führt. Die Wirksamkeit solcher paradoxen Aufforderungen, der „Symptomverschreibungen" sind bekannt (Watzlawick u.a. 1996, S. 213 ff.). Sie dürfen hier aber nur ernst gemeintes und verantwortetes Ergebnis einer Verständigung sein und nicht die Anwendung einer wirksamen Technik.

In dem eben beschriebenen Fall ist die Verführung natürlich groß, über ein immer noch „Mehr-desselben" (Watzlawick u.a. 1974, S. 51 ff.; Angebote über Angebote, die in Richtung Abstinenz gehen) oder über Drohungen oder geschickte Manipulation einen kurzfristigen „Erfolg" zu erzielen, also offen oder verdeckt erfolgsorientiert (oder besser erfolgzentriert) zu handeln. Das ist die andere Seite des Kontinuums, das Feld der Strategien und Täuschungsmanöver, die nicht unbedingt bösartig sein müssen, sondern vielfach auch „gut gemeint" sein können, wobei die Handlungsziele aber eben nicht gemeinsam erarbeitet wurden, sondern nach dem Willen, den Bedürfnissen, den Wünschen des Beraters vorgegeben sind.

Die Abbildung 7, eine Differenzierung und Transformation des Handlungsmodells von Habermas (1981, S. 446), verdeutlicht das Kontinuum noch einmal schematisch.

Beim verständigungsorientierten Handeln geht es primär um die Beziehungsgestaltung, der Erfolg entsteht aus dieser heraus; beim erfolgsorientierten Handeln steht die Wirkung im Mittelpunkt, deren Verfolgung handlungsleitend ist. Verständigungsorientiertes Handeln ist immer zwei- oder mehrseitig, erfolgsorientiertes Handeln dagegen kann einseitig, zwei- oder auch mehrseitig sein. Wenn es „offen" ist, ergibt sich daraus ein Zwangssystem oder auch eine Hierarchie oder aber, wenn mehrere gleichzeitig bei unterschiedlichen Zielen erfolgsorientiert sind, eine kämpferische Auseinandersetzung. Manipulative Versuche verlaufen gewöhnlich in der Form, dass einer manipuliert, der andere manipuliert wird. Wenn zwei oder mehrere versuchen, sich gegenseitig zu manipulieren, wird das System schon sehr komplex, Sieger bleibt vermutlich der, der die besseren Strategien anwenden kann. Solche Manipulationen können den manipulierenden Akteuren bewusst sein, den Manipulierten allerdings unbewusst. Falls sie letztlich allen Beteiligten unbewusst sind, kommt es zu Formen verzerrter Kommunikation. Die Strategien sind teilweise die selben, teilweise aber unterschiedlich. Doppelbindungen (Bateson) laufen meist unbewusst ab, denkbar ist allerdings, sie bewusst als Möglichkeit zu nutzen, andere zu manipulieren oder verrückt zu machen.

Dieses Schema ist kein normatives Konzept oder Gesetz, an dem das Handeln von SozialpädagogInnen über Aussagen von „gut oder schlecht" oder „wahr oder falsch" gemessen werden soll, es bietet aber ein idealtypisches Orientierungsraster, das dabei hilft, konkretes Handeln immer wieder zu überprüfen und zu reflektieren und es – u.U. erst über kollegiale Beratung oder auch Supervision – wieder zu ändern. Je nach Situation, je nach Problem, je nach den beteiligten Personen wird der Ort des Handelns auf dem Kontinuum unterschiedlich sein. Das gegenseitig Aufeinander-bezogen-Sein im verständigungsorientierten kom-

Verständigungsorientiertes Handeln

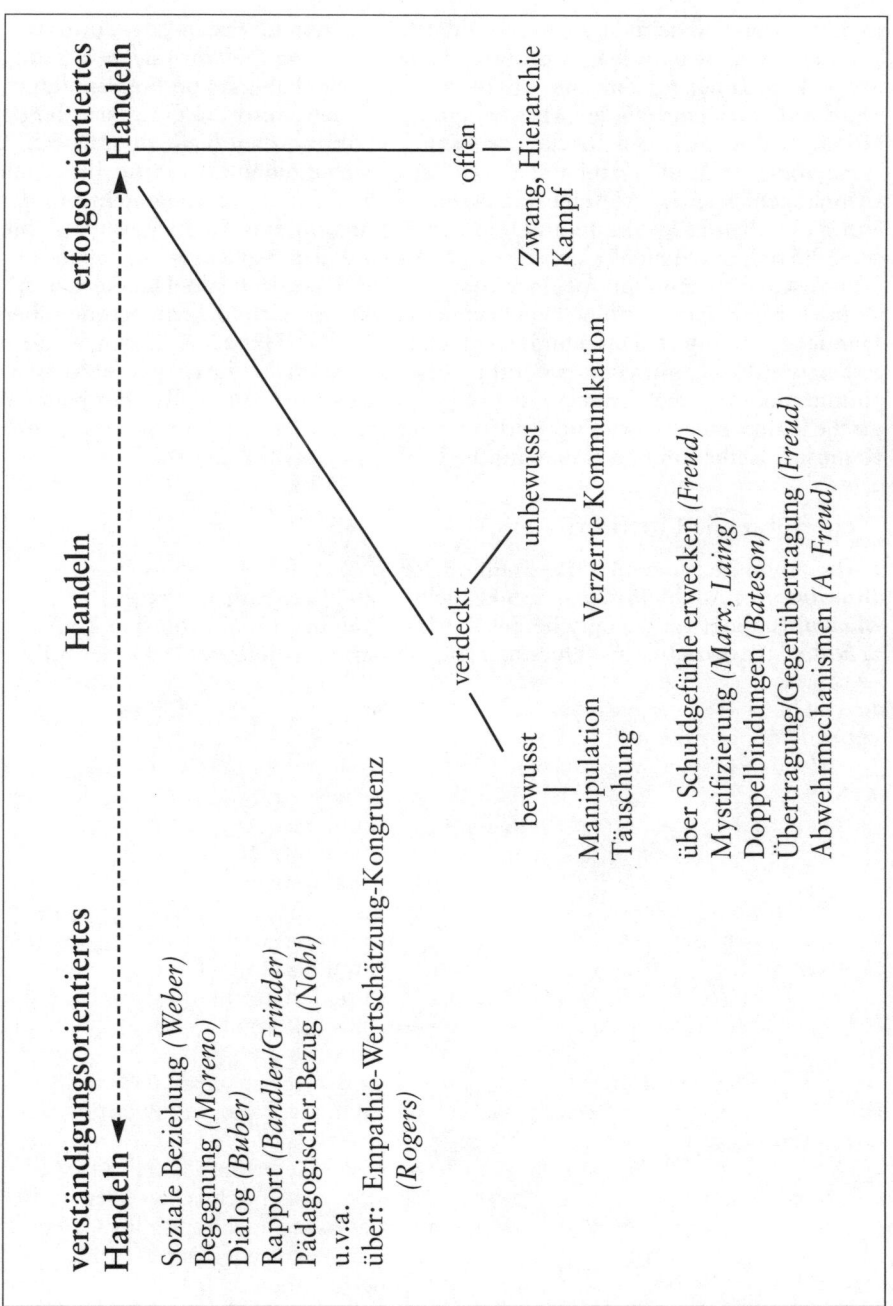

Abbildung 7: Kontinuum des Handelns zwischen Verständigungs- und Erfolgsorientierung (nach Habermas 1981, S. 446)

munikativen Handeln ist stets gefährdet, es ist, wie Goffman dies ausdrückt, „zerbrechlich, es ist mit konstitutiven Schwächen und Gefährdungen behaftet, ein prekärer, unsteter Zustand, der die ständige Möglichkeit von Entfremdung", wie sie sich im einseitig erfolgszentriertem Handeln ausdrückt, „in sich birgt" (1971, S. 128). Bezogen auf die Berufsethik Sozialer Arbeit hieße dies, dass eine Gesinnungsethik, die unabhängig vom Erfolg sich dialogisch verausgabt, genau so unangemessen ist wie eine Erfolgsethik, die entfremdetes Handeln um des Erfolges willen in Kauf nimmt. Die Lösung kann nur eine Verantwortungsethik sein, die sich des Handelns zwischen den beiden Polen bewusst ist, die Spannung „dazwischen" erträgt und zu einer konstruktiven Gestaltung des Handelns nutzt.

In diesem Kapitel wurden bedeutsame Aspekte der Grundlagen methodischen Handelns diskutiert. Das Fundament methodischen Handelns in der Sozialen Arbeit wird aber durch deren Ethik gesetzt und nicht durch psychologische Kommunikationstheorien oder soziologische Gesellschaftmodelle oder pädagogische Konzepte, so wichtig und im einzelnen auch handlungsleitend deren Kenntnis, Reflexion und pragmatische Umsetzung auch sind.

Weiterführende Literatur:

Bellermann, M., Sozialpolitik, Freiburg 1998 (3. Aufl.).
Brumlik, M., Advokatorische Ethik, Bielfeld 2004 (2. Aufl.).
Martin, E., Sozialpädagogische Berufsethik, Weinheim und München 2001.
Schlüter, W., Sozialphilosophie für helfende Berufe, München 1995 (3. Aufl.).

5 Handlungsleitende Konzepte

Handlungsleitende Konzepte, abgeleitet aus theoretischen Überlegungen und erprobt in den Arbeitsfeldern, liefern Rahmenbedingungen, innerhalb derer fallbezogen methodisch gearbeitet werden kann. Hochkomplexe Handlungsleitende Konzepte fehlen in der Sozialen Arbeit (Kap. 3.3). Konzepte mittlerer Reichweite stehen zur Verfügung, sie sind aber, wie das Empowerment, das Case Management oder der Netzwerkansatz nicht trennscharf voneinander zu differenzieren. Sie bedienen je besondere Schwerpunkte, gehen in manchen Bereichen ineinander über oder lassen sich auch, je nach Problemstellung, miteinander kombinieren. So können im Rahmen des Handlungsleitenden Konzeptes der lebensweltorientierten Jugendhilfe das Konzept des Empowerment und einige Aspekte der Erlebnispädagogik und die jeweils zuzuordnenden Arbeitsformen, Interaktionsmedien und spezifischen Methoden, Verfahren und Techniken die Grundlage für eine sinnvolles, problembezogenes und praktikables Handlungsmodell sein.

Methodisch handeln in diesem Sinne heißt, eine „Hierarchie als dem grundlegenden Ordnungsprinzip der Ganzheit" (Wilber 1996, S. 35) zu entwickeln. Dieser Hierarchiebegriff von Wilber macht deutlich, dass ein „neues Ganzes", hier durch Kombination von einzelnen Teilen, nur dann entstehen kann, wenn das neue Konzept „von höherer oder tieferer Ordnung ist als die Teile selbst", ansonsten entsteht ein „Haufen" (S. 35). Die Erstellung einer solchen Hierarchie ist eine zentrale Leistung methodischen Handelns in der Sozialen Arbeit, allerdings unter der Voraussetzung der Überprüf- und Veränderbarkeit. Rigide hierarchische Konzepte wären absolut kontraproduktiv, ebenso aber auch eine Sammlung eklektizistischer Zufälligkeiten. Die in wirtschaftlichen Organisationen verwendeten Organigramme, über die in einem schematischen „Stammbaum" der Aufbau und die Arbeitsteilung bzw. die Aufgabenbereiche auf einen Blick deutlich werden, könnten als Beispiel für eine solche Hierarchisierung dienen, deren Grundlage das statische Orientierungsmodell (Abb. 1) bildet. Handlungsleitende Konzepte sind aber nicht nur strukturierte Arbeitshilfen, sondern spiegeln sich, wenn sie wirklich verinnerlicht und ernsthaft vertreten werden, in der Grundhaltung der Professionellen wider, ihren Klienten und den Problemen gegenüber und in ihrer gesamten Arbeitsweise.

In den im folgenden beschriebenen Handlungsleitenden Konzepten sind jeweils, mit Ausnahme der eher gruppenzentrierten Erlebnispädagogik, alle Arbeitsformen von der Arbeit mit einzelnen Menschen über Gruppen und Organisationen bis hin zu regionalen Einheiten, wenn auch unterschiedlich gewichtet, integriert. Von der historischen Entwicklung her waren mit diesen Arbeitsformen einst spezifische Methoden verbunden (zusammenfassend: Friedländer/Pfaffenberger 1969 und Müller, C. W. 1997). Diese historisch bedeutsamen Methoden werden heute als „klassische Methoden" der Sozialen Arbeit (Müller, C. W.

2000) bezeichnet: die Einzel(fall)hilfe (case work), die Soziale Gruppenarbeit (social group work) und die Gemeinwesenarbeit (social community organization). Was hier mit Arbeitsformen bezeichnet wird, hat mit diesen klassischen Methoden (vgl. Kap. 9.5) nichts gemeinsam, sondern meint lediglich, dass die Soziale Arbeit sich in unterschiedlichen Sozialformen mit jeweils eigenen Voraussetzungen bezüglich des methodischen Handelns realisiert.

5.1 Empowerment

Hinter dem Begriff Empowerment (to empower: befähigen, ermächtigen), für den es keine eingängige Übersetzung ins Deutsche gibt, verbergen sich Inhalte, die schon länger unter anderen Bezeichnungen diskutiert werden. Die Grundideen finden sich u.a. in der Humanistischen Psychologie (Karmann 1987), in der Diskussion um die Gemeindepsychologie (Röhrle u.a. 1995) und die Gemeindepsychiatrie (Dörner u.a. 1979), in der Selbsthilfebewegung (Moeller 1978, Trojan 1986), in der Laienhilfe (Müller-Kohlenberg 1996) und ganz ausgeprägt im Konzept der Gesundheitsförderung (Waller 1996). Speziell für die Soziale Arbeit liegen inzwischen Entwürfe für ein differenziertes und ausbaufähiges Modell „Empowerment" vor (Stark 1996, Herriger 1997). Empowerment in der Sozialen Arbeit ist einerseits von seiner ethischen Fundierung her ein Arbeitsprinzip, andererseits ein Handlungsleitendes Konzept, innerhalb dessen ein großer Bereich von Arbeitsformen, Interaktionsmedien und Methoden in vielen Arbeitsfeldern auf den vier Handlungsebenen des Empowermentprozesses (Individual-, Gruppen-, Organisations- und Gemeindeebene) integriert werden können. Wenn von Empowerment gesprochen wird, sollte, um Verwirrung zu vermeiden, eindeutig unterschieden werden, ob vom allgemeinen Arbeitsprinzip oder vom differenzierten Handlungsleitenden Konzept die Rede ist.

Bezüglich des Dreiecks Axiologie – Theorie – Praxeologie (Abb. 2) zeigt sich, dass in allen drei Bereichen zwar Entwürfe vorliegen, dass das Empowerment aber höchstens als Konzept mittlerer Reichweite (Kap. 3.3) bezeichnet werden kann. Die Axiologie ist aufgrund ihrer Nähe zu den schon genannten Konzepten differenziert entwickelt, konzeptimmanente Theorien fehlen, jedoch sind ausbaufähige Theorieansätze, entsprechend den vier genannten Empowerment-Ebenen, aus den Sozialwissenschaften (Individualismus vs. Gentilizismus, Kommunitarismus), der Sozialpsychologie und der Gesundheitswissenschaft (Life event-Forschung, Salutogenesemodell, Coping) vorhanden, während eine stringente Praxeologie, vor allem was differenzierte Methodenkonzepte anbelangt, noch entwicklungsbedürftig ist. Letzteres mag auch damit zu tun haben, dass bei manchen Empowerment-Vertretern eine gewisse Abneigung gegen alles „Methodische" besteht, wobei methodisches Handeln dann gerne als Gegenpol zum Empowerment aufgebaut wird und zwar in dem Sinne, als wäre es eine technizistische Anwendung von absolutem Expertenwissen. Stark (1996) und Herriger (1997) haben Verfahren und Techniken vorgeschlagen, die im Rahmen des Empowerment ihren Platz haben: Zukunftswerkstatt, Team-Coaching, Kompetenzdialog, Netzwerkförderung u.a. Das ist sicher ein Anfang, methodische Überlegungen in die Empowermentdiskussion mit einzubeziehen, aber nicht ausreichend, um dieses Konzept für die Anwender praktikabel genug zu machen. Im folgenden werden deshalb auch immer Hinweise gegeben für eine weitergehende Integration verschiedener Methoden und Verfahren, die dann im Kapitel 9 ausführlicher dargestellt werden. Empowerment hat als allgemeines sozialpädagogisches Arbeitsprinzip eine grundlegende Bedeutung, es wird im folgenden deshalb auch bezüglich seiner Axiologie und Theorie etwas ausführlicher beschrieben.

5.1.1 Axiologie und theoretische Grundlagen

Die axiologischen Leitsätze des Empowerment führen weg von einer defizit- und konfliktorientierten Sichtweise hin zu einer eindeutigen Ressourcenorientierung mit den ethischen und sozialstaatlich verankerten (Kap. 4) Zielen der Selbstbestimmung, der sozialen Gerechtigkeit und der demokratischen Partizipation. Menschen sollen ermutigt und unterstützt werden, ihre Kompetenzen wieder wahrzunehmen und sie zur Lösung ihrer Probleme einzusetzen bzw. um ihre Zielvorstellungen in ihrer Lebenswelt aktiv (auch politisch) zu verfolgen. Die sozialpädagogische Arbeit oder allgemeiner die psycho-soziale Praxis hat dann nicht weniger als das „Anstiften zur (Wieder-)Aneignung von Selbstbestimmung über die Umstände des eigenen Lebens" ihres Klientels zur Aufgabe (Herriger (a) 2000, S. 175) und dies auf den Ebenen von Individuen, von Gruppen, von Organisationen und von Gemeinden.

Mit einer solchen Sichtweise kommt so etwas wie ein Hoffnungsüberschuss ins Spiel, wie er auch für viele Methoden und Verfahren der Humanistischen Psychologie zentral ist. Rogers spricht etwa von der „Kraft des Guten" im Menschen, die zum Tragen kommt, wenn ein entsprechendes „Klima" hergestellt wird (Kap. 9.1.3). Dieses Vertrauen in die Kompetenzen von Menschen, in ihre Fähigkeiten und Stärken, auch mit hochbelastenden Lebenssituationen konstruktiv umzugehen, ist die Leitidee des Empowerment. Professionelle der Sozialen Arbeit verzichten dann auf restriktive Strategien, bieten dagegen ihre (klientenorientierte) Beratung, ihre Unterstützung und Begleitung an. Sie werden so zu Katalysatoren mit mäeutischer Funktion, sind also quasi als Hebammen begleitend dabei, um, wo nötig, zu helfen, die verborgenen und verschütteten Fähigkeiten ans Licht zu bringen, als solche zu würdigen und ihre Bedeutung für die Lebensgestaltung sichtbarer werden zu lassen. Experten Sozialer Arbeit dürfen und müssen Sachverständige bleiben, nur die „Sache", um die es geht, ist eine andere geworden als bei herkömmlich defizitorientiertem Vorgehen.

Theoretische Grundlagen sollen das praktische Handeln begründen. Warum handle ich so, wie ich handle? Für das Empowerment-Konzept bietet sich eine Reihe von theoretischen Teilmodellen an, die eine sinnvolle Begründung für das Handeln auf den vier Ebenen des Empowermentprozesses erlauben.

Für soziologische und sozialphilosophische Fragestellungen ist das Verhältnis von Individualismus und Kollektivismus zentral (Kap. 4). Als theoretische Basis für die Empowerment-Idee bzw. für die daraus ableitbaren Handlungskonzepte ist eine einseitige Orientierung auf die eine wie auf die andere Seite undenkbar. In konkreten gesellschaftlichen Entwicklungen sind immer wieder Überbetonungen der einen oder der anderen Seite feststellbar. So sind überzogene individualistischen Orientierungen in den vergangenen Jahren die Vorstellungen des Kommunitarismus gegenübergestellt worden, ein von Etzioni (1995) entwickeltes Konzept, dem die These zugrunde liegt, dass den moralischen, sozialen und politischen Krisen moderner Gesellschaften nur über die Förderung der Gemeinschaftsorientierung begegnet werden könne. Egoistisches Verhalten von Gesellschaftsmitgliedern soll abgebaut, die Überforderung des Wohlfahrtsstaates soll vermieden und die Übernahme persönlicher und sozialer Verantwortung soll gefördert werden, ebenso das Bewusstsein, dass neben Rechten auch Pflichten stehen. Der Staat wird dabei allerdings nicht aus seiner gesellschaftlichen bzw. sozialpolitischen Verantwortung entlassen, jedoch von überfordernden Ansprüchen entlastet. Die Idee des Empowerment geht darüber hinaus. Für das Empowerment-Denken ist das Spannungsverhältnis zwischen Individualismus und Kollektivismus und dessen Gestaltung maßgebend. Chancen und Gefährdungen und deren Förderung bzw. Minimierung bilden sich in diesem spannungsreichen Verhältnis ab. Ralf Dahrendorf (1979) hat dies in seinem Konzept der „Lebenschancen" verdeutlicht (Kap. 4). Genau hier setzt Empowerment mit großer Zielgenauigkeit ein, indem die Arbeit in und mit Gruppen und die Netzwerkförderung (Kap. 9.4.1) zu ihren zentralen Instrumenten zählen.

Auf der individuellen Ebene lassen sich diverse psychologische und sozialpsychologische theoretische Konzepte finden, die begründen, warum ein Wechsel der Blickrichtung von den Defiziten zu den Kompetenzen sinnvoll und erfolgversprechend ist. Das Konzept der erlernten Hilflosigkeit (Seligman 1975) verdeutlicht, wie die Erfahrung, in bestimmten, vereinzelten Situationen ein Problem nicht selbst lösen zu können, verallgemeinert wird, so dass ein Defizit-Syndrom ausgeprägter Hilflosigkeit entsteht, das sich dann in dem Glauben manifestiert, überhaupt nichts mehr für sich tun zu können. Bestimmte life-events (Holmes/Rahe 1967; Fragebogen in Uexküll 1981, S. 181), biografische Ereignisse, die mit Stress und einer entsprechenden Anpassungsleistung verbunden sind, sind oft die Basis eines solchen Defizit-Syndroms, vor allem wenn sie kumuliert auftreten und auch den Blick für vorhandene Bewältigungsmöglichkeiten versperren (Verlust des Arbeitsplatzes und Partnerprobleme und Krankheit ...). Im Sinne der Sich-selbst-erfüllenden-Prophezeiung (self-fulfilling prophecy), bei der eine objektiv falsche Definition der Situation (keine Möglichkeiten der Hilfe) ein verändertes Verhalten bewirkt (Rückzug) und im Endeffekt dazu beiträgt, dass die ursprünglich falsche Situationsdefinition schließlich doch zutrifft (Rückzug und Desinteresse bei möglichen Helfern), verstärkt sich das Gefühl der Hilflosigkeit in diesem Prozess. Dieser Vorgang, dessen Grundlage das Thomas-Theorem (Thomas 1931) ist, nach dem Menschen so handeln, wie sie eine Situation definieren, ohne dass diese Definition der Realität entsprechen muss, kann aber auch positiv gewendet werden, indem die Situation differenziert betrachtet wird oder, noch einen Schritt weiter, indem die Defizite ausgeblendet, die Kompetenzen betont und die Situation, auch in die Zukunft hinein, eine positive Tönung bekommt, auch in dem Sinne, als ob es schon so wäre.

Im Zusammenhang mit den beiden letztgenannten Konzepten, die der Theorie der Symbolischen Interaktion (Symbolic interactionism: G. H. Mead, W. I. Thomas, E. Goffman u.a.) zugeordnet sind, können weitere ergänzende und erweiternde Konzepte genannt werden, die in der Stressforschung und in der Gesundheitswissenschaft entwickelt wurden und für den Begründungszusam-

menhang des Empowerment-Handelns wichtige Aspekte beitragen. Hierher gehören u.a.
- das Coping-Konzept (Lazarus/Folkman 1974), bei dem es um die Auseinandersetzungen und die individuellen Bewältigungsstrategien gegenüber belastenden Umweltkonstellationen und Erlebnissen geht, und
- das salutogenetische Modell (Antonovsky 1979), das einen Paradigmenwechsel eingeleitet hat, indem die Fragestellung von der Pathogenese zu Erscheinungen gelenkt wird, dass Menschen trotz all der Risiken auch gesund bleiben.

Für das Coping-Konzept liegt bisher keine prägnante begriffliche Formulierung vor, es lassen sich aber eine Reihe von Bewältigungsstrategien auf der emotionalen, kognitiven und interaktiven Ebene beschreiben, wie Fatalismus, Verleugnung, Vermeiden, Ablenken, Rückzug, Zuwendung usw. mit dem Ziel der Reduzierung oder Minimierung, des Meisterns, aber auch des Tolerierens interner und externer Belastungen. Interessanter für die Empowerment-Thematik wird dieses Konzept allerdings erst, wenn etwa bestimmte Coping-Stile mit den Ressourcen in Verbindung gesetzt werden, wie dies Pearlin/Schooler (1978) vorgeschlagen haben. Soziale Ressourcen (soziale Bindungen, Gruppenzugehörigkeiten, soziale Netze) und psychische Ressourcen (stabiles Selbstwerterleben, Beherrschtheit) werden dann mit dem Bewältigungsverhalten verbunden (Veränderung der Situation, Umdeutung des Problems). Wie immer die einzelnen Strategien aussehen mögen, zeigt die Coping-Forschung doch, dass den Menschen eine große Anzahl davon zur Verfügung stehen, wobei es doch auch wichtig erscheint, vor dem Hintergrund der Empowerment-Ethik auch zur Kenntnis zu nehmen, dass auch Abwehrmechanismen (Verdrängung, Verleugnung, Projektionen) im Gesamtprozess ihre unterstützende und stabilisierende Bedeutung haben, dass sie als Überlebensstrategien einen manchmal nicht zu unterschätzenden Wert besitzen, der zu würdigen ist, wenn dann auch weitere Kompetenzen zu entwickeln und zu fördern sind.

Antonovsky kehrt die Frage „Was macht Menschen krank?" nicht einfach um in die Frage „Was macht Menschen gesund?", sondern er denkt im Rahmen eines Kontinuums und formuliert die Frage so: „Was rückt die Leute in Richtung auf das gesunde Ende des health-ease/disease-Kontinuums?" (1991, S. 122). Wo nun jemand auf diesem Kontinuum zu einer bestimmten Zeit und in einer bestimmten Situation einzuordnen ist, ist eine Funktion aus den belastenden Faktoren und schützenden Faktoren (Ressourcen). Zu den protektiven Faktoren zählt er ganzheitlich alle Faktoren von den genetischen bis zu den gesellschaftlich-strukturellen, wobei die subjektiv zentrale Widerstandsressource der Kohärenzsinn (sense of coherence) ist, der das Maß für ein stabiles Vertrauen ausdrückt, bezogen auf die Verstehbarkeit (comprehensibility) menschlicher Lebensläufe, auf die Handhabbarkeit (manageability) der dabei auftretenden Anforderungen durch verfügbare Ressourcen und die Sinnhaftigkeit (meaningfullness), dass nämlich die Bewältigung dieser Anforderungen den Einsatz lohnen (1991, S. 127). Die Vorstellung eines Kontinuums, wie sie Antonovsky formuliert hat, ist sowohl für die Empowerment-Arbeit wie auch allgemeiner noch für die Soziale Arbeit ein wichtiger Bezugspunkt, der sowohl Klienten wie Professionellen hilft, sich nicht überfordern zu lassen, Schritte nicht nur in eine Richtung zuzulassen, sondern den Entwicklungsprozess offen zu halten.

Von den Theorien der Sozialen Arbeit sind es vor allem die Kritisch-emanzipatorische Sozialpädagogik (Hermann Giesecke, Klaus Mollenhauer (Giesecke 1973)) und die Alltags- bzw. Lebensweltorientierte Soziale Arbeit (Thiersch 1997), die mit dem Empowerment-Konzept korrespondieren. Das erklärte Ziel der Kritisch-emanzipatorischen Sozialpädagogik ist die Emanzipation der Klienten bei gleichzeitig strikter Parteilichkeit für diese, wobei immer auch, unter kritischer Reflexion der individuelle Notlagen begründenden gesellschaftlichen Bedingungsfaktoren, Gesellschaftsveränderung als notwendige Voraussetzung gesehen wird. Die Alltags- bzw. Lebensweltorientierung nimmt die Deutungsmuster von Klienten ernst, ist also strikt klientenorientiert, und macht sie zum Ausgangspunkt des Handelns.

5.1.2 Vier Ebenen des Empowerment

Als Ebenen des Empowermentprozesses werden zwar die Individualebene, die Gruppenebene, die institutionelle Ebene oder die Ebene von Organisationen und die Gemeindebene oder die strukturelle Ebene genannt (Stark 1996, Herriger 1997), der eigentliche Sinn des Empowerment erschließt sich aber erst in der Verknüpfung dieser vier Ebenen zu einem übergreifenden Handlungskonzept, wobei die Schwerpunkte in der praktischen Arbeit natürlich unterschiedlich verteilt sind.

Für die einzelnen Ebenen lassen sich folgende Arbeitsinhalte differenzieren:

1. In der Arbeit mit einzelnen Personen stehen die Interaktionsmedien Beratung, Unterstützung und Begleitung im Vordergrund. Hier zeigen sich Überschneidungen und teilweise, aber immer vor dem Hintergrund der Empowerment-Idee, auch Gleichsetzungen mit dem Case-Management (Kap. 5.2) als Handlungsleitendes Konzept und mit der Sozialen Beratung als Teilbereich des Interaktionsmediums Beratung (Kap. 6.1). Das Ziel dieser Arbeit formuliert Herriger so: „Der Kontakt zwischen Sozialarbeiter und Klient hat das Ziel, Hilfestellungen zu vermitteln, vermittels derer der Betroffene aus seiner Situation der Machtlosigkeit, Resignation und Demoralisierung heraus das Leben wieder in die eigenen Hände zu nehmen vermag, Vertrauen in das eigene Vermögen zur Lebens- und Umweltgestaltung gewinnt, verschüttete Kraftquellen von Kompetenz und Vermögen entdeckt und zur Gestaltung relevanter Lebensausschnitte einsetzt" (2000 (a) S. 176). Ein solches Ziel ernst nehmen heißt aber, dass bei Professionellen ein hohes Maß an methodischer Kompetenz in ihrem Beratungshandeln zu fordern ist. Das Besondere am Empowermentkonzept ist dabei der Blick in die Zukunft. Der Blick auf die Vergangenheit wird auf Kompetenzerlebnisse fokussiert und nicht auf Verletzungen und Konflikte. Herriger (1997, S. 113 ff.) hat als Verfahren für die individuelle Ebene den Kompetenzdialog eingeführt. Dieser umfasst drei Phasen: erstens die Formulierung einer wünschenswerten Zukunft durch den Klienten, zweitens die Wiederbelebung und Thematisierung vergangener positiver, kompetenter und selbstwertsteigernder Lebensereignisse und drittens den Entwurf eines Lebensplanes, in Abwägung vorhandener Ressourcen und erreichbarer Ziele. Es geht also um die Planung einer gelingenderen Zukunft durch die Klienten selbst ohne Anpassungsdruck von Seiten der Professionel-

len und dies auch noch unter Ausschluss von intensiver Konfliktbearbeitung. Dazu bieten sich natürlich auch noch weitere Verfahren an, wie etwa die „Time line" aus dem Neurolinguistischen Programmieren (NLP) (James/Woodsmall 1992) oder die Arbeit mit den „Sozialen Atomen" oder, falls in Gruppen gearbeitet wird, dem „zukunftgerichteten Rollenspiel" aus dem Psychodrama (Kap. 9.2). Letzteres hat den großen Vorteil, im antizipatorischen Handeln vorwegnehmend die Zielerreichung schon einmal zu erleben und von dieser Sicht aus die Planung eventuell zu modifizieren. Es hat also die bedürfniserfüllende und zielerreichende Funktion des „als ob". Der Blick geht dann nicht nur in die Zukunft, sondern von dieser schon einmal zurück, wenn auch nur probehalber.

Die nächste Phase ist dann die ==Erprobung und konkrete Umsetzung des Geplanten==. Dazu ist oft Begleitung und Unterstützung nötig, wozu Ziele und Teilziele des Klienten und die Abfolge der einzelnen Schritte zu vereinbaren sind und im Sinne des Empowerment Ressourcen in der Lebenswelt des Klienten (Abb. 4) zu eruieren, zu aktivieren und zu nutzen sind, um in Zeiten der Belastung eine schnelle und hilfreiche Entlastung, mit oder auch ohne professionelle Hilfe zu ermöglichen. Die Ergänzung oder eventuell auch Ersetzung professioneller Hilfe durch informelle Hilfemöglichkeiten und Ressourcenquellen ist auch eine zentrale Aufgabe des Case Management (Kap. 5.2), dessen Verfahren hier sinnvoll empowermentgemäß genutzt werden können.

2. Die Empowerment-Arbeit mit Gruppen ist ==Förderung der Gemeinschaftsarbeit== (lebensweltliche Netzwerke, Selbsthilfegruppen, Bürgerinitiativen). Die Praxis der Sozialen Arbeit ist hier darauf bezogen, Menschen miteinander in Verbindung zu bringen und sie beim Aufbau und der Gestaltung von ==Netzwerken== (z.B. über die Vermittlung und das Training von Regeln aus der Themenzentrierten Interaktion (Kap. 9.3) in Selbsthilfegruppen) zu unterstützen. Giesecke (1996) bezeichnet dies im Zusammenhang mit pädagogischem Handeln als ==Arrangieren== und ==Animieren== (Kap. 6.2.3). In der Sozialen Arbeit geht es darum, Situationen herzustellen (Arrangieren) oder, dem Empowerment gemäß, ==Menschen bei der Herstellung dieser Situationen behilflich zu sein==, in denen sie sich selbst organisieren können und eine autonome Lebensgestaltung möglich wird und zwar unter Nutzung der jeweiligen Gruppenressourcen. Dies entspricht auch der „==Pädagogik des Ortes==", die Winkler als eine Grundbestimmung sozialpädagogischen Handelns sieht (1988, S. 263 ff.), oder auch der „Theometrie der Örter" Morenos (1924, S. 7 ff.) oder seiner „Psychotherapie des Raumes" (1969), ebenso wie seiner Idee einer „Soziatrie" bzw. der methodischen Umsetzung dieser „(Selbst-)Heilung von Gruppen" durch soziometrische Verfahren (Kap. 7.6 und 9.2). Darüber hinaus ist es aber auch nötig, ==Noch-Nicht-Nutzer zu bewegen, sie zu animieren==, diese Chancen wahrzunehmen, dies mit Hilfe der Professionellen durch entsprechende Vermittlungen und durch die Nutzer selbst (Öffentlichkeitsarbeit (Herrenbrück 2000)).

Herriger nennt zwei nützliche Verfahren auf der Gruppenebene, einmal die „==Netzwerkanreicherung==" und dann die „==Netzwerkförderung==" (2000 (a) S. 178). Durch das erstgenannte Verfahren sollen Lockerungen und Risse in ==primären Netzwerken== (Familie, Verwandtschaft, Freundschaft, Nachbarschaft) „gekittet" und deren stützende Funktion wiederbelebt werden, wozu u.U. auch „Helferkonferenzen" notwendig werden, um vorhandene Möglichkeiten nutzen zu können. Als methodisches Instrumentarium stehen hier u.a. wiederum erprobte psychodramatische Verfahren, wie z.B. die soziometrische familiale Netzwerkanalyse zur Verfügung (Kap. 7.8). Die Netzwerkförderung (Kap. 9.4.1) ist dagegen auf die Entwicklung neuer sozialer Zusammenhänge gerichtet, eine Aufgabe, die gerade bei nicht mehr oder noch nie tragfähigen oder nicht mehr restaurierbaren primären Netzwerken von Bedeutung ist. Hier geht es um die Initiierung von Selbsthilfegruppen, um Starthilfe und Unterstützung und Beratung in kritischen Situationen der Gruppenentwicklung und um die Koordination von Selbsthilfegruppen in einer Gemeinde bzw. um die Förderung der Kooperationsbemühungen der Gruppen untereinander, wie dies in allen gemeindenahen Ansätzen als Aufgaben formuliert wird.

Ein Verfahren, das auf der Gruppenebene praktiziert wird (Stark 1996, S. 206 ff.) ist die Zukunftswerkstatt, die von Jungk und Müllert (1989) entwickelt wurde (Kap. 9.4.3). Dabei geht es um eine in drei Arbeitsphasen (Kritik-, Utopie- und Verwirklichungsphase) unterteilte, spielerische, fantasievolle und kreative Auseinandersetzung mit der Realität und ihrer konstruktiven Veränderung im Rahmen demokratischer Gruppenarbeit, wobei die interessante Möglichkeit besteht, alle vier Ebenen des Empowermentprozesses zu integrieren, bis hin zur konkreten Umsetzung innerhalb der lebensweltlichen Bezüge.

Stark (1996, S. 213 ff.) erwähnt als weiteres erprobtes Verfahren das „Team-Coaching". Dabei geht es speziell um die Förderung der Kompetenzen einzelner Gruppenmitglieder. Ein Gruppenmitglied präsentiert ein umgrenztes Problem, ein weiteres übernimmt die Moderation und die anderen Gruppenmitglieder treten als fragende und anregende Berater auf, wobei der Verlauf geregelt ist (Vorstellung der Person, die ihre Fragestellung einbringt, durch den Moderator, Präsentation des Problems, Klärung von Verständnisfragen, Beratungsphase, Rückmeldung durch die präsentierende Person) und zeitlich auf maximal eine Stunde begrenzt bleibt. Das beschriebene Verfahren ist, wie auch alle anderen erwähnten, kein Spezifikum des Empowerment, sondern wurde aus anderen Zusammenhängen als empowerment-kompatibel in diese Arbeit übernommen. Team-Coaching ist eine Form des Coachings und damit eine Form der Supervision bzw. Praxisberatung (Kap. 10.2).

3. Empowerment auf der institutionellen Ebene zielt auf aktive Bürgerbeteiligung bei den Entscheidungen und der Durchführung der Programme der Dienstleistungsunternehmen und der Verbände, also stichpunktartig auf Partizipation, Adressatenbeteiligung und Kundenorientierung, wie die aktuellen Begriffe heute heißen. BürgerInnen sind dann nicht mehr undurchschaubaren Entscheidungen der Administration ausgeliefert, sondern werden als Betroffene zu Beteiligten mit Entscheidungsbefugnis. Die sog. Bürgerbeiräte üben dann auf der Leitungsebene von Institutionen Planungs- und Kontrollfunktion aus. Voraussetzung für ein konstruktives Funktionieren einer solchen Zusammenarbeit ist ein radikales Umdenken auf Seiten der Institutionen wie auf Seiten der betroffenen Bürger. Die Institutionen, deren Strukturen sich über Jahrzehnte hin verfestigt haben, müssen sich für Bürgerbelange verständi-

gungsorientiert öffnen; BürgerInnen müssen selbstbewusst diese Chancen wahrnehmen. Empowerment ist das Mittel der Wahl, diese Veränderungsprozesse begleitend zu bewirken. Um nicht immer wieder von vorne beginnen zu müssen, ist die Voraussetzung dafür allerdings die „Etablierung von Verfahren formaler Beteiligung, die sachverständigen Bürgern ein Mandat im Prozess der Planung, Gestaltung und Implementation von sozialen Dienstleistungen geben" (Herriger (a) 2000, S. 178 f.). „Sachverständig" sind vor allem die direkt betroffenen Menschen selbst (Wohnungslose, Suchtkranke, Psychiatriepatienten, Heimbewohner), wobei aber auch die Beteiligung weiterer aktiv-interessierter BürgerInnen ganz im Sinne der Empowerment-Idee ist.
4. **Empowerment auf der Gemeindeebene** – eine Wiederbelebung der Idee der Gemeinwesenarbeit (Kap. 5.5.1) – „zielt auf die Schaffung eines förderlichen lokalen Klimas für die Selbstorganisation und Partizipation" von BürgerInnen (Herriger (a) 2000, S. 179). Dies erfordert eine Politik, die in diese Richtung denkt und handelt, und es setzt den Willen zu einer gleichberechtigten Kooperation von Vertretern unterschiedlicher Verbände, Behörden und der Lokalpolitik mit engagierten Bürgern voraus. Hier zeigt sich eine enge Verbindung zur Idee der Gesundheitsförderung, die ja ein viele Aspekte integrierendes, sozial-ökologisches Konzept ist, wenn in der Ottawa-Charta der Weltgesundheitsorganisation (WHO) von 1986 neben der Entwicklung persönlicher Kompetenzen folgende Ziele der Gesundheitsförderung formuliert werden:
- die Schaffung gesundheitsförderlicher Lebenswelten,
- die Unterstützung gesundheitsbezogener Gemeinschaftsaktionen,
- die Entwicklung einer gesundheitsfördernden Sozialpolitik und
- die Neuorientierung der Gesundheitsdienste.

5.1.3 Professionelle Rollen

Empowerment und dessen berufsethische Prinzipien gutheißen ist eine Sache, die Umsetzung der Empowerment-Idee in der alltäglichen Sozialen Arbeit aber ist eine schwierigere Aufgabe, die ein Umdenken erfordert und dem sozialpädagogischen Handeln erhebliche Probleme bereiten kann. Das, was als kommunikative Verständigung (Kap. 4.6), die auf eine gleichberechtigte Arbeitsbeziehung ausgerichtet ist, bezeichnet wurde, wird hier radikal eingefordert. Strategien, auch wohlmeinende, der Expertenmacht und Bevormundung sind zugunsten eines „Beziehungsmodus des partnerschaftlichen Aushandelns" (Herriger (a) 2000, S. 179) aufzugeben: „Soziale Arbeit ist dann nicht mehr allein Produktion von Dienstleistungen (service) oder stellvertretendes Eintreten für Klienteninteressen (advocacy). Soziale Arbeit wird zu einer einfühlenden und unterstützenden Lebensweg-Begleitung, die Menschen neue Lebenshorizonte erschließt, sie miteinander vernetzt, strukturelles Rückgrat für kollektive Prozesse der Selbstbefreiung ist und neue Perspektiven der Umweltgestaltung eröffnet" (S. 179). Daraus lassen sich nach Herriger (a) 2000, S. 179ff.) folgende neue Rollen für die Mitarbeiter sozialer Dienste ableiten:
1. Lebenswelt-Analytiker: „Fundament dieser neuen wegbegleitenden Professionalität ist die Fähigkeit der MitarbeiterInnen, die Mikropolitik alltäglicher sozialer Ungleichheiten, in die die Lebensgeschichten ihrer Adressaten einge-

spannt sind, transparent werden zu lassen." Dies ist der Versuch, den eingangs erwähnten circulus vitiosus erlernter Hilflosigkeit zu durchbrechen.
2. Kritischer Lebensinterpret: Sozialpädagogen haben hier die Aufgabe einer „stellvertretenden Lebensdeutung". Es geht „um die Inszenierung eines verständigungsorientierten Dialogs", der sowohl „retrospektiv als auch prospektiv gerichtet ist".
3. Netzwerker und Ressourcenmobilisierer: „Über das Stiften neuer Kontakte und die unterstützende Wegbegleitung hinaus zielt die Soziale Arbeit hier auf ‚Ressourcenmobilisierung'". Letzteres meint eine Vermittlung einer Vorstellung über verfügbare Ressourcen und die Förderung der Kompetenzen der Klienten, sich diese Ressourcen auch aneignen zu können.
4. Intermediärer Brückenbauer: Hier steht die Vermittlungsarbeit zwischen Bürgern und Administration im Vordergrund. Neben Hilfestellungen für engagierte Bürger, die diese befähigen, sich erfolgreich im administrativen und kommunalpolitischen Bereich einzumischen, ist hier Mediationsarbeit (vgl. Kap. 5.5.1) zentral, um die Kooperationsbereitschaft auf beiden Seiten auch in schwierigen Situationen aufrechtzuerhalten.
5. Normalisierungsarbeiter: Hier geht es nicht um die Anpassung an gesellschaftlich vorgegebene Normalitätsforderungen, sondern im Gegenteil darum, „beständig für das Recht der Klienten auf unkonventionelle Lebensentwürfe einzutreten und die Toleranzzonen für deren Eigen-Sinn zu erweitern", selbst dann, natürlich im Rahmen der rechtlichen Grenzen, wenn diese Entscheidungen nach anderen Beurteilungskriterien in Sackgassen führen.
6. Organisations- und Systementwickler: Hier ist eine „spezifische sozialpolitische Fachlichkeit" angesprochen, die „Fähigkeiten und Tätigkeiten" meint „wie z.B. die Beratung des Gesetzgebers und der ausführenden Akteure in Verbänden und Verwaltungen, eine parteiergreifende Lobby-Arbeit für die Interessen machtloser Populationen". Die „direkte Einmischung in Politikformulierung und -implementierung sind Weiterentwicklungen der Rolle des sozialen Professionals im Kontext einer Empowerment-Praxis" (Swift/Lewin 1987, zit. in Wendt 2000, S. 181).

Die unter Punkt 6 angesprochenen Tätigkeiten gehören sicher nicht ins Zentrum sozialpädagogischen Handelns, sie scheinen eher Ausdruck einer Form von Allzuständigkeit zu sein, die auch Randständiges zur beruflichen Pflicht machen möchte. Dies gilt auch dann, wenn es natürlich Sozialpädagogen geben wird und darf, die genau diese Tätigkeiten als Experten berechtigterweise ausüben, es ist dann aber Politik- oder Organisationsberatung, aber nicht Soziale Arbeit in Form von Sozialpädagogik und Sozialarbeit. Unabhängig davon fordert ein solch anspruchsvolles Programm erhebliche Sach- und Beziehungskompetenzen (Kap. 11). Eine diffuse „Haltung" alleine genügt nicht. Die methodischen Kompetenzen erstrecken sich im Grunde auf das gesamte Methodeninstrumentarium sozialpädagogischen Handelns, deren Beherrschung zur Voraussetzung für effektives Handeln nach den Zielvorstellungen des Empowerment wird, allerdings nicht im Sinne eines lebensfremden Perfektionismusstrebens, sondern in dem Bemühen, der Praxisethik des Empowerments gerecht zu werden. Dabei bleibt aber immer noch die Frage, ob Empowerment nicht für manche Klienten eine, vielleicht zunächst auch unbemerkte, Überforderung darstellt, und es bleibt weiter die Frage, in welchen Arbeitsfeldern und für welche Professionelle Empowerment ein geeignetes Konzept darstellt. Überforderte Klienten und ebensolche Professionelle bilden keine gute Basis für eine effektive Zusammenarbeit. Ein sensibles Gespür und situationsanalytische Kompetenz für die zeit- und situationsspezifischen Bedürfnisse der Klienten sollten die Richtschnur des Handelns auch im Rahmen des Empowerment bleiben. Die Empowerment-Idee ist sicher handlungsleitend, eine rigide Empowerment-Ideologie dagegen zerstörend und kränkend für Klienten wie für Professionelle, wenn die hohen Ziele nicht erreicht werden können. Manchmal sind viele kleine Schritte notwendig, bis eine „(Wieder-)Aneignung von Selbstbestimmung über die Umstände des eigenen Lebens" (Herriger (a) 2000, S. 175) gelingen kann. Dies gilt für Klienten ebenso wie für Professionelle. Selbstbestimmung, erfolgreiches Handeln und Kooperationsfähigkeit kann bei vielen Klienten der Sozialen Arbeit eben gerade nicht, wenn vielleicht auch nur vorübergehend, vorausgesetzt werden. Deren Stärkung ist das Ziel sozialpädagogischen Handelns, das sich dann überflüssig macht, wenn dieses Ziel erreicht ist. Bemündigung ist auch oder gerade beim Empowerment unter Befolgung des Integritätspostulats (Kap. 4.5) ein wesentlicher Teilschritt hin zur Selbsthilfe.

Ideologiebeengte vorschnelle Aktivitäten behindern die Erreichung der Empowermentziele. Die „Befreiung" von Patienten aus den Mauern der Psychiatrie in den 60er und 70er Jahren in Italien und in Ansätzen auch in Deutschland hat gezeigt wie absolut überfordernd, weil unvorbereitet, dies für viele Patienten und deren Familien und Heimatgemeinden war. Ein Beispiel aus einem Landeskrankenhaus macht deutlich, wie langwierig (aber im Endeffekt erfolgreich) es sein kann, hospitalisierten Patienten den Weg in die Selbstbestimmung zu öffnen. In diesem Krankenhaus waren Patienten teilweise seit 15 Jahren und mehr untergebracht. Über trainierendes psychodramatisches Handeln sollten die Patienten auf die Welt außerhalb ihrer Klinik vorbereitet werden. Dazu sollten zunächst auch stabilisierende soziale Netze über das Verfahren des „Sozialen Atoms" (Kap. 7.4) erfragt werden. Das ging zunächst überhaupt nicht, dann wurden Beziehungsnetze deutlich, in denen aber nur Personen aus der Vergangenheit auftauchten, die zum Teil längst tot waren oder die Patienten schon sehr lange nicht mehr besucht hatten. Nach über einem Jahr war es über viele weitere kleine Schritte möglich, dass die Patienten immer mehr reale Personen (Mitpatienten, Ärzte, Pfleger, Besucher von Selbsthilfegruppen und örtlichen Initiativen) in ihr Beziehungsnetz aufnahmen und sich damit konkret auseinander setzen konnten. Von hier aus war der zunächst intensiver betreute Weg in Übergangseinrichtungen, in Wohngruppen und selbstständiges Wohnen u.a. für manche Patienten möglich, andere wollten in der Klinik bleiben. Eine solche Enthospitalisierung konnte natürlich nur gelingen, weil im Sinne des Empowerment auch intensiv auf der institutionellen sowie auf der Gemeindeebene gearbeitet und der Übergang vorbereitet und begleitet wurde.

Weiterführende Literatur:

Herriger, N., Empowerment in der Sozialen Arbeit, Stuttgart 2002.
Theunissen, G. und *Plaute, W.*, Handbuch Empowerment und Heilpädagogik. Freiburg im Breisgau 2002

5.2 Case Management

Managen (to manage = führen, verwalten, leiten von Betrieben) ist seit Mitte der 80er Jahre ein Begriff geworden, der in vielfältigen Zusammenhängen auch in der Sozialen Arbeit Anwendung findet: Sozialmanagement, Qualitätsmanagement, Selbstmanagement, Gesundheitsmanagement, Versorgungsmanagement u.a. In dieser Begrifflichkeit kommt zunächst zum Ausdruck, dass die Zielrichtung des Handelns in der Sozialen Arbeit an den Kriterien der Führung von Betrieben gemessen wird (Planen, Entscheiden, Organisieren und Kontrollieren), um den Erfolg Sozialer Arbeit im Rahmen der unterschiedlichen Interaktionsmedien zu optimieren. Diese Art des Umgangs mit sozialen Problemen scheint eine Antwort auf die Zeichen der Zeit zu sein, die durch Verknappung der finanziellen Mittel und durch die steigende Bedeutung ambulanter Maßnahmen (z.B. nach dem Kinder- und Jugendhilfegesetz von 1991) und Eingliederungshilfen (z.B. entsprechend den Ideen der Psychiatrie-Enquête der Bundesregierung von 1974) bestimmt werden. Case Management, Mitte der 70er Jahre in den USA entstanden, wird als eine Modifizierung der Arbeit mit einzelnen Menschen verstanden und ist somit ein erweitertes Angebot an Handlungsmöglichkeiten für diese Arbeitsform.

5.2.1 Aufgaben – Ziele

Case Management oder auch Unterstützungsmanagement (Wendt) ist ein Handlungsleitendes Konzept in der Sozialen Arbeit (und auch in Gesundheitsdiensten), mit dem „im Einzelfall die nötige Unterstützung, Behandlung und Versorgung von Menschen organisiert und durchgeführt wird". Case Management betrifft „die Ablauforganisation der Einzelhilfe bei einer andauernden oder vielseitigen Hilfestellung für eine Person oder Familie" (Wendt 2000, S. 117). Case Manager erfüllen diese Aufgabe vorwiegend in Teilbereichen von Arbeitsfeldern, wo diese Art von organisierender, begleitender und unterstützender Hilfestellung benötigt wird. Nach Wendt sind die Einsatzgebiete für Case Manager die Pflege, die Rehabilitation, die Behindertenhilfe, die Familienhilfe, die Kinder- und Jugendhilfe, die Straffälligen- und Bewährungshilfe, die Arbeit mit Suchtmittelabhängigen, die Arbeit mit Wohnungslosen sowie in der psychiatrischen Versorgung und in der medizinischen Behandlung (1997, S. 165 ff.). In diesen Arbeitsbereichen gibt es auch in Deutschland – örtlich quantitativ sehr unterschiedlich – Angebote an Hilfen, die unverbunden und fragmentiert nebenund oft auch gegeneinander existieren. Es gibt zudem häufig auch gleichwertige Alternativen, die gewählt werden können. Die Qual der Wahl bleibt den Klienten überlassen, vorausgesetzt, dass sie situationsspezifisch bei der bestehenden Komplexität des Versorgungssystems zu einer solchen Wahlleistung in der Lage sind. Aber nicht nur Klienten, sondern auch fachspezifisch orientierte Professionelle verlieren schnell den Überblick bzw. haben sich nie darum bemüht. Eine qualifizierte Auswahl und Organisation von Hilfemöglichkeiten für einen Klienten bzw. eine Familie ist die Aufgabe des Case Managers. In Großbritannien und einigen anderen Ländern ist zusätzlich von einem Care Management die Rede. Über dieses Versorgungsmanagement versorgt der öffentliche Sozialdienst nach

Feststellung eines individuellen Bedarfs die Klienten mit den nötigen Dienstleistungen, die auf dem Markt angeboten werden. Case Manager haben „anschließend die Aufgabe, die Leistungserbringung zu überwachen, Beschwerden nachzugehen und im kommunalen Rahmen über die Bedarfsdeckung Rechenschaft abzulegen" (Wendt 2000, S. 117).

Die Formulierung der Aufgaben des Case Management macht schon deutlich, dass das Verfahren einer strengen Systematik unterliegen muss, um im Sinne der Zielvorstellungen zu funktionieren. Es muss ja insgesamt ein strukturierter Handlungszusammenhang hergestellt werden: „Wenn auf der Hand liegt, was zu tun ist, braucht man keine Strategie für das richtige Nacheinander und Miteinander" (Wendt 1997, S. 96). Ganz anders liegt der Fall, wenn mehrere Alternativen zur Verfügung stehen, wenn Ressourcen unterschiedlicher Art gefragt sind, wenn mehrere Personen beteiligt sind und ein zeitlicher Abfolgerahmen geschaffen werden muss. Wenn ein Alkoholabhängiger mit einer Alkoholvergiftung in ein Krankenhaus eingeliefert wird, ist dies ein medizinischer Notfall und keine Aufgabe für Case Management. Wenn der gleiche Alkoholiker einige Tage später auf Anraten des Krankenhaussozialdienstes Kontakt mit einer Suchtberatungsstelle aufnimmt, könnte sich daraus eine Aufgabe für ein Case Management entwickeln. Dann nämlich, wenn die einzelnen Hilfen erschlossen, organisiert und in einen sinnvollen Zusammenhang gebracht werden müssen, wie die qualifizierte Entgiftung in einer entsprechenden Klinikabteilung (körperliche Entgiftung, Information über die Krankheit und über Therapiemöglichkeiten, Kontakt zu Selbsthilfegruppen etc.), der Besuch einer Selbsthilfegruppe, die Abklärung des körperlichen Befundes, die Klärung familialer und beruflicher Probleme und Ressourcen, der Antrag für die Therapie in einer Fachklinik, unterstützende Gespräche in der Suchtberatungsstelle usw. Die einzelnen Faktoren und die damit zusammenhängenden Aufgaben sind dabei in eine sinnvolle zeitliche Reihe zu bringen und die Aktivitäten der jeweiligen Fachkräfte zu koordinieren, wobei alle formellen und informellen Ressourcen zu nutzen und zu integrieren sind. Ein solches Vorhaben setzt voraus, dass es für alle Beteiligten durchsichtig und überschaubar bleibt. Wo dies nicht der Fall ist, kommt es schnell zu Ängsten, Kränkungen, Schuldzuweisungen, heimlichen oder offenen Widerständen und Rückzugstendenzen, wodurch das ganze Projekt gefährdet wird.

Das Neue am Case Management in der Einzelfallarbeit ist, dass nicht mehr ein Sozialpädagoge alleine einen einzelnen Klienten oder eine Familie berät, begleitet oder betreut, sondern dass jetzt mehrere Fachkräfte, je nach ihrer Spezialisierung, in einen Gesamtprozess der Beratung, Begleitung oder Betreuung miteinander, nebeneinander und nacheinander einbezogen sind. Case Manager eröffnen, koordinieren und überwachen die Einzelleistungen in diesem Unterstützungsnetzwerk für den Klienten, der allerdings grundsätzlich als aktiver Partner und eigenständiger Nutzer des Dienstleistungsangebotes gesehen wird. Wer die Funktion eines „Gatekeepers", der die Türen zum Versorgungssystem öffnet (Hausärzte haben diese Aufgabe im medizinischen Bereich bezüglich weiterer fachärztlich-ambulanter oder stationärer Behandlung), oder wer die „Fallführung" übernehmen kann, ist in Deutschland offen, ebenso welche Berufsgruppen dafür zuständig sind. Denkbar ist, dass durch entsprechend ausgebildete Fachkäfte der Leistungsträger (Jugendamt, Sozialamt), der beauftragten Dienstleister (Drogenberatungsstelle, Erziehungsberatungsstelle) oder auch eigenständiger

Dienste (Koordinierungsstelle, Praxis für Case Management) diese Aufgaben durchgeführt werden (vgl. Wendt 2000, S. 119).

5.2.2 Handlungsphasen

Zur Abfolge von Handlungsphasen im Case Management gibt es verschiedene Modelle. So unterscheidet Moxley (1989) fünf Phasen: assessment, planning, intervention, monitoring und evaluation, die in anderen Modellen weiter differenziert werden. So hat Weil (1995) acht „Schlüsselkomponenten" entwickelt:
- Ausfindigmachen und Auswahl von Klienten,
- Individuelle Einschätzung und Diagnose,
- Planung der Dienstleistung und Bestimmen der Ressourcen,
- Heranführen des Klienten an von ihm benötigte Dienste,
- Implementation und Koordination der Dienstleistungen,
- Kontrolle der Erbringung von Dienstleistungen,
- Anwaltliches Handeln und
- Evaluation.

Diese Komponenten sind im Grunde nichts anderes als die auf die spezifische Arbeitsweise des Case Managements übertragenen Phasen des allgemeinen Problemlösungsprozesses (Kap. 3.6). Wendt hat in Anlehnung an Weil und in sehr differenzierter Weise die Systematik der Ablauforganisation herausgearbeitet (1997, S. 102 ff. und 2000, S. 118):
1. Grundsätzliche Vorklärung (Definition des Klientenkreises nach der bestehenden Problematik, nach der Berechtigung, Leistungen zu bekommen, oder auch Zuständigkeit des Anbieters) und Gestaltung des Zugangs für die Klienten zum Anbieter und umgekehrt der Anbieter zu den Klienten (rechtliche Beschränkungen, finanzieller Aufwand, Öffnungszeiten, Komm- oder Gehstruktur, sozio-kulturelle und psychische Hemmnisse sowie die Qualität der Öffentlichkeitsarbeit (Herrenbrück 2000)).
2. Nach dem Klientenkontakt erste Feststellung eines Handlungsbedarfs: Aufnahmegespräch und eventuell dann eine Veranlassung für den anbietenden Dienst, sich des Falles anzunehmen; dies bedingt u.U. auch eine Auslese (screening) der Klienten, die aber nicht nur negativ (Selektion) zu sehen ist, sondern dazu dient, die Nachfrage mit dem Angebot so kompatibel wie möglich zu machen.
3. Einschätzung (assessment) und Bedarfsklärung: Hier geht es zunächst um eine mehrperspektivische Situationsanalyse, an der neben den professionellen Mitarbeitern die Klienten aktiv beteiligt sind. Die Problem- und vor allem die Ressourceneinschätzung findet dabei im Rahmen des Mehrperspektivenmodells (Abb. 4) statt. Als Methoden und Verfahren haben sich verschiedene Modelle der Situationsanalyse (Kap. 7) bewährt, die je nach spezifischer Situation zu wählen sind. Die klientenzentrierte Gesprächsführung (Kap. 9.1) im Rahmen von Erstgesprächen ist dabei sehr breit anwendbar, wenn sie ganzheitlich lebenslagenspezifische Aspekte mit einbezieht. Ähnliches gilt für die Analyse über das Person-in-environment-Verfahren (PIE) (Kap. 7.1), die Netzwerkanalyse (Kap. 7.8) oder soziometrische Verfahren wie dem

Sozialen Atom (Kap. 7.4). Daraus lässt sich dann eine Bedarfsklärung erarbeiten, was u.U. auch eine schmerzliche Auswahl für den Klienten bedeutet, da Prioritäten zu setzen sind und nicht alle individuellen Bedürfnisse erfüllbar oder als Bedarf vom jeweiligen Dienst so eingeschätzt und zu erbringen sind. Hier geht es also auch wieder um ein verständigungsorientiertes Aushandeln im Einzelfall. Neben den genannten allgemeiner anwendbaren Verfahren zum Assessment gibt es für unterschiedliche Problematiken spezielle Diagnoseinstrumente, wie die psycho-soziale Diagnostik in der Jugendhilfe (Harnach-Beck 1997) oder noch speziellere wie die von Krohwinkel (1992) zur Einschätzung der Pflegebedürftigkeit, das geriatrische Assessment von Runge/Rehfeld (1996), das Befunde aus dem körperlichen und psychischen Bereich sowie aus dem personellen und materiellen Umfeld einbezieht, den Münchner Alkoholismustest (MALT) von Feuerlein u.a. (1979) oder den Alkohol-Fragebogen von Rieth (1970).

4. Zielvereinbarung und Hilfeplanung: Die Formulierung von Zielen (Kap. 8.1) und die Vereinbarungen, auf denen die Hilfeplanung aufbaut, müssen realitätsangemessen sein. Die Hilfeplanung muss mit der Lebensplanung der Klienten kompatibel sein, sie kann diese in bestimmten Bereichen ergänzen, aber nicht ersetzen. Sie wird so, mit Ausnahme bei Entmündigungsverfahren, der individuellen Gestaltung der Lebensplanung zugänglich und subsumiert. Dabei sind alle individuellen und familialen Ressourcen und Bewältigungsmöglichkeiten in die Planung mit einzubeziehen, ebenso wie alle relevanten Dienstleistungsangebote. Die Hilfeplanung ist u.U. ein sehr komplexer Prozess. Wenn Eltern eines Jugendlichen sich aufgrund von Erziehungsproblemen Hilfe beim Jugendamt holen wollen, wird zunächst in einem Gespräch mit den Eltern und dem Jugendlichen der Handlungsbedarf (Punkt 2 dieser Auflistung) festzustellen und darauf aufbauend eine vorläufige Ziel- und Hilfeplanung zu formulieren sein. In der Hilfeplankonferenz wird das Netz der Personen und Institutionen auf alle nötigen Kooperationspartner erweitert. Dabei werden die jeweils spezifischen Aufgaben verteilt und deren Erfüllung der Verantwortung der Beteiligten zugewiesen, allerdings nicht nur den Professionellen, sondern allen Beteiligten, in diesem Fall auch den Eltern und dem Jugendlichen. Als spezifische Methode bietet sich hier die Themenzentrierte Interaktion (TZI) (Kap. 9.3) als sehr geeignetes Mittel der Wahl an, da hier gleichermaßen die sachliche Ebene (geeignete Maßnahmen), die subjektive Ebene (Erfahrungen der Professionellen, Bedürfnisse und Ängste der Klienten), die Gruppenebene (Kooperation der Fachkräfte untereinander sowie mit dem Case Manager und mit den Klienten) und die Umweltebene (vorhandene Dienste, Finanzierungsmöglichkeiten) einbezogen sind und die jeweiligen Inhalte angemessen und realitätsgerecht bearbeitet werden können.

Der Hilfeplan wird dokumentiert und allen Beteiligten zugänglich gemacht, und er schließt meist auch mit Entscheidungen ab. Je nach Zuständigkeit treffen diese die Beteiligten selbst oder der Hilfeplan wird zur Entscheidung den entsprechenden Leistungsträgern vorgelegt. Die Gewährung von Jugendhilfemaßnahmen ist dann ein Verwaltungsakt, was deutlich macht, wie lebensentscheidend eine professionelle Hilfeplanung im Einzelfall werden kann. Vom Hilfeplan sind die Ausführungspläne in den einzelnen Einrichtungen zu unterscheiden, die aber, wenn Case Management funktionieren soll, aufeinander abgestimmt sein müssen. Dies wird um so eher der Fall sein, wenn die Fachkräfte der ambulanten und stationären Einrichtungen an der Hilfeplanung beteiligt waren. Der Hilfeplan gibt die allgemeinen Ziele vor, während die Ausführungspläne differenziert festlegen, über welche Dienstleistungen diese Ziele im einzelnen erreicht werden sollen, wozu dann natürlich wiederum die Kooperation der Fachkräfte in den Institutionen selbst Voraussetzung für ein Gelingen ist. Wenn im Hilfeplan die Unterbringung einer Jugendlichen in einem geschlossenen Heim als Ziel formuliert wird, dann wird die Ausführung dieses Ziels in einem Erziehungsplan des Heimes umgesetzt werden, wobei dann wiederum die ganze begründete Hilfeplanung sinnlos wäre, wenn in dem Erziehungsplan die Erkenntnisse der Hilfeplanung (Situationsanalyse, Entscheidungskriterien) missachtet würden, wobei eine kritische Distanz zum Hilfeplan allerdings durchaus angebracht sein mag.

5. Durchführung: Case Manager koordinieren, lenken und überwachen (Monitoring) den Ablauf des Hilfeplans, meist ohne selbst direkt aktiv Aufgaben dabei zu übernehmen. Dass es dabei nicht ohne Konflikte abgehen wird, ist einsichtig, wenn sich etwa der Case Manager nach den Fortschritten, die der Klient macht, erkundigt oder gar Beschwerden des Klienten nachgeht. Von Seiten der durchführenden Institutionen wird das schnell als störende Einmischung verstanden, der Case Manager wiederum wird die mangelnde Kooperationsbereitschaft beklagen. In manchen Fällen muss der Case Manager auch anwaltlich für den Klienten aktiv werden, wenn etwa vereinbarte Leistungen nicht erbracht werden oder Absprachen nicht eingehalten werden. Um diese Aufgaben „zwischen" den Personen und Institutionen methodisch angemessen zu erfüllen, sind eine personorientierte Gesprächsführung (Kap. 9.1), die Drohungen und Konfrontation vermeidet und Vermittlungsverfahren, wie sie in der Mediation (Kap. 5.1.5) gebräuchlich sind, hilfreich und notwendig und zwar unter den Prämissen der Sozialen Netzwerkarbeit (Kap. 5.3 und 9.4.1) und der Netzwerkorientierten Gemeinwesenarbeit (Kap. 5.5.1).

6. Evaluation: Im Modell des zirkulären Problemlösungsprozesses (Abb. 5) ist die Evaluation, die Erfolgskontrolle, sowohl auf das Ergebnis als auch immer wieder auf den Prozess selbst bezogen und zwar bezüglich der technologischen Effektivität (Angemessenheit der verwendeten Methoden und Verfahren) und bezüglich der Qualität der Durchführung. Dies gilt auch für den Ablauf des Case Management. Dabei finden die Verfahren der Fremd- bzw. Selbstevaluation (Kap. 10.1) Anwendung. Wenn die Evaluation im Prozessverlauf ernst genommen wird, kann das zu Neueinschätzungen (reassessment) der Situation führen und veränderte Maßnahmen nötig machen. So führt etwa der Rückfall oder das Dealen bei einem Klienten in einer Fachklinik u.U. dazu, dass die für die Nachsorgephase geplanten Maßnahmen (Übergangswohnheim, Arbeitsaufnahme) den Sinn im Gesamtplan verloren haben und eine qualifizierte Entgiftung oder auch die Rückkehr ins Gefängnis die nächsten Schritte sein werden, die der Case Manager zu organisieren, zu koordinieren und dem Klienten zu vermitteln hat. Oder Teile der Gesamtplanung werden umgestoßen, wenn sich zeigt, dass z.B. die Qualität der Drogentherapie in einer Fachklinik nicht dem entspricht, was für und mit dem Klienten als notwendig erachtet wurde.

Wendt (1997, S. 128 f.) hat einige Kriterien für die (Ergebnis-)Evaluation im Case Management formuliert, die darauf Bezug nehmen, dass es bei dieser Arbeit um eine auf den Einzelfall bezogene Unterstützung und Versorgung geht. Dabei ergänzen sich einzelne Dimensionen der „individuellen Lebenslage":
„(a) eine vergangenheitsorientierte, curriculare Bewertung (Was haben wir erreicht?),
(b) eine umweltorientierte Bewertung (Welche soziale Akzeptanz findet das gewählte Bewältigungs- und Unterstützungsverfahren und sein Ergebnis? Was hat sich sozial (familiär, beruflich usw.) geändert?),
(c) eine subjektinterne Bewertung (gemäß der persönlichen Befriedigung, der physischen und psychischen Stabilisierung und Besserung),
(d) eine perspektivische Bewertung (Welche Chancen wurden wahrgenommen oder verpasst, welche neuen Perspektiven eröffnet?)".
7. Entpflichtung (disengagement): Nach Erfüllung der Aufgabe muss ein klarer Abschluss der gemeinsamen Arbeit zwischen Klient und Case Manager gefunden werden. In einem termingerecht vereinbarten Abschlussgespräch, eventuell im direkten Anschluss an die eben erwähnte Ergebnisevaluation ist im methodischen Rahmen der klientenzentrierten Gesprächsführung (Kap. 9.1) der Abschluss zu gestalten. Abschiednehmen von etwas Gewohntem und von hilfreich erlebten Personen und Orten ist manchmal ein schwieriger Akt für die Klienten, aber auch für die Professionellen, hier die Case Manager, wenn der emotionale Bezug im Case Management auch nicht so ausgeprägt ist wie etwa bei einer langjährigen Psychotherapie. Hier treten aber auch etwa Fragen auf, ob die Klienten wirklich bereit sind für die Beendigung oder ob die Übergänge (in eine Nachbetreuung, in die Familie zurück) eindeutig vorbereitet sind. Eine schlechte Gestaltung des Abschlusses gefährdet u.U. die gesamte vorherige Arbeit. Manchmal ist das Abschlussgespräch auch der Beginn eines weiteren Unterstützungsmanagements.
8. Rechenschaftslegung: Case Management ist „öffentlich". Dies betrifft die dafür zugewiesenen (Steuer-)Gelder, es betrifft aber auch die Überprüfbarkeit des Verlaufs, der Ergebnisse und der Mittelverwendung. Gegenstand der Rechenschaftslegung sind alle Inhalte vom ersten Klientenkontakt bis zur Entpflichtung (Punkte 2–7). Die Aktivitäten müssen nachvollziehbar belegt werden, ebenso ist die Mittelverwendung für die einzelnen Aktivitäten differenziert zu begründen. Hier wird zugleich deutlich, wie wichtig eine professionell gestaltete Aktenführung (Brack/Geiser 1996) in allen Teilbereichen des Case Management ist, soll diffuse Beliebigkeit vermieden werden. Solche Dokumentationen könnten auch wichtige Daten zur Verfügung stellen für die Sozialberichterstattung (Karsten 2000(a)), die langfristig und umfassend Informationen bezüglich der Lebenslagen von Menschen auf kommunaler, Landes- und Bundesebene erhebt und darüber, in Auseinandersetzung mit der sozialen Dienstleistungsstruktur, wichtige Hinweise für die Sozialplanung (Ortmann 2000) liefert.

Neben den vielen Rollen des Gatekeepers, des Planers und Koordinators und des Anwalts des Klienten hat der Case Manager ganz zentral die Rolle des Beraters zu übernehmen, nicht nur dem Klienten gegenüber, wenn hier auch besonders, sondern auch in den vielfältigen Zusammenhängen und Konflikten, in dem gesamten Kooperationsgeschehen. Das Interaktionsmedium Beratung (Kap. 6.1), auch in seiner Ausprägung der Mediation (Kap. 5.1.5), und die Methoden und Verfahren, mit denen dieses Medium im einzelnen gestaltet wird, hat daher im Case Management eine besondere Bedeutung. Wenn die Kriterien der Beratung (kommunikativer Verständigungsprozess, Klienten- und zugleich Sachorientierung) bzw. deren Erfüllung im sozialpädagogischen Handeln ernst genommen werden und wenn darüber hinaus die ethischen Grundlagen (Kap. 4) berücksichtigt werden und zur Basis des Case Management werden, ist die Gefahr, dass das sehr strukturierte Vorgehen technokratisch verkürzt Anwendung findet, gering. Für SozialpädagogInnen als Case Manager gelten die allgemeinen berufsethischen Prinzipien (Kap. 4). Die Gefahr, gegen sie zu verstoßen, ist aufgrund der Öffentlichkeit des Arbeitens im Case Management vielleicht sogar geringer als in sonstigen Arbeitszusammenhängen, wo häufig eine Kontrolle fehlt. Die Arbeitsfelder, in denen Case Manager im Rahmen der Sozialen Arbeit tätig sind (Pflege, Rehabilitation, Behindertenhilfe, Familienhilfe, Kinder- und Jugendhilfe, Straffälligen- und Bewährungshilfe, Arbeit mit Suchtmittelabhängigen, Arbeit mit Wohnungslosen, psychiatrische Versorgung), machen ein Problem besonders virulent, das im Zusammenhang mit der advokatorischen Ethik diskutiert wurde (Kap. 4): die schwierige Aufgabe, unter strikter Aufrechterhaltung der Integrität von Klienten sie gleichzeitig zu „bemündigen", falls situationsspezifisch spezielle mündige Entscheidungen durch die Klienten selbst nicht möglich sind. Die Case Management Society of America (CMSA) hat (vor allem bezogen auf den medizinischen und pflegerischen Bereich) 1995 Standards zur Praxis von Case Management entwickelt und in einer Erklärung zu den ethischen Prinzipien Stellung bezogen: „Der professionelle Case Manager erstrebt eine moralische Umgebung und Praxis, in der sich ethische Prinzipien anwenden lassen. Ethische Zwangslagen werden offen gelegt, und vernünftige Lösungen werden durch hinreichende Beratung und moralisches Handeln gesucht." Die Ergebnisse der Entscheidungen und Handlungen des Case Managers müssen ethischen Prinzipien genügen und zwar „sowohl gegenüber dem Klienten als auch gegenüber dessen Angehörigen, gegenüber dem, der die Kosten trägt, sich selbst und der Gesellschaft gegenüber" (zit. in Wendt 1997, S. 40).

5.2.3 Einschätzung

Abschließend einige Stichpunkte zur Einordnung von Case Management als Handlungsleitendes Konzept:
- Das Case Management ist ein Handlungsleitendes Konzept, das nach dem Differenzierungsgrad (Kap. 3.3) zwischen Ad-hoc-Konzepten und Konzepten mittlerer Reichweite zugeordnet werden kann. Es ist ein ausgesprochen pragmatisch orientiertes Konzept mit einer sehr differenzierten Praxeologie, mit Ansätzen einer Praxisethik, aber ohne fundierende Axiologie im weiteren Sinne (Menschenbild, Sozialphilosophie) und ohne ausgewiesene theoretische Begründungen, wenn in die Argumentationen natürlich auch Erkenntnisse aus der Systemtheorie, der Theorie sozialer Netzwerke und aus Managementkonzepten einfließen.

- In mancherlei Hinsicht ähnelt das Case Management den Konzepten der Gemeinwesenarbeit (Kap. 5.5.1) und der Gemeindepsychologie (Röhrle u.a. 1995) bzw. der Gemeindepsychiatrie (Dörner u.a. 1979) mit deren Ideen einer bedarfsgerechten Versorgung und der Koordination der Versorgungsdienste, wie sie auch in der Psychiatrie-Enquête der Bundesregierung von 1974 formuliert wurden. Bis heute besteht allerdings eine große Diskrepanz zwischen einer verbreiteten Zustimmung zu diesen Ideen und ihrer konkreten Umsetzung im alltäglichen Handeln (Stimmer 1992). Berufspolitische Konkurrenzen und auch subjektive Grenzen bei den beteiligten Fachleuten verhindern immer wieder eine angemessene gemeindenahe Kooperation. Der Unterordnung unter eine Koordinationsstelle wird mit erheblichen Abwehr- und Sicherungsstrategien begegnet.
- Fragen nach gesellschaftsverändernden Zielvorstellungen durch Case Management oder die Bedeutung der Bemächtigung von Klienten zur politisch aktiven Gestaltung ihrer Lebenswelten bleiben in der Diskussion um das Case Management etwas blass. Der Stellenwert der Förderung von Selbsthilfepotenzialen wird zwar durchaus anerkannt, spielt aber bei weitem keine so bedeutsame Rolle wie beim Empowerment-Konzept (Kap. 5.1) oder auch in der Gemeindepsychiatrie mit ihrer ausdrücklichen Betonung des Selbsthilfeprinzips.
- Der Gefahr einer rigiden Überkontrolle der Klienten sowie der formellen und informellen Helfer ist durch die ethischen Prämissen der Arbeit und der damit kompatiblen Methoden und Verfahren zu begegnen.
- Ob Case Management in Deutschland entsprechend dem idealtypischen Modell zu realisieren ist bzw. in welchen Bereichen dies möglich ist und in welchen nicht, wird die Zukunft zeigen. Die Entwicklung wird u.a. von der Ökonomie, der Sozialpolitik, den Berufsverbänden der Sozialen Arbeit, dem Selbstverständnis der Professionellen Sozialer Arbeit, der Professionalisierung (Merten 2000) und der Ausweitung der Angebotsvielfalt Sozialer Arbeit in Richtung privatwirtschaftlich organisierter Praxen bestimmt. Letzteres würde dann, wie in den USA, einen erhöhten Koordinationsbedarf bedeuten.
- Das Konzept des Case Mangement mit der Grundidee, dass SozialpädagogInnen nicht alles alleine machen müssen und können, nicht allzuständig sind und sich auch nicht so zu fühlen brauchen, sondern nach Kooperationspartnern Umschau halten dürfen und sollen, selbst wenn dies nur in Annäherung dem Organisationsablauf von Case Management entspricht, ist in vielen Arbeitsbereichen sinnvoll für alle Beteiligten und entlastend für die Professionellen.

Weiterführende Literatur:

Löcherbach, P., Klug, W., Remmel-Fassbender, R. und *Wendt, W. R.* (Hrsg.): Case-Management. Fall- und Systemsteuerung in Theorie und Praxis, München 2005 (3. Aufl.).
Neuffer, M., Case Management. Soziale Arbeit mit Einzelnen und Familien, Weinheim 2002.
Wendt, W. R., Case Management im Sozial- und Gesundheitswesen, Freiburg 1997.

5.3 Netzwerkansatz

Die Idee sozialer Netzwerke als wechselwirksames Beziehungsgeflecht, das Menschen mit Menschen bilden, aber auch Menschen mit Institutionen und Institutionen untereinander, bietet in vielfältiger Weise die Möglichkeit – ganz im Sinne einer Vernetzung –, Verbindungen zu den weiteren Handlungsleitenden Konzepten und den spezifischen Methoden (Kap. 7 und 9) herzustellen. Der Netzwerkansatz ist „auf einer mittleren Abstraktionsebene geeignet, theoretische Analyse wie praktische Diagnose und Intervention anzuleiten" (Nestmann 1989, S. 110). Die Knotenpunkte von Netzwerken sind Personen, Gruppen oder Institutionen in wechselseitigen Verknüpfungen. Allerdings sollte, um in der Sozialen Arbeit handlungsfähig zu bleiben, dieses Interdependenzprinzip nicht überfrachtet werden. Extrem gedacht bedeutet dieses Prinzip ja beispielsweise, dass wenn am Strande des Indischen Ozeans ein Junge einen Stein ins Wasser wirft, die Frankfurter Börsenkurse, wie auch immer, beeinflusst werden. Allerdings liegt dieses Prinzip vielen theoretischen Begründungen und axiologischen Gedanken (Abb. 2) zugrunde. Dies ganz ausgeprägt schon bei einem der Klassiker der Soziologie, Georg Simmel: „... als regulatives Weltprinzip müssen wir annehmen, dass A l l e s m i t A l l e m i n i r g e n d e i n e r W e c h s e l w i r k u n g s t e h t, dass zwischen jedem Punkte der Welt und jedem anderen Kräfte hin- und hergehende Beziehungen bestehen ..." (1989, S. 130), wobei dies auch für Gruppen untereinander zutrifft. Ganz ähnlich sieht dies auch Ruth Cohn in der Themenzentrierten Interaktion (Kap. 9.3) oder Jacob L. Moreno im Psychodrama (Kap. 9.2). Eine Reduktion der überwältigenden Vielfalt durch eine sinnvolle Begrenzung auf sozialpädagogisch relevante soziale Netzwerke, wenn auch vor dem Hintergrund des Wissens um universale Interdependenzen, ist deshalb nötig. Dies spiegelt sich auch in den Forschungsergebnissen wider: „In der Regel beschränken sich die erhobenen Netzwerkmuster auf Beziehungen, die durch Primärgruppen und wichtige Alltagssektoren (wie Nachbarschaft, Arbeitswelt, Freizeit) gebildet werden" (Keupp 1997, S. 576). Der Begriff des sozialen Netzes „schafft quasi die Brücke zwischen den Betrachtungen der primären sozialen Umgebung von Menschen und der Untersuchung ihrer Beziehungen zu den weitergehenden sozialen Gemeindestrukturen" (Nestmann 1989, S. 109). Das ist eine der möglichen praktikablen Reduzierungen von Vielfalt durch die Begrenzung auf die Beziehungen zwischen primären und sekundären oder tertiären Netzwerken (Kap. 5.3.2). In der Sozialen Arbeit sind allerdings auch weitere Netzwerktypen relevant, also etwa die Netzwerke, die Institutionen untereinander in einem Gemeinwesen (Kap. 5.5.1) bilden, oder auch soziale Einheiten, die durch Positionen oder durch Rollen (Kap. 7.5) bestimmt sind. Je nach Fragestellung, je nach Problem, je nach Zielformulierung sind die zu untersuchenden und zu fördernden Netzwerke so umfassend wie möglich, aber dennoch begrenzt zu wählen.

5.3.1 Theorieaspekte: Figurationssoziologie und Soziometrie

Soziale Netzwerke als Metapher für menschliche Beziehungen werden in den Sozialwissenschaften seit langem verwendet, entweder mit dem gleichen Begriff oder mit anderen Begriffen, die das gleiche oder zumindest ähnliches meinen. So spricht beispielsweise Simmel, der auch den Begriff „Netzwerk" schon verwendet (1908, S. 30), von der „Kreuzung sozialer Kreise" (S. 305 ff.), in deren Schnittpunkt sich Individuen befinden und durch die sie sich ihrer Einzigartigkeit, ihrer Individualität bewusst werden. Erst durch die Teilhabe an solchen sozialen Verkehrskreisen, die durch die Arbeitsteilung und die zunehmende Mobilität in modernen Gesellschaften eine im Verhältnis zu traditionellen Gesellschaften vehemente Ausweitung erfahren haben, entwickeln sich je einzigartige Persönlichkeiten. Individualität wird so zur Funktion der Teilhabe an zum großen Teil selbstgewählten sozialen Netzen (Bekanntschafts-, Freundschafts-, Nachbarschaftnetzwerke). Mit den zunehmenden Optionen, den ausgedehnten Wahlmöglichkeiten, im Gegensatz zu den nun abgelösten traditionsgeleiteten und oft rigide vorgegebenen Lebensmustern, entsteht aber auch die Notwendigkeit, ja der Zwang, diese Möglichkeiten auch wahrzunehmen und umzusetzen, wenn auch die Chancen dazu aufgrund struktureller und persönlicher Gegebenheiten ungleich verteilt sind. Simmel unterscheidet weiter konkrete Kreise mit direkten Wechselbeziehungen zwischen den Teilnehmern und abstrakte Kreise mit einer Qualität des Unpersönlichen und mit objektiv-abstrakten Normen.

Im folgenden werden anhand der Arbeiten von Norbert Elias und Jacob L. Moreno einige grundsätzliche theoretische Aspekte benannt. In der Figurationssoziologie von Elias (1970; Stimmer 1980), die durch den Grundgedanken der interdependenten Verflechtung von Individuen in Figurationen und zwischen Figurationen dazu beiträgt, die polare Trennung von Individuum und Gesellschaft aufzuheben, findet sich eine theoretische Fundierung der Netzwerkidee. Das Konstrukt des Netzwerkes wird bei Elias zur Verbindungsbrücke zwischen Individuum und Gesellschaft. Damit steht diese Idee in Widerspruch zu einer weit verbreiteten und traditionsreichen Vorstellung, die den Menschen als Monade sieht, die eingeschlossen ist von sozialen Gruppierungen wie Familie, Schule, Betrieb, Gemeinde ... Gesellschaft. In der Figurationssoziologie sind Individuum und Gesellschaft zwei Seiten der gleichen Medaille. Gesellschaft ist ohne Menschen genauso wenig denkbar wie Menschen ohne Gesellschaft. In dieser Vorstellung sind soziale Gruppierungen wie ein Liebespaar, eine Familie, eine Jugendgruppe, eine Drogenszene, ein Jugendamt, Gemeinden, Staat und Gesellschaft Netzwerke von Individuen, von Menschen gebildet, die aufeinander angewiesen und voneinander abhängig sind, die sich auf die unterschiedlichste Weise beeinflussen und in dieser wechselseitigen Bezogenheit soziale Figurationen interdependenter Individuen bilden. Elias entwickelt die folgenden Annahmen zum Begriff der Figuration, die grundlegend für ein Verständnis und, was für die Soziale Arbeit zentral ist, für die Beeinflussung sozialer Netzwerke ist:
- Menschen sind aufeinander bezogen und ausgerichtet, sie sind voneinander abhängig und handeln nicht als „absolut autonome Einheiten", sondern sind „semiautonome Einheiten unter anderen" (Elias 1970, S. 11). Der Ausgangspunkt von Analysen kann deshalb nicht das einzelne Individuum sein, sondern die Figurationen, die interdependent miteinander verbundene Menschen bilden. Dies entspricht dem Konzept des „Sozialen Atoms" von Moreno, der diese theoretischen Annahmen in ein differenziertes methodisches Verfahren transformiert hat (Kap. 7.4).

- Zwischen Menschen existieren qualitativ unterschiedliche „Typen der Ausgerichtetheit und der Bindung" (Elias 1970, S. 11). Neben beruflichen und staatlichen Bindungen (S. 151 ff.) nennt er als Beispiele libidinöse, affektive und intellektuelle „Valenzen" (1972, S. 22), die Menschen als offene Bindungsmöglichkeiten aufeinander richten und die sich in vielfältigen sozialen Figurationen mehr oder weniger manifestieren oder auch ungebunden bleiben. Moreno verwendet in seiner Soziometrie (Kap. 7.6 und 9.2.2) grundsätzlichere Begriffe der „Wahl" und „Abwahl" bzw. der „Anziehung" und „Abstoßung", die dann erst in ihrer spezifischen Qualität, je nach Kriterium, nach dem die Wahl stattfindet, weiter zu differenzieren sind.
- In den Beziehungen zwischen Menschen bestehen grundsätzlich „labile Machtbalancen" und die entsprechenden „Machtprobleme, (die) zu den Grundeigentümlichkeiten aller menschlichen Bindungen gehören" (Elias 1972, S. 11). Macht ist für Elias ein (gefühlsneutraler) dynamischer Begriff, der die „Gewinnchancen", die „relative Spielstärke" (1970, S. 77) ausdrückt. Macht in diesem Sinne tritt immer dort als „elementarer Sachverhalt" auf, wo „zwei oder mehr Menschen ihre Kräfte aneinander messen", wodurch sich in diesem sozialen Prozess „mehr oder weniger fluktuierende Machtbalancen bilden" (S. 76). Dies zeigt sich auch in den soziometrischen Verfahren, wo je nach Kriterium, nach dem gewählt wird, sich die Balance des Einflusses in der Gruppe verändert. So wird vielleicht jemand, der bei dem Kriterium „Arbeitsgruppe bilden" mehrheitlich abgewählt wurde, bei dem Kriterium „Freizeitgestaltung" zum Star der Gruppe aufsteigen. Es kann aber weder bei Elias noch bei Moreno übersehen werden, dass es strukturelle Formen von Gewalt gibt, die für Menschen, die dieser Gewalt ausgesetzt sind, zu keiner Lösung wie einer fluktuierenden Machtbalance führen. Die Soziale Arbeit ist ja gerade auf Menschen konzentriert, deren „relative Spielstärke" sehr gering ist, die u.U. sogar eine absolute Spielschwäche aufweisen. Aber hier setzt die Netzwerkförderung an, die im Sinne eines Unterstützungsmanagements zur Förderung der Ressourcen von Netzwerken beiträgt, um darüber die „Gewinnchancen" einzelner Menschen und Gruppen zu erhöhen.
- Figurative Interdependenzen erstrecken sich von Zweierbeziehungen (Vater-Sohn-Beziehung, Klient-Professioneller) über Kleingruppen (Familie, Arbeitsgruppe), Organisationen und Institutionen unterschiedlicher Größe (Schule, Sozialamt) bis hin zur Gesamtgesellschaft als umfassender Großfiguration.
- Figurationen werden von Menschen gebildet, entwickeln dabei jedoch eine systemische Eigendynamik, die allein von den einzelnen Individuen her nicht mehr verstehbar ist, d.h. die Veränderungen von sozialen Netzwerken erklären sich teilweise aus der „endogenen Dynamik der Figurationen selbst" (Elias 1969, LXIX). Hinter solchen Formulierungen verbirgt sich der altbekannte Lehrsatz: „Das Ganze ist mehr als die Summe seiner Teile". Mit der Herausbildung einer neuen Netzwerkphase treten neue Eigenschaften auf, die es in der vorherigen Phase noch nicht gab und die auch nicht direkt monokausal (wenn a, dann b) darauf zurückgeführt werden können. Dies sind die emergenten Eigenschaften dieser neuen Figuration, die u.U. auch neue Möglichkeiten zu Verbindungen mit weiteren Netzwerken eröffnet, was vorher nicht möglich und unwichtig war. Wenn beispielsweise in einer Familie das erste Kind geboren wird, verändern sich gewöhnlich die Sichtweisen der Eltern, das

familiale Netzwerk bleibt aber u.U. noch lange so aufrechterhalten, wie es vor der Geburt war (Freundeskreis, Freizeitgestaltung), bis der Zwang der Gegebenheiten dazu führt, das Netzwerk zu modifizieren (kindgemäße Freizeitgestaltung) oder stark zu verändern (in Richtung Kindergarten, Schule usw.). Wilber (1996, S. 36 ff.) macht zudem auf die Bedeutung von Hierarchien als Strukturprinzip aufmerksam und meint damit die hierarchische Ordnung sich immer umfassender und differenzierter ausbildender Holons (Koestler 1968), von Ganzheiten, die zugleich Teile eines größeren Ganzen sind, wobei die „Ganzheitlichkeit" zunimmt. Letzteres bedeutet, dass das Ganze ein Prinzip oder eine Art Klebstoff bereitstellt, ein Prinzip, das man in den Teilen allein nicht findet (Wilber 1996, S. 37). Die Überlegungen zum Systemcharakter haben ganz praktische Konsequenzen, vor allem für die Netzwerkintervention. Hier ist mit dem eigendynamischen Widerstand von Netzwerken als Ganzes zu rechnen. Aus der sozialpädagogischen Familienarbeit sind beispielsweise „sich überorganisierende" Familien (Stimmer 2000 d, S. 9 ff.) bekannt, soziale Netzwerke mit einer stark zentripedalen Ausrichtung, einem hohen Kohäsionsgrad mit sehr dichten Beziehungen und ausgeprägten Wünschen nach emotionaler Nähe und Bindung. Interventionsversuche, die Außenorientierung dieser Figuration zu forcieren, was durchaus ein sinnvolles sozialpädgogisches Ziel sein könnte, würde aber unter Missachtung oder Nichterkennung dieser besonderen Familienstruktur und -dynamik vermutlich Angst und Unsicherheit und eine weitere Abschottung dieser Familie zur Folge haben, was sich scheinbar ganz banal darin zeigt, dass beim Hausbesuch der Sozialpädagogin die Tür nicht geöffnet wird, dass vereinbarte Termine nicht eingehalten werden usw. Unter der Annahme der Eigendynamik wird es besonders wichtig, die Zieleformulierung und die Hypothesenbildung (Kap. 8) besonders sorgfältig zu beachten und durchzuführen und die Nebenwirkungen, die sich aus Erreichung von Teilzielen für einzelne Mitglieder und für das Netzwerk insgesamt ergeben, zu bedenken. So wird die Netzwerkarbeit ein sehr diffiziles Unternehmen für alle Beteiligten, das durch Grenzüberschreitungen von Seiten der Professionellen schnell zum Nachteil von Klienten zum Scheitern verurteilt ist.

Die langfristigen Wandlungen sozialer Figurationen beschreibt Elias in seiner Zivilisationstheorie (1969). So lästige Tatsachen wie rigide Machtstrukturen oder Kolonialisierungstendenzen, wie sie Habermas als Übergreifen der Systemmedien Geld und Macht, die in der Ökonomie und der Bürokratie gelten, auf kommunikativ strukturierte lebensweltliche Bezüge formuliert hat (1981, Bd. 2, S. 452), bleiben bei Elias weitgehend ausgeblendet. Durch diese „Übertragung" (Berger u.a. 1975, S. 20, 33) von Bewusstseinsinhalten aus der ökonomisch-produktiven und bürokratischen Sphäre mit Prinzipien wie Zweckrationalität, Abstraktheit, Machbarkeit, Effektivität, Messbarkeit u.a. sind primäre soziale Netzwerke bedroht bzw. es ist bei der Analyse und der Intervention mit diesen Aspekten immer zu rechnen.
   Wenn Bullinger/Nowak (1998, S. 65 ff.) als „Begründer der sozialen Netzwerkanalyse ... Clyde Mitchell, J. A. Barnes, Elisabeth Bott und andere britische Sozialanthropologen aus den 50er Jahren" nennen, ist das, ohne deren Leistungen zu mindern, falsch. Dieser Status gebührt ohne Zweifel Jacob L. Moreno,

dem Begründer des Psychodramas (Kap. 9.2), der die Netzwerkidee in seinen soziometrischen Arbeiten seit 1916 bedacht und später in den 30er Jahren hochdifferenziert ausformuliert und intensiv empirisch überprüft hat. 1916 wollte er, als Arzt in einem Internierungslager in Österreich tätig, die Netzwerke dieser Zwangsgemeinschaft durch von den dort Internierten selbstgewählte Netzwerke verändern. Sein Ziel war es, durch die Bildung von Netzwerken, die den Bedürfnissen der Menschen mehr entsprachen als die durch bürokratische Vorgaben gebildeten Gruppierungen, die alltägliche Aggressivität und auftretende psychosomatische Beschwerden zu mildern. Dies wurde ihm damals nicht gestattet, die Idee ließ ihn aber nicht mehr los. Anfang der 30er Jahre hatte er dann in den USA die Gelegenheit, seine soziometrische Idee umzusetzen. Dadurch wurde im Grunde ein neues sozialwissenschaftliches Paradigma eingeführt, das zugleich die wissenschaftstheoretische Basis der Sozialen Netzwerkarbeit bildet, nämlich nach den Tiefenstrukturen von sozialen Netzwerken zu suchen und sich nicht mit der Beschreibung und Erklärung von Oberflächenstrukturen zufrieden zu geben (Kap. 7.6 und 9.2). Die bekannteste und komplexeste Untersuchung Morenos aus dieser Zeit betrifft die Heimerziehung. Es ging dabei um die soziometrische Umgestaltung der Netzwerke eines Heimes für Mädchen, die durch Gerichtsbeschluss dort untergebracht waren. Die Ergebnisse dieser Arbeit wurden in dem wohl grundlegensten Werk von Moreno „Who shall survive? A new approach to the problem of human interrelations" 1934 veröffentlicht (deutsch 1954; 1974). Insofern ist auch die Behauptung, dass die Netzwerkforschung nun „auch in der Sozialen Arbeit einen Widerhall" findet (Bullinger/Nowack 1998, S. 65), ebenfalls falsch. In dieser Arbeit von 1934 und in späteren Überarbeitungen hat Moreno dezidiert die Forderungen erfüllt, wie sie über die Abb. 2 formuliert wurden, indem er die Praxeologie der Netzwerkarbeit, und zwar unter Berücksichtigung dessen, was die Empowerment-Idee vertritt, axiologisch fundiert, theoretisch begründet und forschungsmäßig überprüft hat.

5.3.2 Netzwerktypen

Formal lassen sich mehrere Netzwerktypen unterscheiden. Noack (1999, S. 39) orientiert sich an dem sozialökologischen Ansatz von Bronfenbrenner (1981) und unterscheidet Mikro-, Meso-, Exo- und Makronetzwerke. Inhaltlich sich damit teilweise überschneidend, aber nicht voll kompatibel, ist das Raster von Bullinger/Nowak (1998, S. 70 ff.), das im folgenden zur Strukturierung verwendet wird. Danach lassen sich differenzieren:
- Primäre, mikrosoziale oder persönliche Netzwerke: Familiale und Verwandtschaftsnetzwerke, nachbarschaftliche Netzwerke (Kontakte und soziale Beziehungen im Wohnumfeld) und freundschaftliche Netzwerke (selbstgewählte Netzwerke). Zu diesem Typ gehören speziellere Netzwerke wie die altersspezifischen von Klein- und Vorschulkindern, Schulkindern und Jugendlichen, frauenspezifische Netzwerke, Netzwerke von Alleinerziehenden, alten Menschen, behinderten Menschen und Netzwerke im Freizeitbereich und (nichtorganisierte persönliche) Netzwerke am Arbeitsplatz.
- Sekundäre oder makrosoziale oder global-gesellschaftliche Netzwerke: Marktwirtschaftliche institutionelle Netzwerke (wie Handwerksbetriebe, Kaufhäuser, Industriefirmen, Versicherungsunternehmen) und öffentliche in-

stitutionelle Netzwerke (wie Kindergarten, Schule, Hochschulen, öffentliches Verkehrsystem, Kommunalverwaltungen, Soziale Dienste, Behörden, Gerichte).
- Tertiäre oder mesoziale Netzwerke, die „zwischen" primären und sekundären Netzwerken liegen und, mit unterschiedlichem Organisationsgrad, eine vermittelnde Funktion haben: Freizeitgruppen, Selbsthilfegruppen, Bürgerinitiativen, „intermediäre professionelle Dienstleistungen" (im Rechts- und Wirtschaftsbereich: z.B. Rechts- und Steuerberatung; im Sozial- und Gesundheitsbereich: z.B. Soziale Arbeit, Krankenpflegewesen).

Noack hat mit dem Begriff „Exonetzwerke" einen vierten Typ (S. 39) direkt von Bronfenbrenner übernommen, der unter einem Exosystem „einen ... oder mehrere Lebensbereiche, an denen die sich entwickelnde Person nicht selbst beteiligt ist, in denen aber Ereignisse stattfinden, die beinflussen, was in ihrem Lebensbereich geschieht, oder die davon beeinflusst werden" (1981, S. 42), versteht. Die Einführung dieses vierten Typs ist im Zusammenhang mit der Sozialen Netzwerkarbeit insofern interessant, um bei der Netzwerkanalyse und -intervention das Augenmerk besonders auf jene Faktoren zu richten, die von außen, also exogen, auf Netzwerke einwirken und zwar im Sinne von gewährter oder abgelehnter Unterstützung oder von gewollter oder zufälliger Behinderung oder von Vorhandensein oder Nichtexistenz von ökonomischen und sozio-kulturellen Chancen (Abb. 4), was natürlich wieder von der Qualität sekundärer und teriärer Netzwerke abhängt und damit auch ganz zentral von der Sozial- und Wirtschaftspolitik oder allgemeiner von der gesamtgesellschaftlichen Entwicklung.

Wenn die drei Typen sozialer Netzwerke untereinander und miteinander vernetzt werden, ermöglicht es die Netzwerkanalyse, „eine Brücke zu schlagen zwischen dem einzelnen, seiner unmittelbaren Umgebung und den übergreifenden Strukturen von Arbeitsplatz, Wohnsiedlung und Gemeinde" (Bock-Rosenthal 1992, S. 369). Dieser Brückenschlag durch die Netzwerkanalyse (Kap. 7.8) und davon abgeleitet für die Netzwerkintervention (Kap. 9.4.1) setzt aber erhebliche Detailkenntnisse (Theorien und Forschungsergebnisse) bezüglich der einzelnen Netzwerke und ihrer Verbindungen miteinander voraus, so dass ein scheinbar einfaches Modell, wenn mit ihm methodisch kompetent gearbeitet werden soll, dann doch sehr komplexe Ansprüche an die Nutzer in der Sozialen Arbeit stellt. Die Erhebung totaler Netzwerke als umfassendes Interdependenzgeflecht von primären, sekundären und tertiären Netzen einer bestimmten Population würde das kognitive und methodische Fassungsvermögen von Netzwerkforschern und in der Konsequenz daraus von Netzwerkarbeitern in der Sozialen Arbeit vermutlich sehr schnell übersteigen. Die Fragestellungen und Ziele in der konkreten Sozialen Arbeit sind zudem auch meist begrenzter, so dass es hier in der Regel um partiale Netzwerke (Familie, Freizeit, Beruf, Selbsthilfe) geht, die Gegenstand methodischen Handelns werden.

5.3.3 Netzwerkarbeit

Vor dem Hintergrund der gesellschaftlichen Situation (Kap. 4.3: individualistische Orientierung, Auflösung von Bindung, Vielfalt von Optionen, Pluralisierung, soziale Dynamik, Globalisierung, usw.) lassen sich soziale Netzwerke als moderne Möglichkeit zur Herstellung von Sicherheit, Zugehörigkeit, Heimat, Lebenssinn deuten. Daher wird sozialen Netzwerken auch die Funktion der sozialen Unterstützung zugeschrieben. Diese Funktion ist es, die für die Soziale Arbeit besonders relevant ist. Daraus lassen sich differenziertere Funktionen sozialer Netzwerke ableiten (Röhrle 2000, S. 452 f.):

- „Sie bieten Bindungen,
- sie reduzieren Belastungen bzw. beeinflussen Prozesse der Stressbewältigung,
- sie befriedigen soziale Bedürfnisse nach Sicherheit, Identität und Selbstwert,
- sie übermitteln Werte bzw. Einstellungen und sanktionieren Verhalten,
- auf diese Weise nehmen sie Einfluss auf die Sozialisation und prägen somit die kognitive, emotionale und soziale Entwicklung,
- sie entscheiden über Zuweisung an professionelle Dienste,
- sie können sowohl vom Einzelnen als auch von Kollektiven als Teil von Umwelt geordnet und sinnvoll wahrgenommen, bewertet, erinnert und beeinflusst werden."

Oder noch etwas anders und vorsichtiger formuliert können soziale Netzwerke emotionale, praktisch-instrumentelle und kognitive Unterstützung in Krisensituationen bieten, weiter soziale Kontakte vermitteln und zur Aufrechterhaltung sozialer Identiät beitragen (nach Walker u.a. 1977). Die jeweilige Stärke hängt natürlich von der Qualität der unterschiedlichen konkreten Netzwerke ab.

Durch die genannten Funktionen sozialer Netze entsteht einerseits ein „neuer Typus von Solidarität", aber es entwickeln sich auch neuartige „Grundmuster gesellschaftlicher Ungleichheit": „Je höher der sozioökonomische Status einer Person ist, desto mehr Ressourcen hat sie für die aktive Beziehungsarbeit, desto weniger ist der soziale Möglichkeitsrahmen gespannt, aus dem persönliche Beziehungen realisiert werden können" (Keupp 1997, S. 579).

Aus diesen Einschätzungen heraus lassen sich dann in präventiver, korrigierender und kompensierender Absicht allgemein zwei Schwerpunkte der sozialpädagogischen Arbeit mit sozialen Netzwerken benennen, erstens der Versuch des Verstehens und Begreifens von Netzwerken über die Netzwerkanalyse (Kap. 7.8) und zweitens die Beeinflussung sozialer Netzwerke über die spezifische sozialpädagogische Intervention in Form der Netzwerkförderung (Kap. 9.4.1), um die eben genannten unterstützenden Möglichkeiten vor allem auch Menschen zugänglich zu machen, die dies aus eigener Kraft nicht oder nicht mehr oder noch nicht leisten können. Neben dieser eher individuenzentrierten Netzwerkarbeit gilt aber auch Gleiches für soziale Netze zwischen Gruppen in Organisationen, Gemeinden und letztendlich auch Gesellschaften (z.B. Ausländer – Inländer oder Arme – Reiche oder Männer – Frauen oder Kinder – alte Menschen) sowie für institutionelle und kommunale Strukturen (Hierarchien, Entscheidungstrukturen). Darauf beziehen sich wesentliche Konzeptionen der Netzwerkarbeit wie die Netzwerkberatung, die Selbsthilfeunterstützung, die Vernetzung sozialer Dienste und die netzwerkorientierte Gemeinwesenarbeit (Bullinger/Nowak 1998, S. 139 ff.), die in Detailbereichen auch für die weiteren Handlungsleitenden Konzepte relevant sind und die jeweils eine entsprechende Netzwerkanalyse (Kap. 7.8) voraussetzen:

- Netzwerkberatung: Nestmann (1991, S. 48) formuliert die Ziele der Netzwerkberatung: „In netzwerk- und unterstützungsorientierten Beratungsperspektiven wird nicht nur das betroffene Individuum als Träger von Problemen und Stärken angesehen, an denen es anzuknüpfen gilt, sondern auch sein oder ihr soziales Netzwerk. Soziale Netzwerke sind mögliche Belastungsquellen und Problemursachen, aber ebenso auch Bewältigungsressourcen von Hilfequellen oder sie können zu solchen entwickelt werden." Die Netzwerkberatung hat dann die Funktion, die „Belastungsquellen" wahrzunehmen, sie einzuschätzen, eventuell abzubauen und „Hilfequellen" dafür zu erschließen. Die Netzwerkberatung von Klienten bezieht also mehrere Ebenen mit ein (persönliche, gemeindliche, institutionelle und überregionale) und macht die dort jeweils eruierbaren Hindernisse und Ressourcen zum Gegenstand des Beratungshandelns. Unter Nutzung der Methoden und Verfahren der Situationsanalyse (Kap. 7) und der Situationsintervention (Kap. 9), hier vor allem der Klientenzentrierten Gesprächsführung, der Themenzentrierten Interaktion und der Verfahren der Netzwerkförderung, ergeben sich dann beispielsweise folgende Aufgaben:

– Der Abbau von „personabhängigen Barrieren für soziale Unterstützung" (Pearson 1997, S. 112). Hier geht es, ganz im Sinne einer klientenzentrierten Beratung, darum, in einem verständigungsorientierten Klima es dem Klienten zu ermöglichen, sich seiner Schwierigkeiten und Grenzen bewusst zu werden, die ihn daran hindern, mögliche Hilfe und Unterstützung in den unterschiedlichen Netzwerken anzunehmen. Wenn Minderwertigkeits- und Schamgefühle einen Menschen hindern, seinen Anspruch beim Sozialamt anzumelden oder eine Selbsthilfegruppe zu besuchen, dann ist die alleinige Information über diese Möglichkeiten nicht ausreichend, wenn nicht gleichzeitig bzw. vorrangig im Sinne professioneller Beratung die Voraussetzungen, diese Informationen zu nutzen, geschaffen werden (Kap. 6.1 und 9.1). Dabei sind auch Verhaltensweisen von Klienten zu beachten, die gutwillige professionelle und Alltagshelfer veranlassen, ihre Angebote mehr oder weniger schnell wieder zurückzuziehen. Ein Alkoholiker, der jeden Hinweis auf Hilfemöglichkeiten als Angriff auf seine Person und als Entwertung wahrnimmt und darauf entsprechend aggressiv reagiert, wird Wege in unterstützende Netzwerke nicht finden können, so lange diese Thematik nicht in einer intensiveren, eine Netzwerkförderung erst ermöglichenden, Beratung eine Lösung findet.
– Bewusstmachung negativ wirkender sozialer Netze (Bullinger/Nowak 1998, S. 141). Manche sozialen Netze wirken zwar stabilisierend, aber in einer Weise, die sich negativ auf die psycho-soziale Entwicklung von Klienten oder verfestigend bezüglich selbst- oder fremdschädigender Verhaltensweisen auswirken. Beispiele sind Netzwerke der Drogenszenen oder Netzwerke krimineller Gangs. Das für die Klienten Positive dieser Netzwerke (Zugehörigkeit, Heimat, Sich-verstanden-Fühlen, Sicherheit) muss bei der Beratung gewürdigt, das Schädigende aber auch klar herausgearbeitet werden. Dann wird es u.U. möglich, das Positive dieser Netzwerke in anderen, weniger schädigenden Netzwerken zu suchen und zu finden.
– Den Abbau „kontextbezogener Unterstützungsbarrieren" (Pearson, 1997, S. 180). Hier geht es um die Beratung von „Unterstützern und Hilfeleistenden, damit diese ihr Hilfeverhalten so modifizieren, dass ihre Unterstützungsleistung der Problemlage der Betroffenen besser gerecht wird oder

dass sie die Bedürfnisse der Betroffenen differenzierter wahrnehmen und interpretieren" (Bullinger/Nowak, 1998, S. 141 f.). Das heißt auch manchmal, dem Klienten klare und eindeutige Grenzen zu setzen. Gutwillige Partner oder Arbeitskollegen, die einem Spieler immer wieder aufgrund seiner Beteuerungen, dass er nur noch einmal, dann aber nie wieder in die Spielhalle geht, Geld leihen, verlängern sein schädigendes Verhalten, ein Phänomen, das als Co-Alkoholismus bei Alkoholabhängigkeit bekannt und gut erforscht ist.
- Verfügbarmachung von Hilfeleistungen durch sekundäre und tertiäre Netzwerke (zentral für das Case Management Kap. 5.2). Eine solche Beratung setzt beim Berater profunde Kenntnisse über das regionale und überregionale Angebot voraus. Eine gute Kooperation mit den einzelnen Institutionen und deren MitarbeiterInnen ist eine weitere notwendige Voraussetzung dafür, die jeweils „passenden" Hilfsangebote zu finden und zu vermitteln.
- Selbsthilfeunterstützung: Wenn „Selbsthilfe" bedeutet, die eigenen Probleme selbstaktiv zu lösen, dann scheint eine professionelle Unterstützung der Selbsthilfetätigkeit auf den ersten Blick nicht zusammenzupassen. Dies entspricht auch dem Selbstverständnis mancher Selbsthilfegruppen. Dennoch wird schon seit längerem diskutiert, wie denn Professionelle unterstützend mit Selbsthilfegruppen zusammenarbeiten können (Moeller 1981). Es hat sich gezeigt, dass eine solche Kooperation auf verschiedenen Ebenen durchaus Sinn macht, wenn die jeweiligen Grenzen zwischen Selbsthilfe und professioneller Hilfe von allen Beteiligten eingehalten und gewürdigt werden. Vor allem in den Selbsthilfekontaktstellen wird diese Art der Netzwerkförderung betrieben. Von dort werden u.a. Informationen zur Gründung neuer Selbsthilfegruppen vermittelt und die notwendige Unterstützung geleistet, Selbsthilfegruppen und ihre Mitglieder und Interessenten werden beraten, die Zusammenarbeit der Selbsthilfegruppen untereinander gefördert, die Kooperation mit unterschiedlichen Fachleuten, Institutionen und Verbänden wird vermittelt und die Arbeit der Selbsthilfegruppen durch Öffentlichkeitsarbeit, Organisations- und Dokumentationshilfen unterstützt (Wohlfahrt/Breitkopf 1995).
Die Selbsthilfeunterstützung im Rahmen der Netzwerkarbeit dient somit nach Bullinger/Nowak (1998, S. 145 f.) der Organisation und Förderung sozialer Unterstützung, der Vernetzung intermediärer Dienstleistungen („Brückenfunktion zwischen professionellem Hilfesystem und der Selbsthilfe bzw. zwischen der Selbsthilfe und der Öffentlichkeit" (S. 146)), der Schaffung regionaler Netzwerke und der Organisation überregionaler Netzwerke (Landes- und Bundesarbeitsgemeinschaften).

Die o.g. weiteren Konzeptionen, die netzwerkorientierte Gemeinwesenarbeit und (darin integriert auch) die Vernetzung sozialer Dienste werden im Kap. 5.5.1 weiter ausgeführt.
Was die Praxeologie bzw. die einzelnen Verfahren der Netzwerkanalyse anbelangt, verweisen Bullinger/Nowak (1998, S. 67 ff., 171 ff.) auf nützliche Verfahren und Techniken, die allerdings weitestgehend, teilweise wortwörtlich, mit den Analyseverfahren „Soziales Atom" (personbezogene emotionale Netzwerke, Kap. 7.4), „Kulturelles Atom" (personbezogene rollenspezifische Netzwerke, Kap. 7.5) und „Soziometrischer Test" (gruppenbezogene Netzwerke,

Kap. 7.6) übereinstimmen, ohne dass allerdings auf Moreno Bezug genommen wird. Diese drei Verfahren sind der spezifischen Basismethode des Psychodramas (Kap. 9.2) zugeordnet und finden in ihr ihre spezielle theoretische und axiologische Begründung. Die von Bullinger/Nowak genannten Verfahren, die durchaus eine praktikable Modifizierung der eben genannten Verfahren darstellen, werden unter „Netzwerkanalyse" (Kap. 7.8) bzw. im Zusammenhang mit den genannten psychodramatischen Verfahren näher ausgeführt: Netzwerk-Karte, Netzwerk-Brett, Netzwerk-Ethnografie und Erhebung der Unterstützungsressourcen (S. 171 ff.).

Die Netzwerkanalyse ist die Voraussetzung für eine angemessene Netzwerkförderung, die die Erhaltung, die Erweiterung, die qualitative Veränderung, die Neugestaltung des sozialen Netzwerkes sowie die Stärkung umgebender sozialer Netzwerke zum Ziel hat (Bullinger/Nowak 1998, S. 172 f.). Bullinger/Nowak (S. 193 ff.) nennen hierfür u.a. folgende Verfahren, die natürlich in enger Wechselwirkung zu den Analyseverfahren stehen, nämlich Helferkonferenz, Netzwerk-Konferenz und Moderationstechniken. Diese und weitere spezifische Verfahren, die in der Netzwerkförderung Anwendung finden, werden im Kap. 9.4.1 bzw. 9.4.2 ausführlicher dargestellt.

Bei allen Bemühungen um Netzwerkförderung wird diese, solange nicht eine parallele Unterstützung durch die Sozialpolitik (Kap. 4.4) erfolgt, immer wieder an eindeutige Grenzen stoßen. Dies hat sich bei den offensiveren Formen der Gemeinwesenarbeit (Kap. 5.5.1) erwiesen und dies erweist sich auch bei der Umsetzung der Empowerment-Idee, was diese nicht unnütz oder utopisch macht, aber doch ihre (vorläufigen oder gegenwärtigen) Grenzen aufzeigt.

Weiterführende Literatur:

Bullinger, H. und Nowak, J., Soziale Netzwerkarbeit, Freiburg 1998.
Keupp, H. und Röhrle, B. (Hrsg.), Soziale Netzwerke, Frankfurt 1987.
Noack, W., Gemeinwesenarbeit, Freiburg 1999.

5.4 Lebensweltorientierte Kinder- und Jugendhilfe

Die Kinder- und Jugendhilfe ist wohl historisch wie gegenwärtig ein zentraler Bereich sozialpädagogischen Handelns und zunächst noch ein sehr weitgefasster Rahmen, zu ausgedehnt, um als Handlungsleitendes Konzept gelten zu können. Innerhalb dieses Rahmens lassen sich aber verschiedene Konzepte unterscheiden (Münder u.a. 1991, S. 19 f.), wie die defizitorientierte „Jugendhilfe als reaktive Intervention", die „Jugendhilfe als ressortbezogene Leistung", allein fokussiert auf die Leistungsfelder, die im Kinder- und Jugendhilfegesetz (KJHG) vorgegeben sind, und die „offensive Jugendhilfe", die die Möglichkeiten, die das KJHG bietet, nutzt und u.a. die Erfüllung der folgenden Aufgaben zum Ziel hat:
- die „politische Aktion und Intervention", um die „Lebensbedingungen (Sozialisationsbedingungen) junger Menschen" zu verbessern,
- den „Abbau sozialer Ungleichheit",
- die „allgemeine Förderung junger Menschen" und

- den „Ausgleich besonderer Benachteiligungen durch individuelle Angebote und Leistungen".

Es sind also zu unterscheiden
- eine Kinder- und Jugendhilfe i.e.S., die sich primär auf „alle Leistungen und Aufgaben, die das KJHG kodifiziert hat", bezieht, und
- eine Kinder- und Jugendhilfe i.w.S., die „alle Sozialisationsbedingungen und -leistungen, die sich neben den familialen, schulischen und berufsbildungsbezogenen Aufgabenfeldern mit der individuellen und gemeinschaftsbezogenen Ausformung der heranwachsenden Persönlichkeit junger Menschen befassen", zum Gegenstand hat (Lauer 2000, S. 351).

5.4.1 Lebensweltorientierung

Eine Variante der offensiven Kinder- und Jugendhilfe ist die „lebensweltorientierte Jugendhilfe", deren Grundzüge im Achten Jugendbericht – Bericht über Bestrebungen und Leistungen der Jugendhilfe – (BMJFFG 1990, Thiersch 1997, S. 13 ff.) entwickelt wurden. Dabei sind, aufbauend auf gesellschaftlichen Veränderungsprozessen und der Lebenssituation Jugendlicher, wesentliche Aspekte, auch unter Einbeziehung der rechtlichen Rahmenbedingungen, integriert und ein an den Lebenswelten (Abb. 4) (bzw. deren Chancen und Risiken) von Kindern und Jugendlichen Handlungsleitendes orientiertes Konzept entwickelt worden.

Die theoretischen Grundlagen der lebensweltorientierten Jugendhilfe, wie sie dem 8. Jugendbericht zugrunde liegen, sind die soziologischen Konzepte der „Pluralisierung von Lebenslagen" und der „Individualisierung von Lebensverhältnissen" (BMJFFG 1990, S. 28 ff.), wie sie im Kap. 4.3 allgemeiner beschrieben wurden: individualistische Orientierungen, gesellschaftliche Pluralisierung und soziale Dynamik, globale Interdependenzen und Abhängigkeiten, lebensweltliche Segmentierung, massenmediale Versorgung, Technologisierung und Bürokratisierung u.a.

Die Qualität der Lebenslagen von Kindern und Jugendlichen und deren Zukunftsaussichten lassen sich allein durch die Unterschiede des verfügbaren Einkommens, der Bildung und der beruflichen Postitionen der Eltern nicht mehr hinreichend bestimmen, wenn sie natürlich auch noch eine erhebliche Rolle spielen. In der Betrachtung von Lebenslagen kommen zu diesen herkömmlichen Variablen sozialer Ungleichheit die demografische Entwicklung (z. B. die Zugehörigkeit zu Jahrgangskohorten), Unterschiede zwischen Stadt und Land und zwischen verschiedenen Regionen bezüglich der ökonomischen und der soziokulturellen Ressourcen, die Bedeutung der ethnischen Zugehörigkeit und Differenzierungen bezüglich des Geschlechts. Das heißt, es ist ein hochdifferenziertes System entstanden, in dem eingetretene Ruhephasen immer wieder durch lebensweltlich standardisierte, also mit einer gewissen Wahrscheinlichkeit erwartbare, aber eben auch durch nicht erwartbare, außergewöhnliche Ereignisse und Risiken bedroht werden. Amann (1983, S. 186 f.) unterscheidet bei den letztgenannten Ereignissen solche, die lebensweltlich noch bewältigbar sind, von solchen, „die so selten und unerwartet geschehen, dass es unmöglich scheint, sie mit einer stabilen Expertenorganisation zu bewältigen". Der erhöhte Grad von unerwartet auftretenden Ereignissen, teilweise in Verbindung mit globalen Interdependenzen und Abhängigkeiten, die zu Mitte der 80er Jahre bezüglich ihres Ausmaßes noch nicht vorstellbaren Problemen durch Arbeitslosigkeit, Armut, Bürgerkriege, regionale Unterschiede zwischen Ost und West, Wiederaufleben eines gewalttätigen Extremismus und Ausländerfeindlichkeit geführt haben, führt weit weg von stabilisierten Lebenslagen und macht neue oder zumindest modifizierte Sichtweisen in der Jugendhilfe dringend erforderlich, auch und besonders in Bezug auf das methodische Handeln.

Zur Pluralisierung von Lebenslagen, die ihre Gewinner und Verlierer verzeichnet, gesellt sich die Möglichkeit und Notwendigkeit der Individualisierung der Lebensführung, die Chancen wie Risiken beinhaltet (Kap. 4.3), wobei die Chancen wiederum ungleich verteilt sind. So besteht eine Fülle von Alternativen, hervorgerufen durch die Pluralisierungs- und Mobilitätsprozesse in Verbindung u.a. mit der Informationsvermittlung durch Massenmedien und den Informationstechnologien und vor allem durch die „Demokratisierung der Werte" (Schulz 1972, S. 743), was grundsätzlich zu einem hohen Grad „geistiger Freiheit" als dem Wissen um die Möglichkeiten alternativer Lebensgestaltung (Bolte 1971, S. 111) führt. So kann die Lebenslaufplanung – bei gleichzeitigem Wissen um viele alternativ mögliche Lebensläufe – einerseits zwar das Gefühl großer Freiheit vermitteln, andererseits aber auch Entscheidungsproblematiken mit sich bringen, da im Grunde fast immer auch noch andere Möglichkeiten bezüglich Beruf, Partnerschaft, Sexualität, Ehe, Familie, Weltanschauung wahrnehmbar und manchmal auch realisierbar sind. Dabei werden allerdings auch Wünsche und Bedürfnisse geweckt, die nur für einen ausgewählten Teil der Jugendlichen verwirklicht werden können.

Auf diese Entwicklungen muss die Jugendhilfe konstruktiv reagieren, sich darauf beziehen und die daraus ableitbaren notwendigen Schritte unternehmen. Die lebensweltorientierte Kinder- und Jugendhilfe als Handlungsleitendes Konzept baut auf diesen Veränderungen in der Lebenswelt Jugendlicher auf, indem sie die Öffnung der eingangs erwähnten Jugendhilfe als ressortbezogene Leistung hin zu einer sich einmischenden offensiven Jugendhilfe betreibt. Das heißt, und hier werden die Verbindungen zur Empowerment-Idee (Kap. 5.1) besonders deutlich, dass beratende, begleitende und anregende Hilfen „zur Erschließung von materiellen, informationsbezogenen, sozialen und biografischen Ressourcen" zentral werden, „von Ressourcen in Bezug auf Geld, Räume, Wohnungen und Freunde, die Entdeckung eigener Möglichkeiten" (BMJFFG 1990, S. 16). Und: Einmischung bedeutet Mitwirkung in politischen Entscheidungen, Kooperation mit Institutionen des Sozial- und Bildungswesens sowie den Weg der Jugendhilfe hin „zur Jugendpolitik und zur integrierten Kommunalinfrastrukturpolitik" (S. 16).

Auf dieser Basis wurden im Rahmen der lebensweltorientierten Kinder- und Jugendhilfe die folgenden Arbeitsprinzipien (Abb. 1) entwickelt (BMJFFG 1990, S. 85 ff., Kreft/Lukas u.a. 1990, S. 16 ff.), wie sie auch in der Gemeindespsychiatrie in den 70er Jahren (Dörner u.a. 1979) schon gefordert wurden oder auch für das Empowerment-Konzept (Kap. 5.1) grundlegend sind:

- Existenzsicherung: Dieses Prinzip ist ganz konkret auf die Erfüllung und Sicherung menschlicher Grundbedürfnisse wie Essen und Trinken, Wohnen

und Schutz ausgerichtet, ohne die weitere Schritte in Richtung auf ein selbstbestimmtes Leben nur schwer vorstellbar sind.
- Prävention: Nach dem Modell von Caplan (1964) lassen sich primäre, sekundäre und tertiäre Prävention unterscheiden. Die primäre Prävention zielt auf die grundsätzliche Verhinderung von Störungen durch die (idealtypisch gesehen) Schaffung einer gesundheitsförderlichen, lebenswerten Umwelt und Förderung von individuellen Lebenskompetenzen. Die sekundäre Prävention hat die Aufgabe, mögliche Fehlverläufe zu erkennen und ihnen so früh wie irgend möglich entgegenzuwirken. Das Ziel der tertiären Prävention schließlich ist die Verhinderung oder zumindest Minderung von Spätfolgen nach der Überwindung von Krisen. Zur Idee der lebensweltorientierten Jugendhilfe passt allerdings auch gut der Begriff der Gesundheitsförderung (Waller 1996), weil er von der Orientierung her nicht auf Vermeidung von Risiken ausgerichtet ist, sondern auf die Förderung, Erhaltung und Stärkung von körperlichen, geistigen, seelischen und sozialen Ressourcen.
- Dezentralisierung-Regionalisierung: Diese Maxime ergibt sich aus der Ausrichtung der Jugendhilfe auf die sehr unterschiedlichen Lebenslagen von Kindern und Jugendlichen bzw. deren Familien. Daraus folgt ein Fokus auf Orts- und Stadtteilarbeit, wie sie die Gemeinwesenarbeit (Kap. 5.5.1) und das Case Management (Kap. 5.2) zum Ziel haben, und die situationsspezifische Wahl angemessener Arbeitsformen, Interaktionsmedien (Kap. 6) und spezifischer Methoden, Verfahren und Techniken (Kap. 7 und 9). Als Interventionsmethode bieten sich hier Verfahren der Netzwerkförderung (Kap. 9.4.1) an.
- Alltagsorientierung: Dieses Arbeitsprinzip fordert, präzisiert und konkretisiert die Ausrichtung auf die Lebenswirklichkeiten von Kindern, Jugendlichen und deren Familien, ohne jedoch auf inhaltlich wie methodisch professionelles Handeln zu verzichten. Die Orientierung ist dabei mehrperspektivisch (Abb. 4) gerichtet, die angebotenen Hilfen müssen aus der Praxis des jeweiligen Alltags entwickelt und in ihm zugänglich sein und sie muss „aber auch vermittelt sein mit Chancen zur Distanz und zur spezialisierenden methodischen Arbeit" (BMJFFG 1990, S. 17). Die Ermöglichung von Distanz betrifft Professionelle wie besonders auch die Klienten. Alltagsorientiertes Handeln muss sich und die Adressaten daher vor Übergriffen genauso schützen wie vor Auflösung in den fremden Alltag hinein. Methodisch reflektiertes Handeln bietet hierfür den geeigneten Schutz.
- Integration-Normalisierung: Dieses Prinzip wendet sich gegen die unterschiedlichen Formen der Abgrenzung, Ausgrenzung oder auch Aussonderung, wie „sie in freiwilliger Zuständigkeitsbegrenzung auch in Institutionen der Jugendhilfe zum Ausdruck kommen" (BMJFFG, 1990 S. 17). Integration wird damit zu einem strukturierenden Element in allen Leistungsbereichen der Jugendhilfe und gibt dem sozialpädagogischen Handeln eine eindeutige Ausrichtung.
- Partizipation: Durch die Beteiligung von möglichen Klienten am Aufbau von Angeboten der Jugendhilfe ebenso wie durch die Freiwilligkeit der Annahme der angebotenen Möglichkeiten wird die Wahrscheinlichkeit wesentlich erhöht, dass lebensweltorientiert-sinnvolle Hilfen entstehen, angenommen werden und im Sinne der Klienten und der Jugendhilfe wirksam werden. Die Empowerment-Arbeit mit Gruppen (Kap. 5.1) und einige Modelle der Ge-

meinwesenarbeit (Kap. 5.5.1) sowie soziometrische Verfahren (Kap. 7.6) auf der Ebene spezifischer Methoden entsprechen diesem Prinzip und geben konkrete Hinweise für die praktische Umsetzung.
- Einmischung: Offensive Jugendhilfe mischt sich ein, was u.a. bedeutet, den engen Rahmen einer reaktiven Jugendhilfe zu verlassen und Angebote für Bereiche wie Schule, Ausbildung, Arbeit, Stadtteilgestaltung zu entwickeln, die herkömmlich anderen Organisationen und Ämtern zugeordnet sind. Dies fordert die gemeindenahe Sicht der lebensweltorientierten Jugendhilfe (Kooperation, Koordination) sowie das Prinzip der Prävention bzw. der Gesundheitsförderung, um nicht nur auf Probleme, die in diesen Feldern entstanden sind, reagieren zu müssen, sondern sie soweit wie möglich gar nicht entstehen zu lassen.

Diese Arbeitsprinzipien dienen als Richtlinien für die Soziale Arbeit in der Kinder- und Jugendhilfe und sie sind zugleich Richtwerte für die Evaluation (Kap. 10.1). Sie haben damit normativen Charakter, sie geben Zielorientierungen (Kap. 8.1) vor, sie sind allerdings im Problemlösungsprozess (Kap. 3.6) immer wieder auf ihre situationsspezifische Tauglichkeit hin zu reflektieren, um nicht einem rigiden Dogmatismus zu verfallen. Mit ihrer Hilfe kann beurteilt werden, „ob Angebote, Dienste und Veranstaltungen der Träger der Jugendhilfe zeitgemäß sind. Und anders als früher gilt das inzwischen grundsätzlich für alle Träger (Ämter, Verbände, Projekte, Initiantiven, Selbsthilfegruppen): Wer sein Alltagshandeln daran nicht ausrichtet (ausrichten kann), kommt in Begründungsszwänge" (Münder u.a. 1991, S. 23).

Auch für die Jugendhilfeplanung sind diese Prinzipien damit grundlegend. Nach § 80 KJHG ist die Jugendhilfeplanung Pflichtaufgabe der Träger der öffentlichen Jugendhilfe, dies unter frühzeitiger Beteiligung der anerkannten Träger der freien Jugendhilfe. Unter Zuhilfenahme forschungsmethodischer Instrumentarien (Lukas/ Strack 1996) sind dabei die folgenden Aufgaben zu erfüllen: Bestanderhebung, Bedürfnis- und Bedarfsermittlung unter Beteiligung der Betroffenen, Festlegung des Sollbedarfs und Planung der notwendigen Maßnahmen. Den Rahmen für diese Planung in allen Teilphasen bilden die Prinzipien der lebensweltorientierten Jugendhilfe.

5.4.2 Hilfe und Ordnungsrecht

Auch im KJHG von 1991 ist die Spannung zwischen Hilfe und Kontrolle oder zwischen Sozialstaatspostulat und Sozialdisziplinierung nicht aufgehoben. Eine lebensweltorientierte Jugendhilfe will dies auch nicht ignorieren, womit sie von vornherein zum Scheitern verurteilt wäre, sie will aber die Möglichkeiten, die der rechtliche Rahmen des KJHG bietet, voll im Sinne der Arbeitsprinzipien ausschöpfen.

Die Vorschriften des § 1 KJHG können als Präambel, als feierliche Erklärung der Grundziele und Verpflichtungen der öffentlichen Jugendhilfe gelesen werden. Dabei ist das Recht jedes jungen Menschen „auf Förderung seiner Entwicklung und auf Erziehung zu einer eigenverantwortlichen und gemeinschaftsfähigen Persönlichkeit" postuliert. Zur Verwirklichung dieses Rechts
- sollen Kinder und Jugendliche in „ihrer individuellen und sozialen Entwicklung gefördert" werden, und es ist „dazu beizutragen, Benachteiligungen zu vermeiden oder abzubauen",

- werden „Eltern und andere Erziehungsberechtigte bei der Erziehung beraten und unterstützt",
- „Kinder und Jugendliche vor Gefahren für ihr Wohl" geschützt, und
- es ist dazu beizutragen, „positive Lebensbedingungen für junge Menschen und ihre Familie sowie eine kinder- und familienfreundliche Umwelt zu erhalten oder zu schaffen".

Im Rahmen solcher Formulierungen lassen sich die Prinzipien einer lebensweltorientierten Jugendhilfe als „Sozialisationsinstanz mit eigenständigem Profil" (Münder u.a. 1991, S. 24) bei Ausschöpfung der Grenzen grundsätzlich verfolgen.

Die Inhalte der „Jugendhilfe" im Sinne des KJHG (§§ 1–60) sind im § 2 aufgelistet. Die für die Soziale Arbeit wesentlichsten Inhalte finden sich in den §§ 11 bis 41, die die Leistungen der Jugendhilfe auffächern, wobei die Aspekte der Förderung und der Prävention (Herriger (b) 2000) jeweils einen hohen Stellenwert einnehmen:
- Allgemeine Förderung: Jugendarbeit, Jugendsozialarbeit, erzieherischer Kinder- und Jugendschutz,
- Förderung der Erziehung in der Familie,
- Förderung von Kindern in Tageseinrichtungen und Tagespflege und
- Hilfe zur Erziehung.

In den §§ 11–41 sind inhaltlich die unterstützenden Tätigkeiten der Sozialen Arbeit handlungsleitend und zwar unter der Prämisse der weitgehenden Wahlfreiheit wie sie in § 5 verankert ist, wonach Leistungsberechtigte das Recht haben (worauf sie hinzuweisen sind) „zwischen Einrichtungen und Diensten verschiedener Träger zu wählen und Wünsche hinsichtlich der Gestaltung der Hilfe zu äußern". Eine wesentliche Beschränkung dieser positiven Formulierung ist allerdings dadurch gegeben, dass Kinder und Jugendliche als Leistungsberechtigte fast gänzlich ausscheiden, was seine Ursache darin hat, dass der Erziehungsvorrang der Eltern auf die Gesamtheit aller erzieherischen Einflüsse bezogen wird. Nur bei Not- und Konfliktsituationen ist durch die §§ 8 und 42 KJHG ein eigenständiger Rechtsanspruch Minderjähriger auf Beratung und Hilfe gegeben. Es zeigen sich allerdings bereits einige Signale, diese Beschränkung, zukünftig vielleicht auch umfassender, zu durchbrechen: der direkte Leistungsanspruch, der Kindern bzw. Jugendlichen bezüglich des Kindergartenplatzes und bei seelischer Behinderung gewährt wird, sowie auch die Einrichtung eines Verfahrenspflegers, der die Interessen der Kinder und Jugendlichen etwa bei Scheidungsverfahren der Eltern wahrnimmt und vertritt. Letzteres wäre eine profunde Aufgabe für SozialpädagogInnen.

Die §§ 11- 41 KJHG beinhalten allgemeine Hinweise und Forderungen zu Handlungsleitenden Konzepten, Arbeitsformen, Interaktionsmedien und spezifischen Methoden, Verfahren und Techniken. Die Diskussion systematischen methodischen Handelns in der lebensweltorientierten Jugendhilfe im Sinne der Reflexion all dieser Ebenen des Orientierungsrasters (Abb. 1) sowie des zirkulären Problemlösungsprozesses ist allerdings, ähnlich wie auch bei den anderen Handlungleitenden Konzepten, noch nicht weit gediehen. Auch im Achten Jugendbericht wird unter der Überschrift „Methoden in der Sozialarbeit und Sozialpädagogik" nur ein ganz allgemeiner, stichwortartiger, begrifflich ungenauer und zufällig wirkender Überblick versucht und auf die Notwendigkeit von Supervision und Selbstevaluation verwiesen (BMJFFG 1990, S. 167).

Die in den §§ 11–41 KJHG angesprochenen Bereiche sind u.a.:
- Arbeitsfelder:
  Jugendarbeit (§ 11), Jugendsozialarbeit/Aufsuchende Jugendsozialarbeit/Klinische Sozialarbeit (§ 13), Familienarbeit (§§ 16, 31), Heimerziehung (§ 34).
- Arbeitsformen:
  Von der Arbeit mit einzelnen, über Gruppen und Organisationen bis hin zu regionalen Einheiten.
- Handlungsleitende Konzepte:
  In das Konzept der lebensweltorientierten Jugendhilfe sind u.a.
  – Konzepte des Empowerment (Kap. 5.1) (Mitbestimmung, Mitgestaltung, Mitverantwortung von Jugendlichen in der Jugendarbeit (§ 11)),
  – des Case Management (Kap. 5.2) (Jugendsozialarbeit (§ 13), Sozialpädagogische Familienhilfe (§31)) und
  – der Erlebnispädagogik (Kap. 5.5.3) bzw. der Freizeitpädagogik (Sport- und Freizeitaktivitäten (§11), Familienfreizeiten (§ 16)) zu integrieren.
- Interaktionsmedien:
  – Zentral und in vielen Paragraphen gefordert ist hier wiederum Beratung: Jugendberatung (§ 11), Familien- und Partnerschaftsberatung (§ 17), Beratung in Form von Mediation, der Vermittlung bei Partnerschafts- und Familienkrisen, Trennungen und Scheidungen der Eltern (§ 17), Erziehungsberatung (§ 28).
  – Gleichbedeutend wichtig ist das Interaktionsmedium Erziehung und Bildung, wie es sich im pädagogische Handeln konkretisiert (außerschulische Jugendbildung: allgemein, politisch, kulturell gesundheitlich ... (§ 11), schulische und berufliche Bildungsmaßnahmen (§13), Befähigung zu Kritik- und Entscheidungsfähigkeit, Eigenverantwortlichkeit, Verantwortung gegenüber den Mitmenschen (§ 14), Familienbildung (§ 16), Förderung von Kindern in Tageseinrichtungen durch Betreuung, Bildung und Erziehung (§ 22), Hilfe zur Erziehung durch pädagogische Leistungen (§ 27)).
  – Neben der Beratung und der Erziehung und Bildung sind weiter psychosoziale Therapie (individuelle Beeinträchtigungen (§ 13), Hilfe zur Erziehung und damit verbundene therapeutische Leistungen (§ 27), intensive sozialpädagogische Einzelbetreuung (§35), Unterstützung (in vielen Paragraphen, z.B § 18: Unterstützung bei der Ausübung der Personensorge) und Betreuung (Betreuung und Versorgung des Kindes in Notsituationen § 20) ausdrücklich gefordert.
- Spezifische Methoden:
  – In der lebensweltorientierten Jugendhilfe geht es zentral um die Wahrnehmung und das Verstehen von pluralisierten Lebenslagen und individualisierten Lebensstilen (Abb. 4). Um diese Aufgabe zu leisten, sind Situationsanalysemethoden (Kap. 7) die Grundlage für alles weitere Handeln. In der Jugendhilfe sind dabei manchmal auch schwer wiegende individuelle und Verhaltensprobleme (§ 13: „Überwindung individueller Beeinträchtigungen" oder § 27: „Gewährung pädagogischer und damit verbundener therapeutischer Leistungen") zu verstehen und zu beurteilen, teilweise auch

unter Einbeziehung körperlicher Dimensionen. Die multiprofessionell angelegte Fallorientierte Lebenslagenanalyse (Abb. 11), in der das Personin-Environment-System (PIE) (Kap. 7.1) integriert ist, ist hier ein Analyseinstrument erster Wahl. Je nach spezieller Situation bieten sich Verfahren der Verhaltensdiagnostik (Adam-Lauer (a) 2000) oder Psychodiagnostische Verfahren (Harnach-Beck 1997) an, die nicht unbedingt von SozialpädagogInnen durchgeführt werden müssen (bei entsprechender Ausbildung ist das natürlich auch möglich); SozialpädagogInnen müssen aber lernen, den Sinn dieser Verfahren zu verstehen, um die Bedeutung der Ergebnisse interpretieren zu können.

– Wenn Mitbestimmung und Mitgestaltung, also Partizipation von Klienten, handlungsleitend ist (§ 11), dann bietet sich dafür, aber auch grundsätzlicher für alle Tätigkeiten in der Jugendhilfe (auch für die ordnungsrechtlichen nach §§ 42–60 KJHG), ein klientenorientiertes Handeln an, wie es methodisch differenziert über die Klientenzentrierte Gesprächsführung möglich ist (Kap. 9.1). Für die „Soziale Gruppenarbeit" (§ 29) bieten die Themenzentrierte Interaktition (mehr themen- und gesprächsorientiert (Kap. 9.3)) und die Verfahren des Psychodramas (mehr aktions- und erlebnisorientiert (Kap. 9.2)) methodisch beste Voraussetzungen, um „älteren Kindern und Jugendlichen bei der Überwindung von Entwicklungsschwierigkeiten und Verhaltensproblemen zu helfen" und sie „durch soziales Lernen in der Gruppe" zu fördern (§ 29). Die Netzwerkarbeit (Kap. 5.3, 5.5.1 und 9.4.1) bietet Verfahren, wenn es um die Vernetzung mit unterschiedlichen regionalen Institutionen (§ 13) oder um die Förderung oder Nutzung primärer Netzwerke geht. Diese Basismethoden und Verfahren werden, je nach Bedarf, ergänzt durch weitere Methoden und Verfahren wie der Systemischen Familientherapie oder der Zukunftswerkstatt (Kap. 9.4.3).

- Präventionsaspekt:

Jugendhilfe hat neben den korrigierenden und kompensierenden Dienstleistungen und der Planung (§ 80 KJHG) besonders auch das Arbeitsprinzip „Prävention" zu verfolgen. Hier sind personenbezogene und strukturbezogene Konzepte und Maßnahmen zu unterscheiden. Nach Herriger ((b) 2000, S. 505 f.) stehen beispielsweise die „erlebnisorientierte und kompetenzvermittelnde Jugendarbeit", die „soziale Familienbildung", die „Ausgestaltung von Kindertagesstätten" und die „offene und problemsensible Familienhilfe vor Ort" für die personenbezogene Orientierung, während er für die strukturbezogene Orientierung jugend-, arbeitsmarkt-, familien- und wohnungs(bau)politische Bemühungen im Sinne der lebensweltorientierten Jugendhilfe nennt.

Hinzu kommen „andere Aufgaben der Jugendhilfe" (§§ 42–60):
- Vorläufige Maßnahmen: Inobhutnahme von Kindern und Jugendlichen,
- Herausnahme des Kindes oder des Jugendlichen ohne Zustimmung des Personensorgeberechtigten,
- Schutz von Kindern und Jugendlichen in Pflegefamilien und in Heimen (Heimaufsicht),
- Mitwirkung bei Gerichtsverfahren (Vormundschafts-, Familien- und Jugendgerichtshilfe),
- Amtspflegschaft und Amtsvormundschaft u.a.

Die §§ 42–60 symbolisieren die kontrollierende, ordnungsrechtliche Seite der Jugendhilfe. Dort werden Aufgaben beschrieben, die auch ohne Zustimmung der Betroffenen in einem übergeordneten gesellschaftlichen Interesse zu erledigen sind, die aber dennoch, oder gerade deswegen, bei der Durchführung der sozialpädagogischen Kompetenz bedürfen, um nicht zu reinen Zwangsmaßnahmen zu entarten. Bezüglich des Charakters von Interventionen entsprechen die Aufgaben der §§ 11–41 dem, was in Kap. 9 einführend als „Angebot" und „gemeinsames Handeln" beschrieben wird, und die Aufgabe der §§ 42–60 dem, was dort als „Eingriff" definiert wird.

Die Realität der sozialpädagogischen Gestaltung der subsidiären wie der ordnungsrechtlichen Komponenten im Sinne der lebensweltorientierten Jugendhilfe ist heute durchaus chancenreich, aber auch von einer Reihe von Behinderungen begrenzt (Lauer 2000, S. 354):

- Bei sozialen Auffälligkeiten überwiegen reagierende Eingriffe, die als erklärtes Ziel der Jugendhilfe gerade verhindert werden sollen, „ohne dass aber befriedigende diagnostische Verfahren und multiprofessionelle Methoden und entsprechende Leistungen entwickelt werden".
- Trotz der Bemühungen in der Jugendhilfeplanung gibt es bis heute kein „gestaffeltes differenziertes Frühwarnsystem und entsprechende präventive Leistungen".
- Beratungsangebote sind bei weitem nicht für alle Regionen bedarfsdeckend entwickelt.
- „Hohe Fallzahlen, mangelnde oder unzureichende Teamarbeit und hierarchische Strukturen verhindern eine Überprüfung der geleisteten Arbeit." Selbstevaluation (Kap. 10.1) und Supervision (Kap. 10.2) setzen sich erst langsam durch.
- Die Vermittlung der unterstützenden Komponenten der Jugendhilfe an mögliche Nachfrager nach dieser garantierten sozialen Dienstleistung ist durch weitgehend fehlende Öffentlichkeitsarbeit mangelhaft.

Weiterführende Literatur:

BMJFFG (Bundesministerium für Jugend, Familie, Frauen und Gesundheit) (Hrsg.), Achter Jugendbericht – Bericht über Bestrebungen und Leistungen der Jugendhilfe, Bonn 1990.
Kreft, D. und Lukas, H., Perspektivenwandel der Jugendhilfe, Nürnberg 1990, 2 Bde.
Münder, J. u.a., Frankfurter Lehr- und Praxiskommentar zum KJHG, Münster 1991.
Thiersch, H. und *Grunwald, K.*, Praxis der Lebensweltorientierten Sozialen Arbeit, Weinheim 2004
Fegert, J. M. und *Schrapper, Chr.* (Hrsg.), Handbuch Jugendhilfe – Jugendpsychiatrie. Interdisziplinäre Kooperation, Weinheim 2004.

5.5 Komplementäre Konzepte

Die im folgenden beschriebenen und nach der Breite ihrer Anwendbarkeit ausgewählten Handlungsleitenden Konzepte können vom Differenzierungsgrad her (Kap. 3.3) zwischen Ad-hoc-Konzepten und Konzepten mittlerer Reichweite zugeordnet werden. Sie sind einerseits eigenständige Entwicklungen und können als solche Arbeitsschwerpunkte bilden, andererseits sind sie aber vor allem auch im Rahmen der in den Kap. 5.1. bis 5.4 und in diesem Kapitel vorgestellten Konzepte als Spezifizierungen und Ergänzungen wechselseitig integrier- und praktizierbar.

5.5.1 Netzwerkorientierte Gemeinwesenarbeit

Die Gemeinwesenarbeit war einst, neben sozialer Einzelhilfe und Gruppenpädagogik, die „dritte Methode" der Sozialarbeit (Müller, C. W. 1997). Heute wird sie als eine „Grundorientierung, Sichtweise, Herangehensweise an soziale Probleme" (Oelschlägel 2000, S. 261), als übergreifenderes Handlungsleitendes Konzept verstanden, in das, in Wechselwirkung mit anderen Handlungsleitenden Konzepten (Empowerment, Netzwerkarbeit, Case Management), viele unterschiedliche Methoden und Verfahren integrierbar sind. Diese Entwicklung und die Einbeziehung lebensweltorientierter Konzepte (Thiersch 1997) kennzeichnen die Gemeinwesenarbeit heute (Oelschlägel 2000, S. 261). Gemeinwesenarbeit ist auf die Strukturprobleme der Lebenswelt von Menschen (Abb. 4) fokussiert, wobei gesamtgesellschaftliche Aspekte je nach Ausrichtung mehr oder weniger thematisiert, als Verursachungsfaktoren analysiert und als Ziel der Veränderung für die Soziale Arbeit gesehen werden. Letzteres heißt, dass SozialpädagogInnen „sich selber und ihre Klienten als Agenten sozialen Wandels mobilisieren" (Müller, C. W. 2000, S. 385). Dieser Aspekt ist allerdings bei den teilweise schon historischen Formen der Gemeinwesenarbeit von „nicht vorhanden" bis „im Zentrum stehend" ausgeprägt.

Allgemein formuliert ist Gemeinwesenarbeit zunächst ein Handlungsleitendes Konzept, das von der Arbeitsform her auf regionale Einheiten gerichtet ist. In der Umsetzung zielt sie als „sozialräumliche Strategie" (...) ganzheitlich auf den Stadtteil und nicht pädagogisch auf einzelne Individuen (...). Sie arbeitet mit den Ressourcen des Stadtteils und seiner Bewohner, um seine Defizite aufzuheben" (Oelschlägel 2000, S. 258). Konkret wurden mehrere Formen der Gemeinwesenarbeit entwickelt. Seit den 60er Jahren wurden in Deutschland, immer vor dem Hintergrund sozial- und wirtschaftsgeschichtlicher Entwicklungen, unterschiedliche Modelle der Gemeinwesenarbeit, die zwischen Harmonisierung und Revolution angesiedelt sind, favorisiert bzw. teilweise auch praktiziert. So unterscheidet Iwaszkiewicz (1972, S. 21) zwischen Gemeinwesenarbeit als Mittel der Systemerhaltung, der evolutionären Systemveränderung und der revolutionären Systemveränderung. Folgende Praxiskonzepte lassen sich unterscheiden (Hinte/Karas 1989, S. 13 ff.):

- Die Wohlfahrtsstaatliche Gemeinwesenarbeit hat die Verbesserung des Dienstleistungsangebots in einem Gemeinwesen zum Ziel: es wird ein Jugendzentrum oder eine Spielstube eingerichtet oder eine alljährliche Ferienfreizeit

organisiert. Wenn die Bürger auch mitentscheiden können, sie bleiben passive Empfänger, die eigentlichen Entscheidungen werden in den Institutionen und Behörden des Gemeinwesens getroffen.
- Die integrative Gemeinwesenarbeit geht von einer im Grunde zufrieden stellenden, demokratisch verfassten und gerechten Gesellschaft aus. Auftretende Probleme sollten von allen Gruppierungen eines Gemeinwesens erkannt und gemeinsam bewältigt werden. Das Ergebnis einer solchen Gemeinwesenarbeit ist nach Ross (1971, S. 66) ein dreifaches: „1. vermehrte Identifizierung mit dem Gemeinwesen, 2. erhöhtes Interesse und Teilhabe an den gemeinschaftlichen Angelegenheiten, 3. gemeinsame Wertvorstellungen und Möglichkeiten, sie zu verwirklichen". In diesem Konzept sollen unter der Annahme der „Verschiedenheit in der Einheit" (S. 67) über Kooperation, durch das vernünftig Miteinander-Sprechen und durch das Aushandeln sachlicher Kompromisse vorhandene Spannungen, Konkurrenzen und Entrüstungen durch die Gemeinwesenarbeit in „produktive Kanäle" (S. 142) gelenkt werden.
- Die aggressive Gemeinwesenarbeit ist eine Antwort auf die beiden erstgenannten Konzepte mit dem Ziel des Zusammenschlusses benachteiligter Minderheiten zu einer „Revolution von unten" (Müller/Nimmermann 1971) über disruptive Taktiken wie Mietstreiks, Besetzungen, Steuerstreik, „sit ins". Gemeinwesenarbeiter regen die Bildung von Bürgerorganisationen an und beraten sie bei diesen Aktivitäten.
- Die katalytisch-aktivierende Gemeinwesenarbeit (Karas/Hinte 1978) geht von der Grundidee einer herrschaftsfreien Gesellschaft aus, bei der sich die einzelnen Gruppierungen eines Gemeinwesens solidarisch unterstützen. Gemeinwesenarbeiter vermitteln die einzelnen Gruppen miteinander zu wechselseitigen Unterstützungsnetzwerken.

Die integrative wie ihr Gegenpol, die aggressive Gemeinwesenarbeit sind beide zur Zeit nicht aktuell, während die wohlfahrtsstaatliche „Gemeinwesenarbeit" nach wie vor praktiziert und von manchen Bürgern vielleicht auch so gewünscht wird, wenn sie auch den eingangs genannten Definitionen von Gemeinwesenarbeit nicht gerecht wird.

Heutige Gemeinwesenarbeit, die an die katalytisch-aktivierende anschließt, ist nur als netzwerkorientierte Gemeinwesenarbeit sinnvoll und vorstellbar. Sie ist in diesem Sinne „vergleichbar mit einem Gelenkstück, über das auf allen Ebenen und zwischen verschieden Ebenen Vernetzungen hergestellt werden" (Hinte 1993, S. 10). Das zentrale Kennzeichen dieser Arbeit ist die Intermediarität, die Vermittlungsposition zwischen Lebenswelten und Institutionen, zwischen primären Netzwerken mit ihren begrenzten Ressourcen und den sekundären Netzwerken (Kap. 5.3.2) mit ihren Angeboten.

Noack unterscheidet die folgenden Ebenen der Intermediarität (1999, S. 27 ff.), wobei zum Teil Verfahren der Netzwerkförderung (Kap. 9.4.1) hilfreich sind:
- „Mediation zwischen verschiedenen Lebenswelten und sozialen Netzen" (zwischen Kindern und Schule, zwischen (interkulturellen) Nachbarn, zwischen Klient und Arbeitgeber ...).
- „Mediation zwischen Problempersonen und Institutionen bzw. Behörden" (zwischen Bürgerinteressen und Entscheidungsträgern in Politik, Verwaltung

und Wirtschaft, zwischen Obdachlosen und Sozialamt, zwischen drogenabhängigen Prostituierten und Gesundheitsamt ...).
- „Mediation zwischen den Behörden und Institutionen untereinander" mit dem Ziel konzertierter Aktionen zum Wohle von Klienten.
- „Mediation zwischen Bürgern und Politik und Schaffung einer intermediären Kultur", „indem der Mediator die einzelnen Ressourcen zusammenführt, Bedarfe ermittelt, Interessen organisiert und dabei zwischen den Hilfemöglichkeiten der Behörden und anderer Einrichtungen und den Lebenswelten der Bürger mediatisiert" (S. 29).

Um diese mediative Arbeit leisten zu können, werden bei den Professionellen der Gemeinwesenarbeit erhebliche Sachkenntnisse bezüglich der Inhalte der unterschiedlichen Ebenen vorausgesetzt, noch wichtiger scheint aber eine ausgeprägte kommunikativ-beraterische Fähigkeit (Kap. 6.1 und 9.1) zu sein, ohne die diese Form der Vermittlung und Verknüpfung nicht funktionieren wird. Heiner (1993) plädiert für die Kontaktpflege auch in außerberuflichen Situationen: „Für den Aufbau politischer Netzwerke sind nicht nur berufliche Kontakte wichtig. Zum Aktionsfeld gehören ebenso der Sportverein (in dem man die Leiterin des Sozialamtes trifft) wie der Bürgerparkverein (dem der Direktor der Sparkasse vorsteht), der Kirchenchor (mit der Geschäftsführerin der Caritas) ... . Die Biertheke, an der man sich nach der offiziellen Veranstaltung trifft, ist ebenfalls ein wichtiges Aktionsfeld" (S. 14). Diese Vorschläge mögen für eine lebensweltorientierte Gemeinwesenarbeit in Maßen nötig und u.U. auch erfolgreich sein, verführen allerdings auch zur Distanzlosigkeit und beinhalten zumindest die Gefahr, dass Gemeinwesenarbeiter in Abhängigkeiten geraten und an parteiliche Netzwerke gebunden werden, die eine zukünftige Vermittlungsaufgabe erschweren oder auch unmöglich machen.

5.5.2 Straßensozialarbeit (Streetwork)

Straßensozialarbeit ist lebensweltorientierte, aufsuchende Soziale Arbeit, d.h. sie findet (zum Teil) dort statt, wo der alltägliche Ort des Geschehens ist: in Parks, auf Spielplätzen, im Bahnhofsviertel, auf dem „Strich", im Schulhof, in Kneipen und Discos, an Straßenecken, in der Fußgängerzone. „Streetwork ist eine Kontaktform im Sinne aufsuchender Arbeit. StreeworkerInnen arbeiten nicht (nur) in den Räumen einer Institution, sondern begeben sich (auch) in das unmittelbare Lebensumfeld ihrer Zielgruppe" (Gref 1995, S. 13). Zielgruppenorientierung ist ein zentrales Merkmal der Straßensozialarbeit. Dazu gehören Klientengruppen, an denen die Institutionen der Sozialen Arbeit mit ihrer Komm-Struktur gescheitert sind: Drogenabhängige, Obdachlose, weibliche und männliche Prostituierte, gewalttätige Fußballfans, Obdachlose, Jugendgangs, Straßenkinder. Neben dieser problemorientierten Straßensozialarbeit sollte, wie im zweiten Fallbeispiel (Kap. 2.2) angedeutet, auch eine präventionsorientierte Straßensozialarbeit stattfinden, etwa im Rahmen einer netzwerkorientierten Gemeinwesenarbeit (Kap. 5.5.1). Das bedeutet, dass nicht nur die „Feuerwehrfunktion" die Straßensozialarbeit kennzeichnet, sondern dass zu deren Aufgabenfeld auch das frühzeitige Erkennen und Verhindern oder zumindest Mindern problematischer Entwicklungen gehört, was im Sinne der sekundären Prävention (mit der Aufgabe, mögliche Fehlverläufe zu erkennen und ihnen so früh wie irgend möglich entgegenzuwirken) die „Verhinderung von Ausgrenzungs- und Stigmatisierungsprozessen marginalisierter" Menschen bedeutet (BMJFFG 1990, S. 116). Zu diesem präventiven Aspekt gehört auch die „jugendkulturelle Infrastrukturarbeit", indem Kinder und Jugendliche motiviert werden, dass sie „sich selbst Gelegenheitsstrukturen im Viertel aufbauen" (S. 117), über die sie miteinander und mit anderen Gruppierungen in Kontakt kommen.

In der Literatur wird der Begriff Straßensozialarbeit (Streetwork) meist synonym mit Begriffen wie aufsuchende Jugend- und Sozialarbeit oder mobile Jugendarbeit verwendet. Es lassen sich aber auch Unterscheidungen finden nach einer Straßensozialarbeit i.e. Sinne (nur Kontaktaufnahme an den informellen Treffpunkten, so dass die Straßensozialarbeit neben Beratung, freizeitpädagogischen und erlebnispädagogischen (Kap. 5.5.3) Angeboten usw. nur ein Teil der Arbeitsweisen der Aufsuchenden Sozialarbeit ist (BMJFFG 1990, S. 116; Schreiber 2000, S. 55 f.)), und eine Straßensozialarbeit i.w.S., die viele Tätigkeiten unter diesem Begriff subsumiert, d.h. „Streetworker agieren keineswegs immer oder auch nur überwiegend in dem Sozialraum der Straße" (Steffan 2000, S. 570). Dies entspricht auch der obigen Definition von Gref.

Professionelle Straßensozialarbeit i.w.S. ist durch ein differenziertes Gefüge von verschiedenen Tätigkeiten gekennzeichnet, die in die folgenden Schwerpunkte unterteilt werden können (Steffan 2000, S. 570 f):

- „Kontakt- und Beziehungsarbeit in der Lebenswelt":
Annäherung, Vertrautmachen, Kontaktaufbau mit Einzelpersonen und Gruppen, Pflege des Netzwerkes.
Als spezifisches methodisches Verfahren bietet sich hierfür unterstützend die Netzwerk-Ethnografie (Kap. 7.8) und Teile der dort beschriebenen „10 Gebote der Feldforschung" an.
- „Zielgruppen-, klienten- und problemlagenbezogenes Handeln":
Einzelfallhilfe (Beratung, Betreuung, Krisenintervention ..., wozu u.a. auch erreichbare Anlaufstellen einzurichten sind);
Gruppenarbeit (Erlebnis- und Freizeitpädagogik);
Weitervermittlung (Therapie, Arbeitsprojekte ...);
Angebote eigener Räumlichkeiten für die Klienten;
Präventionsprojekte;
Selbsthilfeaktivierung und -unterstützung.
- „Arbeit im institutionellen Umfeld":
Vernetzung, Kooperation- und Koordination (Jugendamt, Schulen, Polizei, Arbeitsamt ...);
Akquisition von Hilferessourcen (Schuldnerberatung, Arbeitsmöglichkeiten ...).
- „Aktivitäten im kommunalen, politischen, administrativen Kontext":
Beteiligung der Klientengruppen an Stadtteilfesten und Mitwirkung an Stadtteilversammlungen mit dem Ziel, dass beispielsweise die „Bewohner mit den sozialen Problemen der Kinder und Jugendlichen behelligt, auf strukturelle Missstände im Wohnbereich aufmerksam gemacht und zur Mitarbeit an der Problemlösung motiviert werden" (BMJFFG 1990, S. 116);
Initiierung von Komplementärangeboten (materielle und medizinische Grundversorgung, Ausbildungs- und Beschäftigungsangebote ...);
Vertretung der Klienteninteressen in Institutionen und in der Öffentlichkeit.

Bei dem Handlungleitenden Konzept der Straßensozialarbeit, das häufig aufgrund sozialer Konflikte im lokalen Kontext nur kurzfristig „ad-hoc" (Kap. 3.3) eingesetzt wird, wird ein allgemeines Problem der Sozialen Arbeit besonders deutlich, dass sie nämlich im Spannungsfeld zwischen sozialpädagogischer Hilfe und staatlichem Ordnungsrecht stattfindet. Am Anfang von Projekten der Straßensozialarbeit stehen wohl fast immer ordnungspolitische Interessen. Der Treffpunkt gewalttätiger Jugendgangs, der Straßenstrich, die Drogenszene im Park, sie sollen „aufgelöst" werden. Das ist das Ziel der das Projekt finanzierenden Kommune und das Interesse der Öffentlichkeit, die die Durchführung des Projektes, häufig vermittelt über die Medien, kontrolliert. Bei aller Parteilichkeit für die Klienten darf diese Problematik nicht ausgeblendet werden, sie ist zudem vermutlich auch den Klienten selbst bewusst, was den Zugang zu ihrer Lebenswelt häufig erschwert, manchmal auch unmöglich macht. Wenn eine als gewalttätig bekannt gewordene Jugendgang und die Öffentlichkeit über die lokale Presse erfährt, welche Maßnahmen zukünftig über „Streetwork" geplant sind, um diesem Übel Herr zu werden, und wenn in dem gleichen Artikel die gewalttätigen Aktionen der Jugendlichen aufgelistet werden und die Zusammenarbeit der Sozialpädagogen mit der Polizei besonders betont wird, ist einleuchtend, dass das Projekt Straßensozialarbeit, wie in diesem konkreten Fall auch geschehen, von vornherein schon gescheitert ist. Dagegen begreift eine sozialpädagogisch relevante Sicht „einschlägige Jugendszenen oder subkulturelle Milieus nicht als Verführungsinstanzen (..), sondern als Orte sozialer und emotionaler Akzeptanz für Jugendliche, deren Ressourcen zur Problemlösung" im Rahmen von Straßensozialarbeit i.w.S. zu mobilisieren sind (BMJFFG 1990, S. 116).

5.5.3 Erlebnispädagogik

Es ist relativ schwierig, griffig zu benennen, was das Handlungsleitende Konzept Erlebnispädagogik auszeichnet, da mit diesem Begriff eine diffuse Menge an Angeboten in Verbindung gebracht wird (vom Bergwandern bis zum Bungee-Springen), weitere Begriffe teilweise synonym, teilweise alternativ Verwendung finden (Abenteuerpädagogik, Aktionspädagogik, Soziale Sporttherapie, Reisepädagogik) und weil auch von Erlebnispädagogen selbst in ihren Begriffsbestimmungen Ausweitungen des Begriffs erzeugt werden, die einer eindeutigeren und notwendigen Begrenzung des Begriffs zuwiderlaufen. Letzteres ist der Fall, wenn Fischer/Ziegenspeck (2000, S. 27) meinen, dass die „einseitige Ausrichtung auf ... Outdoor-Pädagogik ... aber in Zukunft zugunsten von ... Indoor-Pädagogik abgebaut werden (muß), denn gerade auch in den künstlerischen, musischen, kulturellen und auch technischen Bereichen gibt es vielfältige erlebnispädagogische Entwicklungs- und Gestaltungsmöglichkeiten".

Abgesehen von diesen Unklarheiten lässt sich Erlebnispädagogik wie folgt umschreiben: „Die Erlebnispädagogik versteht sich als Alternative und Ergänzung tradierter und etablierter Erziehungs- und Bildungseinrichtungen. ... Hört man heute das Wort Erlebnispädagogik, so kann davon ausgegangen werden, dass primär natursportlich orientierte Unternehmungen – zu Wasser oder zu Lande, auch in der Luft – gemeint sind. ... Erlebnispädagogische Programme ... beziehen die natürliche Umwelt mit ein und verfolgen damit zugleich einen ökologischen Bildungsanspruch" (Ziegenspeck 2000, S. 183 f.). Diese noch sehr allgemeine Definition wird durch Hufenus etwas präzisiert, indem er erlebnispädagogische Prozesse dadurch kennzeichnet, dass sie „Personen und Gruppen zum Handeln (bringen) mit allen Implikationen und Konsequenzen bei möglichst hoher Echtheit von Aufgabe und Situation in einem Umfeld, das experimentierendes Handeln erlaubt, sicher ist und den notwendigen Ernstcharakter besitzt" (1993, S. 86).

Die erlebnispädagogischen Programme, die zeitlich sehr unterschiedlich angelegt sind (vom Wochende bis zu mehreren Monaten) und heute in großer Vielfalt angeboten werden (Fischer/Ziegenspeck 2000, S. 268 ff.), reichen von eher herkömmlichen Aktivitäten wie Bergwandern, Klettern, Segeln, Höhlenerforschungen und Kajakfahrten bis zur Durchquerung großer Dschungelgebiete und Hochgebirgslandschaften und zu modernen Formen wie dem Rafting und Mountain-Bike-Touren sowie auch zu erlebnispädgogischen Aktivitäten im „Dickicht der Großstadt" (City Bound). Diese Programme haben in der Sozialen Arbeit vor allem in der Suchtkrankenhilfe und über das Kinder- und Jugendhilfegesetz (Kap. 5.4), hier vor allem über § 34 (Heimerziehung, sonstige betreute Wohnformen) und über § 35 (Intensive sozialpädagogische Einzelbetreuung) sowie in der Jugendarbeit (§ 11 KJHG) Anwendung gefunden. Dabei wird allerdings bei den Hilfen zur Erziehung häufig die Erlebnispädagogik als „finales Rettungskonzept gehandelt, ohne dass im Bereich der Jugendhilfe eine inhaltliche Auseinandersetzung stattgefunden hätte" (Stüwe 1996, S. 168).

Über erlebnis-, gruppen- und handlungsbezogenes und ganzheitliches Lernen in konkreten Situationen werden durch erlebnispädagogische Arrangements und Aktivitäten folgende Ziele angestrebt (Fischer/Ziegenspeck 2000, S. 271):
- Kognitive Lernziele (notwendige Fertigkeiten je nach Programm),
- affektiv-emotionale Lernziele (Steigerung des Selbstwertgefühls, Gefühle wahrnehmen und sie angemessen ausdrücken, Frustrationstoleranz entwickeln und erhöhen, Formen der Konfliktbewältigung und Kooperation lernen ...),
- soziale Lernziele (Übernahme von Verantwortung für sich und andere, die Bedeutung regelhaften Verhaltens für das Zusammenleben in Gruppen erkennen, Aufgaben delegieren können ...) und
- motorische Lernziele (Schulung der Fein- und Grobmotorik).

Die Grundideen und die Zielvorstellungen erlebnispädagogischen Handelns sind einleuchtend. Erlebnispädagogik wird aber erst zu einem wirklich praktikablen Handlungsleitenden Konzept der Sozialen Arbeit, wenn ihre Programme entsprechend den Vorgaben eines zirkulären Problemlösungsprozesses (Kap. 3.6) geplant, durchgeführt und evaluiert werden und die Interaktionsmedien (Kap. 6) bewusst und reflektiert Anwendung finden. Neuere Arbeiten wie die von Fischer (1999) und Fischer/Ziegenspeck (2000) gehen in diese Richtung.

Weiterführende Literatur:

Heckmair, B. und *Michl, W.*, Erleben und Lernen. Einführung in die Erlebnispädagogik, München 2004 (5. Aufl.).
Odierna, S. und *Berendt, U.* (Hrsg.), Gemeinwesenarbeit. Entwicklungslinien und Handlungsfelder, Neu Ulm 2004.
Gillich, St. (Hrsg.): Profile von Streetwork und Mobiler Jugendarbeit. Antworten der Praxis auf neue Herausforderungen, Gelnhausen 2004.

5.6 Exkurs: Transversale Konzeption Sozialmanagement

In den bisher beschriebenen Handlungsleitenden Konzepten wurden als Arbeitsformen vor allem die Arbeit mit einzelnen Menschen und mit Gruppen, teilweise auch mit Institutionen und mit regionalen Einheiten behandelt. Beim „Sozialmanagement" liegt der Fokus des Interesses bei den Organisationen und den regionalen Einheiten bzw. bei deren institutionalisierten Vorgaben (Normen, Werte, Rollenmuster, Hierarchien). Sozialmanagement wird hier als eine transversale Konzeption definiert, die zu den Handlungsleitenden Konzepten „quer" liegt, in ihnen also in bestimmten Phasen oder bei unterschiedlichen Fragestellungen relevant wird, nämlich dann, wenn der Blick auf die organisatorischen, ökonomischen und rechtlichen Rahmenbedingungen der Sozialen Arbeit gelenkt wird. Der Begriff „Konzeption" wird hier als „Entwurf" definiert, bei dem sich schon ein planvolles Vorgehen andeutet, ohne dass allerdings der Status eines Handlungsleitendes Konzeptes (Theorie, Praxeologie, Axiologie; vgl. Kap. 3.3) bisher schon erreicht wäre. Ohne Einbeziehung dieser Ausrichtung sind aber beispielsweise Handlungsleitende Konzepte wie das „Case Management" oder die „Lebensweltorientierte Jugendhilfe" von vornherein zum Scheitern verurteilt. Zudem wäre die Forderung nach Mehrperspektivität (vgl. Abb. 4) ohne Berücksichtigung dieses Rahmens nicht aufrechtzuerhalten. Die zentrale Aufgabe von SoziamanagerInnen ist es – in der hier vertretenen Sicht –, die Qualitätsentwicklung von Organisationen der Sozialen Arbeit professionell zu gestalten und zu begleiten (Analyse, Planung, Umsetzung) und im weiteren Verlauf die Qualitätssicherung zu gewährleisten. Um die Fülle der möglichen Themen etwas zu begrenzen, werden in diesem Exkurs Sozialmanagement-Aufgaben in Organisationen behandelt, während Aufgaben im Bereich der regionalen Einheiten, also zwischen Organisationen (Sozialplanung), nur am Rande angeschnitten werden.

Sozialmanagement hat die Organisation von Non-Profit-Unternehmen zum Gegenstand des professionellen Handelns. „Organisation" hat hier allgemein zumindest drei Bedeutungen: Organisation als vorfindbares konkretes Sozialgebilde (institutioneller Aspekt), ein Sozialgebilde hat eine Organisation (instrumentaler Aspekt) und ein Sozialgebilde wird organisiert (prozessualer Aspekt). Für das Sozialmanagement ist der dritte Aspekt vorrangig, die beiden anderen sind aber natürlich Voraussetzungen für ihn. Bezüglich des Begriffs „Management" lassen sich nach Karsten (2000, S. 671 ff.) auf einer beschreibenden Ebene folgende Managementkonzepte unterscheiden:

- Sozialtechnokratisch orientierte Konzepte: Effizienz, Erfolg, Finanzierung, Organisationstechniken, Führungsqualität u.a. stehen im Vordergrund.
- Sozialplanerisch orientierte Konzepte: Sozialberichterstattung, Sozialplanung, Sozialadministration in regionalen Bezügen.
- Innovationsorientierte, sozialpolitisch bezogene Konzepte: Entwicklung ganzheitlicher Modelle als Grundlage für die Organisationsberatung und die Fortbildung bzw. Weiterbildung unter Einbeziehung aller relevanten Aspekte: Leitbilder, Zieldefinitionen, Führungsverhalten, Marketing, Evaluation etc. Dies unter Berücksichtigung der jeweiligen Infrastruktur und der sozialpolitischen Vorgaben (Vernetzung, Kooperation, Regionalisierung).

Exkurs: Transversale Konzeption Sozialmanagement

- Gruppen- und Interaktionsbezogene Konzepte: Hierbei geht es um die Förderung der Kompetenzen der einzelnen Mitarbeiter sowie der gemeinsamen Gestaltung des Arbeitsfeldes (management by participation).
- Systembezogene Konzepte: Im systemischen Ansatz gerät die gesamte Organisation mit ihren Subsystemen und ihren Beziehungen nach außen ins Blickfeld.
- Metatheoretische Konzepte: Wissenschaftliche interdisziplinäre Reflexion, Entwicklung von Forschungs- und Handlungskonzeptionen bzw. -kompetenzen.

Die Diskussion um die Notwendigkeit von Managementaufgaben in der Sozialen Arbeit wird bis heute diskrepant geführt. Ist es nicht mehr ausreichend, hilfebedürftige Menschen zu unterstützen, zu begleiten, zu betreuen und kompetent zu beraten? Ist es nötig, Kosten-Nutzen-Aspekte einzuführen? Die Antwort kann nur ein Sowohl-als-auch sein. Die Nachfragestruktur hat sich einerseits in den vergangenen 20 Jahren erheblich verändert und andererseits haben sich parallel dazu die Finanzierungsmöglichkeiten teils drastisch verringert. Daraus entsteht ein ausgeprägter Veränderungsdruck für Non-profit-Organisationen, der verdrängt werden kann, dem aber auch realitätsgerecht begegnet werden kann. Mitschke und Böhlich (2000, S. 4) haben einige Aspekte der neuen Herausforderungen zusammengefasst: „Veränderungen in Art und Umfang der Aufgaben" (zunehmend: Arbeitslosigkeit, Armut, Probleme im hohen Alter, Zuwanderung, abnehmend: staatliche Pflichtaufgaben), „Mitarbeitergewinnung und -entwicklung wird anspruchsvoller" (attraktivere Angebote in der Privatwirtschaft, höhere Anforderungen an Aus- und Weiterbildung, ehrenamtliches Engagement gefährdet), „verfügbare Mittel werden knapper" (Engpässe bei den Trägern, Knappe öffentliche Kassen, Spender und Sponsoren werden kritischer) und „zunehmende Konkurrenz" (gemeinnützige und erwerbswirtschaftliche Organisationen). Diese Herausforderungen für die Soziale Arbeit können aber über das Sozialmanagement nur bewältigt werden, wenn SozialpädagogInnen das „Heft in die Hand nehmen". Verhängnisvoll wäre es, wenn lediglich Begrifflichkeiten und Konzepte aus der Betriebswirtschaft mit der Hoffnung übernommen werden, dass diese auch für Non-profit-Organisationen schon wirksam werden würden. Hier besteht die dringliche Aufgabe für die Professionellen der Sozialen Arbeit, kreativ mitzubestimmen, welche Konzepte und Verfahren auf welche Weise und über wen Eingang in ihre Praxisfelder finden.

Bisher existieren viele Begriffe, teils unverbunden, nebeneinander: Personalmanagement, Führungskräfteentwicklung, Controlling, Monitoring, Neue Steuerungsmodelle, Benchmarking, Fundraising, Gender Mainstreaming, Sponsoring, Öffentlichkeitsarbeit, Organisationsentwicklung, Qualitätssicherung, Kontrakt Management u.a. Allein aus der Aufzählung dieser Begriffe ergibt sich, dass im Rahmen dieses Exkurses nur einige Aspekte verdeutlicht werden können. Zudem ist der formulierte Schwerpunkt dieses Buches ein anderer, nämlich direktes methodisches Handeln mit Klienten der Sozialen Arbeit. Dennoch ist das transversale Konzept „Sozialmanagement" auf unterschiedlichen Ebenen der Sozialen Arbeit bedeutsam, wie dies im Orientierungsraster (Abbildung 1) auch schon vermerkt wurde: „... Dienstleistungen einschließlich ihrer Organisation". Sozialmanagement bildet für ausgewiesene Experten auf der Basis von Betriebswirtschaft, Soziologie oder Sozialpädagogik die Grundlage eines spezialisierten beruflichen Handelns in der Sozialwirtschaft (vgl. Wendt 2003) mit dem Ziel, über die organisatorische und wirtschaftliche Gestaltung den Prozess der ökonomischen und sozialen (Wieder-)Eingliederung von Klienten der Sozialen Arbeit zu fördern. Notwendige Voraussetzung für dieses Expertentum ist natürlich eine ausgewiesene sozialpädagogische Feldkompetenz. In der Aus- und Weiterbildung werden hierfür entsprechende Schwerpunkte bzw. Studiengänge angeboten. Dies ist dann aber nicht Soziale Arbeit i.e.S., sondern die Analyse, Planung und Umsetzung angemessener organisatorischer Voraussetzungen für die Soziale Arbeit. Neben dieser Spezialisierung ist Sozialmanagement im Non-Profit-Bereich für Leitungspersonen sozialpädagogischer Institutionen relevant, sollen die Anforderungen an die Leitung dieser Einrichtungen angemessen erfüllt werden. Darüber hinaus allerdings sind einzelne dieser Verfahren wie das Fundraising oder die Öffentlichkeitsarbeit auch für Kleinunternehmen der Sozialwirtschaft bedeutsam. Schlussendlich ist auch das Wissen über Sozialmanagement für SozialpädagogInnen notwendig, selbst dann, wenn sie diesen Bereich nie selbstständig ausführen sollten. Die organisatorischen Hintergründe zu verstehen ist eine notwendige Voraussetzung, um auch im direkten Klientenbezug handlungsfähig zu werden und zu bleiben sowie der Illusion zu beggnen, dass Soziale Arbeit alleine Beziehungsarbeit ohne Berücksichtigung der „äußeren Grenzen" (Ruth Cohn) sein könnte. Dies gilt allgemein für den Rückbezug sozialpädagogischen Handelns auf gesellschaftliche und lebensweltliche Realitäten (vgl. Abb. 4), besonders auch bezüglich ökonomischer und rechtlicher Vorgaben und spezieller beispielsweise für die Situationsanalyse mit dem Verfahren des PIE (Kap. 7.1), wo beim „Faktor II" u.a. Gesundheits-, Sicherheits- und Sozialsysteme, Erziehungs- und Bildungssysteme sowie grundlegende Versorgungssysteme Gegenstand der Analyse sind. Hier wie auch etwa beim Case Management (Kap. 5.2) ist ohne Kenntnis der sozialwirtschaftlichen Zusammenhänge und ohne Befähigung zum Sozialmanagement – wenn nur auch in Teilbereichen – effektives zielgerichtetes Arbeiten nicht möglich. Zur Effektivität kommt dann allerdings die Effizienz – die Wirksamkeit der eingesetzten Mittel – hinzu. Letzteres allerdings nur auf ökonomische Mittel zu beziehen wäre eine unzulässige Beschränkung. Hierzu gehört auch die Überprüfung bzw. Förderung der Qualität der professionellen Kompetenzen der Mitarbeiter im Rahmen der ihnen gestellten Aufgaben (vgl. Kap. 11).

Ein Orientierungsraster (Abb. 1), in dem die unterschiedlichen Ebenen von Sozialmanagement benannt und über Reflexionsfragen (vgl. Kap. 3.7) einander zugeordnet werden, fehlt bisher. Erst eine solche Systematik wird die Bestimmung der Qualität von Sozialmanagement ermöglichen. Dann werden Fragen zu beantworten sein nach dem Menschenbild und der Ethik von „Sozialmanagement" – und deren Übereinstimmung mit der Ethik sozialpädagogischen Handelns (vgl. Kap. 4) – nach der Differenzierung der Praxeologie (Methoden, Verfahren, Techniken, Institutionalisierung, Organisation u.a.) und nach der theoretischen Begründung. Hinzu kommen Fragen – zumindest wenn das metatheoretische Managementkonzept realisiert werden soll – nach der wissenschaftstheoretischen Fundierung sowie nach den Analysemethoden und nach Überprüfung der Effektivität und Effizienz entsprechend den relevanten forschungsmethodischen Kriterien, einschließlich der Formulierung von Zielen und Hypothesen (vgl. Kap. 3.3 und 8).

Im Folgenden wird eine vorläufige Zuordnung der unterschiedlichen Begriffe zum Handlungsleitenden Konzept Sozialmanagement versucht, wobei Hauptziel und Aufgabenfelder unterschieden werden:
- Hauptziel des transversalen Handlungsleitenden Konzepts Sozialmanagement ist die Qualitätsentwicklung bzw. Qualitätssicherung in den unterschiedlichen Organisationsformen der Sozialen Arbeit.
- Aufgabenfelder, um sich diesem Hauptziel zu nähern sind u.a.
  – Organisationsentwicklung
  – Organisationsberatung
  – Personalmanagement und Personalentwicklung
  – Führungskräftentwicklung
  – Marketing
  – Öffentlichkeitsarbeit
  – Sponsoring (Ökonomische Absicherung über das Finden von Sponsoren und Spendern)
  – Controlling (Führungssubsystem zur Steuerung (Koordination) von Informationsflüssen und zur Unterstützung von Entscheidungsprozessen)
  – Monitoring (Beobachtungssystem, das rechtzeitige Eingriffe in Prozesse erlaubt, die nicht den gewünschten Verlauf nehmen)
  – Benchmarking (Prozess, über den erfolgreiche Methoden, Konzepte etc. anderer Organisationen erkannt und in die eigene Organisation übertragen und implementiert werden)
  – Fundraising (Strategien zur Beschaffung vor allem der ökonomischen Grundlagen nichtkommerzieller Organisationen; hierzu gehören auch die Beziehungspflege von Spendern und Sponsoren sowie die Öffentlichkeitsarbeit)
  – Sozialplanung, Sozialberichterstattung
  – Entwicklung von innovationsorientierten Konzeptionen

Im Folgenden wird das Hauptziel „Qualitätsentwicklung" in einigen Aspekten näher umschrieben – unter der Annahme, dass Qualität über Sozialmanagement entwickelt und gesichert wird. Zunächst ist zu klären, was „Qualität" in Non-Profit-Organisationen bedeutet bzw. nach welchen Kriterien Qualität gemessen werden kann. Der Deutsche Berufsverband für Sozialarbeit, Sozialpädagogik und Heilpädagogik umschreibt Qualität als „Erfüllung von Kriterien ..., die so klar formuliert sein müssen, dass sie nicht missverstanden werden können" (2002, S. 19). Der Grad der Erfüllung von festgelegten Zielen – schwierig bei unterschiedlichen Erwartungen – gibt dann Auskunft über die Qualität der Dienstleistung. Qualität ist keine ein für allemal festgelegte Größe nach dem Muster, „wenn x, dann y". Die Qualitätsansprüche sind historisch, sie ändern sich je nach den politischen, ökonomischen und rechtlichen Rahmenbedingungen, nach veränderten theoretischen und praxeologischen Erkenntnissen, je nach den Wünschen der Geldgeber und nicht zuletzt nach den Bedürfnissen der Klienten. Zur Differenzierung des Qualitätsbegriffs wird nach Meinhold (1998, 2000, S. 551 ff.) folgende breit anwendbare Systematik vorgestellt, die in vielen Dienstleistungsbereichen anwendbar ist und die Gegenstand des Sozialmanagement ist:
- Dienstleistungsangebote: Was wird für wen durch wen angeboten?
  Diese grundsätzliche Vorklärung entspricht der ersten Phase beim Case Management (vgl. Kap. 5.2.2): Klientenkreis, Problematik, Berechtigung, Zu-

ständigkeit u.a. Die Angebote müssen eindeutig und detailliert formuliert werden und es müssen Indikatoren entwickelt werden, um später überhaupt beurteilen zu können, ob die formulierten Ziele erreicht wurden. Diese Angebote sind Grundlage für die Öffentlichkeitsarbeit einschließlich Fundraising und Sponsoring.
- Strukturqualität: Was wird benötigt?
Die Ausstattung einer Einrichtung, die Ressourcen, die Mitarbeiter benötigen, um ihrem Auftrag gerecht werden zu können, ist wesentlicher Teil der Gesamtqualität: Räume, Qualifikation der Mitarbeiter, Personalschlüssel, Sachmittel u.a. Indikatoren sind etwa: Öffnungszeiten, Wartezeiten, Mittel für Fortbildungen und Supervision bzw. auch deren prozentualer Anteil. Über diese Rahmenbedingungen (vgl. auch Abb. 20: Materielle Ressourcen) wird die Aufbau- und Ablauforganisation betroffen, was bedeutet, dass die Verbesserung der Strukturqualität – allgemein, aber auch bezüglich der organisationsinternen Verteilung – ein wesentlicher Bestandteil der Aufgaben des Sozialmanagement wird: Organisationsentwicklung, Benchmarking, Verhandlungen mit den Kostenträgern sowie mit Sponsoren und Spendern.
- Prozessqualität (Ablaufqualität): Wie wird gehandelt?
Die Prozessqualität beinhaltet alle Aktivitäten, die zur Zielerreichung eingesetzt wurden, wobei diese sowohl die Beziehungen der Professionellen zu den Klienten als auch der Professionellen untereinander betrifft (vgl. Abb. 20: Immaterielle Dienstleistungen). Eine Beurteilung der Prozessqualität setzt die Offenlegung und präzise Benennung der Handlungsweisen der Mitarbeiter voraus: Methodeninstrumentarium, Ablaufpläne, Regeln etc. Hier können zwar rechtliche Vorgaben einfließen, zentral sind aber professionelle Standards, wie sie über „Arbeitsprinzipien" (vgl. Abb. 1) und über „Hndlungskompetenz" (vgl. Abb. 25) formuliert wurden: Hilfe zur Selbsthilfe, Kommunikative Verständigung, Emanzipation, Vertrauensschutz... bzw. Sach- und Fachkompetenz und Beziehungskompetenz (Sozial-, Methoden- und Selbstkompetenz). Diese eingängigen Begriffe müssen aber in evaluierbare Handlungsregeln transformiert werden, was eine Reduzierung der Möglichkeiten nach sich zieht. Bei der „Kommunikativen Verständigung" könnte das etwa wie folgt aussehen: „Wir vermeiden Zwang und Manipulation ..." oder beim „Vertrauenschutz": „Wir geben keine Informationen weiter an ...". Personalentwicklung (Weiterbildung, Supervision) und Führungskräfteentwicklung sowie Controlling und Monitoring sind hier Möglichkeiten der Qualitätsverbesserung über das Sozialmanagement.
- Ergebnisqualität: Was soll herauskommen? Welche Ziele wurden erreicht?
Im Sinne des Zirkulären Problemlösungsprozesses (vgl. Abb. 5) ist die Ergebnisqualität in allen Phasen des Handlungsprozesses zu prüfen und nicht erst am Ende zu evaluieren. Das heißt auch, dass Hypothesen und Ziele nicht deterministisch bzw. global zu formulieren sind (vgl. Kap. 8), sondern etwa in Zwischenziele mit der Angabe von Wahrscheinlichkeiten zu differenzieren sind. Die Ergebnisqualität kann dann sinnvollerweise nur phasenspezifisch sein. In der Sozialen Arbeit sollen dann kurz- oder mittelfristige Ziele erarbeitet werden, wozu wiederum treffende Indikatoren zu entwickeln sind. Das „Person-in-Environment-System" (vgl. Kap. 7.1) oder der „Werkzeugkasten für methodisches Handeln" (von Spiegel 2004, S. 151 ff.) bieten hierfür gute Möglichkeiten.

Exkurs: Transversale Konzeption Sozialmanagement

Zur Beurteilung der Ergebnisqualität zählen aber auch der Nachweis, dass für das spezielle Angebot der Einrichtung auch eine Nachfrage besteht bzw. eine Steigerung im Vergleich zu den Vorjahren erzielt wurde. Über professionell gestaltete „Jahresberichte" – regional auch über die „Sozialberichterstattung" – wird dieser Nachweis zur Grundlage der Öffentlichkeitsarbeit bzw. des Fundraising und zu einem Indikator für die Akzeptanz des Angebots. Über diese Information der Öffentlichkeit und der relevanten Instanzen (Recht, Politik) sind auch Ergebnisse zu erreichen, die die Wahrnehmung und die Bedeutung der Sozialen Arbeit langfristig positiv beeinflussen können. Dies wiederum fördert die Arbeitszufriedenheit der Mitarbeiter.

Die genannten Qualitätstypen sind nicht nebeneinander angeordnet, sondern beeinflussen sich wechselseitig. Prozessqualität setzt eine leistungsfähige Struktur voraus, während die Ergebnisqualität wiederum eine hohe Prozessqualität zur Voraussetzung hat. Dabei entwickeln sich im besten Falle sowohl die Strukturqualität als auch die Ablauf- und die Ergebnisqualität erst im Prozess des professionellen Handelns über ein kompetent durchgeführtes Sozialmanagement.

Für die Qualitätssicherung stehen inzwischen verschiedene Prüfsysteme in Form von Qualitätshandbüchern zur Verfügung, von denen einige hier nur beispielhaft genannt werden können. Sie dienen der Beschreibung, Dokumentation, Sicherung und Verbesserung von Dienstleistungen: International Standard Organization (ISO 9001 ff.), Service Assessment (ServAs) oder Leistungsvereinbarungen nach § 93 (2) Bundessozialhilfegesetzt (BSHG).

Professionell „sozial managen" (Fasching/Lange 2005) wird insgesamt zu einem hoch differenzierten und spezialisierten Geschäft, das auf der Fach- und Sachebene betriebswirtschaftliche, organisationstheoretische, sozialplanerische, sozialpolitische und forschungsmethodische Kompetenzen erfordert und das auf der Beziehungsebene Sozial- und Methodenkompetenzen einschließlich der Fähigkeit zur interdisziplinären Kooperation (Administration, Politik, Recht, Wirtschaft) notwendig macht. Diese Kompetenzenvielfalt macht deutlich, dass der Begriff „Sozialmangement" bisher nur als Sammelbegriff verstanden werden kann. Die hohen Ansprüche und umfassenden Anforderungen, die sich aus den Modellen des Sozialmanagement und den Zielsetzungen der Qualitätsentwicklung ergeben, müssen praxisnah reduziert werden, um sie umsetzbar zu machen. Hier gilt – wie auch im direkten klientenbezogenem Handeln, das Gegenstand dieses Buches ist – dass es auch bei den transversalen Konzepten breit anwendbare Basisverfahren gibt (Öffentlichkeitsarbeit, Fundraising), dass aber nicht alle Konzepte und Verfahren für jegliche Organisationen zu gelten haben. Die Anforderungen der jeweiligen Praxis geben die Aufgaben vor. „Sozial managen" wird dann zu einem qualitativ hochwertigem Auswahlverfahren, das auf die Bedürfnisse der Organisation zugeschnitten werden muss.

Für die verschiedenen Aufgabenfelder sind damit unterschiedliche – zum Teil auch nicht kompatible Verfahren – zentral. Bei der „Führungskräfteentwicklung" beispielsweise über Führungsseminare und Coaching (vgl. Kap. 10.2) sind andere Verfahren zu praktizieren als beim Fundraising. Im Rahmen dieses Exkurses ist deshalb eine angemessene Würdigung der Verfahren nicht möglich. Allerdings kann natürlich schon angenommen werden, dass die Grundlagen methodischen Handelns in der Sozialen Arbeit, wie sie in diesem Buch beschrieben wurden, auch hier ihre Gültigkeit besitzen. Bei der Frage nach der Praxeologie im Sozialmanagement gelten allgemein die Regeln der Interaktionsmedien, besonders der Beratung (vgl. Kap. 6.1), der Basismethoden (vgl. Kap. 9) sowie der Situationsanalyseverfahren (vgl. Kap. 7). Auf der theoretischen Ebene muss geklärt werden, nach welcher Organisationstheorie diskutiert wird. Je nachdem, ob ein konstruktivistischer, institutionalistischer, situativer oder anderer Ansatz (vgl. Kieser 1999) begründet gewählt wird, verschiebt sich das gesamte interdependente Geflecht „Praxeologie-Axiologie-Theorie-Forschung". Begrifflich ist zudem der Unterschied zwischen „Organisation" und „Institution", die beide meist bedeutungsgleich verwendet werden, zu klären. Für die Soziale Arbeit und besonders für die Umsetzung von Sozialmanagement-Aufgaben scheint ein interaktionistischer Institutionsbegriff angemessen, weil er die Bedeutung von Individuen und Gruppen für den Prozess der Institutionalisierung (und ihrer eventuellen Verfestigung in Organisationen) bzw. der Veränderung innerhalb von Institutionen besonders betont. In dieser Sicht werden soziale Ordnungen als Erzeugnis und Gegenstand interaktiven Handelns verstanden. Über soziales Handeln und dessen Erweiterung und Multiplizierung in sozialen Netzwerken werden Institutionen konstruiert, aufrechterhalten und verändert. Hier findet sich der Ansatzpunkt für das Sozialmanagement in der Sozialen Arbeit, da diese Sicht deren Prozesscharakter besonders deutlich macht und zudem zeigt, dass Sozialmanagement nur über Menschen funktionieren kann.

Weiterführende Literatur:

Fasching, H. und Lange, R. (Hrsg.), Sozial managen, Bern 2005.
Hauser, A., Neubarth, R. und Obermair, W. (Hrsg.), Sozial-Management. Praxis-Handbuch soziale Dienstleistungen, Neuwied 2000 (2. Aufl.).
Wendt, W. R., Sozialwirtschaft – eine Systematik, Baden-Baden 2003.

6 Interaktionsmedien

„Helfen" oder „Hilfe" ist die am allgemeinsten formulierte Handlungsart in der Sozialen Arbeit. Dieses Helfen findet in sozialpädagogischen Institutionen (inzwischen manchmal auch in Privatpraxen) und in den Lebenswelten von Klienten im Rahmen Handlungsleitender Konzepte (Kap. 5) statt und es lässt sich in Maßen typologisieren. Die Medien, die vermittelnden Interaktionsformen zwischen Sozialpädagogen und Klienten, sind nicht beliebig, sie lassen sich nach unterschiedlichen Handlungsarten oder Interaktionsmodi differenzieren. Professionelle der Sozialen Arbeit beraten, therapieren, begleiten, unterstützen, betreuen, erziehen und bilden. Das machen Professionelle anderer Berufe auch. Das Spezifische für die Soziale Arbeit, das diesen Tätigkeiten ihre besondere Prägung verleiht, ist, dass sie unter den Prämissen Handlungsleitender Konzepte der Sozialen Arbeit und der in sie integrierbaren Methoden ausgeübt werden, dass sie erst dadurch ihre spezifische Färbung bekommen und ihre besonderen Handlungsziele entwickeln. Wenn eine Lehrerin bildet, wenn ein Psychologe therapiert, wenn ein Arzt berät oder wenn ein Rechtsanwalt unterstützt, findet dies unter anderen Voraussetzungen und Zielen sowie in einem anderen rechtlichen und ökonomischen Handlungsrahmen statt. Das Basismedium in der Sozialen Arbeit ist die Beratung in ihren unterschiedlichen Facetten (Kap. 6.1). Dieses Interaktionsmedium ist aus der heutigen Sozialen Arbeit mit all ihren unterschiedlichen Arbeitsfeldern nicht mehr wegzudenken. Es steht, in unterschiedlicher Gewichtung, in vielfacher Verknüpfung zu den weiteren, komplementären, d.h. sich wechselseitig ergänzenden Interaktionsmedien, der psycho-sozialen Therapie, der Begleitung und Unterstützung, der Betreuung und der Erziehung und Bildung (Abb. 1). Die Interaktionsmedien sind konkrete Formungen der kommunikativen Verständigung als Basisorientierung methodischen Handelns (Kap. 4).

6.1 Basismedium: Beratung

„Beratung" ist ein Begriff mit schillernder Vieldeutigkeit. Wer ist nicht schon mal „beraten" worden? Von seinen Eltern, vom Lehrer, von Kollegen, von Freunden, vom Nachbarn, vom Taxifahrer, vom Friseur, von der Bodybuilding-Trainerin ..., oder manche auch in etwas anrüchigeren Situationen von Saufkumpanen, von der Barfrau oder von einer Prostituierten. Diese Alltagsberatungen sind manchmal durchaus hilfreich. Es gibt auch „Naturtalente", die ohne Ausbildung und Training und ohne es zu wissen eine Haltung praktizieren, die das sine qua non einer professionellen Beratung bildet und die gekennzeichnet ist durch die Fähigkeit zur Einfühlung in die Lebenswelten anderer Menschen, zur Wertschätzung auch dem Fremden gegenüber, zur Echtheit in der Wahrnehmung eigener

Gefühle und im Ausdruck dieser Gefühle und zum Zuhören oder besser vielleicht zum Horchen auf die Mitteilungen des Gegenüber. Es gibt weiter Menschen, die sind „von Natur aus" kommunikativ. Für sie ist das Erlernen von Beratungsmethoden eine Bereicherung und Differenzierung von etwas Selbstverständlichem. Die meisten Menschen werden das Beraten und die diversen Beratungsmethoden erst mehr oder weniger mühsam erlernen und trainieren müssen, bis Beratung zur mehr oder weniger ausgeprägten selbstverständlichen Haltung in der alltäglichen Arbeit wird. Die dabei auftretenden Probleme, die zu jeglicher längerfristigen Beratungstätigkeit gehören, sind in der Supervision (der Beratung von Beratern; Kap. 10.2) Gegenstand von Beratungsprozessen.

Beraten und beraten werden, einen Rat geben, jemanden etwas raten, einen Rat holen und ähnliche Begriffe gehören zum alltäglichen Sprachgebrauch. Beratung ist einerseits ein Modewort, andererseits bezeichnet dieser Begriff ein hochspezialisiertes Interaktionsmedium in psycho-sozialen und pädagogischen, aber auch in vielen anderen Arbeitsfeldern in modernen Gesellschaften. Bezüglich der Sozialen Arbeit lässt sich eine lange Reihe bilden, die ohne Mühe fortgesetzt werden könnte und die zugleich sozialpädagogische Arbeitsfelder widerspiegelt:

- Familienberatung
- Schwangerschaftskonfliktberatung
- Erziehungsberatung
- Schullaufbahnberatung
- Vermittelnde Konfliktberatung (Mediation: bei Trennung, Scheidung, Streitigkeiten unter Nachbarn ...)
- Suchtkrankenberatung
- Schuldnerberatung
- Ausländerberatung
- Beratung bei sexuellem Missbrauch
- Sexualberatung
- Freizeitberatung
- Gesundheitsberatung
- Sozialberatung ....

6.1.1 Begriffsbestimmung und Inhalte

Zunächst ist Klarheit darüber herzustellen, was „Beratung" heißen soll und wie Beratung als Interaktionsmedium zu den weiteren Interaktionsmedien sozialpädagogischen Handelns in Beziehung steht. Der Begriff Beratung kennzeichnet einerseits, um das noch einmal zu betonen, eine zentrale Aufgabe in allen Tätigkeitsbereichen Sozialer Arbeit (horizontaler Aspekt), andererseits einen spezialisierten Beruf (vertikaler Aspekt) in der modernen Gesellschaft. Neben den informellen beraterischen Kontakten im Alltag findet Beratung also unter den Voraussetzungen einer professionellen Gestaltung statt als Teiltätigkeit neben anderen Tätigkeiten oder als Hauptätigkeit in ausgewiesenen Beratungsstellen. Eine Beratung, den Schuldenberg abzubauen, kann etwa „nebenbei" bei der Betreuung eines mehrfach abhängigen Suchtkranken ablaufen, sie kann aber eben auch in spezialisierten Schuldnerberatungsstellen angeboten und durchgeführt werden.

Zur Beratung gehören Berater und Ratsuchende, wobei die Klienten, im modernen Wortsinn die „Auftraggeber", die diesen Auftrag mehr oder weniger ausdrücklich formulieren, Einzelpersonen, Gruppen oder Organisationen sind. Beratung ist also in allen Arbeitsformen der Sozialen Arbeit Gegenstand sozialpädagogischen Handlens. Idealtypisch ist Beratung ein spezifisch strukturierter, klientenzentrierter und zugleich problem- oder sachorientierter kommunikativer Verständigungsprozess, der in Anlehnung an das Kriterienraster (Abb. 2) methodisch, theoretisch, axiologisch und wissenschaftstheoretisch begründet und durch empirische Forschung bezüglich seiner Wirkungen und Nebenwirkungen kontinuierlich zu überprüfen ist. Die Verständigungsorientierung hält den Beratungsprozess offen, die Ergebnisse sind nicht vorhersehbar oder institutionell festlegbar, sondern je mit den Klienten, orientiert an ihrer besonderen Situation, erst „auszuhandeln". Aus „beraten" oder „beraten werden" wird somit „sich gemeinsam beraten". Die Bedeutung der Verständigungsorientierung ist auch für den sozialpädagogischen Beratungsprozess fundamental und grundsätzlich, wenn auch immer der Sachaspekt unbedingt zu berücksichtigen ist.

Beratung in der Sozialen Arbeit kann auf einem Kontinuum gedacht werden, das von der Nachfrageseite her durch die beiden Aspekte „Mangel an Wissen" und „Mangel an Entscheidungsfähigkeit" begrenzt ist. Die Beratungsangebote haben dann die Vermittlung neuen Wissens und/oder die Wiederbelebung alten Wissens bzw. die Förderung neuer Handlungskompetenzen und/oder die Wiederbelebung alter Handlungskompetenzen zum allgemeinen Ziel (Abb. 8) und müssen „Sacharbeit" wie „Beziehungsarbeit" (Kap. 4) zugleich ermöglichen.

Konkrete Beratung ist auf diesem Kontinuum schwerpunktmäßig zuzuordnen, dient also mehr der Information und Wissensvermittlung (Sozial-, Rechts-, Gesundheits-, Freizeitberatung u.v.m.) oder mehr der Förderung psycho-sozialer Kompetenz (Partner-, Erziehungs-, Sucht-, Sexualberatung u.v.m.). In der Realität der Beratungssituation geht es allerdings nicht um ein „Entweder-oder", sondern um eine situationsadäquate Verknüpfung dieser beiden Aspekte, unterschiedlich gewichtet in den verschiedenen Phasen des Beratungsprozesses. Noch nicht Beratung ist dann auf der einen Seite eine rein sachliche Auskunft, und nicht mehr Beratung sind auf der anderen Seite die psycho-soziale Therapie (Kap.6.2.1) und die psychotherapeutische Behandlung persönlichkeitsprägender psychischer Störungen, wobei die Grenzen in beiden Richtungen fließend sind.

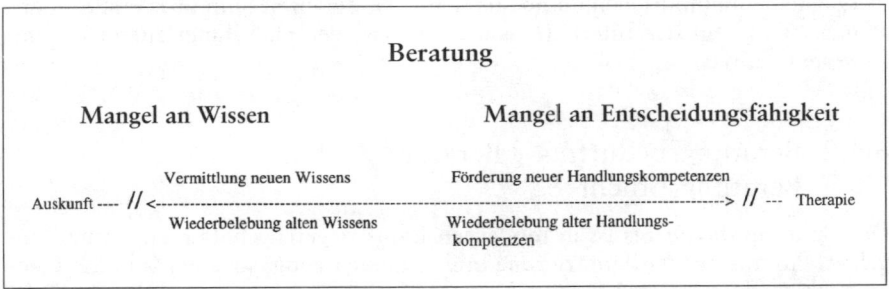

Abbildung 8: Beratungskontinuum: Beratung zwischen Auskunft und Therapie

Dies verlangt vom Berater einen hohen Grad an Differenzierungsfähigkeit, um nicht zum emotionslosen und beziehungsneutralen computerähnlichen Informanten zu degenerieren, aber auch nicht in die Rolle des Therapeuten zu wechseln, was auch nicht dem Auftrag des Klienten entspräche.

Aus der Beratung kann sich natürlich eine Therapie entwickeln, sei es, wenn die entsprechende Ausbildung gegeben ist, durch den Berater selbst, sei es über die Vermittlung durch den Berater in eine therapeutische Behandlung. Diese Übergänge müssen aber bewusst gemacht, ausgehandelt, begründet und eindeutig vereinbart werden. Natürlich kann die Beratung auch in eine sozialpädagogische Betreuung oder Begleitung oder die Vermittlung an eine Bildungseinrichtung münden, das Beratungskontinuum (Abb. 8) symbolisiert lediglich, dass Beratung von ihrem Inhalt her „zwischen" Auskunft und Therapie liegt und dass beide Elemente in spezifischer Form in ihr integriert sind.

Daraus lässt sich auch ableiten, was Beratung in der Sozialen Arbeit nicht ist:
- Beratung ist nicht gleich zu setzen mit sozialpädagogischem oder sozialarbeiterischem Handeln insgesamt. Die Interaktionsformen Sozialer Arbeit sind nicht auf Beratung zu reduzieren, wenn Beratungselemente in unterschiedlichen Phasen auch teilweise höchst bedeutsam sind. Die auf die Beratung eventuell folgende sozialpädagogische Betreuung und Begleitung, etwa in Form der flexibel organisierten Erziehungshilfe, der parteilichen Jugendsozialarbeit oder einer erlebnispädagogischen Umsetzung, oder sozialpolitische Aktivitäten sind, selbst wenn sie vom gleichen Menschen, der beraten hat, praktiziert werden, nicht mehr (nur) Beratung, sondern umfassenderes methodisch geleitetes sozialpädagogisches Handeln.
- Beratung im definierten Sinne unterscheidet sich auch von den durchaus hilfreichen Situationen der Alltagsberatung durch Angehörige, Freunde, Nachbarn, Taxifahrer, Prostituierte, Friseure oder Bardamen.
- Wesentlicher ist weiter die Abgrenzung von Beratung gegenüber meist „gut gemeinten" Ratschlägen vor dem Hintergrund „pädagogischer" oder sonstiger strategischer Einflussnahme in den Formen des Zwangs oder der Manipulation oder der noch verheerenderen, wenn auch allen Beteiligten meist unbewussten, Beeinflussung über kommunikationsverzerrende Mechanismen des Erweckens von Schuldgefühlen, der Mystifizierung (Laing) oder des doublebinds (Bateson) (Abb. 7).
- Beratung ist auch keine noch so gekonnte Anwendung einer wie auch immer gearteten Sammlung von Techniken. Beratungstechniken sind die kleinsten Bausteine methodischen Handelns (Abb. 1), die ihren Sinn aber erst im definierten System der Interaktionsmedien bzw. der Handlungsleitenden Konzepte erhalten.

6.1.2 Beratungsbedürfnis – Beratungsbedarf – Beratungspflicht

Das Beratungsbedürfnis ist in modernen Industriegesellschaften strukturell angelegt. Pluralismus, Differenzierung und Spezialisierung, soziale Mobilität (geografisch sowie sozialer Auf- und Abstieg), Technologisierung und Bürokratisierung und eine individualistische Ethik (Kap. 4) fundieren eine hohe Nachfrage nach Beratung, da diese gesellschaftlichen Strukturelemente kognitive, emotionale und soziale Verunsicherungen fördern und Verwirrung, Identitätsdiffusionen und Selbstwertkränkungen begründen. Ökonomische Einbrüche und Katastrophen sowie dramatische Lebensereignisse verstärken dieses Bedürfnis. Die Befriedigung des Beratungsbedarfs ist systemimmanent als Beratungsanspruch bzw. Beratungspflicht in wesentlichen Teilbereichen rechtlich abgesichert, z.B. im Sozialgesetzbuch (SGB) 1 § 1 (Aufgaben) in Verbindung mit § 14 (Anspruch auf Beratung), im Bundessozialhilfegesetz (BSHG) § 8 (2) (Beratung als Teil der „persönlichen Hilfen") und § 124 (Beratung Behinderter) und in diversen §§ des Kinder- und Jugendhilfegesetzes (KJHG): § 1 (3) (allgemeine Beratungspflicht), § 8 (Beratung von Minderjährigen), § 11 (3) (Jugendarbeit/Jugendberatung), § 16 (2) (Angebote der Beratung in allgemeinen Fragen der Erziehung und Entwicklung junger Menschen), § 17 (Beratung in Fragen der Partnerschaft, Trennung und Scheidung), § 53 (Beratung von Vormündern und Pflegern) u.a. Dieser Beratungspflicht wird bisher im wesentlichen in staatlichen Institutionen und Einrichtungen der Wohlfahrtsverbände, teilweise auch in Vereinen, selten noch in privatwirtschaftlich organisierten Beratungspraxen, nachgekommen. Da eine so institutionalisierte Beratung selbst Bestandteil des gesellschaftlichen Systems ist, gerät sie allerdings in Gefahr, unter Aufgabe der Verständigungsorientierung und einer Vernachlässigung der ursächlichen Problemzuordnung zur Befriedigung und zum Bestand des Systems, das ihr gleichzeitig die Nachfrager liefert, beizutragen und dadurch die ursächlichen gesellschaftlichen Problemkonstellationen aufrechtzuerhalten.

6.1.3 Strukturelemente

(Äußere) Strukturelemente von Beratung in der Sozialen Arbeit sind die Klientel, die Berater, der Ort bzw. das Setting, die Themen und Aspekte wie Freiwilligkeit, Leidens- bzw. Handlungsdruck und die Zeit. Ratsuchende sind im wesentlichen Klienten (Einzelpersonen, Paare, Gruppen) mit psycho-sozialen Problemen einschließlich der damit verbundenen sachbezogenen Schwierigkeiten, weiter Berufspraktiker, die sich bezüglich ihrer Praxisprobleme in Form der Supervision beraten lassen und in geringerem Maße Organisationen. Der Auftrag ist in der Sozialen Arbeit zunächst meist deutlich formuliert, die unterstellte Freiwilligkeit allerdings doch meist relativiert in dem Sinne, dass Zwangsberatungen zwar ausgeschlossen sind, dass der Zwang der Ereignisse, als Leidens- oder Handlungsdruck, die freie Entscheidung der Ratsuchenden doch begrenzt, aber vielleicht auch den Wunsch nach Veränderung verstärkt. Darüber hinaus müssen in der Sozialen Arbeit Aufträge für Beratung häufig auch erst erschlossen werden, wenn Beratung auch die sozialen Netzwerke der Klienten (nicht nur im Sinne der Klientelausweitung, sondern als Unterstützungspotenziale für den Klienten), die jeweiligen Institutionen der Berufspraktiker (Organisationsberatung) und Bereiche wie die Politikberatung, die Präventionsberatung oder die wissenschaftliche Beratung von Praxisfeldern der Sozialen Arbeit mit einbeziehen will.

Berater in der Sozialen Arbeit sind Sozialarbeiter, Sozialpädagogen, Pädagogen, Psychologen, Soziologen, Verwaltungsfachleute (z.B. Arbeitsberater), die entweder im Rahmen ihrer Tätigkeit unter anderem auch Beratung praktizieren oder Beratung als spezialisierten Beruf ausüben. Erstere verfügen neben den in der Grundausbildung erworbenen Kenntnissen meist nicht über eine besondere Beratungsausbildung, letztere haben meist neben der Grundausbildung eine Zusatzausbildung in Beratungs- oder Psychotherapieverfahren absolviert. Da Beratung im definierten Sinne außerordentlich hohe Fähigkeiten vom Berater erfordert, die nur in einer langjährigen Ausbildung, einschließlich einer vertiefenden Selbsterfahrung und einer begleitenden Supervision in den Grundzügen erlernt und in einem lebenslangen (supervidierten) Berufsprozess immer wieder reflektiert und kreativ erweitert werden muss, eröffnet sich hier ein weites Feld für eine professionelle Ausbildung und Weiterbildung an Hochschulen und ergänzenden Bildungseinrichtungen und für berufspolitische Aktivitäten, die zukünftig einen angemessenen Status des Berufszweiges „Beratung" begründen könnten.

Die Orte und das jeweilige Setting von Beratung sind in der Sozialen Arbeit höchst vielfältig und variabel. Neben den nach allen Regeln der Kunst eingerichteten Beratungsräumen für Einzel- und Gruppenberatung etwa in gut ausgestatteten Erziehungsberatungsstellen stehen die oft eher kümmerlich kühlen Mehrzweckräume in Jugend- oder Gesundheitsämtern, in denen u.a. auch Beratung stattfindet: die Gefängnis- oder Psychiatrieräumlichkeiten, das Drogencafé, das Asylbewerberheim, das Bahnhofsviertel, das Jugendhaus, Privatwohnungen, die Drogenszene, Freizeitveranstaltungen, aber auch Politikerbüros und die Büros sozialer Organisationen, in denen Beratung stattfindet bzw. Beratungselemente in ein umfassenderes sozialpädagogisches und sozialarbeiterisches Handeln integriert sind. Das fordert vom Berater ein hohes Maß an Flexibilität bezüglich des Settings, der Gestaltung des äußeren Rahmens von Beratung und die Einsicht, dass die Vielfalt von Beratungsorten und Beratungsthemen in der Sozialen Arbeit das Erkennen der inneren und äußeren Grenzen, Spezialisierung und kollegiale Zusammenarbeit über Institutionengrenzen hinweg notwendig macht.

In Wechselwirkung mit den sozialen Problemen der Klienten und den Beratungsorten sind die Beratungsthemen in der Sozialen Arbeit höchst differenziert und reichen etwa von der Vermittlung von wissenschaftlichen Erkenntnissen an Jugendhilfeeinrichtungen, der Förderung unterstützender sozialer Netzwerke in einer Gemeinde, Fragen der Verbesserung der Angebotsstruktur in sozialen Einrichtungen bis zu den Kernpunkten sozialpädagogischer Beratung, die sich mit Themen aus den Bereichen Erziehung, Partnerschaft und Familie, Sexualität, Jugend, Frauen, Suizid, Drogen, aber auch Gesundheit, Freizeit, Weiterbildung, Beruf usw. befassen. Beratung in der Sozialen Arbeit ist dabei meist relativ kurzzeitig und reicht von einer einmaligen Beratung bis zu üblichen Sequenzen von etwa 6–10 Beratungseinheiten, wobei natürlich auch die gleichen Klienten u.U. über Jahre hinweg in unterschiedlichen Abständen immer wieder mal beraten werden.

6.1.4 Integration vs. Monomethode

Die konkrete Beratung ist ein kommunikativer Verständigungsprozess. Die Wege der Gestaltung dieses Prozesses, die spezifischen Methoden, wurden im Rahmen der drei großen therapeutischen Richtungen, der Psychoanalyse, der Verhaltenstherapie und vor allem der Humanistischen Psychologie grundgelegt. Welche Methoden oder welche Kombinationen von Methoden und Verfahren auch immer gewählt werden, so sind sie, was in der Praxis häufig vernachlässigt wird, entsprechend dem Kriterienraster (Abb. 2) zu begründen.

Konkrete Beratung als kommunikativer Verständigungsprozess ist flexibel und situationsangemessen strukturiert, wobei die Bedeutung der Strukturierung bei unterschiedlichen Methoden durchaus differiert. Das grundlegendste Element des strukturierten Verständigungsprozesses, das im gesamten Beratungsprozess eine Rolle spielt, ist das Bemühen um ein emotionales Klima, in dem eine tragfähige Beziehung zwischen Klient und Berater möglich wird und das es dem Klienten erleichtert, seine positiven Möglichkeiten und Fähigkeiten wahrzunehmen und einzusetzen und über den Weg der Selbstexploration zu einem realitätsangemesseneren Selbst- und Problemverständnis zu gelangen. Dieses Basiselement der Begegnung wird je nach Methode anders benannt, seine zentrale Stellung ist aber bei aller sonstigen Unterschiedlichkeit allgemein anerkannt. Es spricht viel dafür, Untersuchungen bestätigen dies, dass die Wirksamkeit von Beratung nicht von der speziellen Methode, sondern davon abhängt, ob sich diese Form der Beziehung zwischen Berater und Klient entwickeln kann. So werden auch die zentralen Wirkfaktoren in Beratungs- und Therapieprozessen, die Grawe u.a. (1995) in ihren Wirksamkeitsstudien herausgearbeitet haben, eingebettet in gelingende verständigungsorientierte Beziehungsprozesse zwischen Beratern und Klienten: aktive Hilfe (die je nach Problem unterschiedliche Beratungsverfahren notwendig macht), Klärungsarbeit („vom Nichtwissen und Nichtverstehen zum Erkennen und Sich-selbst-verstehen"), Aktualisierung des Problems (Probleme und ihre Bewältigung im „Hier und Jetzt") und Ressourcenförderung.

Als beziehungsfördernde Fähigkeiten auf Seiten des Beraters gelten dabei Zuwendung, Präsentsein mit allen Sinnen, Sich-Einstellen-Können auf den Klienten, Empathie, bedingungslose Wertschätzung und Echtheit, immer natürlich als Zielvorstellung, die in der Realität nur mehr oder weniger, aber nie total erreicht werden. Die Empathie, das Sich-Einfühlen und Sich-Eindenken in die Lebenswelt von Klienten, der Perspektivewechsel scheint dabei der „Schlüssel zum Beratungsprozess" (May 1991) zu sein. Wenn auf dieser Grundlage der eben erwähnte Wirkfaktor „aktive Hilfe" realisiert werden soll, wird schnell deutlich, dass bei der Vielfalt von problematischen Sachverhalten in der Sozialen Arbeit nicht eine Monomethode alle Probleme lösen kann, sondern dass, je nach Fall, eine Kombination von Methoden bzw. Verfahren angebracht und notwendig ist, um im Sinne der Klienten effektiv arbeiten zu können. Dies ist ein allgemeiner Grundsatz des Arbeitens mit spezifischen Methoden in der Sozialen Arbeit, wobei auch hier gilt, dass vor allem eklektisches Handeln das solide Erlernen einer Basismethode quasi als Kompass eine situationsspezifisch wirklich begründete Auswahl erst ermöglicht. Eklektizistisch wahlloses Zugreifen wird dann verhindert, ein integrierendes methodisches Handeln in der Beratung erst möglich.

Spezifische Methoden und Verfahren, die auch im Rahmen von Beratung in der Sozialen Arbeit Anwendung finden (Situationsanalyse, Intervention, Evaluation) werden in den Kapiteln 7, 9 und 10 vorgestellt. Zu den Basismethoden in der Beratung gehören ganz zentral:
- die Klientenzentrierte Gesprächsführung (Kap. 9.1) speziell für die Einzelberatung, aber auch für Gruppenberatungen,

- die Themenzentrierte Interaktion (Kap. 9.3) für die Gruppenberatung und
- einzelne Verfahren aus dem Psychodrama und Rollenspiel (Kap. 9.2 sowie Kap. 7.4 – 7.6), vornehmlich, aber nicht nur, für die Gruppenberatung. Psychodramatische Elemente können auch in der Einzelberatung Anwendung finden (sog. Monodrama). Darüber hinaus stehen viele soziometrische Verfahren für die Beratung (auch von Organisationen und Netzwerken) zur Verfügung (Kap. 7.6).

Daneben gibt es eine lange Reihe von spezifischen Beratungskonzepten, aus denen einzelne Verfahren in die sozialpädagogische Beratungsarbeit sinnvoll zu integrieren sind. Sie sollen hier als Anregung zur weiteren Beschäftigung auswählend aufgelistet werden:
- Gestaltberatung (Basis: Gestalttherapie; Rahm 1990),
- Lösungsorientierte Beratung (Bamberger 1999),
- Neurolinguistisches Programmieren (NLP) (Stahl 1988),
- Psychoanalytische Beratung/Fokalberatung (Houben 1975),
- Selbstmanagementberatung (Kanfer u.a. 1991),
- Systemische Beratung (Barthelmess 1999),
- Verhaltensmodifizierende Beratung (Bommert und Plessen 1978).

6.1.5 Abgrenzungen – Integration

So wichtig Beratung für die Soziale Arbeit ist, so ist das Verhältnis beider zueinander, zumindest in der Beratungsliteratur, doch etwas diffus. Das gleiche gilt auch für die Verwendung von Adjektiven wie „sozial" oder „sozialpädagogisch" in dem Bestreben, das Besondere einer Beratung in der Sozialen Arbeit hervorzuheben, was aber eher zu unnötigen Verwischungen beiträgt, statt wirklich mehr Klarheit zu schaffen. Einige Beispiele sollen genügen:
- Beratung und Soziale Arbeit bei Lüssi (1995): In dem Bestreben, die ausufernden und besitzergreifenden Kolonialiserungversuche „der" Sozialarbeit in immer weitere Arbeits- und Handlungsgebiete hinein einzudämmen, geht Lüssi (S. 48 ff.) so weit, „Sozialarbeit" mit „Sozialberatung" gleich zu setzen. Dadurch möchte er den zentralen Aspekt sozialarbeiterischen Handelns wieder ins Bewusstsein bringen und ihn gegenüber der Sozialpädagogik und der Gemeinwesenarbeit abgrenzen. Dies gelingt aber nur, indem er „Sozialberatung" als Begriff sehr weit fasst, so dass er inhaltlich mit „Sozialer Fallarbeit", bei der ein einzelner sozialer Problemfall den Gegenstand der Bemühungen bildet, zusammenfällt. Konsequent daraus abgeleitet sind dann die Handlungsarten der „Sozialberatung", nämlich Beratung, Verhandlung, Intervention, Vertretung, Beschaffung und Betreuung (S. 392 ff.). Die doppelte Verwendung des Begriffs Beratung birgt wiederum Unklarheiten in sich, besser wäre es, beim Begriff Sozialarbeit zu bleiben und die Handlungsarten entsprechend zuzuordnen.
- Soziale bzw. Sozialpädagogische Beratung bei Thiersch: Thiersch (1991, S. 23) bezieht den Begriff „Soziale Beratung" auf Beratungen bei Lebenskonflikten und besonders bei sozialen Problemen. Dies wohl in dem Bestreben, das wird „zwischen den Zeilen" immer wieder deutlich, sozialpädago-

gisches Beraten von der vermuteten oder unterstellten Lebensferne von üblichen Beratungssettings abzuheben. Da Beratung aber per se immer „sozial", nämlich kommunikativ verständigungsorientiert ist, ist eine solche Begrifflichkeit tautologisch und wenig gewinnbringend.
Sehr viel einleuchtender ist ein früherer Definitionsversuch von Thiersch, Frommann und Schramm, wo von „Sozialpädagogischer Beratung" die Rede ist: „Sozialpädagogische Beratung sollte parteinehmende Praxis sein, die, gestützt auf Persönlichkeits- und Gesellschaftstheorie, durch reflektierte Beziehungen und Erschließung von Hilfsquellen verschiedener Art das Unterworfensein von Menschen unter belastenden Situationen verändern will. Sie hat die Offenheit von menschlichen Situationen zur Voraussetzung und arbeitet mit den zugleich methodischen wie inhaltlichen Mitteln der Akzeptierung, Sachkompetenz und Solidarisierung. Eine solche Zieldefinition zeigt, dass Beratung zwar mit Interaktion zwischen Personen beginnt, aber nicht dort verbleibt, sondern menschliche Lebensumstände mit ihrer mehrdimensionalen, insbesondere auch sozioökonomischen Bedingheit angehen will" (S. 129). Das Aufgabenfeld einer so definierten Beratung ist dann natürlich, wie auch bei der Definition von Lüssi, sehr ausgeweitet, und es bleibt die Frage, ob ein Großteil der sozialpädagogischen Tätigkeiten unter den Begriff Sozialpädagogische Beratung fallen soll, oder ob es nicht sinnvoller ist, Beratung als Interaktionsmedium von anderen Medien wie Unterstützung und Begleitung oder Betreuung zu differenzieren, selbst dann, wenn sie vom gleichen Professionellen betrieben werden. Dabei bleibt offen und zu bestimmen, welches Gewicht Beratung in den jeweiligen Phasen des Gesamtprozesses hat.

Durch die Ausdehnung des Begriffs Beratung in Richtung „Soziale Beratung" verändert sich der Setting-Schwerpunkt von Beratung. Wenn Soziale Beratung definiert wird als „eine zentrale Handlungsform der Sozialen Arbeit", die „in den konkreten Lebensverhältnissen von Menschen angesiedelt ist", und wenn es in ihr „inhaltlich um lebenspraktische Probleme, die Ratsuchende in ihrem Alltag überfordern", geht (Ansen 2000, S. 632), dann wird der Fokus dieser Beratung deutlich. Die Anlässe für Soziale Beratung sind Folgen sozialer Benachteiligung (Wohnungslosigkeit, Armut, Bildungs- und Ausbildungsdefizite, Arbeitslosigkeit). Es geht dabei natürlich nicht nur um eine Linderung der materiellen Unterversorgung, sondern auch um die „Vermittlung sozialer Kompetenzen wie psycho-soziale Belastbarkeit, Fähigkeit zur sozialen Integration und Einhaltung zentraler Normen, kommunikative Fertigkeiten und die Bereitschaft, mit anderen im Alltag zu kooperieren" (S. 633). Neben den beschriebenen handlungsrelevanten kommunikativen Fähigkeiten von Beratern werden in der Sozialen Beratung erhebliche Kenntnisse der sozialstaatlichen Rahmenbedingungen (Kap. 4.4) verlangt, ohne die die materiellen und sozialen Notlagen der Klienten Sozialer Beratung nicht gemindert werden können. Das heißt, dass in diesen „Bereichen des sozialen Sicherungssystems ... die Sach- und Geldleistungen sehr eng mit der persönlichen Hilfe" zusammenhängen (S. 634). Dies ist ein Spezifikum der Sozialen Beratung, die von dieser Ausrichtung her ein bevorzugtes Interaktionsmedium im Handlungsleitenden Konzept des Case Management (Kap. 5.2) darstellt. Der Berater wird damit zum Spezialisten für die Lösung sozialer Probleme (wie es SozialpädagogInnen ja per se sind), was auch eine erhebliche Feldkompetenz bezüglich der Lebenswelten der Klienten voraussetzt.

Dennoch unterscheidet sich diese Form der Beratung nicht grundsätzlich von der Beratung in der Sozialen Arbeit, wie sie hier beschrieben wurde und vertreten wird, nämlich eine Beratung, die integriert ist in weitere Interaktionsmedien wie Begleitung und Unterstützung in lebensweltlichen Zusammenhängen. Die spezifische Ausrichtung von „Sozialer Beratung" geht dann inhaltlich voll in dem Begriff „Beratung" auf. Der Begriff „Soziale Beratung" macht allerdings sehr deutlich, dass Beratungsprozesse in der Sozialen Arbeit sich nicht von vornherein auf Settings „hinter verschlossenen Türen" einer Beratungsstelle beschränken dürfen. Manchmal ist dies ausreichend, manchmal völlig kontraindiziert, manchmal ein wichtiger Zwischenschritt im Gesamtprozess sozialpädagogischen Handelns.

Von der Beratung in den Aufgabenfeldern Sozialer Arbeit kann die psychologische Beratung, zumindest von ihren Schwerpunktsetzungen her, unterschieden werden. Dies ist wiederum ein schwieriges Unternehmen, da, je nach Ausrichtung der jeweiligen Vertreter dieser Beratungsform, unterschiedliche Inhalte und Definitionen vorherrschen, teilweise so ausgeweitet, dass eine differenzierende Zuordnung kaum mehr möglich wird. Differenzierungsaspekte könnten aber dennoch die folgenden sein: Bei der psychologischen Beratung geht es vorrangig um die Förderung von „Einsichten und Einstellungsänderungen in Bezug auf individuelle oder soziale Problembereiche" (Fröhlich 1994, S. 86), nicht so sehr um eine direkte Verhaltensänderung, die als Folge natürlich oft gewünscht wird, die aber nicht so im Zentrum steht, wie dies bei der Beratung in der Sozialen Arbeit der Fall ist. Um neue Einsichten zu gewinnen ist ein verständigungsorientiertes Handeln nötig, um über die Haltung der Empathie, Wertschätzung und Kongruenz die Selbstreflexion anzuregen, dazu gehört aber auch die Vermittlung neuen bzw. die Wiederbelebung alten Wissens. Die darüber u.U. erzielten Einstellungsänderungen sind wiederum Voraussetzungen um entscheidungs- und handlungsfähiger zu werden, wobei die Unterstützung von Entscheidungs- und Handlungsfähigkeit in der Lebenswelt von Klienten die besondere Aufgabe der Beratung in der Sozialen Arbeit bleibt.

Im Grunde sind die Inhalte der psychologischen Beratung notwendige Voraussetzungen auch für die Beratung in der Sozialen Arbeit, die allerdings aufgrund ihrer vielfältigen und verschiedenartigen Aufgabenfelder flexibler und vielseitiger gestaltet werden muss. Bei einem Jungen, der im Bahnhofsviertel der Prostitution nachgeht, ist Beratung eher das, was unter Sozialer Beratung diskutiert wurde. Bei einem Jugendlichen wiederum, der gerade einen Suizidversuch unternommen hat, ist zunächst u.U. ein Vorgehen, wie es die psychologische Beratung aufzeigt, der sinnvollste Weg. Beratung in der Sozialen Arbeit kann nur als integratives Modell vorgestellt werden, in dem die Inhalte der „sozialen" und der „psychologischen" Beratung aufgehoben sind. Dies zeigt wiederum, welch hohe Ansprüche an BeraterInnen in der Sozialen Arbeit gestellt werden. Ein Fallbeispiel aus der Arbeit einer Sozialarbeiterin an einem Jugendamt macht dies abschießend deutlich:

Für die siebenjährige Anita, ein Pflegekind, das seit seinem sechsten Lebensmonat bei den Pflegeeltern lebt, soll auf deren Antrag hin der Familienname des Kindes geändert werden und zwar vom Familiennamen Meier (leibliche Mutter,

25 Jahre) in den Familiennamen Huber (Pflegeeltern, 40 und 45 Jahre). Der Antrag läuft über das zuständige Ordnungsamt. Die Begründung der Pflegeeltern und die positive Stellungnahme des Jugendamts sind beigefügt, ebenso eine Zustimmung der leiblichen Mutter, Frau Meier. Diese Zustimmung wird von ihr später bei einem Gespräch mit der Sozialarbeiterin des Jugendamts widerrufen. Das Ordnungsamt würde der Namensänderung zustimmen.

Die Sozialarbeiterin bittet daraufhin Frau Meier und die Pflegeeltern zu einem Beratungsgespräch, an dem auch der neue Partner von Frau Meier auf deren Wunsch hin teilnimmt. Bei diesem Gespräch sollen noch einmal die Bedenken von Frau Meier und die Wünsche der Pflegeeltern besprochen werden, um zu einer einvernehmlichen Entscheidung zu kommen.

Zur Vorgeschichte: Anita kam mit sechs Monaten zu den Pflegeeltern Huber, weil Frau Meier, damals 18 Jahre, sie nicht angemessen (Krankheit, Betreuung) versorgen konnte. Das zunächst zeitlich begrenzte Pflegeverhältnis wurde dann zu einem Dauerpflegeverhältnis erweitert, Frau Huber wurde das vollständige Sorgerecht übertragen, da sich an der Situation von Frau Meier nichts geändert hat und sie diese Möglichkeit auch unterstützt hat. Frau Meier hat in der Zwischenzeit geheiratet und den Sohn Fritz geboren, lebt aber seit einigen Monaten in Scheidung. Ein neuer Partner ist bei ihr eingezogen.

Frau Meier ist eine impulsive, laute Frau, die ihre Meinungen offensiv vertritt, oft aber auch völlig überraschend schlagartig ändert und dann wiederum sehr vehement vertritt. Von ihren Eltern hat sie Vorwürfe bekommen („Ein Kind gibt man nicht weg!"). Es sind sowohl Besitzansprüche als gleichzeitig Gleichgültigkeit Anita gegenüber vorhanden. Für die Pflegeltern ist Anita zu „ihrem" Kind geworden, das voll integriert in ihrer Familie lebt. Kontakte zwischen Frau Meier und Anita bestehen seit etwa einem Jahr nicht mehr. Die Pflegeeltern versuchen kontinuierlich, die besonderen Lebensverhältnisse Anita altersgemäß zu vermitteln. Durch die von ihnen gewünschte Namensänderung soll verhindert werden, dass Anita immer wieder, was im Kindergarten auch schon öfters der Fall war, gefragt wird, warum sie anders heißt als ihre Eltern, ob das denn ihre „richtigen" Eltern seien usw., was Anita immer wieder in Konflikte bringt.

Von der Sozialarbeiterin werden in dieser Beratungssituation erhebliche Sach- und Beziehungskompetenzen gefordert:

- Sie muss rechtliche Fragen korrekt beantworten:
  Ist die Namensänderung in Verbindung mit dem Sorgerecht der Pflegemutter einer Adoption gleich zu setzen? Welche Konsequenzen hat eine Dauerpflegschaft? Ist eine Rückkehr zur leiblichen Mutter überhaupt noch möglich? Wie ist das Namensrecht formuliert (§ 3(1) NamÄnG)? Was kostet die Namensänderung (§ 6 VerwkoG)? Wie sieht der konkrete bürokratische Ablauf aus? Wann ist eine solche Änderung überhaupt möglich (wenn die dem Wohl des Kindes dient, eine Dauerpflegschaft vorliegt und eine Adoption zur Zeit nicht in Frage kommt)?
- Sie muss über notwendige Fakten informieren und sie vermitteln können:
  Die Bedeutung des Familiennamens für das Gefühl der Zugehörigkeit; die Notwendigkeit des Eingebundenseins in stabile soziale Netzwerke für die Identitätsbildung und für das Selbstwerterleben; entwicklungspsychologische Fragen (Kindergarten, Schule) u.v.a.

Diese informierenden Aspekte reichen sicher nicht aus, wenn eine klare Information für Entscheidungen auch wichtig ist. Die Entscheidungs- und Handlungsfähigkeit muss aber meist erst noch gefördert werden. Die Sozialarbeiterin muss also weiter fähig sein, auch mit schwergewichtigeren psycho-sozialen Konflikten angemessen umzugehen, was in dem Fallbeispiel sicher nicht einfach ist. Frau Meier hat Schuldgefühle, stellt Besitzansprüche und ist gleichzeitig erleichtert, dass Anita nicht bei ihr lebt, sie fühlt sich dem bürokratischen Ablauf ausgeliefert .... Ihr neuer Parter meint, dass es gut so ist, wie es ist, will aber auch seine Partnerin beschützen .... Für die Hubers ist Anita ihr Kind, sie wollen die volle Anbindung an ihre Familie, sie sind sehr gekränkt, wenn sie als nicht die „richtigen" Eltern bezeichnet werden ...., und die Sozialarbeiterin ist der Meinung, dass die Namensänderung günstig ist für Anita, muss aber gleichzeitig in ihrem Handeln ausgewogen sein und sie muss zusätzlich ein Protokoll verfassen bzw. ein Gutachten für das Familiengericht schreiben. Zusätzlich hat sie in diesem Fall aufgrund des hohen Kränkungspotenzials vor allem bei der leiblichen Mutter, aber auch bei den Pflegeeltern sensibel darauf zu achten, bei Auftreten schwerer psychischer Konflikte über entsprechende Hilfeangebote zu informieren und sie eventuell im Sinne des Case Management zu organisieren. Natürlich sind auch, falls es sich anbietet, weitere Angebote der Unterstützung und Begleitung denkbar, wie etwa die der sozialpädagogischen Familienhilfe oder von entsprechenden Selbsthilfegruppen oder Vereinen (Verein für Pflege- und Adoptiveltern).

Weiterführende Literatur:

Belardi, N., Beratung. Eine sozialpädagogische Einführung, Weinheim 1996.
Nestmann, F., Engel, F. und *Sickendieck, U.* (Hrsg.), Handbuch der Beratung, Tübingen 2004, 2 Bände.

6.2 Komplementärmedien

Mit „komplementär" ist keine Abwertung der Bedeutung der im folgenden beschriebenen Interaktionsmedien für die Soziale Arbeit verbunden. Komplementär meint die wechselseitige Ergänzung dieser Medien untereinander und mit dem Basismedium Beratung. Beratung kann, wie erwähnt, in eine psycho-soziale Therapie, in sozialpädagogische Betreuung, Unterstützung und Begleitung oder auch in Erziehungs- und Bildungsarrangements münden. Umgekehrt kann etwa im Rahmen einer Bildungsmaßnahme eine intensive Beratung notwendig werden usw. Die Interaktionsmedien schließen sich also nicht gegenseitig aus, sondern ergänzen sich im Gegenteil wechselseitig, wobei die Grenzen durchlässig sind. Es ist also wiederum, wie im gesamten Bereich methodischen Handelns, sozialpädagogische Kreativität gefordert, um jeweils situationsspezifisch die relevantesten Interaktionsmedien zu wählen, u.U. miteinander zu kombinieren und angemessen in sozialpädagogisches Handeln zu integrieren.

6.2.1 Psycho-soziale Therapie

Während Beratung als Interaktionsmedium in allen Bereichen Sozialer Arbeit von zentraler Bedeutung ist, ist die psycho-soziale Therapie ein spezifischeres Medium, das vor allem in Tätigkeitsfeldern Sozialer Arbeit praktiziert wird, die unter den Begriff „Klinische Soziale Arbeit" subsumiert werden können. Dabei haben natürlich auch in diesem Arbeitsfeld alle anderen Interaktionsmedien ihren Platz, wenn auch die psycho-soziale Therapie ein spezifisches und durch dieses Handlungsfeld gekennzeichnetes Interaktionsmedium ist.

„Klinische Soziale Arbeit" (in den USA als „clinical social work" bekannt) ist ein Begriff, der in Deutschland noch auf akademische Bedenklichkeiten stößt, dessen Inhalte aber schon lange Gegenstand Sozialer Arbeit sind. In Anlehnung an die Definition „Klinische Psychologie" von Schmidt (1984, S. 4 f.) kann Klinische Soziale Arbeit definiert werden als die

- eigenständige Entwicklung von Theorien und Methoden der Sozialen Arbeit in Verbindung mit Nachbardisziplinen (Psychologie, Medizin, Psychotherapie, Psychiatrie ...)
- und ihre Anwendung bei einzelnen Personen oder bei Gruppen von Individuen aller Lebensalter, die unter Konflikten oder Störungen leiden (unabhängig von ihren primären Ursachen), die sich sozial und/oder psychisch und/oder somatisch manifestieren.

Arbeitsfelder der Klinischen Sozialen Arbeit sind dann insbesondere die Suchtkrankenhilfe, die ambulante und stationäre Psychiatrie, Rehabilitationseinrichtungen, Sozialdienste in der Geriatrie, Krankenhaussozialdienste, Gesundheitsdienste, Beratungs- und Therapieangebote in der Kinder- und Jugendhilfe und die Familientherapie (Wendt (a) 2000, S. 392).

Die Einführung eines Begriffes Klinische Soziale Arbeit mit der Zentrierung auf Verhaltensstörungen, Störungen im Erleben sowie funktionellen und somatischen Beschwerden macht aber nur Sinn, wenn gleichzeitig zumindest auch bezüglich der Interaktionsmedien und der spezifischen Methoden in diesem Arbeitsbereich Überlegungen angestellt werden, die über eine allgemeine Zuordnung Sozialer Arbeit zu diesem Tätigkeitsbereich hinausgehen. Wenn Klinische Soziale Arbeit unter Betonung der generalistischen Ausbildung von SozialpädagogInnen nur bedeutet, Beratung, Unterstützung, Begleitung und Betreuung in diesem Feld zu benennen, bringt die Einführung dieses Begriffs wenig, da er nur besagt, dass Soziale Arbeit in einem bestimmten Tätigkeitsfeld stattfindet. Die engeren Grenzen sozialpädagogischer Tätigkeit müssen überschritten werden, um den Begriff der Klinischen Sozialen Arbeit bezüglich des methodischen Handelns sinnvoll zu füllen. Das Interaktionsmedium psycho-soziale Therapie weist in diese Richtung.

Psycho-soziale Therapie verbindet individuum- und lebensweltbezogenes Handeln vor allem aber bei psycho-sozialen Krisen und Behinderungen, sie hat also „Psychiatrie" als Heilung von Seelen und „Soziatrie" als Heilung von Umwelt, um zwei Definitionen von Moreno (Kap. 9.2) zu verwenden, zugleich zum Ziel. Diese Form der Therapie ist in dem Grenzgebiet zwischen Beratung und Psychotherapie angesiedelt, also, bezogen auf das Beratungskontinuum (Abb. 8), dem rechten Extrempunkt des Kontinuums, und ein wenig darüber hinausgehend, zugeordnet. Schwerpunktmäßig geht es dabei darum, einen Mangel an Entscheidungs- und Handlungsfähigkeit durch Förderung neuer Handlungskompetenzen bzw. durch Wiederbelebung alter Handlungskompetenzen zu begegnen, also vorrangig um Beziehungsarbeit (Kap. 4 und 6.1.1). Zentral sind Verhaltensstörungen, zu deren Veränderung Psychotherapie noch nicht angemessen erscheint, Beratung alleine aber als nicht mehr ausreichend gesehen wird, wobei Handlungsleitende Konzepte der Sozialen Arbeit die Anwendungsverfahren bestimmen. Dadurch wird eine „Psychotherapeutisierung" Sozialer Arbeit vermieden, genauso wie durch den Lebensweltbezug der Klinischen Sozialen Arbeit: Sie „wirkt in allen ... Feldern einer Verengung der Behandlung auf somatische und psychische Aspekte entgegen, indem die ganze Lebenswirklichkeit von Menschen in den Blick genommen wird" (Wendt (a) 2000, S. 393). Es ist also nötig, in die genannten Arbeitsfelder therapeutische Elemente so zu integrieren, dass die sozialpädagogische Zielrichtung erhalten bleibt oder, anders formuliert, dass sich Soziale Arbeit nicht in Psychotherapie auflöst. So müssen etwa in der Arbeit mit suchtkranken Menschen biografisch verankerte Blokkaden, die sich aus einem Minderwertigkeitsgefühl heraus auswirken, behandelbar sein und zwar im Rahmen sozialpädagogischer Arbeit und eben ohne frühzeitige Überweisung in die Psychotherapie oder Psychiatrie, aber auch umgekehrt ohne zu späte Überweisung, wenn diese angebracht ist. Diese Art von Behandlung und die Unterscheidungskompetenz gehört zu den professionellen Fähigkeiten von Sozialpädagogen, umgekehrt natürlich auch von Psychotherapeuten. Wo hier die Grenzen zu setzen sind, hängt von der Qualität der Ausübung und Integration therapeutischer Elemente in die sozialpädagogische Arbeit ab und ebenso und in Wechselwirkung dazu von der Tiefe und dem Ausmaß der störenden Blockaden. Hier zu frühzeitig beispielsweise auf die Förderung familialer Umweltbedingungen auszuweichen oder den Besuch von Selbsthilfegruppen zu aktivieren oder Betreuungsmaßnahmen einzuleiten wäre genauso verhängnisvoll, wie zu lange und möglicherweise ungekonnt unter sozialpädagogischen Alibi-Vorzeichen Psychotherapie zu betreiben. Zu entscheiden, ob letztere angebrachter ist, ob weiter im Rahmen der Sozialen Arbeit zu bleiben ist oder ob eine Kooperation zwischen beiden Bereichen möglich und sinnvoll ist, setzt erhebliche Kenntnisse therapeutischer Methoden und therapeutischen Denkens bei Professionellen der Sozialen Arbeit voraus.

Es geht also bei der psycho-sozialen Therapie um die Integration therapeutischer Elemente bei gleichzeitiger Öffnung des Denkens und Handelns in Richtung lebensweltlicher Bezüge und deren zeitspezifischen Einbeziehung in das sozialpädagogische Handeln. Lebensstil und Lebenswelt (Abb. 7) zugleich werden so zum Gegenstand psycho-sozialer Therapie. In den Arbeitsfeldern der Klinischen Sozialen Arbeit finden natürlich auch SozialpädagoInnen, die über die Interaktionsmedien Beratung, Unterstützung oder Betreuung arbeiten, ihre notwendigen und sinnvollen Aufgaben. Wer aber in diesem Arbeitsfeld oder in Teilbereichen dieses Feldes über die psycho-soziale Therapie tätig werden möchte, kann dies nur durch für diese Bereiche spezifische Zusatzausbildungen erreichen. Dazu gehört das Erlernen der eigenständigen Durchführung sozialer und psycho-sozialer Diagnosen und Situationsanalysen (Kap. 7) und die Fähigkeit zur Integration psychotherapeutischer Interventionsverfahren in das methodisch geleitete sozialpädagogische Handeln.

Für das Arbeiten im Rahmen der psycho-sozialen Therapie bieten sich natürlich spezifische Methoden an, die sowohl in der Sozialen Arbeit als auch in der Psychotherapie Anwendung finden und die zugleich einen individuumzentrierten Blick vermeiden. Das hat wiederum nichts mit einer „Psychotherapeutisierung" der Sozialen Arbeit zu tun, da sich beide Arbeitsbereiche in ihren Zielen, ihrem Setting und teilweise auch bezüglich der angewendeten Verfahren unterscheiden (Kap. 9). Aber eine solche Verbindung hat für SozialpädagogInnen, die Basismethoden der Sozialen Arbeit wie das Psychodrama (9.2) oder die Klientenzentrierte Gesprächsführung (Kap. 9.1) bereits erlernt haben und anwenden, den großen Vorteil, diese dann durch therapiespezifische Elemente weiter ausbauen zu können und dabei im axiologischen und theoretischen (Abb. 2) Gesamtzusammenhang bleiben zu können. Für alle Beteiligten schwieriger wird es sicher, wenn die Beratung vom gleichen Sozialpädagogen beispielsweise klientenzentriert angeboten wird und die psycho-soziale Therapie nach verhaltenstherapeutischen Elementen gestaltet wird. Neben der Erweiterung der Basismethoden und ihrer sinnvollen Ergänzung durch weitere psychotherapeutische Elemente wird in die Gestaltung der psycho-sozialen Therapie in den Arbeitsfeldern der Klinischen Sozialen Arbeit in den meisten Fällen die Systemische Familientherapie (Hanswille 2000) mit einbezogen werden müssen. Der Deutsche Berufsverband für Sozialarbeit, Sozialpädagogik und Heilpädagogik (DBSH) hat hier zielgenau reagiert, indem dort eine Ausbildung zum „Sozialarbeiterischen Psychotherapeut DBSH" angeboten wird.

Psychosoziale Therapie wird in Zusammenarbeit mit anderen Professionen (Medizinern, Psychologen, Pflegekräften …) in ensprechenden Institutionen (medizinischen und psychiatrischen Kliniken, Fachkliniken für Suchtkranke, Rehabilitationseinrichtungen) von SozialpädagogInnen praktiziert bzw. könnte (zukünftig) dort praktiziert werden. Häufiger wird dieses Interaktionsmedium bisher aber wohl als ergänzendes Element sozialpädagogischer Arbeit im Umgang etwa mit Suchtkranken, eßgestörten Frauen, mit gewalttätigen Männern, mit aggressiven oder regressiven Jugendlichen, mit Opfern von Gewalt oder mit suizidalen alten Menschen im Rahmen unterschiedlicher Handlungsleitender Konzepte wie dem Case Management (Kap. 5.2) oder der lebensweltorientierten Kinder- und Jugendhilfe (Kap 5.4) Anwendung finden.

Weiterführende Literatur:

Feinbier, R. J., Klinische Sozialarbeit, Sankt Augustin 1997.
Geißler-Piltz, B., Mühlum, A. und *Pauls*, H., Klinische Sozialarbeit, Stuttgart 2005.
Pauls, H., Klinische Sozialarbeit. Grundlagen und Methoden psycho-sozialer Behandlung, Weinheim 2004.

6.2.2 Begleitung – Unterstützung – Betreuung

Die drei Interaktionsmedien Begleitung, Unterstützung und Betreuung lassen sich selten scharf voneinander trennen, im Gegenteil ist für sie gerade kennzeichnend, dass sie ineinander übergehen und sich abwechselnd ersetzen, auch bei der Arbeit mit ein und demselben Klienten oder mit derselben Klientengruppe.

Wenn diese drei Interaktionsmedien auf dem folgenden Kontinuum gedacht werden

Begleitung	Unterstützung	Betreuung
a	b	c

dann enthält idealtypisch c immer auch b und a, b enthält immer a, aber nicht c und a enthält weder b noch c. Die Selbstständigkeit der Lebensplanung und -gestaltung durch die Klienten selbst nimmt von a nach c ab, während die Planung, die zeitliche Dauer und Intensität sozialpädagogischer Interventionen zunimmt. Das heißt aber auch, je selbstständiger ein Klient in der Betreuung wird (Hilfe zur Selbsthilfe), desto wahrscheinlicher ist der Übergang des sozialpädagogischen Arbeitens in Richtung Unterstützung und/oder Begleitung bzw. im Endeffekt hin zur Auflösung der Arbeitsbeziehung zwischen KlientInnen und SozialpädagogInnen.

Mit Begleitung ist gemeint, dass SozialpädagogInnen „einfach" da sind im Alltag ihrer Klienten oder in Teilbereichen dieses Alltags und dass ihre Unterstützung abgerufen werden kann, wenn sie verlangt wird, oder dass sie auch ihre Unterstützung vorsichtig anbieten, ohne sie aufzudrängen. Bei geäußertem Bedarf geht diese Begleitung in die von einem Klienten gewünschte Unterstützung über, um nach Erledigung u.U. wieder zur Begleitung zu werden. Der Übergang zur Betreuung lässt sich dadurch verdeutlichen, dass der begleitende Aspekt des Handelns durch Aspekte des Lenkens, Leitens, Führens überformt wird. Zudem ist die Betreuung oft in klare rechtliche Vorgaben eingebettet, wie die Betreuung nach Betreuungsrecht oder nach dem Kinder- und Jugendhilfegesetz.

Bei der Begleitung und Unterstützung geht es, auch unter Einbeziehung der anderen Interaktionsmedien, darum, dass SozialpädagogInnen in der Alltagswelt ihrer Klienten als Hilfs-Iche fungieren, ohne die Eigenständigkeit und vielleicht manchmal auch Widerständigkeit der Klienten unangemessen einzuschränken. Eine so verstandene aktive Begleitung könnte etwa in einem szenenahen Angebot eines Drogencafés stattfinden, wo SozialpädagogInnen diesen Ausschnitt des Alltags mit drogenabhängigen Besuchern teilen, wo ein Gespräch zwischen „Tür und Angel" verlaufen kann, wo Spritzentausch möglich ist, ebenso wie das Waschen von Kleidung und wo hier und da vielleicht auch ein Drogendeal eingefädelt wird, aber vielleicht auch nach Anforderung die Vermittlung medizinischer oder therapeutischer Hilfe stattfindet. Ähnliche begleitende und unterstützende Funktionen können SozialpädagogInnen beispielsweise auch in einer tagesstrukturierenden Einrichtung für behinderte Menschen oder in der Heimerziehung oder in einer Jugendfreizeitstätte übernehmen.

Da, wo Beratung (Kap. 6.1) nicht ausreichend motivierend ist, um außerhalb des Beratungssettings die notwendigen Schritte zu machen, sich Hilfe zu holen, Ansprüche zu stellen oder auch belastenden Situationen auszuweichen, ist eine unterstüzende Begleitung der Klienten durch Professionelle oder, falls ein entsprechendes Netzwerk besteht, auch durch Laien angebracht, was auch eines der Ziele des Netzwerkansatzes (Kap. 5.3) ist. In solchen Fällen steht das unterstützende Moment im Vordergrund. Im handlungsleitenden Rahmen des Case Management (Kap. 5.2) oder auch bei der Straßensozialarbeit (Kap. 5.5.2) werden Menschen in ihrem alltäglichen Leben dann unterstützend begleitet, um gewünschte Zugänge zu Hilfemöglichkeiten zu eröffnen, die ihnen bisher aufgrund fehlender Informationen oder ungenügender Handlungskompetenzen nicht zugänglich waren.

Das Konzept der sozialen Unterstützung, das vor allem in der Gesundheitswissenschaft (Waller 2000) und im Netzwerkansatz (Kap. 5.3) diskutiert wird, zeigt, übertragen auf die professionelle Soziale Arbeit, dass durch die verschiedenen Formen der Unterstützung die „Lebenschancen" (Kap. 4.3) von Klienten sich erhöhen, und zwar dadurch, dass die Ligaturen, die Bindungen und sozialen Bezüge, gestärkt werden. Es werden im wesentlichen zwei Effekte für die positive Wirkungsweise sozialer Unterstützung benannt: „Sozial gut eingebettet zu sein und mit der Hilfe durch andere rechnen zu können, übt eine wohltuende Wirkung auf die Befindlichkeit aus. Dies wird als ‚Haupteffekt' bezeichnet im Gegensatz zum ‚Puffereffekt', der nur im Fall einer Krise auftritt, bei der die gewährte Unterstützung die schädlichen Auswirkungen dämpft oder gleich zum Verschwinden bringt" (Schwarzer/Leppin 1991, S. 182). Im ersten Satz trifft für die Klienten der Sozialen Arbeit in den meisten Fällen nur der zweite Teil zu, da die soziale Einbettung und Integration häufig bedroht oder bereits gestört ist. Aber selbst dann, oder gerade dann, mit der „Hilfe anderer", nämlich der SozialpädagogInnen, sicher „rechnen zu können", ist für Klienten in ihrem Alltag von besonderer Bedeutung für die Überwindung momentaner und längerfristiger Belastungen. Schwarzer (1992, S. 142) unterscheidet denn auch bezüglich des „sozialen Rückhalts", den Menschen erleben, zwischen „sozialer Integration" und „sozialer Unterstützung". Dabei differenziert er letztere weiter nach emotionaler (Zuwendung, Trost), instrumenteller (Geld, Nahrungsmittel) und informationeller (Auskünfte, Ratschlag) Unterstützung.

Paulus (1997, S. 181 f.) hat die unterschiedlichen Ebenen der Inhalte sozialer Unterstützung aus der „Perspektive des Empfängers" in Anlehnung an Sommer/Fydrich (1989, S. 6) weiter differenziert:

„1. Emotionale Unterstützung erleben: Positive Gefühle, Nähe, Vertrauen und Engagement erfahren; eigene Person und Gefühle werden von anderen akzeptiert; aktives Zuhören erleben.
2. Unterstützung beim Problemlösen erleben: Über ein Problem sprechen können; problemlösungs- und handlungsrelevante Informationen erhalten; Ermutigung und Rückhalt erleben; Rückmeldung für eigenes Verhalten und Erleben erhalten.
3. Praktische und materielle Unterstützung erleben: Im Bedarfsfall Geld oder Gegenstände geliehen oder geschenkt bekommen; bei einer schwierigen Tätigkeit Begleitung, Beistand oder praktische Hilfe erhalten; von Aufgaben und Belastungen befreit werden.
4. Soziale Integration erleben: Eingebettet sein in ein Netzwerk sozialer Interaktionen; Übereinstimmung von Lebensvorstellungen und Werten erleben.
5. Beziehungssicherheit erleben: Vertrauen in relevante Beziehungen und deren Verfügbarkeit haben."

Was hier aus der Perspektive von Empfängern von Unterstützung formuliert wird, ist gleichzeitig ein Katalog der Aufgaben, die SozialpädagogInnen über das Interaktionsmedium Begleitung und Unterstützung zu erfüllen haben, wenn auch die praktische und materielle Unterstützung (Punkt 3) bezüglich Geld und Gegenständen in einer Vermittlungsfunktion etwa zum Sozialamt bestehen wird und nicht in einer persönlichen Schenkung. Der Punkt 4 ist Gegenstand sozialer Netzwerkförderung (Kap. 9.4.1). Die Punkte 1 und 2 verweisen auf eine klientenzentrierte Gesprächsführung (Kap. 9.1) und eine alltagsbegleitende verständigungsorientierte Beratung (Kap. 6.1).

Für die Betreuung trifft alles zu, was für die Begleitung und Unterstützung beschrieben wurde, sie ist aber ein spezielles Interaktionsmedium, über das Menschen erreicht werden sollen und können, die vorübergehend oder lang dauernd ihr Leben oder Teilbereiche ihres Lebens nicht selbstständig bewältigen können und für die eine durch die Klienten selbst veranlasste kurzfristige Unterstützung wegen des notwendigen Aufforderungscharakters nicht machbar und wegen der Kurzfristigkeit nicht ausreichend hilfreich ist.

Im Kinder- und Jugendhilfegesetz (KJHG; Kap. 5.4) ist u.a. im § 35 (Intensive sozialpädagogische Einzelbetreuung) die Betreuung im hier gemeinten Sinn angesprochen, die in unterschiedlichen Formen durchgeführt wird, wie durch „Betreute Wohngemeinschaften", „ambulante Einzelbetreuung", bei denen die Jugendlichen individuell in dezentral angemieteten Wohnungen betreut werden oder auch durch langfristige erlebnispädagogische Programme (Kap. 5.5.3). Dabei gilt: „Die Betreuung ist sehr stark auf die individuelle Lebenssituation des jungen Menschen abzustellen und erfordert mitunter eine Präsenz bzw. Ansprechbereitschaft des Pädagogen rund um die Uhr. Seine Tätigkeit umfasst neben der intensiven Hilfestellung bei persönlichen Problemen und Notlagen auch Hilfestellung bei der Beschaffung und den Erhalt einer geeigneten Wohnmöglichkeit, bei der Vermittlung einer geeigneten schulischen oder beruflichen Ausbildung bzw. der Arbeitsaufnahme, bei der Verwaltung der Ausbildungs- und Arbeitsvergütung und anderer finanzieller Hilfen sowie bei der Gestaltung der Freizeit" (Münder u.a. 1991, S. 183).

Die Betreuung psychisch behinderter Menschen in „Betreuten Wohngemeinschaften" ist ein weiteres Beispiel: Hierbei geht es darum, Menschen, die vorübergehend oder dauerhaft psychisch gestört oder behindert sind, nach einem Klinikaufenthalt in einer Wohngemeinschaft (oder alternativ auch im Sinne der o.g. „ambulanten Einzelbetreuung") eine kontinuierliche Betreuung zu ermöglichen, so dass sie sich jederzeit auf bereitstehende Hilfeangebote bei der Bewältigung ihres Alltags stützen können. Die Dauer und Intensität der Betreuung sowie die spezifischen Formen der Hilfe und Zusammensetzung des Betreuungsteams (neben SozialpädagogInnen vielleicht auch Pflegekräfte, Psychologen und Ergotherapeuten) variieren dabei je nach den Bedürfnissen und Möglichkeiten der Klienten.

Eine Betreuung nach dem Betreuungsrecht als direkte klientenbezogene Tätigkeit hat auch für SozialpädagogInnen einen großen Sellenwert: „Ohne Zweifel eignet sich diese Berufsgruppe für die Führung von Betreuungen entweder als freiberuflich tätige (Berufs-)Betreuer oder in abhängiger Stellung zu einem Betreuungs-(Vormundschafts-)verein oder der zuständigen Behörde und zwar sowohl in der Funktion des bestellten Einzelbetreuers (Vereins- oder Behördenbetreuer) als auch in der Funktion des mit der Wahrnehmung der Betreuungsaufgabe betrauten Mitarbeiters" (Bienwald (a) 2000 S. 90). Für diese Art der Betreuung, die auf dem Betreuungsgesetz (BtG) von 1990 aufbaut, wurde 1999 der Begriff „Rechtliche Betreuung" eingeführt (über das Betreuungsrechtsänderungsgesetz – BtÄndG). Die Betreuung bzw. die Rechtliche Betreuung hat die „Vormundschaft" und die „Gebrechlichkeitspflegschaft" für Volljährige ersetzt. (Für Minderjährige gilt die Vormundschaft und die Pflegschaft weiterhin (Bienwald (b) 2000)). Bei der Rechtlichen Betreuung geht es grundsätzlich darum, die Angelegenheiten eines Menschen, der aufgrund geistiger, seelischer oder körperlicher Behinderung oder Krankheit dazu selbst nicht in der Lage ist, ganz oder auch nur teilweise zu besorgen. Dies geschieht aber nicht in Form eines Verwaltungsaktes, sondern ausdrücklich als persönliche Betreuung. Falls eine Bestellung eines Betreuers durch das Vormundschaftgericht aus dem Kreis der Verwandten, Nachbarn oder Bekannten usw. nicht möglich ist, wird ein Betreuungsverein oder des Weiteren die zuständige Behörde zum Betreuer bestellt. Diese wiederum, und hier wird die Rechtliche Betreuung für sozialpädagogische Fachkräfte relevant, übertragen die Wahrnehmung der Betreuung ihren einzelnen Mitarbeitern. Für diese heißt das u.a., die Angelegenheiten (Wohnung, Konsum, Geldverwaltung ...) der Klienten so zu regeln, dass sie deren Wohl entsprechen, wobei auch die Wünsche und Vorstellungen der Klienten so weit wie möglich einzubeziehen sind, oder: alle Möglichkeiten zu nutzen, die Behinderung oder Krankheit der Klienten zu mindern oder zu beseitigen bzw. negative Entwicklungen zu verhüten, oder: die Klienten bei gerichtlichen und außergerichtlichen Angelegenheiten zu vertreten.

Weiterführende Literatur:
Adler, R. (Hrsg.), Qualitätssicherung in der Betreuung, Köln 2003.
Diewald, M., Soziale Beziehungen: Verlust oder Liberalisierung. Soziale Unterstützung in informellen Netzwerken, Berlin 1991.
Bienwald, W., Betreuungsrecht, Bielefeld 1999.

6.2.3 Bildung und Erziehung

„Erziehung" und „Bildung" sind Begriffe, die im alltäglichen Gebrauch meist synonym verwendet werden. Aber auch in der wissenschaftlichen Literatur haben beide eine solch große Bedeutungsvielfalt, dass sie zumindest vage, wenn nicht gar diffus bleiben: „"Erziehung" und „Bildung" sind ... keine Gegenstände, sondern marker (Putnam) der Kommunikation, die höchst verschieden theoretisiert werden können. So macht man unausweichlich die Erfahrung, dass der scheinbar eindeutige „Gegenstand" Erziehung zerfließt, wann immer er praktisch entschieden bestimmt werden soll. Wenn aber immer unklar werden kann oder muss, was Erziehung ist, fällt es auf gleicher Linie schwer, anzugeben, wozu sie dienen soll oder zu was sie gut ist" (Oelkers 1991, S. 237).

Um in der diffusen Vielfalt handlungsfähig zu bleiben und um zu vermeiden, an dieser Stelle sehr differenziert all die unterschiedlichen historischen und theoretischen Stellungnahmen zu diskutieren, ist es nötig, eine für diese Arbeit eindeutige Zuordnung dieser Begriffe vorzunehmen.

„Bildung" wird als Oberbegriff verwendet, der weiter differenziert werden kann in eine materiale Bildung (Wissen über kulturelle und gesellschaftliche Zusammenhänge) und eine formale Bildung (Entwicklung einer Haltung zu sich selbst und der Welt (Ausbildung von Identität)). Auf Individuen bezogen ist das Ziel von Bildungsprozessen der Erwerb von Sach- und Beziehungskompetenz (die Sozial- und Selbstkompetenz umfasst; vgl. Kap. 11). Unter „Erziehung" wird hier ein zielgerichteter Lernprozess verstanden, der, gestaltet über „pädagogisches Handeln", die „Bildung" von Menschen zum Ziel hat. Erziehung ist jedoch partikular und intentional, also nur auf Teilbereiche der Lebenswirklichkeit bezogen und absichtlich oder gewollt, während Bildungsprozesse in ihrer Gesamtheit daneben auch universal und funktional, also umfassend, heute sogar global, und unabsichtlich im Rahmen der Sozialisationsgeschichte von Menschen verlaufen.

Pädagogisches Handeln betrifft den erzieherischen Teilbereich des Bildungsprozesses vor allem durch die Eltern und durch professionell pädagogisch Handelnde wie ErzieherInnen, LehrerInnen oder SozialpädagogInnen. Professionelles pädagogisches Handeln unterliegt dabei aber den Kriterien methodischen Handelns (Planung, Durchführung, Reflexion; Kap. 3.6), und es ist auf alle Lebensalter bezogen. Pädagogisches Handeln bzw. Erziehung nur auf „Handlungen zwischen Erwachsenen und Unerwachsenen" (Mollenhauer 1996, S. 171) zu beziehen, ist in einer modernen, global orientierten Gesellschaft (Kap. 4.3), die lebenslanges Lernen „von der Wiege bis zur Bahre" zur conditio sine qua non, zur unerlässlichen Voraussetzung persönlicher und gesellschaftlicher Entwicklung macht, nicht mehr sinnvoll. Dies gilt genauso für die Beschränkung des Bildungsbegriffs nur auf erwachsene Menschen. Gerade in den Arbeitsfeldern der Sozialen Arbeit, wo präventives, korrigierendes und kompensierendes Lernen für einzelne Menschen, aber auch für Gruppen, Organisationen und Gemeinwesen zentral ist, ist eine Begrenzung, wie sie eben genannt wurde, völlig unangebracht.

Die Umsetzung von Erziehung mit dem Ziel der Bildung findet in der Sozialen Arbeit durch professionelles pädagogisches Handeln statt. Giesecke (1996) hat für diesen Prozess ein differenziertes Modell entwickelt, anhand dessen beispielsweise die im Kinder- und Jugendhilfegesetz (KJHG; Kap. 5.4) häufig verwendeten und bedeutsamen Begriffe Erziehung und Bildung in eine konkrete Gestaltung transformiert werden können.

Professionelles pädagogisches Handeln hat nach Giesecke die zentrale Aufgabe, Lernen zu ermöglichen (1996, S. 15). Diese Ermöglichung des Lernens wird durch fünf Handlungsarten, oder in der Terminologie dieses Buches, durch fünf Interaktionsmedien verwirklicht, die „gemeinsam die professionelle Kompetenz eines jeden pädagogischen Berufes" ausmachen (S. 16), wenn auch mit unterschiedlichen Schwerpunktsetzungen (also beim Lehrer beispielsweise andere als beim Sozialpädagogen). Diese fünf Medien sind (S. 76 ff.):

- Unterrichten,
- Informieren,
- Beraten,
- Arrangieren und
- Animieren.

Für die Soziale Arbeit ist vorrangig das Beraten, gefolgt von Arrangieren und Animieren. In der in diesem Buch formulierten Definition von Beratung (Kap. 6.1) ist der Informationsaspekt als wesentliches Element bereits enthalten, ansonsten kann Informieren im Sinne von Auskunft (Abb. 8) Anwendung finden. Unterrichten im Sinne von Lehren spielt in der klientenbezogenen Sozialen Arbeit, wenn überhaupt, dann eine sehr randständige Rolle (etwa bei der Hausaufgabenbetreuung in einem Heim). Als bisher noch nicht behandelte Aspekte werden im folgenden das Arrangieren und das Animieren etwas ausführlicher erläutert:

- Beim Arrangieren geht es, bei aller Vielfalt der situationsspezifischen Möglichkeiten, immer darum, eine „Lernsituation herzustellen, wobei die Lernziele relativ präzise oder relativ allgemein sein können" (S. 95). Letzteres geht in Richtung der Empowerment-Idee, wenn Giesecke weiter meint, dass „es auch sinnvoll sein kann, Lernziele den Partnern zu überlassen und ihnen dafür geeignete Bedingungen zu verschaffen" (S. 97). Ein Schritt weiter in diese Richtung wäre es, diese Bedingungen gemeinsam zu entwickeln, was auch heißt, pädagogische Situationen erst kreativ neu zu entwerfen, oder aber zu rigide insitutionalisierte Situationen modifizierend so umzugestalten, dass neue Lernziele entstehen können und Lernen angemessener gestaltet werden kann. Methodisch bietet sich hier der Soziometrische Test (Kap. 7.6) zur Umgestaltung von bereits bestehenden Arrangements beispielsweise in Heimen, Gefängnissen, Wohngruppen, Freizeiteinrichtungen usw. an, ebenso natürlich auch für die gemeinsame Gestaltung neuer Arrangements, wenn die Klienten als kompetente Mitgestalter tätig werden. Giesecke verweist auch auf Probleme, die für die Soziale Arbeit bei der Verwirklichung pädagogisch sinnvoller Arrangements durch ökonomische, politische und administrative Hemmnisse (S. 139) entstehen können; dennoch sind diese Bemühungen Voraussetzung dafür, im Rahmen der Anforderungen Sozialer Arbeit professionell-pädagogisch handeln und auf neue Anforderungen überhaupt erst angemessen reagieren zu können. Wenn alte Probleme in veränderter Form oder wenn neue Probleme überraschend auftauchen, taugen die alten Arrangements, so sehr sie sich vielleicht in der Vergangenheit auch bewährt haben, nicht mehr. Wenn sich nachdrücklich zeigt, dass die herkömmlichen Formen der Suchtkrankenhilfe nicht verhindern können, dass bei einem bestimmten Teil von Heroinabhängigen ein Verelendungsprozess einsetzt, dann müssen neue Arrangements der Hilfe entwickelt und umgesetzt werden, wie etwa professionell begleitete Substitutionsprogramme. Selbst wenn die Frage gestellt wird, was denn an diesem Beispiel noch „pädagogisch" sein soll, so ist ein solches Arrangement im Sinne Gieseckes pädagogisches Handeln, weil es „nämlich einerseits das Sosein des Anderen grundsätzlich respektiert, gleichwohl jederzeit bereit ist, eine Verständigung mit ihm über partikulare Lernprozesse anzustreben, die gleichwohl immer auch das Angebot einer vollständigen sozialen und gesellschaftlichen Reintegration enthalten" (S. 141).
- Die durch Arrangieren hergestellten Lernsituationen müssen mit Leben erfüllt werden, es müssen also Menschen bewegt werden, „in einer gegebenen Situation mögliche Lernchancen auch zu nutzen" (S. 102). Giesecke verwendet dafür den Begriff der Animation: „Als pädagogische Handlungsform zielt sie

auf die Initiation von Lernprozessen .... Es geht also darum, andere dazu zu bewegen, sich auf etwas einzulassen, was sie ohne einen solchen Anstoß vermutlich nicht tun würden" (S. 105). In einer Nachsorgegruppe von Alkoholikern (Kap. 2.1) könnten zu arrangierende Lernsituationen etwa die folgenden sein: ein Theaterbesuch, eine Bergwanderung mit gemeinsamer Übernachtung auf einer Hütte, ein Saunabesuch oder auch ein Abendessen in einem Restaurant. Oder bei der Straßensozialarbeit (Kap. 2.2) wird ein gemeinsames Fußballspiel zwischen türkischen und deutschen Jugendlichen arrangiert. Um die Klienten dazu zu animieren, sich auf diese Lernsituationen einzulassen, ist u.U. aber eine schwierige Vorarbeit, unter Einbeziehung weiterer Interaktionsmedien und spezifischer Verfahren, zu leisten, um über den Abbau von Befürchtungen und Ängsten oder Vorurteilen den Weg in diese Situationen für die Klienten gangbarer zu machen. Animieren ist ein Prozess, in dem Erfahrungen von allen Beteiligten gesammelt werden können (während der ähnliche Begriff des Motivierens zielorientierter ist) und der auf Ausprobieren angelegt ist. Insofern ist er selbst bereits eine wichtige Lernsituation. Von den spezifischen Interventionsmethoden sind die Klientenzentrierte Gesprächsführung (Kap. 9.1), die Themenzentrierte Interaktion (Kap. 9.3), ganz besonders aber verschiedene Verfahren des Psychodramas (Kap. 9.2) wertvolle Hilfen für die Gestaltung des Animationsprozesses. So könnten etwa beim Beispiel der Nachsorgegruppe Befürchtungen bestehen, wie das auf der Hütte sein wird (Enge des Raums, Schnarchen der Teilnehmer, Alkoholausschank und entsprechende Ausdünstungen ...). Bevor durch immer mehr angstvolle Fantasien die Planung von vornherein zum Scheitern verurteilt wird, könnte über ein Rollenspiel, hier als Verfahren im Dienste der Animation, die Situation vorwegnehmend schon einmal erlebt werden, es können darüber Befürchtungen abgebaut und stabilisierende Regeln entworfen werden. Dann kann eine Entscheidung getroffen werden, ob die Klienten sich auf diese Lernsituation einlassen wollen oder nicht bzw. unter welchen Bedingungen die Realisierung des Arrangements stattfinden kann.

Weiterführende Literatur:

Giesecke, H., Pädagogik als Beruf. Grundformen pädagogischen Handelns, Weinheim 2003 (8. Aufl.).
Giesecke, H., Wie lernt man Werte? Grundlagen der Sozialerziehung, Weinheim 2005.

7 Situationsanalysen

Die Basis für Situationsanalysen in der Sozialen Arbeit bildet fast immer ein über das Erstgespräch (Kähler 2000) gewonnener Aufbau eines Vertrauensverhältnisses zwischen Professionellen und Klienten, wobei die Situationsanalyse selbst dazu beitragen kann, dieses Vertrauensverhältnis weiter zu fördern und zu stärken.

Ziel der Situationsanalyse ist es zunächst, ein möglichst konkretes, realitätsgerechtes und gegenwartsbezogenes Bild der Situation der Klienten aus deren Sicht zu entwerfen, dies allerdings unter kritischer Würdigung und konstruktiver Fragestellung durch die Professionellen. Dabei sind zwei Aspekte gleichwertig zu beachten, die Frage nach den Konflikten und Risiken und die Frage nach den Kompetenzen und Ressourcen in einem strukturierten und mehrperspektivischen Vorgehen, das Lebensstil- und Lebensweltelemente und ihre gesellschaftlichen Bezüge (Abb. 4) zur Kenntnis nimmt. Um Gegenwart verstehen zu können, ist es mehr oder weniger nötig, Vergangenes zu reflektieren. Gegenwart ist immer Übergang, immer Prozess. Beim Nachdenken über Gegenwart ist diese schon Vergangenheit. So fließen in die Situationsanalyse auch Informationen aus der Lebensgeschichte der Klienten, die Anamnese, mit ein. Meist schon während des Prozesses der Situationsanalyse schimmern, unter Berücksichtigung von Problemen und Ressourcen, vorläufige Annahmen (Hypothesen) über „verursachende" und „heilende" Faktoren durch und werden zukunftsgerichtete Wünsche und Ziele deutlich. Probleme, Ressourcen, Hypothesen und Ziele sind eindeutig zu benennen und in ihren Zusammenhängen zu strukturieren. Die Situationsanalyse einschließlich der Anamnese und die Hypothesen- und Zieleformulierung dienen dann der Planung des Hilfeprozesses, und die erhobenen Daten werden zur Grundlage einer reflektierten Wahl Handlungsleitender Konzepte, Arbeitsformen, Interaktionsmedien und letztendlich der Interventionsmethoden und -verfahren (Abb.1). Dieses Prüfverfahren, das der mit dem Fall befasste Sozialpädagoge oder manchmal sinnvollerweise ein Kollegenteam durchführt, gibt auch Auskunft darüber, ob die professionellen Kompetenzen des ausführenden Sozialpädagogen, des Teams oder der Einrichtung für den speziellen Fall wirklich ausreichend sind oder ob nicht andere Hilfemöglichkeiten erschlossen werden müssen. Die Situationsanalyse und die Hypothesen- und Zieleformulierung ist zudem die Basis für die Prozess- und Abschlussevaluation.

Eine Situationsanalyse kann auch ergeben, dass etwas anderes gefragt ist, als die Soziale Arbeit zu leisten vermag. Müller (1993, S. 28 ff.) hat in diesem Zusammenhang zwei „Falltypen" unterschieden: erstens den „Fall von" (Alkoholabhängigkeit, Eingliederungshilfe nach § 39 BSHG ...) und den „Fall für" (den Arzt, die Sozialpädagogin ...). Wenn in eine Suchtberatungsstelle ein Mann kommt, der seit zwei Jahren übermäßig Alkohol trinkt, der seinen Führerschein deswegen schon verloren hat und dem die Frau mit Scheidung droht, wenn er nicht mit dem Trinken aufhört, kann das ein Fall von Alkoholmissbrauch mit drohendem Kontrollverlust sein und es kann ein Fall für die beratende Sozialpädagogin sein, wenn sich herausstellt, dass er das Trinken erst mit einem für ihn extrem kränkenden Arbeitsplatzverlust begonnen hat. Dann lassen sich, ausgehend von dem vermutlich auslösenden Faktor „Arbeitslosigkeit", sozialpädagogisch relevante Pläne mit dem Klienten formulieren und über Handlungsleitende Konzepte Sozialer Arbeit verfolgen (stützende Besuche einer Selbsthilfegruppe für Alkoholabhängige, Zugang zu einer Arbeitsloseninitiative, Hilfen bei der Wahrnehmung von Weiterbildungsangeboten des Arbeitsamtes). Wenn sich aber bei dem gleichen Klienten zeigt, dass der Beginn seines übermäßigen Alkoholkonsums mit Potenzstörungen und den damit verbundenen Selbstwertkränkungen zusammenhängt und wenn gleichzeitig deutlich wird, dass der Klient seit längerem zuckerkrank ist und Medikamente gegen einen zu hohen Blutdruck einnimmt, ist es wahrscheinlicher ein Fall für einen Urologen, der mit dem Klienten bezüglich des vermutlich auslösenden Faktors „körperlich bedingte Potenzstörung" eine erfolgversprechende medikamentöse Therapie durchführen kann. Eine unterstützende Begleitung bezüglich des Alkoholmissbrauchs ist dann eventuell auch angebracht, sie alleine ist aber kontraindiziert. In beiden Varianten zeigt sich ein weit verbreitetes Phänomen, dass nämlich hinter einem vordergründigen Fall von X sich meist ein hintergründiger Fall von Y verbirgt oder auch, dass das präsentierte Problem nicht immer das eigentliche, durch die Schamschranke geschützte Problem ist. Oft wird der hintergründige Fall von Y aber erst im Sinne der zirkulären Problemlösung (Kap. 3.6) durch den Zugang über den Fall von X konturiert und dem Verstehen des Klienten und des Professionellen zugänglich. Vielleicht entwickelt sich dann aus diesen beiden Varianten des Beispiels etwas zunächst noch ganz Unvorhergesehenes, nämlich ein Fall von Partnerschaftskonflikt, der ein Fall für die Familientherapie würde, oder ein Fall von Schizophrenie, der ein Fall für die Psychiatrie wäre usw.

Manchmal ergibt die Situationsanalyse auch, dass Nicht-Intervention angezeigt ist und in ihr sich die Lösung abzeichnet. Bei Kindern und Jugendlichen kommt es bezüglich devianten Verhaltens, z.B. Drogenkonsum oder Ladendiebstähle, nicht selten vor, dass dies altersspezifische Übergangsphänomene sind, wo eine Überreaktion von Eltern und Professionellen erst ernste Probleme schafft. Der Begriff des Maturing-out bezeichnet dieses Phänomen, wenn Jugendliche „von alleine" konflikttichtige Verhaltensweisen wieder aufgeben. Dahinter stehen meist Veränderungen in der Lebenswelt, die diese Verhaltensweisen inadäquat und uninteressant werden lassen (Ortswechsel, neuer Freundeskreis, Liebesbeziehungen, Lehrerwechsel, beruflicher Erfolg). Es ist allerdings sehr genau zu differenzieren, ob es wirklich ein Fall für Nicht-Intervention ist oder ein Fall für die Sozialpädagogik oder eine andere Profession.

Ist es ein Fall für die Sozialpädagogik, folgt nach der obigen Typologie als dritter Typus der „Fall mit", nämlich die Frage, was macht der Sozialpädagoge (gemeinsam) mit dem Klienten (Planung, Intervention)? Eine professionelle Situationsanalyse kann hier hilfreich sein, wenn eine Entscheidung „Intervention vs. Nicht-Intervention" manchmal auch eine schwierige Gratwanderung sein mag. Die Analyse zeigt aber immer mehrere Wege auf, so dass auch ein vorläufiger und weniger tief greifender Interaktionsmodus gewählt werden kann. Dann ist vielleicht eine alltagsorientierte Unterstützung etwa bei der Suche nach einem Jugendtreff oder einer Selbsthilfegruppe ausreichend und eben nicht eine psycho-soziale Therapie in einer entsprechenden ambulanten Einrichtung.

Alle Instrumente der Situationsanalyse sind ==lediglich Mittel für ein strukturiertes Vorgehen im== Rahmen von verständigungsorientierten Verstehensprozessen. Das methodische Vorgehen, das Gehen auf diesen Wegen der Analyse, ist daher zwar strukturiert, aber offen, auch für Überraschungen. Die Erfahrungen, die dabei gemacht werden, sind jedoch zentral für professionelles Handeln in der Sozialen Arbeit, weil sie in das Handeln zurückfließen. Ein ungeregeltes Vorgehen entzieht sich der Überprüfbarkeit, es mag hier und da wirkungsvoll sein, allerdings jenseits professioneller Ansprüche.

In der Psychologie und der Psychotherapie liegen für Situationsanalysen ausgearbeitete Verfahren wie der Gießen-Test (GT) oder das Freiburger-Persönlichkeitsinventar (FPI) vor, in der Soziologie und Sozialpsychologie wurden eine Reihe von Verfahren zum Gruppenprozess entwickelt, wie die Interaktionsanalyse von Bales (1965) oder SYMLOG, ein System für die mehrstufige Beobachtung von Gruppen (Bales/Cohen 1982), und in der Medizin und Psychiatrie sind Klassifikationssysteme wie das ICD-10, die International Classification of Deases der Weltgesundheitsorganisation (WHO), oder das DSM-IV, das Diagnostic and Statistical Manual of Mental Disorders der American Psychiatric Association, verbreitet. Teilweise werden diese Instrumente zur spezifischen Situationsanalyse auch in Tätigkeitsfeldern der Sozialen Arbeit verwendet oder sind Teile einer umfassenderen mehrperspektivischen Analyse.

Es liegen aber auch spezifischere Verfahren der Situationsanalyse für die Soziale Arbeit vor, sie müssten aber weiterentwickelt, in ihrer Anwendung für unterschiedliche Arbeitsfelder differenziert und modifiziert und letztendlich evaluiert werden: das Person-in-Evironment-System (PIE), die Problem-Ressourcen-Karten, Orientierungsraster, das „Soziale Atom" und das „Kulturelle Atom" aus dem Psychodrama und spezielle Fragebögen z.B. zur Suchtentwicklung.

Über solche allgemeinere und spezifischere Klassifikationssysteme wird die Vielfalt empirischer Ausdrucksformen reduziert. Dies geschieht durch Kategorisierung nach gemeinsamen Merkmalen und durch Zusammenfassen zu übergeordneten Klassen von Erscheinungen. Dies hat den großen Vorteil, über gleiche Phänomene sich mit den gleichen Begriffen verständigen zu können, also eine gemeinsame professionelle Sprache zu entwickeln. Wenn ein Mediziner von der Pankreas spricht, ist allen anderen Medizinern klar, wo im Körper sie liegt, welche Funktion sie hat, welche Störungen auftreten können, mit welchen Test Funktionsstörungen oder Funktionstüchtigkeiten festgestellt werden können, welche Wechselwirkungen zu andere Organen bestehen, welche bewährten Medikamente oder chirurgische Eingriffe sinnvoll sind usw. Dies bedeutet aber nicht, dass „Mensch" auf „Pankreas" reduziert wird, wenn Gefahren in diese Richtung auch nicht ausgeschlossen werden können.

Allerdings birgt auch eine diffuse Sprachverwendung, wie sie in der Sozialen Arbeit vorherrschend ist, Gefahren in sich, die nicht zu unterschätzen sind, sowohl bezüglich der Verständigung innerhalb der Profession als auch für die Kooperation mit anderen Professionen. Das Ziel in der Sozialen Arbeit muss also ein Bemühen um Eindeutigkeit sein, allerdings unter der Voraussetzung eines verständigungsorientierten Umgangs auch mit Klassifikations- und Situationsanalysesystemen. In den folgenden Kapiteln werden einige bewährte Verfahren der Situationsanalyse vorgestellt, die sich für die Soziale Arbeit besonders eignen.

7.1 Person-in-Environment-System (PIE)

Das PIE zur Einschätzung der Situation von Klienten wurde als mehrperspektivisches Klassifikationssystem in den USA entwickelt (Karls/Wandrei 1994). In den Grundzügen kann das PIE sicher auf deutsche Verhältnisse angewendet werden, eine differenzierte und kritische Transformation steht allerdings noch aus.

Das PIE ist ein ganzheitliches System für die Situationsanalyse, das soziale, körperliche und psychische Faktoren umfasst. In der Sozialen Arbeit dient es vorwiegend als Instrument der Beschreibung, der Klassifizierung und Aufzeichnung der sozialen Funktionen und damit verbunden der Lebenswelt des Klienten, wie dieser sie präsentiert. Diese Daten können dann in ihrer wechselseitigen Abhängigkeit, auch verbunden mit körperlichen und psychischen Faktoren, ein Gesamtbild der Situation ergeben. Dabei werden sowohl Probleme als auch Ressourcen und Copingstrategien (Kap. 5.1.1) erhoben und daraus mögliche Interventionen abgeleitet. PIE ist, über unterschiedliche Arbeitsfelder, Settings und theoretische Orientierungen hinweg, ein allgemein anwendbares Werkzeug für die Situationsanalyse und Interventionsplanung (Karls/Wandrei 1994, S. VII). Die Beschreibung der Klienten bildet die Grundlage für mögliche Interventionen und erleichtert es dem Professionellen zu entscheiden, ob überhaupt eine Intervention angebracht ist, ob sie vorwiegend auf der individuellen Ebene oder auf der Lebensweltebene oder auf beiden Ebenen sinnvoll ist.

Grundlagen für das PIE sind Probleme in den sozialen Rollen und soziale Probleme in der Lebenswelt der Klienten. Psychische und Verhaltensauffälligkeiten sowie körperliche Erkrankungen werden ergänzend durch entsprechende Fachleute aus der Psychologie und Medizin, seltener durch entsprechend ausgebildete Sozialpädagogen erhoben. So ergeben sich vier Faktoren im PIE-System, wobei die ersten beiden für die Soziale Arbeit zentral sind:

1. Probleme in sozialen Rollen: Typ, Schweregrad, Dauer, Coping-Fähigkeiten (Faktor I)
2. Lebensweltprobleme: Schweregrad, Dauer (Faktor II)
3. Psychische Probleme und Verhaltensauffälligkeiten (Faktor III)
4. Körperliche Probleme (Faktor IV).

In einem ausführlichen und differenzierten klientenzentrierten Gespräch (Kap. 9.1) und den entsprechenden Aufzeichnungen werden in den einzelnen Bereichen Daten erhoben und kodiert. Die Abbildungen 9 und 10 aus einem „Mini-PIE" (Karls/Wandrei 1994, S. 49 ff.) sind Beispiele für Erhebungsbögen. Die kompetente Durchführung einer Situationsanalyse nach dem PIE-System bedarf allerdings einer gediegenen Einführung und eines ausführlichen, kontrollierten Trainings mit diesem Instrument, soll nicht nur eine Check-Liste abgehakt werden, was gegen alle ethischen Grundsätze (Kap. 4) der Sozialen Arbeit verstoßen würde.

Im einzelnen sind die folgenden Inhalte (Faktoren I und II) Gegenstand der PIE-Analyse:

1. Probleme in sozialen Rollen (Faktor I):
- Familiale Rollen (Vater, Mutter, Sohn, Tochter, Ehepartner usw.),
- interpersonale Rollen (Freund, Freundin, Nachbar usw.),
- berufliche Rollen (Arbeiter, Angestellter, Student, Lehrer usw.) und
- Rollen in spezifischen Lebenssituationen (Patient, Prüfungskandidat, Einwanderer).

Dabei sind nach Karls/Wandrei (1994, S. 49) für die Aufzeichnung die folgenden Teilschritte notwendig (vgl. Abb. 9):
- Alle gegenwärtig problematischen sozialen Beziehungen sind zu erheben und, wenn es mehr als eine ist, in eine Rangfolge zu bringen.
- Für jedes Problem ist der vorrangige Typ zuzuordnen. Wenn z.B. die Klientin ihren Mann durch Tod verloren hat, ist es ein Problem der Ehepartnerrolle (spousal role problem) vom Typ Verlust (loss) und ist mit den entsprechenden Kodierungsnummern aufzuzeichnen.
- Für jedes Problem ist der Schweregrad zu benennen von 2 = gering bis 6 = katastrophal oder eben auch 1 = kein Problem.
- Für jedes Problem ist die Zeitdauer auszuweisen, von 1 = 5 Jahre und mehr bis 6 = erst seit kurzem.
- Für jedes Problem ist die Einschätzung der Ressourcen und Bewältigungsmöglichkeiten des Klienten zu benennen auf einer Skala von 1 = der Klient kann dieses Problem mit geringfügiger Hilfe oder auch alleine bewältigen bis zu 6 = der Klient hat keine Möglichkeiten, alleine und ohne Hilfestellungen mit dem Problem fertig zu werden.

Situationsanalysen

1–4. FACTOR I:
PROBLEMS IN SOCIAL FUNCTIONING

Client Name: _____
Interview Date: ___/___/___
Evaluator: _____

1.	FAMILIAL ROLES	Code	Type	Severity	Duration	Coping	Recommended Intervention
☐	Parent	11					
☐	Spouse	12					
☐	Child	13					
☐	Sibling	14					
☐	Other Family Member	15					
☐	Significant Other	16					

2.	OTHER INTERPERSONAL ROLES	Code	Type	Severity	Duration	Coping	Recommended Intervention
☐	Lover	21					
☐	Friend	22					
☐	Neighbor	23					
☐	Member	24					
☐	Other (specify):	25					

3.	OCCUPATIONAL ROLES	Code	Type	Severity	Duration	Coping	Recommended Intervention
☐	Worker–Paid Economy	31					
☐	Worker–Home	32					
☐	Worker–Volunteer	33					
☐	Student	34					
☐	Other (specify):	35					

4.	SPECIAL LIFE SITUATION ROLES	Code	Type	Severity	Duration	Coping	Recommended Intervention
☐	Consumer	41					
☐	Inpatient/Client	42					
☐	Outpatient/Client	43					
☐	Probationer/Parolee	44					
☐	Prisoner	45					
☐	Immigrant–Legal	46					
☐	Immigrant–Undocumented	47					
☐	Immigrant–Refugee	48					
☐	Other (specify):	49					

| ☐ | NO SOCIAL INTERACTION PROBLEMS | 0000 | | | | | |

TYPE OF SOCIAL INTERACTION PROBLEM
10 Power
20 Ambivalence
30 Responsibility
40 Dependency
50 Loss
60 Isolation
70 Victimization
80 Mixed
90 Other (specify) _____

SEVERITY INDEX
1 No Problem   4 High
2 Low   5 Very high
3 Moderate   6 Catastrophic

DURATION INDEX
1 More than five years
2 One to five years
3 Six months to one year
4 One to six months
5 Two weeks to one month
6 Less than two weeks

COPING INDEX
1 Outstanding
2 Above average
3 Adequate
4 Somewhat inadequate
5 Inadequate
6 No coping skills

© 1994, NASW Press, Washington, DC

Abbildung 9: PIE-Fragebogen „Probleme in sozialen Rollen" (aus Karls/Wandrei 1994, S. 51)

2. Probleme bzw. Diskriminierungen in der Lebenswelt, im Gemeinwesen (Faktor II):
- Grundlegende Versorgung (Ernährung, Unterkunft, Arbeit, Transportmöglichkeiten) (vgl. Abb. 10),
- Erziehungs- und Bildungssystem,
- Juristisches und Bildungssystem,
- Gesundheits-, Sicherheits- und Sozialdienstsystem,
- System freiwilliger Zusammenschlüsse,
- Emotionale Unterstützung in sozialen Netzwerken.

Für die fünf letztgenannten Punkte wurden auch, wie beim erstgenannten, entsprechend differenzierte Raster für die Auswertung erarbeitet (Karls/Wandrei 1994, S. 53 ff.) und analog zu den oben genannten Teilschritten Hinweise entwickelt (S. 49 f.).

5. FACTOR II: PROBLEMS IN THE ENVIRONMENT

ECONOMIC/BASIC NEEDS SYSTEM PROBLEMS

	FOOD/NUTRITION	Code	Severity	Duration	Recommended Intervention
☐	Lack of regular food supply	5101			
☐	Nutritionally inadequate food supply	5102			
☐	Documented malnutrition	5103			
☐	Other (specify):	5104			

	SHELTER	Code	Severity	Duration	Recommended Intervention
☐	Absence of shelter	5201			
☐	Substandard or inadequate shelter	5202			
☐	Other (specify):	5203			

	EMPLOYMENT	Code	Severity	Duration	Recommended Intervention
☐	Unemployment — Employment not available in community	5301			
☐	Underemployment — Adequate employment not available in community	5302			
☐	Inappropriate employment — Lack of socially/legally acceptable employment in community	5303			
☐	Other (specify):	5304			

	ECONOMIC RESOURCES	Code	Severity	Duration	Recommended Intervention
☐	Insufficient community resources for basic sustenance (self/dependent)	5401			
☐	Insufficient resources in community to provide for needed services beyond sustenance	5402			
☐	Regulatory barriers to economic resources	5403			
☐	Other (specify):	5404			

	TRANSPORTATION	Code	Severity	Duration	Recommended Intervention
☐	No personal/public transportation to job/needed services	5501			
☐	Other (specify):	5502			

	DISCRIMINATION	Code	Severity	Duration	Recommended Intervention
☐	If applicable, select discrimination type from list below. Write code in box to right.	56_ _			

☐	NO PROBLEMS IN ECONOMIC/ BASIC NEEDS SYSTEM	0000

DISCRIMINATION CODES
01 Age
02 Ethnicity, color, or language
03 Religion
04 Sex
05 Sexual orientation
06 Lifestyle
07 Noncitizen
08 Veteran status
09 Dependency status
10 Disability status
11 Marital status
12 Other (please specify): _____

SEVERITY INDEX
1 No problem
2 Low
3 Moderate
4 High
5 Very high
6 Catastrophic

DURATION INDEX
1 More than five years
2 One to five years
3 Six months to one year
4 One to six months
5 Two weeks to one month
6 Less than two weeks

Abbildung 10: PIE-Fragebogen „Probleme in der Lebenswelt, im Gemeinwesen" (aus Karls/Wandrei 1994, S. 52)

Die beiden Faktoren III und IV werden nur kurz erwähnt, da sie Gegenstand anderer Professionen (Psychologie und Medizin) sind:
3. Psychische Probleme und Verhaltensauffälligkeiten (Faktor III).
4. Körperliche Erkrankungen (Faktor IV).

Bei den Faktoren III und IV kann auf die bewährten und oben schon erwähnten Klassifikationssysteme DSM-IV und ICD-10 zurückgegriffen werden. Die Befunde aus diesen beiden Bereichen stehen häufig in Wechselwirkung zu den beiden anderen Systembereichen und sind deshalb unter der Prämisse einer ganzheitlichen Sichtweise in die Situationsanalyse und Interventionsplanung mit einzubeziehen. Unter Umständen ergibt sich aus dieser Analyse auch, dass es ein Fall primär für den Internisten und nicht für den Sozialpädagogen ist. Der vorrangige Fokus des PIE-Systems ist nicht auf die psychischen und körperlichen Probleme gerichtet, sozialpädagogische Interventionen schließen aber öfters medizinische und psychiatrische Behandlungsnotwendigkeiten mit ein. Dies ist besonders in einem Tätigkeitsbereich der Sozialen Arbeit der Fall, nämlich in der Klinischen Sozialen Arbeit (6.2.1), wenn SozialpädagogInnen gelernt haben, kompetent mit den Klassifiktionssystemen DSM-IV und ICD-10 umzugehen. Ansonsten sind die Angaben der Klienten zu psychischen und körperlichen Befunden mit der nötigen Vorsicht und unter Angabe der Quellen aufzunehmen („Asthma laut Diagnose von Dr. X" oder „Depressionszustände nach Angaben des Klienten"), oder aber es wird eine Kooperation mit den entsprechenden Fachleuten notwendig.

In der beschriebenen Form ist das PIE-System begrenzt auf erwachsene Klienten über 18 Jahre. Für die Arbeit mit Kindern und wohl auch für die Arbeit mit bestimmten Klientengruppen (Menschen aus anderen Kulturkreisen oder Subkulturen, Menschen mit geistigen Behinderungen) ist das PIE-System angemessen zu modifizieren und in die „Sprache" der Klienten zu transformieren. Dies heißt auch, den Zugang zum Klienten und zu seinen Informationen anders als über Verbalisieren zu gestalten, also etwa mit Zeichnungen, Fingerpuppen oder Skulpturen zu arbeiten (vgl. Stimmer und Rethfeldt 2004). Auch in der Arbeit mit Familien kann die Situationsanalyse mit dem PIE-System wichtige Hinweise über die Probleme einzelner Familienmitglieder innerhalb der Familie vermitteln und damit für die Analyse von Interaktionsproblemen im Rahmen der Familienstruktur. Ähnliches gilt für die Arbeit mit Organisationen. Bei der Erhebung der sozialen Rollen kann auch gut mit den verschiedenen Formen des „Kulturellen Atoms" (Kap. 7.5) gearbeitet werden. Die Inhalte, die unter dem Faktor II erhoben werden, können eigenständig auch als Grundlage für die Gemeinwesenarbeit (Kap. 5.5.1) dienen.

Eine Differenzierung des PIE-Systems mit dem Fokus auf eine multiprofessionelle Kooperation hat Hey (2000, S. 264 ff.) in einem idealtypischen Modell einer „fallorientierten Lebenslagenanalyse" vorgelegt, deren einzelne Ebenen in der folgenden Abbildung 11 benannt sind. Eine (notwendige) Erweiterung des PIE-Systems für die Diagnostik in der Sozialen Arbeit stellt Adler (2004) vor.

	Lebensweltliche Befindlichkeitsstörung und/oder beobachtete Funktionsstörung		
	Defizit-orientierte bereichsspezifische Fallanalyse für Erstversorgung		
Typ personaler Funktionsstörungen	somatisch *PIE IV* körperliche Krankheiten analog ICD-10	psychisch *PIE III* psychische Krankheiten analog DSM IV	sozial *PIE I + II* soziale Desintegration a) in sozialen Rollen b) aufgrund von Umgebungsproblemen im Gemeinwesen
Professionen	ÄrztInnen und Angehörige anderer Gesundheitsberufe	PsychologInnen PsychotherapeutInnen	SozialarbeiterInnen SozialpädagogInnen
	fallorientierte Lebenslagenanalyse		
professionsspezifische Tiefenanalysen	interprofessionelle Abstimmung professionsspezifischer Fallanalysen medizinische und psychologische Diagnostik, psychosoziale Fallanalyse		
Chancenwahrnehmung	Optionen und Einschränkungen der Person in ihrer Fähigkeit, Möglichkeiten zur Änderung der eigenen Situation zu erkennen oder zu bewirken		
Durchsetzungsfähigkeit	optimistische und pessimistische Dispositionen hinsichtlich der Erwartungen bzw. Sicherheit, die eigenen Interessen durchsetzen zu können (somatische, psychische und/oder soziale Aspekte).		
Austauschfähigkeit	somatische, psychische oder soziale Optionen zur Realisierung oder Einschränkung reziproken Handelns		
Entfremdung	Übereinstimmungen und Diskrepanzen zwischen einem sozio-kulturell vermittelten Idealbild somatischer, psychischer und sozialer Aspekte menschlicher Existenz und der eigenen realen Situation		
Aspiration	Bereitschaft zu oder Widerstand gegen erzwungene(n) Anpassungen an depravierende somatische, psychische und soziale Bedingungen und damit verbundener Resignation		
Sinnfragen	somatische, psychische und soziale Optionen zu optimistischen und/oder pessimistischen Antworten auf Sinnfragen bzw. -krisen		
Übertragung/ Gegenübertragung	reaktiv wiederholte Emotionen, Erlebnisinhalte und Verhaltensweisen eröffnen einen Zugang zu biographisch determinierten Erlebnis- und Verhaltensweisen		

Abbildung 11: Fallorientierte Lebenslagenanalyse in professionellen Unterstützungsprozessen (aus: Hey, 2000, S. 278).

7.2 Entdeckungskarten

Staub-Bernasconi (1994, S. 76 ff.) hat mit den „Entdeckungskarten" ein Instrument für die Situationsanalyse und darüber hinaus für die Theorie-Praxis-Diskussion entwickelt, das durch seine differenzierte theoretische Begründung (Systemtheorie; Staub-Bernasconi (c) 2000) und die axiologische Fundierung (Soziale Arbeit als Menschenrechtsprofession; Staub-Bernaconi (b) 2000) ausgezeichnet ist. Sie sieht in diesen Entdeckungskarten ein „Mittel der Erzeugung von Bildern und Hypothesen" auf der Grundlage einer theoretischen Bestimmung Sozialer Arbeit, „deren Begriffe als ‚Scharniere'" betrachtet werden können, „die Beschreibungswissen mit Erklärungs-, Wert- und Verfahrenswissen zu einer problembezogenen Arbeitsweise verknüpfen" (S. 76).

Grundlage von Entdeckungskarten, wie auch für eine Theorie Sozialer Arbeit, sind soziale Probleme. Ein soziales Problem „ist ein unerwünschter gesellschaftlicher Zustand, der eine größere Anzahl von Gesellschaftsmitgliedern in ihrer Lebenssituation beeinträchtigt, öffentlich als veränderungsbedürftig definiert wird und zum Gegenstand von gegensteuernd-korrigierenden Maßnahmen und Programmen wird" (Herriger (c) 2000, S. 645). Für die Soziale Arbeit ergibt sich daraus die Forderung, sich mit der Genese, der öffentlichen Problematisierung und der Problemintervention auseinander zu setzen.

Staub-Bernasconi hat mit den Entdeckungskarten ein Raster vorgestellt, das für diese Auseinandersetzung hilfreich ist, weil darüber die verwirrende Vielfalt durch die Verwendung allgemeiner Begriffe reduziert werden kann. Andererseits regt die Beschäftigung mit diesem Raster aber auch dazu an, durch die Einbeziehung relevanter Bezugstheorien, des Wissens der Klienten und der Professionellen umgekehrt wieder Komplexität zu fördern. Grundsätzlich kann dieses Instrument auf allen sozialen Ebenen vom Individuum bis zu den „Weltgesellschaften" angewendet werden (Staub-Bernasconi 1994, S. 80), im Zusammenhang mit der Situationsanalyse interessiert hier aber vorrangig seine Anwendung in der Arbeit mit Klienten im Rahmen der unterschiedlichen Arbeitsformen.

Die Abbildung 12 wurde von Staub-Bernasconi als „Problemkarte" eingeführt, sie soll hier aber als allgemeine „Entdeckungskarte" bestimmt werden, in der sowohl die Probleme wie auch die Ressourcen, bezogen auf die jeweiligen sozialen Ebenen, integriert sind. In der konkreten Arbeit sind dann viele situationsspezifische Kombinationen möglich, so z.B. eine Karte, die Ressourcen mit Machtquellen in Verbindung setzt (S. 80).

Staub-Bernasconi hat die im folgenden genannten vier Problemkategorien, mit denen Soziale Arbeit konkret befasst und konfrontiert ist (1994, S. 14 ff; (a) 2000), in die Entdeckungskarte integriert. Diese Probleme werden durch soziale Mechanismen erzeugt, wie z.B. einer ungleichen Ressourcenteilhabe oder unterdrückende Machtstrukturen:

- Ausstattungsprobleme: „Probleme nicht erfüllter Bedürfnisse und legitimer Wünsche, behinderten Lernens und mithin unzureichender Ausstattung von Menschen bei gleichzeitig übererfüllten Wünschen anderer Menschen und Gruppen – bis hin zur Luxusausstattung" ((a) 2000, S. 620). Dabei lassen sich folgende Dimensionen differenzieren:
  – körperliche Ausstattung (Geschlecht, Alter, Gesundheit, Gehirnstrukturen ...),

Allgemeintheo-retische Dimensionen von Individuen als Mitglieder sozialer Systeme	Problemdimensionen von Individuen als Mitglieder sozialer Systeme			
	Ausstattungs-dimensionen und -probleme (Bedürfnisse als Basis)	Austausch-dimensionen und -probleme (Tauschmedien als Basis)	Machtdimensionen und -probleme (Machtquellen als Basis)	Kriterien-Wertdimensionen und -probleme (Bedürfnisse, Werte als Basis)
Körperliche Ausstattung	Feld 1	Feld 7	Feld 13	Feld 19
Sozialökologische und sozioökonomische Ausstattung	Feld 2	Feld 8	Feld 14	Feld 20
Ausstattung mit Erkenntniskompetenzen	Feld 3	Feld 9	Feld 15	Feld 21
Ausstattung mit Bedeutungssystemen (Wissen)	Feld 4	Feld 10	Feld 16	Feld 22
Ausstattung mit Handlungskompetenzen	Feld 5	Feld 11	Feld 17	Feld 23
Ausstattung mit sozialen Beziehungen/ Mitgliedschaften	Feld 6	Feld 12	Feld 18	Feld 24

Abbildung 12: Entdeckungskarte (aus: Staub-Bernasconi 1994, S. 77)

- sozioökonomische und sozialökologische Ausstattung (Arbeit, Einkommen, Bildung ... bzw. infrastrukturelle Einrichtungen),
- Ausstattung mit Erkenntniskompetenzen (Grundlage: Gehirn bzw. Zentralnervensystem; Fühlen, Gedächtnis, Lernen, Denken, Begriffsbildung ...),
- Ausstattung mit Bedeutungssystemen (unterschiedliche Wissensformen: Beschreibungswissen (Fremd- und Selbstbilder), Erklärungswissen (Codes), Wertwissen (Werte) und Handlungswissen (Normen, Pläne)),
- Ausstattung mit Handlungskompetenz und
- Ausstattung mit Teilhabe an informellen und formellen Zugehörigkeiten.

Die sozialen Probleme in diesem Bereich beziehen sich auf einzelne Menschen aber auch auf Familien, Organisationen und im Endeffekt auch auf Nationen. In Anlehnung an Dahrendorf (Kap. 4) geht es also um das Ausmaß an Optionen, an Wahlmöglichkeiten zur Erfüllung von Bedürfnissen (individueller Aspekt), die aber strukturell vorgegeben und ungleich verteilt sind (struktureller Aspekt). Hinzu kommen die Ligaturen, die Zugehörigkeiten, die Bindungen, die individuelle Bedürfnisse erfüllen, gesellschaftlich bereitgestellt und wiederum ungleich verteilt sind. Dabei lassen sich spezifische Konfigurationen erkennen: Arme, Alleinerziehende, Arbeitslose, Drogenabhängige, psychisch Kranke „zeigen immer wieder sehr ähnliche Muster von Ausstattungsproblemen und zugleich weisen sie auf ,gesellschaftliche Orte' hin, wo nicht nur vereinzelte, sondern mehrfache Defizite von Individuen festgestellt werden müssen" (1994, S. 19).

- Austauschprobleme: „Probleme asymmetrischen Gebens und Nehmens und damit von Austauschbeziehungen, die nicht auf Gegenseitigkeit beruhen" ((a) 2000, S. 620). Menschen sind auf quantitativ und qualitativ ausreichende soziale Beziehungen angewiesen, um zu überleben und um ihre Bedürfnisse zu befriedigen. Eine stark ausgeprägte individualistische Ethik und weitere Kennzeichen moderner Gesellschaften, wie sie beschrieben wurden (Kap. 4), sowie erfolgsorientierte Handlungsmuster und rigide Rollenvorstellungen (Abb. 7) behindern Kooperation, verständigungsorientiertes Handeln und damit befriedigende Austauschbeziehungen.
- Machtprobleme: „Probleme behindernder Machtverhältnisse" ((a) 2000, S. 620) durch ungleiche sozioökonomische Verteilungsmuster, gesellschaftlich sanktionierte Über- und Unterordnung von Menschen, Kontrollmechanismus im Hilfesystem u.v.a.
- Kriterienprobleme: „Probleme nichterfüllter, zerstörter, fehlender oder willkürlich gehandhabter Werte" ((b) 2000, S. 62) wie Gesundheit, Solidarität, Würde, Zufriedenheit, Nächstenliebe, Solidarität u.a.

Die Elemente der Problemkarte (Abb. 12) beziehen sich auf diese Problemkategorien. Die Problemkarte lässt sich, hier im Rahmen konkreter Situationsanalysen, mit und für Klienten erstellen und nach Bedarf ergänzen, wobei die Problemdefinitionen der Klienten und der Professionellen zu differenzieren sind, ebenso sind jeweils die möglichen Ressourcen aufzudecken, Fragestellungen und Hypothesen zu entwickeln und Ziele zu formulieren. Je nach situativen Schwerpunkten kann mit diesem Raster sehr flexibel umgegangen werden. Es ist vermutlich zunächst einfacher, über die Ausstattungs- und die Austauschprobleme ins Gespräch zu kommen und die schwierigeren Macht- und Kriterienprobleme zunächst nicht in den Mittelpunkt zu stellen. Dabei werden allgemeine Begriffe in der Verständigung zwischen Professionellen und Klienten erst inhaltlich gefüllt. Ein Einstieg könnte etwa zunächst über die beiden ersten Felderspalten mit der Fragestellung erfolgen, welche Konsequenzen bestimmte Ausstattungsdefizite auf die anderen Dimensionen haben. Wie wirkt sich beispielsweise (1. Spalte) bei einem langzeitarbeitslosen Klienten der in die Schuldnerberatung kommt, seine problematische ökonomische Ausstattung (Feld 2) auf seine psychische und körperliche Gesundheit aus (Feld 1), auf seine Fremd- und Selbstdefinitionen (Feld 4) und seine Handlungskompetenzen (Feld 5). Wie wirken die einzelnen Felder aufeinander ein, wo verstärken sie sich gegenseitig in Richtung Problemhaftigkeit oder Ressourcenförderung? Wo ist eine Förderung vorrangig, etwa in dem Beispiel die Vermittlung einer Mitgliedschaft in einer Selbthilfegruppe (Feld 6) oder auch ein Partnergespräch (Feld 6).

Oder (5. Zeile) welche individuellen Handlungskompetenzen (Feld 5) und Kooperationsformen (Feld 11) sind für die Leitung einer Non-Profit-Organisation förderlich bzw. hinderlich, um die nötige Autorität und Macht (Feld 17) in dieser Organisation zu erwerben? Die gleichen Felder können beispielsweise auf eine Klientin einer Erziehungsberatungstelle bezogen werden, die mit ihrem 12-jährigen Sohn nicht mehr zurechtkommt: Welche individuellen Handlungskompetenzen (Feld 5) und Kooperationsformen (Feld 11) sind für die Erziehung eines 12-jährigen Sohnes für die Mutter hilfreich, um die nötige Autorität in dieser Familie zu erwerben? Dabei wird sich zeigen, welche Ressourcen bei der Klientin und im weiteren Familiensystem vorhanden sind, wer mit wem kooperieren müsste, welche Kompetenzen erst erworben oder gefördert werden müssten, ob das Familiensystem selbst verändert werden muss usw. Bei einer solchen konkreten Situationsanalyse sind dann u.U. weitere Kombinationen – angeregt durch Hinweise der Klientin und weiterer Familienmitglieder sowie durch das Bezugswissen und die sozialpädagogische Kreativität des Beraters – sinnvoll. Dann könnte beispielsweise die Fragestellung auftauchen, wenn etwa der Ehemann die Probleme seiner Frau nicht nachvollziehen kann, inwiefern die verschiedenen Erkenntniskompetenzen der Eltern des 12-jährigen Jungen (Feld 9) in Verbindung mit stark unterschiedlichen Arbeitsbedingungen (Feld 8) die Bedeutung von Erziehung (und weiterer Aspekte wie Arbeit, Liebe, Sexualität) (Feld 10) bestimmen. Wenn es sich anbietet, könnte dann etwa der Frage nachgegangen werden, ob und wie sich diese differierenden Sichtweisen auf die innerfamiliale Rollen- und Machtverteilung (Felder 11 und 17) und auf soziale Beziehungen und Mitgliedschaften außerhalb der Familie (Feld 12) auswirken. Ergeben sich daraus eventuell Konflikte, die wiederum auf die „Erziehungsschwierigkeiten", unter denen die Mutter leidet, zurückwirken?

Je ausgeprägter eine verständigungsorientierte Beratungskompetenz einschließlich eines gediegenen Bezugswissen bei den Professionellen ist, um so differenzierter und situationsangemessener können Fragestellungen und Hypothesen entwickelt und Ziele formuliert werden. In dem klientenbezogenen Arbeiten mit der Entdeckungskarte können weitere Situationsanalyseverfahren einbezogen werden. Wenn es um die sozialen Rollen und Positionen geht, bieten sich das entsprechende Raster des PIE-Systems (Kap. 7.1) oder das Kulturelle Atom (Kap. 7.5) oder bei der Beschreibung der sozialen Beziehungen das Soziale Atom (Kap. 7.4) oder bei der Reflexion unterschiedlicher Sichtweisen das Reflexionsraster (Kap. 7.3) an.

Für die praktische klientenbezogene Arbeit ist dieses Raster zumindest eine nützliche Orientierung. Wenn auch eine Verwendung im Sinne einer Checkliste nicht unbedingt das höchste Ziel sozialpädagogischen Handelns darstellt, bietet dieses Raster dennoch eine hilfreiche Strukturierung, die auf alle Fälle besser ist als diffuses Ausprobieren. Bei Staub-Bernasconi ist das Ziel allerdings weit über eine konkrete Situationsanalyse hinaus gesteckt hin zu einer Fundierung einer allgemeinen Theorie Sozialer Arbeit. Dann wird die Entdeckungskarte die Basis für den interdisziplinären Dialog, aus dem heraus sich in einem Austauschprozess Hypothesen und theoretische Konzepte entwickeln und durch empirische Forschung erhärten lassen. Die dabei gewonnenen Erkenntnisse können dann wieder als hilfreiches Bezugswissen in die Praxis und damit auch in die konkrete Situationsanalyse einfließen. Aus der systemtheoretischen Formulierung der Grundbegriffe der Entdeckungskarte ergibt sich zwangsläufig, dass ein Dialog mit allen human- und sozialwissenschaftlichen Professionen einschießlich und besonders der Ethik (Kap. 4) die unbedingte Voraussetzung für eine solche allgemeine Theorie bildet.

7.3 Reflexionsraster

Bei der Arbeit mit dem PIE-System, aber auch ganz allgemein treten bei der Einschätzung der Situation des öfteren nicht unerhebliche unterschiedliche Einschätzungen bei Klienten und Professionellen auf. Wenn dann auch noch die Meinungen aus dem relevanten Kontext (Partner, Eltern, Arbeitgeber) und mitbeteiligter fachlicher Kooperationspartner (Juristen, Mediziner) mit einbezogen werden, ergibt sich u. U. durch die je selektive Wahrnehmung doch ein recht widersprüchliches Bild, das etwa bei Familienberatungen oder Teamkonflikten fast wie selbstverständlich dazu gehört. Wenn keine Einigung, vielleicht auch nur vorläufig und probeweise, erzielt werden kann oder wenn eine Übereinstimmung nur aus taktischen Gründen vorgegeben wird, ist mit hoher Wahrscheinlichkeit dann das gesamte Unternehmen zum Scheitern verurteilt.

Von Spiegel (1994 (b), S. 247 ff.) hat ein Situationsanalyse-Raster entwickelt (Abb. 13), das genau dem Zweck dient, die unterschiedlichen Einschätzungen differenziert zu reflektieren und zu protokollieren und zwar in einem Akt des gedanklichen Perspektivewechsels mit allen Beteiligten (vgl. auch 2004).

Situationsdefinitionen bestimmen nach dem Thomas-Theorem wesentlich das soziale Handeln (Kap. 5.1.1). Der Wechsel der Perspektive, der Rollentausch (Kap. 9.2) ist deshalb ein wesentliches Element, um die eigenen emotional wie kognitiv selektiven Wahrnehmungen realitätsgerecht zu erweitern und dabei eventuell auch die Übertragungen und Abwehrmechanismen bei sich selbst und vielleicht auch bei anderen zu erkennen und hier und da aufzulösen. Deshalb schlägt von Spiegel vor, bezogen auf die Sichtweisen I – IV, diesen Perspektivewechsel gedanklich vorzunehmen, sich als professionelle Fachkraft in andere relevante Sichtweisen hineinzuversetzen und die Welt oder zumindest die fragliche Situation mit den Augen der jeweils anderen möglichen Situationsdefinierer wahrzunehmen, um darüber einen differenzierteren Zugang zur Situation zu bekommen und die eigene Sicht der Dinge, u.U. erst in der Supervision, zu revidieren, zu modifizieren oder auch beizubehalten. Je nach Arbeitssituation ist dieses Vorgehen zu variieren und den Gegebenheiten flexibel anzupassen. Die Schlussfolgerungen (V) werden dann protokolliert.

In der horizontalen Abfolge beziehen sich die Inhalte der Punkte 1–4 auf die Situationsanalyse, je differenziert nach den unterschiedlichen Sichtweisen. Zunächst beschreiben die Fachkräfte das vermutete Zustandswissen für die ver-

Situationsanalysen

	(1) Zustandswissen Was ist passiert? Wer ist beteiligt?	(2) Situationsdeutung Gibt es ein "Problem"? Wer hat welches Problem?	(3) Erklärungswissen wissenschaftlich/ erfahrungsbezogen	(4) Wertewissen Welche Bedürfnisse und Interessen liegen vor?
(I) "Offizielle" Sicht (Träger, Verwaltung, Team usw.)				
(II) Sicht der KlientInnen				
(III) Eigene fachliche Sicht				
(IV) Weitere Sichtweisen aus dem relevanten Kontext				
(V) Schlußfolgerungen aus dem Vergleich				

Abbildung 13: Selektives Situationsanalyse-Raster (leicht verändert nach von Spiegel 1994 (b), S. 248)

schiedenen Sichtweisen (1), dann wird aus den jeweiligen Perspektiven heraus eine situative Problemdeutung versucht (Klientenproblem, Lebensweltproblem, gesellschaftliches Problem, Problem der Fachkraft (2)), weiter die Situation mit unterschiedlichen Erklärungsmöglichkeiten (fachwissenschaftlichen und erfahrungsbezogenen) konfrontiert (3) und Bedürfnisse und Interessen aller Beteiligten formuliert (Wie erleben die Beteiligten den Ist-Zustand und wie wünschen sie sich den Soll-Zustand? (4)). Da, wie oben erwähnt, meist auch schon während des Prozesses der Situationsanalyse vorläufige Annahmen (Hypothesen) und Zieleformulierungen für mögliche Aktivitäten deutlich werden (Handlungswissen: Wer soll was tun bzw. verändern?), könnte dies, wie von Spiegel vorschlägt, bei der Situationsanalyse schon mitbedacht werden, ebenso wie die Frage „Was könnte im Falle einer Veränderung passieren – im besten Falle und im schlimmsten Falle?" (S. 249). Auch von allen Beteiligten gewünschte positive Veränderungen haben, wenn sie eintreten, manchmal durchaus fatale Folgen. Wenn ein Alkoholiker nach für ihn erfolgreicher Behandlung in einer Fachklinik wieder nach Hause zurückkommt, geschieht es nicht selten, dass seine Frau und die Kinder mit ihm „nichts mehr anfangen" können. Er ist wieder selbstständig und eigenwillig geworden, macht Dinge, die die lange gewohnte, wenn auch leidvolle Ordnung durcheinander bringt. Im schlimmsten Fall kommt es dann dazu, dass seine Frau ihm sagt: „Als Du noch gesoffen hast, warst Du mir lieber als jetzt!".

Das gedankliche Durchspielen anhand dieses Rasters könnte natürlich jeweils, zumindest teilweise, mit der Realität abgeglichen werden, indem die Sichtweisen der unterschiedlichen Beteiligten, soweit dies möglich ist, konkret erfragt werden, was die Wahrscheinlichkeit einer angemessenen Situationsanalyse erhöhen würde. Manche Sichtweisen, wenn es sich um rechtliche Regelungen handelt, sind eindeutig, bei anderen ist ein größerer Definitionsspielraum gegeben. Eine weitere gute Möglichkeit einer differenzierteren Zuordnung bietet das psychodramatische Rollenspiel etwa in Form des Soziodramas (Kap. 9.2.4 und 9.4.1), wo in der Semirealität des psychodramatischen Spielraums unterschiedliche Sichtweisen in Form des Perspektivewechsels im Rollentausch (nun nicht mehr nur gedanklich, sondern konkret vollzogen) erlebt werden und über die Rückmeldungen der Mitspieler reflektiert werden können. Dies könnte die Aufgabe eines Teams oder auch einer Supervisionsgruppe sein und dient der frühzeitigen Evaluation der Situationsanalyse. Auch die Erstellung eines „Kulturellen Atoms" (Kap. 7.5) durch die Fachkraft ist ein hilfreiches Verfahren, um die unterschiedlichen Ansprüche der Beteiligten zu strukturieren.

7.4 Soziales Atom

Während sich über das PIE-System oder die Entdeckungskarten sehr umfassende Zusammenhänge darstellen lassen, ist das „Soziale Atom" ein begrenzteres, leicht handhabbares und sehr aussagekräftiges Instrument bezüglich der emotional bedeutsamen Beziehungsnetze von Klienten. Daraus werden konfliktträchtige und unterstützende Beziehungen deutlich, es können Hypothesen gebildet und Ziele formuliert werden, die für die anschließenden Interventionen handlungsleitend sind. Zugleich sind die „Sozialen Atome" bzw. deren Veränderungen im Verlauf des Hilfeprozesses von Klienten die Basis für die Prozess- und die Abschlussevaluation. Die Situationsanalyse über die „Sozialen Atome" kann als selbstständiges Verfahren angewendet werden, es kann aber auch als Teilverfahren in andere Analyseverfahren integriert werden, wenn es um das emotional bedeutsame Beziehungsnetz von Klienten geht.

Das „Soziale Atom" ist ein Verfahren aus dem Psychodrama (Kap. 9.2) und ist von dessen Menschenbild und theoretischen Konzepten bestimmt. Den etwas eigenartig anmutenden Begriff hat Moreno (1936; 1974, S. 159 ff.) als Metapher gewählt, um deutlich zu machen, dass für ihn das „kleinste Unteilbare" (atomos) die soziale Beziehung ist. Ihn interessieren primär nicht intrapsychische Vorgänge, sondern Interaktionen, das, was zwischen Menschen abläuft. Menschen sind bestimmt durch ihre sozialen Beziehungen und bestimmen diese wiederum. Sie haben dann nicht nur ein soziales Atom, sondern sind in gewisser Weise ihr soziales Atom. Bei der Analyse dieses Beziehungsgeflechtes, in das Menschen verwoben sind, geht es zentral um emotional bedeutsame Beziehungen, die vollzogen oder die auch nur gewünscht sein können. Sie bilden zusammen das soziale Atom, das weiter von Bekanntschaftsbeziehungen umgeben ist.

So lässt sich zunächst folgendes Bild entwerfen:

Situationsanalysen

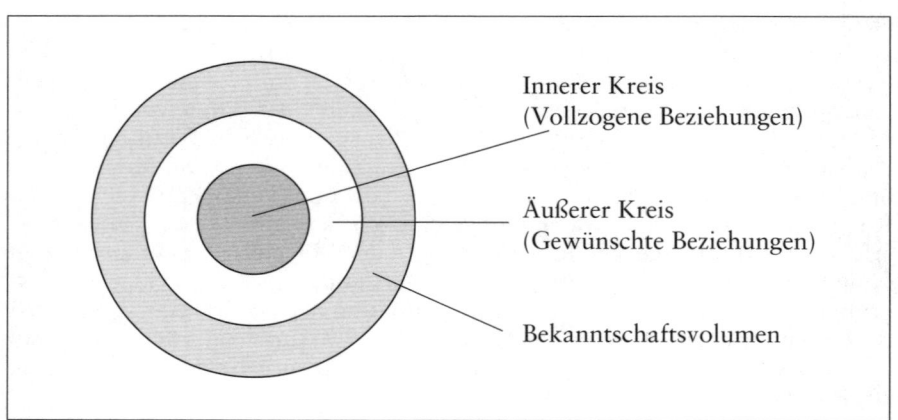

Abbildung 14: Modell des „Sozialen Atoms"

Von diesem Grundmodell ausgehend, wurden viele Möglichkeiten der Umsetzung des Sozialen Atoms in handhabbare Instrumente entwickelt, die in der Arbeit mit einzelnen Klienten und in der Gruppenarbeit eingesetzt werden können. Nach der Erläuterung der Grundidee werden Klienten (das ist die praktikabelste Form) gebeten, ihre emotional bedeutsamen Beziehungen (vollzogene und gewünschte) auf ein Blatt Papier zu zeichnen. Dabei werden für Frauen Kreissymbole und für Männer Dreieckssymbole verwendet, die jeweils unterschiedlich groß auf dem Blatt eingezeichnet werden könnnen. Die Ortswahl der eigenen Person und die der anderen Personen auf dem Papier entscheidet der Klient. Die Qualität der Beziehungen wird mit durchgehenden (Anziehung) und mit gestrichelten (Abstoßung) Pfeilen, die unterschiedlich lang sein können, symbolisiert. Die Wahlen sollen so spontan wie möglich sein und sie gelten lediglich für die Zeit der Wahl. Dabei können auch bedeutsame verstorbene Menschen, in besonderen Fällen auch Tiere oder Gruppen, mit Symbolen (Rechtecke) eingezeichnet werden. Die Wahlen sollen eindeutig sein, wo dies überhaupt nicht möglich ist (bei extrem ambivalenten Beziehungen), kann das durch einen Querstrich angedeutet werden. Insgesamt sollen die Wahlen von Klienten ausgehend hin zu den Personen ausgerichtet sein, aber auch von den Personen zurück zu den Klienten, so wie sie glauben, dass die Wahlen der von ihnen gewählten oder abgewählten Personen aussehen würden. Dahinter steht wieder die Annahme, dass Menschen sich entsprechend ihrer Situationsdefinitionen (Kap. 5.1.1) verhalten. Die Abbildung 15 vermittelt beispielhaft das Bild eines Sozialen Atoms.

Soziale Atome können das Ergebnis einer allgemeinen Fragestellung sein (alle emotional bedeutsamen Beziehungen), sie können aber auch spezifisch auf die Arbeit, die Familie, die Freizeit usw. bezogen werden, woraus sich u.U. interessante Erkenntnisse (bei Diskrepanzen) ableiten lassen.

Der Weg hin zu einem Sozialen Atom kann aber, je nach Situation, auch anders gestaltet werden, was den besonderen Wert dieses Instruments verdeutlicht, das bei allen Altersgruppen Sozialer Arbeit und bei unterschiedlichen Fähigkeiten von Klienten gezielt modifiziert eingesetzt werden kann. Bei Kindern

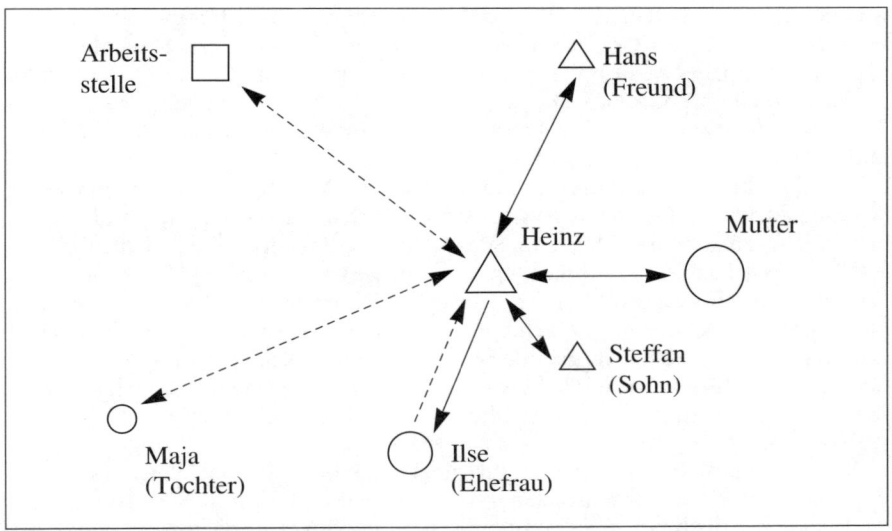

Abbildung 15: Das „Soziale Atom" des Klienten „Heinz"

wird bevorzugt mit Handpuppen, kleinen Spielzeugfiguren oder mit Spielzeugtieren eines Bauernhofes gearbeitet. Diese Medien sind allerdings auch mit großem Gewinn bei Erwachsenen einsetzbar. Dabei werden vorher die sozialen Atome nicht extra aufgezeichnet, sondern über das spielerische Umgehen mit diesen Materialien das eigene Beziehungsnetz auf einem Tisch oder auf dem Boden immer wieder veränderbar und probeweise aufgebaut, bis konkrete Strukturen entstanden sind. Weitere Materialien sind etwa Steine vom Meeresstrand, bunte Tücher, Bauklötzchen, Münzen, Gummibärchen oder auch ausgeschnittene Papiersymbole.

Da das Soziale Atom ein Verfahren aus der Methode des Psychodramas (Kap. 9.2) ist, lassen sich auch dessen weitere Techniken integrieren. So kann etwa in der Arbeit mit einzelnen Klienten das Soziale Atom mit Stühlen und weiteren Gegenständen aufgebaut werden. Der Klient nimmt dann Kontakt mit den Personen auf, die durch diese Symbole dargestellt werden und spricht im Rollentausch als diese Personen, stellt sich in diesen Rollen vor und spricht von dieser Position aus über seine Beziehungen zum Klienten. In gleicher Weise kann das Doppeln, das empathische Einfühlen in andere Personen und das Sprechen aus diesen Rollen heraus, eingesetzt werden. Der Perspektivewechsel in dieser Form wäre auch eine weiterführende Variation für das Reflexionsraster zur Situationsanalyse (Kap. 7.3). In der Gruppenarbeit gibt schon der verbale Austausch über die von allen gezeichneten Sozialen Atome einen sehr schnellen Einblick in unterschiedliche Lebenswelten und Schicksale, viel Stoff für Nachfragen und Reflexion, für Vergleiche und die Erkenntnis, dass andere Menschen auch ihre Probleme haben. Darüber hinaus werden aber auch stabilisierende Beziehungen deutlich. Bei Gruppenarbeit mit Rollenspielcharakter ist es ein weiterer Schritt, das Soziale Atom eines Klienten mit Personen darzustellen, was den großen Vorteil hat, die einzelnen Personen sehr differenziert mit ihrer Haltung, Mimik und Gestik unter Verwendung wiederum des Rollentausches und des Doppelns positionieren zu können. Durch das Spiegeln als weitere Technik des Psychodramas (Kap. 9.2) kann der Klient sein eigenes Soziales Atom aus der Distanz heraus betrachten, Veränderungswünsche wahrnehmen und auch gleich probehalber umsetzen.

Darüber hinaus existiert ein standardisiertes Verfahren zur Erhebung des Sozialen Atoms, das in dieser Konstruktion für den einen oder anderen Klienten besonders geeignet ist: Das „Soziale Netzwerk Inventar-SNI" (Kulenkampff 1988, 1991), das an der Abbildung 13 orientiert ist und über Zuordnung von Etiketten unterschiedlicher Größe, Farbe und Position die Struktur des sozialen Netzwerkes darstellt. Als Forschungsinstrument eingesetzt vermittelt das SNI Einblick in ähnliche Strukturbilder bei bestimmten Klientengruppen (Jugendliche und alte Menschen in Heimen, alleinerziehende Frauen, Arbeitslose usw.), woraus sich allgemeinere und gezieltere Interventionsbemühungen ableiten lassen.

Welches Medium auch immer für die Darstellung des Sozialen Atoms verwendet wird, für die Situationsanalyse werden u.U. bestimmte Auffälligkeiten deutlich, die Anlass zur gemeinsamen Reflexion, zu vorläufigen Annahmen und zu Zieleformulierungen werden können. Dabei kann es, um das wiederum zu betonen, nicht um ein technizistisches Diagnostizieren gehen, sondern um ein verständigungsorientiertes Gespräch im Rahmen einer klientenzentrierten Gesprächsführung (Kap. 9.1) bzw. in der Gruppenarbeit im Rahmen der Feedbackphase nach den Kriterien des Psychodramas (Kap. 9.2). Im Sozialen Atom werden konflikträchtige wie stabilisierende Beziehungstrukturen greifbar, wobei die Wahrnehmung letzterer oft mit einem hohen Überraschungseffekt bei den Klienten verbunden ist.

Hinweise für die Situationsanalyse können die folgenden Kriterien bilden:
- Quantität: Manche Sozialen Atome sind voll gepackt mit Personen und Beziehungen, andere wiederum fast entleert, in seltenen Fällen ist nur der Klient selbst eingezeichnet. Moreno hat in einem kurzen Artikel „Das soziale Atom und der Tod" (1947) beschrieben, wie das Volumen des Beziehungsnetzes sich von der ersten Mutter-Kind-Beziehung mit dem Älterwerden immer mehr ausdehnt und wie es im Alter aufgrund von Pensionierung, Tod wichtiger Personen und körperlichen Beschränkungen wieder sehr reduziert wird. Eine ungewünscht starke Reduktion, wenn das Soziale Atom nicht wieder „aufgefüllt" wird, führt zum psychischen und letztendlich zum körperlichen Tod. Für die Arbeit mit alten Menschen dürfte dies ein wichtiger Hinweis sein, wenn auch zu beachten ist, dass die Quantität alleine nicht ausreicht, dass die Zahl von Beziehungen dem subjektiven Bedürfnis genügen muss und dass die Qualität der Beziehung von herausragender Bedeutung ist. Da das „emotionale Ausdehnungsvermögen" von Menschen begrenzt ist (Moreno 1974, S. 154), sind aber auch Soziale Atome mit quantitativ ausufernden Beziehungen in ihrer Bedeutung für den Klienten zu hinterfragen.
- Qualität: Hier geht es um die Frage der Ausgeglichenheit der Beziehungen bezüglich der Wahlen und Abwahlen (im Extrem nur Konflikt oder nur Harmonie oder nur Ambivalenzen), aber auch bezüglich des Geschlechts und des Alters der Personen des Sozialen Atoms.

- Nähe und Distanz: Aus der Positionierung lassen sich Auffälligkeiten wahrnehmen, wenn etwa nur Distanz oder nur Nähe aufgezeigt wird oder wenn von ihrer Rolle her nahe Personen (Ehefrau, Kinder) auf Distanz gehalten werden und andere, die im Normalfall im Vergleich dazu entferntere Positionen einnehmen (Arbeitskollegin, Fußballtrainer), sehr nahe zugeordnet werden.
- Kohäsion: Dabei geht es um die Frage, ob die Personen des Sozialen Atoms auch miteinander in Verbindung stehen, also auch untereinander ein Netzwerk bilden oder ob im Extremfall nur dyadische Beziehungen zwischen dem Klienten und den einzelnen Personen seines Sozialen Atoms bestehen.
- Beziehungslöcher: Manche Sozialen Atome sind durch viele nur gewünschte Beziehungen oder Beziehungen zu Verstorbenen oder nicht mehr verfügbaren Menschen gekennzeichnet, was u.U. zwar stabilisierend sein mag, aber eine lebendige konkrete Gestaltung des Beziehungsnetzes vermissen lässt.
- Konnektierung: Hier wird danach gefragt, ob die Personen des Sozialen Atoms weitere Beziehungen zu anderen Personen außerhalb dieses Beziehungsnetzes haben bzw. wie ausgeprägt diese sind. Wenn ein Klient relativ isoliert ist und die von ihm benannte Personen ebenfalls, dann steigt die Wahrscheinlichkeit, dass sich eine starke gegenseitige emotionale Abhängigkeit entwickelt.

Das Soziale Atom ist in seinen verschiedenen Gestaltungsmöglichkeiten ein sehr flexibles Instrument der Situationsanalyse, das sich gegebenenfalls auch in andere Analyseverfahren integrieren lässt, wenn es um das primäre Beziehungsnetz von Klienten geht. Über das Kriterium der Konnektierung wird der Blick allerdings bereits auf weitere Netzwerke ausgeweitet. Es lassen sich auch Anamnesefragen damit klären (Verlauf mehrerer biografischer Sozialer Atome), problematische und stabilsierende Beziehungen erkennen, Hypothesen entwickeln, Ziele formulieren („Wunschatom"), spezifische Interventionsnotwendigkeiten ableiten und eine Verlaufskontrolle (Prozess- und Abschlussevaluation) durchführen. Zudem ist es von der Durchführung her ein sehr einfaches Instrument für die kollegiale Supervision, wenn in zu bestimmenden Abständen Professionelle einer Einrichtung ihre Sozialen Atome erstellen und diese im Sinne von Wahrnehmungstests mit konkret-aufklärenden Einschätzungen mit den jeweils anderen Professionellen konfrontieren und austauschen. In diesem Sinne kann dieses Verfahren auch in der Familienberatung oder in Heimen angewandt werden.

7.5 Kulturelles Atom

Das „Kulturelle Atom" ist, wie das „Soziale Atom", ein Verfahren aus der Methode des Psychodramas, das aus der spezifischen Rollentheorie Morenos heraus entwickelt wurde (Kap. 9.2.2): Menschen werden durch das Insgesamt, durch das System ihrer Rollen bestimmt, wie sie durch ihre Beziehungen (Soziales Atom) bestimmt werden. Umgekehrt bestimmen sie, mit mehr oder weniger Eigenständigkeit ihr Rollenspiel und ihre Beziehungen. Emotionale Anziehungs- und Abstoßungsprozesse und -strukturen, innerhalb derer ein Mensch lebt, die er mitgestaltet und die ihn prägen (Soziales Atom), sind aber nicht freischwebend. Sie sind bewusst oder meist unbewusst an einzelne Rollen oder Rollenaspekte gebunden oder betreffen auch das Insgesamt der miteinander in Wechselwirkung stehenden Rollen, das Rollen-Selbst. Die Metapher „Atom" verwendet Moreno hier wiederum in Analogie zum Sozialen Atom in dem Sinne, dass „ein kulturelles Atom als die kleinste funktionale Einheit innerhalb eines kulturellen Modells" betrachtet wird (1982, S. 305). Wenn man so will, „bestehen" Gesellschaften und Kulturen aus einem immensen Netzwerk Sozialer und Kultureller Atome, deren kleinster gemeinsamer Nenner sie jeweils sind. Rollen und Co-Rollen bilden ein „Netz von Rollenbeziehungen um ein bestimmtes Individuum herum" (1982, S. 305). Rollen entstehen im Verlauf des Lebens, ein Teil bleibt lange (Frau, Mann) erhalten, andere sind situations- und zeitbedingt (Kind, Studentin, Urlauber, Strafgefangener, Drogenabhängige), manche vergangene Rollen können wiederbelebt werden (Sportler, Autofahrerin, Alkoholiker, Gewalttäter) und andere werden gewünscht, sind aber nicht realisierbar (Entdecker, Playboy, Schönheitskönigin, Gesunder). So lassen sich momentan gespielte Rollen (Rollenrepertoire), insgesamt im Leben gespielte Rollen (Rolleninventar) und Wunschrollen unterscheiden. Für die Situationsanalyse einschließlich der Anamnese und der Zieleformulierung sind alle drei Typen von Bedeutung.

Die konkrete Arbeit mit dem Kulturellen Atom als Instrument der Situationsanalyse verläuft entsprechend den beim Sozialen Atom beschriebenen Möglichkeiten (Aufzeichnen, Symbole, Gegenstände, Menschen; in der Einzel- und Gruppenarbeit; Einzelheiten s. Kap. 7.4) Die Abbildung 16 zeigt beispielhaft eine schematische Darstellung eines Kulturellen Atoms.

Wie beim Sozialen Atom, geht es auch bei der Situationsanalyse über das Kulturelle Atom darum, Auffälligkeiten im Sinne von Konflikten, aber auch Ressourcen und stabilisierenden Rollen bzw. Co-Rollen zu erkennen und damit weiter zu arbeiten. Kulturelle Atome können dabei wiederum allgemein sein

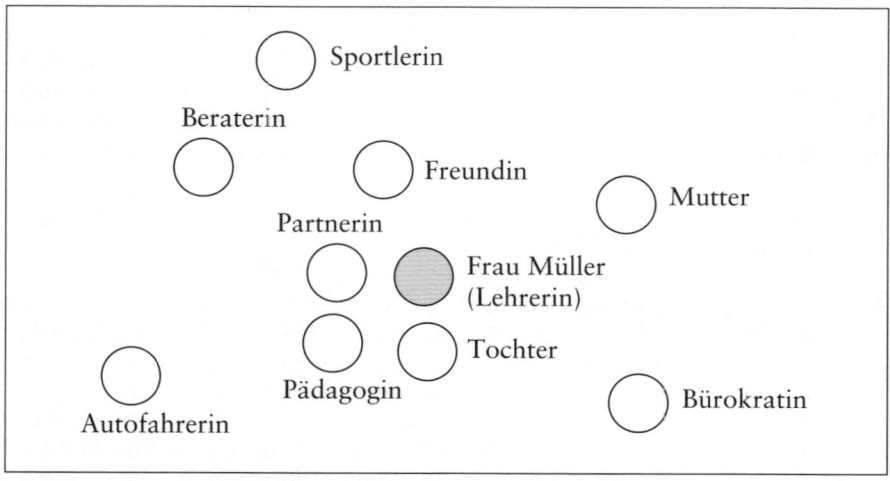

Abbildung 16: Schematische Darstellung eines Kulturellen Atoms

(„Alle meine Rollen") oder spezifisch auf den privaten Bereich, Freundes- und Freizeitbereich oder den Arbeitsbereich bezogen sein.

Für die gemeinsame Interpretation der gezeigten Rollenstruktur bieten sich auch, in Abwandlung der Fragestellung, die Kriterien an, die für das Soziale Atom gelten (Kap. 7.4): Quantität (Zahl der Rollen), Qualität (positive oder negative Bewertung der Rollen), Nähe und Distanz (Zuordnung der Rollen zum „Kern"), Kohäsion (Verbindung oder Vereinzelung der Rollen), Rollenlöcher (Häufigkeit „vergessener" Rollen und von Wunschrollen, fehlende Rollen im Vergleich zu „Normalbiografien") und Konnektierung (Umfang der Verbindungen der einzelnen Rollen mit Co-Rollen). Dabei ist vor allem auch darauf zu achten, inwiefern Interrollenkonflikte auftreten, also Unvereinbarkeiten zwischen unterschiedlichen Rollen (Drogenabhängige und Sicherheitsbeamtin), sowie Intrarollenkonflikte, Konflikte, die sich in einer Rolle aufgrund unvereinbarer Ansprüche der Co-Rollenspieler ergeben (Rolle des Alkoholikers: die einen fordern Abstinenz (Frau, Mutter, Sozialpädagoge), die anderen Weitertrinken (Freundeskreis, Saufkumpane)). Diese Unvereinbarkeit von Ansprüchen an die Rollenträger betrifft vielfach auch die Professionellen Sozialer Arbeit. Manche Rollen sollten, so wünscht es sich der Klient, erhalten bleiben, jedoch die Co-Rollenspieler sich verändern oder „ausgetauscht"werden (Rolle Klient soll bleiben, nicht jedoch die Co-Rolle Sozialpädagoge am Jugendamt).

Roesler (1991, S. 196) hat einige weitere Kriterien zur Klärung Kultureller Atome zusammmengefasst, die im klientenzentrierten Gespräch (Kap. 9.1) in der Einzelarbeit oder in der Feedbackrunde bei der Gruppenarbeit nach den Vorgaben des Psychodramas (Kap. 9.2), immer bezogen auf die einzelnen Rollen, bedeutsam werden können:

- Idealisierung- bzw. Abwertungstendenzen von Rollen,
- Stärke der Flexibilität und Kreativität des Rollenspiels,
- Ausprägung der Differenzierung der Rollen,
- Vorhandensein interpersoneller Konflikte zwischen Rolle und Co-Rolle und
- Realisierungsbedingungen für das Rollenhandeln.

Interessant sind ebenfalls bestimmte Konfigurationen von Kulturellen Atomen, die über die Zeit hinweg in ihren Grundmustern stabil bleiben, selbst wenn sie sich äußerlich und auch in der Wahrnehmung der Klienten in der „Dimension der Zeit" und in der „interpersonalen Dimension" rasch ändern, dass „Rollen und Gegenrollen verschwinden und durch neue Rollen und Gegenrollen ersetzt werden, die Rollenkonfigurationen von ähnlicher Gleichgewichtigkeit bilden" (Moreno 1982, S. 296). Durch den biografischen Vergleich Kultureller Atome lassen sich so bedeutsame Lebensmuster rekonstruieren, die subjektiv als Wiederholungszwang definiert werden können, die aber auch im Sinne der auf die „objektive Hermeneutik" von Oevermann aufbauenden „Pädagogischen Diagnose" (Kap. 7.8) als lebensstilbestimmende Strukturen gedeutet werden können.

Des Weiteren bietet sich eine Anwendung dieses Instruments im Rahmen des Person-in-Environment-Systems an (Kap. 7.1), wenn es um den Faktor I (Probleme in sozialen Rollen und Coping-Fähigkeiten) geht und ebenso bei der Reflexion der unterschiedlichen Rollenansprüche bei der Arbeit mit dem Reflexionsraster (Kap. 7.3).

Über die Arbeit mit dem Kulturellen und dem Sozialen Atom lässt sich, von zwei unterschiedlichen Perspektiven her, ein guter Zugang zur Biografie, Lebensgestaltung und Lebensplanung von Klienten in ihren sozialen Netzwerken finden. Weitere Möglichkeiten lassen sich analog zum Sozialen Atom entwickeln (Kap. 7.4).

7.6 Soziometrischer Test

Der Soziometrische Test ist ein Verfahren aus dem Psychodrama (Kap. 9.2.2), das sich besonders für die Analyse von Gruppen und Institutionen eignet, das aber von Moreno in einem sehr viel umfassenderen Zusammenhang entwickelt wurde. Dieser Test ist eine notwendige Vorstufe für die Veränderung von Gruppen und Institutionen nach den Bedürfnissen und Zielen der Menschen, die diese Gruppen bilden und die in den Institutionen leben und arbeiten. Dabei werden Klienten im Sinne der Handlungsforschung als Mitforscher in dem gesamten Prozess von der Analyse bis zur konkreten Umgestaltung gesehen und gefordert. Ein soziometrischer Test hat im Sinne Morenos nur dann Sinn, wenn die Teilnehmer ihn ohne Zwang auch wirklich als Spiegelbild ihrer Situation durchführen wollen und wenn die Ergebnisse der Analyse dann auch dazu führen, dass die notwendigen Veränderungen vorgenommen und weiter in ihrer Wirksamkeit bezüglich der Veränderungswünsche überprüft werden. Dies macht deutlich, dass ein soziometrischer Test nichts Einmaliges sein kann, sondern ein prozesshaftes Geschehen ist, das über einen längeren Zeitraum im Sinne eines zirkulären Problemlösungsprozesses (Kap. 3.6) stattfinden muss.

Die Idee hinter dem soziometrischen Test (und den anschließenden Verfahren), die Moreno differenziert bei der Umgestaltung eines Mädchenheims Anfang der dreißiger Jahre entwickelt hat (Moreno 1974), ist die Annahme, dass es neben der sozialen Oberflächenstruktur (Hierarchien, Positionen, Rollen) eine sozioemotionale Tiefenstruktur gibt, die soziometrische Matrix, die über die soziometrische Analyse sichtbar gemacht werden kann. Die soziometrische Matrix bildet sich durch die emotionalen Wahlen und Abwahlen, die Gruppenmitglieder teilweise in Verbindung mit der äußeren Struktur, teilweise unabhängig von ihr bilden. Dazu formuliert Moreno die folgende These: „Je größer der Gegensatz zwischen der offiziellen Gesellschaft und der soziometrischen Matrix ist, um so intensiver sind die sozialen Konflikte und Spannungen zwischen ihnen. ... Soziale Konflikte und Spannungen steigen direkt proportional zur soziodynamischen Differenz zwischen offizieller Gesellschaft und soziometrischer Matrix" (1981, S. 177). Um die äußere Struktur von Gruppen so zu verändern, dass diese Differenz geringer wird, muss die sozio-emotionale Tiefenstruktur sichtbar gemacht werden. Dies ist die Funktion des soziometrischen Tests.

Der soziometrische Test verläuft in mehreren Phasen:
- Erwärmung: Ohne innere Bereitschaft für diesen Test wird die Durchführung zur Farce. Der Sinn, die Grenzen und die konkreten Auswirkungen des Tests müssen allen Beteiligten klar sein. Es muss ein positiv formuliertes, spezifisches, klares und einfaches Ziel (Kap. 8.1) vereinbart werden, dessen Erreichung für alle wichtig ist. Ein solches „Kriterium" könnte die Bildung von

Untergruppen für bestimmte Zwecke sein (Zusammenarbeit, Freizeitgestaltung, Wohngemeinschaft).
- Wahl: Wenn das Kriterium feststeht, muss noch einmal ganz deutlich gemacht werden, dass die nun folgende Wahl sich ausschließlich auf dieses Kriterium bezieht und zusätzlich auf den Zeitpunkt der Wahl selbst. Für die Wahl gibt es u.a. die folgende Möglichkeit: Die Teilnehmer schreiben auf einen Zettel, wen sie aus der Gruppe bezüglich des Kriteriums wählen und wen sie nicht wählen, wobei nur jeweils eine Wahl zugelassen ist. Wenn in einem Heim die Zusammensetzung der Wohngruppen geändert werden soll, weil es ständig zu Streitigkeiten kommt, wird die Wahl vielleicht nach der Entscheidung getroffen „Mit wem möchte ich in einer Wohngruppe zusammen wohnen und mit wem nicht".
- Soziometrisches Interview: Nach dieser geheimen und schriftlich fixierten Wahl werden die Wahlen selbst veröffentlicht und jeweils begründend mitgeteilt: „Ich habe Dich gewählt, weil ...." bzw. „Ich habe Dich nicht gewählt, weil ...". Es ist leicht nachvollziehbar, dass je nach Kriterium eine erhebliche Betroffenheit in der Gruppe herrscht und dass manche Teilnehmer emotional sehr berührt sind. Das macht deutlich, dass dieses Verfahren, so einfach durchführbar es erscheinen mag, nur von methodisch kompetenten SozialpädagogInnen angewendet werden darf, die sich der dabei möglicherweise auftretenden Probleme bewusst sind und die mit diesen Konflikten dann auch angemessen umgehen können. Das heißt, dass u.U. sich aus dem soziometrischen Interview oder im Rahmen dieses Interviews ein klientenzentriertes Gespräch (Kap. 9.1), eine Themenzentrierte Interaktion (Kap. 9.3) oder eine psychodramatische Bearbeitung des Konflikts entwickeln kann. Über diese oder weitere Verfahren wird die Konfliktlösung angestrebt, ohne die eine konkrete Umsetzung nicht möglich sein wird.
- Soziogramm: Über die grafische Darstellung (Abb. 17) der Wahlen wird bildhaft deutlich, wie die sozioemotionale Tiefenstruktur bezüglich des gewählten Kriteriums zum Zeitpunkt der Wahlen aussieht. Dabei werden die unterschiedlichen Positionen der einzelnen Teilnehmer (Stars, Außenseiter, Isolierte ...) und das psycho-soziale Netzwerk der Gruppe (Dyaden, Triaden, Ketten ...) sowie konfliktträchtige (A wählt B, B wählt A ab) und stabilisierende Konstellationen (A wählt B und B wählt A) deutlich. Zur Analyse von Soziogrammen sind sehr differenzierte mathematische Verfahren entwickelt worden (Dollase 1976), die forschungsmethodisch interessant sein mögen, aber die Intention Morenos nicht treffen, nämlich den soziometrischen Test als handlungsorientierten Zwischenschritt zur Veränderung sozialer Systeme zu verstehen und in der Sozialen Arbeit und Therapie umzusetzen, wofür verschiedene Techniken zur Verfügung stehen (Klein 1994).
- Umsetzung: Der soziometrische Test mündet in die konkrete Umsetzung der gewünschten Veränderungen, ansonsten ist er nicht vollständig. Aus dem Soziogramm lassen sich bezüglich des Kriteriums mögliche und vorläufige neue Konstellationen, also etwa eine neue Wohngruppierung im Heim, entwickeln, die dann aber in einem angemessenen Zeitraum wieder über einen soziometrischen Test überprüft werden usw.

Situationsanalysen

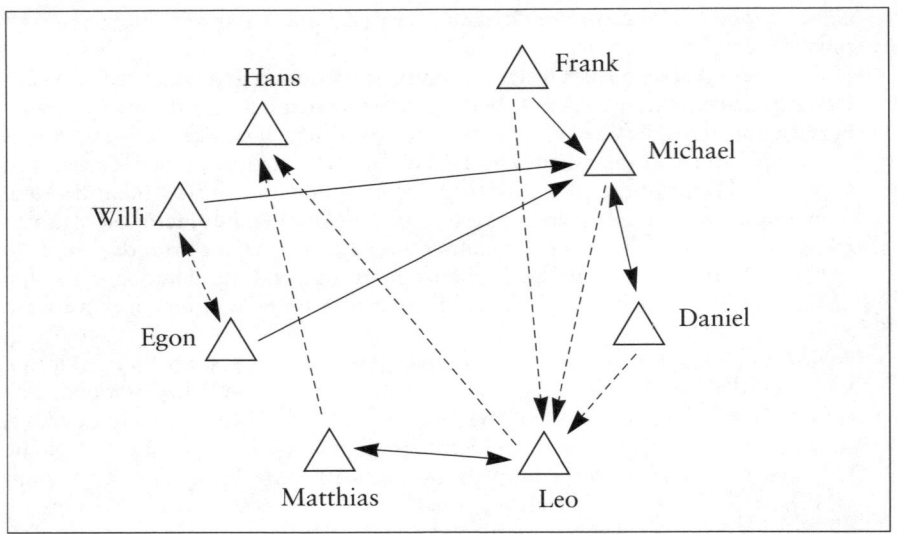

Abbildung 17: Soziogramm einer Gruppe männlicher Jugendlicher im Heim

7.7 Diagnostisches Rollenspiel

Das Diagnostische Rollenspiel verläuft nach den Regeln und mit den Techniken des Psychodramas (Kap. 9.2) und kann im Gruppenkontext mit den folgenden Phasen durchgeführt werden:
- Nach der Erwärmungsphase beschreibt ein Gruppenmitglied eine Situation, die problematisch und meist auch undurchschaubar ist. Nach der Beschreibung wird die Szene aufgebaut, werden die Mitspieler gewählt und vom Protagonisten (Klienten) über Doppeln bzw. Rollentausch in ihre Rollen eingeführt.
- Die vom Klienten eingebrachte Szene wird gespielt, u.U. auch öfters, bis für den Klienten das zum Ausdruck kommt, was er zeigen wollte.
- Die diagnostische Auswertung erfolgt dann in der Feedback-Runde (Kap. 9.2.3) vor allem über die üblichen Phasen des Sharings und des Rollenfeedbacks. Dabei werden dem Protagonisten keine Erklärungen im Sinne festgelegter Diagnosen „übergestülpt", sondern Angebote gemacht, die der Protagonist annehmen oder ablehnen kann. Meist werden nach dem diagnostischen Auswertungsgespräch Handlungsalternativen besprochen, die von den Gruppenteilnehmern oder von den jeweiligen Klienten selbst auch gleich im Rollenspiel erprobt und getestet werden können.

Eine Variante dazu ist eine Form des sog. Playback-Theaters (Fox 1996). Dabei spielt der Klient in seiner Szene selbst nicht mit, sondern gibt als Regisseur vor der Bühne Anweisungen, und die Gruppenmitglieder spielen seine Szene. Neben der diagnostischen Funktion (sich selbst und die eigene Szene aus der Distanz gespiegelt zu sehen hat oft „von ganz alleine" eine aufklärende Wirkung), hat dies allein oft schon eine therapeutische Wirkung im Sinne des Empowerment

(Kap. 5.1), da der Klient erlebt, dass seine Anweisungen ernst genommen werden und dass er fähig ist, eine Szene zu gestalten und zu Ende zu bringen.

Das Situationsspiel im Rahmen des Sozialtherapeutischen Rollenspiels (Stein 1983) wird in ganz ähnlicher Weise wie das Diagnostische Rollenspiel aus dem Psychodrama gestaltet.

7.8 Netzwerkanalyse

Die Netzwerkanalyse ist ein Teilschritt des Netzwerkansatzes (Kap. 5.3) und als solche eine Voraussetzung der Netzwerkförderung (Kap. 9.4.1). Es lassen sich die folgenden Verfahren differenzieren:
- Verfahren aus dem Psychodrama (Kap. 9.2), wie sie bereits vorgestellt wurden:
  – Soziales Atom (Kap. 7.4),
  – Kulturelles Atom (Kap. 7.5) und
  – Soziometrischer Test (Kap. 7.6).
- Verfahren, die Variationen der psychodramatischen Verfahren darstellen:
  – Netzwerk-Karte und
  – Netzwerk-Brett.
- Erhebung von Unterstützungsressourcen.
- Netzwerk-Ethnografie.

Die Netzwerk-Karte (Bullinger/Nowak 1998, S. 173 ff.) ist eine Modifizierung des Sozialen Atoms. Dabei geht es darum, die Sozialen Atome beispielsweise bezüglich der Familie, Arbeit, Schule, Freunde, Freizeitgruppe (Abb. 18) in einer einzigen Graphik darzustellen. Die Auswertung geschieht dann anhand verschiedener Fragestellungen, die auf die Kriterien bezogen sind, wie sie beim Sozialen Atom schon benannt wurden (Quantität, Qualität, Konnektierung ...). Auch die dort schon erwähnte Differenzierung nach aktuellem und gewünschtem Netzwerk und nach der Geschichte biografischer Netzwerke wird bei der Arbeit mit Netzwerk-Karten eingesetzt. Der Vorteil dieses Verfahrens liegt darin, dass die einzelnen Netzwerke in ihrer Zusammensetzung und ihrer wechselseitigen Verknüpfung oder auch in ihrer Abgrenzung zueinander aufgrund der grafischen Darstellung in einem einzigen Bild sehr eindringlich dargestellt werden können. Eine weitere Bearbeitung mit psychodramatischen Verfahren, wie sie beim Sozialen Atom beschrieben wurden, lässt sich auch hier anschließen.

Das Netzwerk-Brett (Bullinger/Nowack 1997, S. 185 ff.), bei dem die Beziehungen des Netzwerks mit Holzfiguren dargestellt werden, entspricht von der Durchführung und den Auswertungen her der entsprechenden Variation des Sozialen Atoms, wie sie bereits beschrieben wurde (Kap. 7.4).

Zur Erhebung von Unterstützungsressourcen liegen mehrere Fragebogen- und Interviewverfahren vor, so z.B. von Sommer/Fydrich (1987) und Pearson (1997), über die u.a. die soziale Integration, soziale Belastungen, die praktische Unterstützung (praktische Hilfen im Alltag) und die soziale Unterstützung (Akzeptiertwerden, Anteilnahme erleben ...) sowie die unterschiedlichen Arten von Unterstützung und die Zufriedenheit erfragt und bewertet werden können.

Die Netzwerk-Ethnografie ist ein interessantes, wenn auch aufwändiges Verfahren, bei dem auch Verfahren der qualitativen Sozialforschung (Terhart 2000)

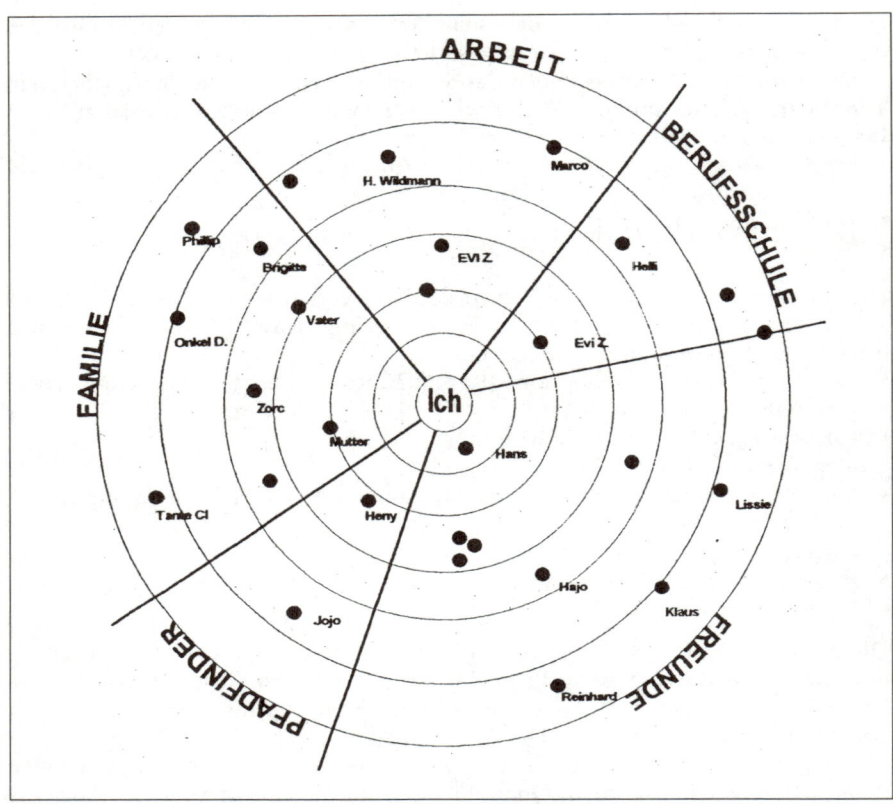

Abbildung 18: Beispiel einer Netzwerkkarte (aus: Straus 1994, S. 24).

Anwendung finden. Die „Ethnografie analysiert Sozialräume unter qualitativen Gesichtspunkten, um etwa das Milieu eines Stadtteils und seiner Bewohner zu untersuchen" (Bullinger/Nowak 1997, S. 200). Insofern ist es ein bedeutsames Instrument für die netzwerkorientierte Gemeinwesenarbeit (Kap. 5.5.1), das auch von SozialpädagogInnen genutzt werden kann. Dabei werden nach Keim (1979, S. 50 ff.) die Stadtteilgeschichte, die Nutzungsstrukturen und die sozialen Beziehungen der unterschiedlichen Bewohner in ihren Verflechtungen untersucht. Neben Sekundäranalysen (Statistiken, Meldekarteien), Dokumentenanalysen (Zeitungen, Archive), Interviews mit sog. Schlüsselpersonen, die einen guten Einblick in die Verhältnisse haben (Wirte, Pfarrer), Gruppengesprächen mit kleineren Gruppen zu ausgewählten Themen (Sanierung, Infrastruktur) ist das methodische Vorgehen durch teilnehmende Beobachtung geprägt (Keim 1979, S. 127 ff.). Letztere ist ein schwieriges Unternehmen, das einen hohen Grad an Sensibilität voraussetzt. Girtler (2000) hat für diese Arbeit „Zehn Gebote der Feldforschung" formuliert als Richtlinien für einen erfolgreichen Zugang in fremde Lebenswelten hinein. Beispielsweise stellt er folgende Forderungen: „Du sollst einigermaßen nach jenen Sitten und Regeln leben, die für die

Menschen, bei denen du forschst, wichtig sind" oder „Du sollst dir ein Bild von der Geografie der Plätze und Häuser machen, auf und in denen sich das Leben abspielt, das du erforschen willst" oder „Menschen dürfen nicht als bloße Datenlieferanten gesehen werden. Mit ihnen ist so zu sprechen, dass sie sich geachtet fühlen" usw.

Einige weitere, spezifischere Verfahren zur Situationsanalyse sollen hier als Anregung zur weiteren Beschäftigung wieder auswählend aufgelistet werden:
- Pädagogische Diagnostik (Hering/Höpfner 2000),
- Psycho-soziale Diagnostik in der Jugendhilfe (Harnach-Beck 1995),
- Rekonstruktive Sozialpädagogik (Jakob/Wensierski 1997),
- Verhaltensdiagnostik (Adam-Lauer (b) 2000, S. 771–776).

Weiterführende Literatur:

Heiner, M., Diagnostik und Diagnosen in der Sozialen Arbeit. Ein Handbuch, Berlin 2004.

8 Ziele und Hypothesen

Als Folge der Situationsanalyse werden vielfach, mehr oder weniger bewusst, Hypothesen gebildet, Annahmen, was z.B. geändert werden muss, um ein störendes Verhalten zu ändern oder eine Situation besser bewältigen zu können. Damit eng verbunden sind dann gleichzeitig meist Zielvorstellungen, etwa der Erwerb von bestimmten Fähigkeiten oder das Aufgeben von illusionären Wünschen oder die bessere Kontrolle der monatlichen Ausgaben. Häufig werden Hypothesen und Ziele auch von den Klienten selbst schon genannt. Die Gefahr, bei der Hypothesen- und Zieleformulierung Vorurteilen zu erliegen oder sie aufgrund einer begrenzten oder verzerrten Wahrnehumg anzubieten, ist allerdings groß, so dass es sehr sinnvoll ist, auch hier methodisch so einwandfrei wie nur möglich vorzugehen.

Entsprechend dem zirkulären Problemlösungsprozess (Kap. 3.6) ist es dann eine der Aufgaben nach der Situationsanalyse bzw. im Zusammenhang mit ihr, in Abstimmung zwischen Klienten und SozialpädagogInnen, eine möglichst klare und eindeutige Formulierung von Zielen zu entwickeln, um darauf aufbauend Hypothesen zu formulieren, die wiederum für die spezifischen Interventionen richtungsweisend sind.

8.1 Strukturierung und Formulierung von Zielen

Die Aufgabe der Formulierung von Zielen bedarf einer differenzierten Strukturierung. Mit der Erreichung eines Zieles, das zunächst einleuchtend nahe liegend war, ergeben sich vielleicht unerwünschte neue Probleme, oder die Ziele sind so vielfältig, dass der Überblick verloren geht, oder manche Ziele, vor allem die „höchsten" („Autonomie", „Hilfe zur Selbsthilfe") sind so allgemein, dass sie nicht mehr fassbar sind. Deshalb ist es notwendig, frühzeitig Folgen und Nebenfolgen abzuwägen, Ziele zu sammeln und zu ordnen sowie sie in ihrer Wechselwirkung wahrzunehmen und eine Hierarchie von Zielen zu erstellen, die dann auch für die Evaluation als Grundlage dienen können. Die erreichten Ziele sollten, das ist die Aufgabe, für die Klienten zu einer Lösung oder Teillösung ihrer belastenden Situation oder ihrer Probleme führen bzw. im präventiven Bereich effektive Strukturen ermöglichen.

Das folgende Raster gibt zunächst einen Überblick über wichtige Unterscheidungen bei der Formulierung von Zielen und den notwendigen Konsequenzen, die mit einem Pfeil markiert sind (nach Dörner 1992, S. 74 ff):

Strukturierung und Formulierung von Zielen

```
                     Ziele können sein:

positiv                                                 negativ
     /------------------/--------x-------/
                                ----> positive Umformulierung

spezifisch                                              global
     /------------------/-----x----------/
                                ----> spezifische Zwischenziele

klar                                                    unklar
     /------------------/--------x-------/
                                ----> Komplexitätsreduktion
                                      Dekomponieren

einfach                                                 mehrfach
     /------------------/----x-----------/
                                ----> Zentrale und periphere Ziele
                                      Dringliche und wichtige Ziele
                                      Delegieren
                                      Vernetzung und Art des
                                      Zusammenhangs der Ziele

explizite                                               implizite
     /------------------/--------x-------/
                                ----> Hierarchisierung der Ziele,
                                      die beibehalten werden
                                      müssen
```

Abbildung 19: Ziele-Raster

Ziele und Hypothesen

```
                    Ziele können weiter sein

selbstinitiiert                                      fremdinitiiert
        /---------------/---------------/

kommunikativ                                         strategisch
entwickelt                                           entwickelt
        /---------------/---------------/

bewusst                                              unbewusst
        /---------------/---------------/
```

Mit Dörner (1997, S. 79 ff.) lassen sich dann entsprechend diesem Raster (Abb. 19) unterscheiden:
- Anstrebensziele oder Vermeidungsziele,
- spezifische   oder allgemeine Ziele,
- klare   oder unklare Ziele,
- einfache   oder mehrfache Ziele und
- implizite   oder explizite Ziele.

1. Anstrebensziele oder Vermeidungsziele

```
    positiv               Ziele                negativ
        /---------------/---------------/
Anstrebensziele                              Vermeidungsziele
```

Hinter dieser scheinbar einfachen Unterscheidung verbirgt sich eine lange Diskussion in der Sozialen Arbeit, nämlich u.a. die Entscheidung für eine Defizitorientierung mit dem Ziel der Vermeidung von aggressiven Akten oder der Zufuhr einer Droge oder der Aufhebung einer Verhaltensstörung oder aber für eine Ressourcenorientierung mit dem Ziel der Förderung von individuum- und umweltbezogenen Entwicklungspotenzialen, wie dies die Vorstellungen der Gesundheitsförderung oder des Empowerment (Kap. 5.1) sind. In der Sozialen Arbeit sind allerdings beide Zielvorstellungen nützlich. Eine Entscheidung im Sinne von „entweder-oder" mag ideologisch zu rechtfertigen sein, nicht aber im Umgang mit Klienten, wo eine verantwortete Entscheidung im Sinne von „sowohl-als-auch" oder, situationsspezifisch, für das eine oder das andere hilfreich ist. Dabei sind natürlich auch die Zielvorstellungen der Klienten zu berücksichtigen und eine gemeinsam erarbeitete Zielehierarchie. Es geht also einerseits darum, etwa bestimmte Verhaltensweisen nicht mehr zu praktizieren, sie zu vermeiden („Ich darf meine Kinder nicht mehr schlagen!") und andererseits aber auch positive Ziele zu formulieren („Zunächst werde ich zu einer Erziehungsberatung gehen!"). Zieleformulierungen, die von den Klienten meist in der negativen Form eingebracht werden (ein bedrückender Zustand soll behoben werden), sind als solche erst einmal ernst zu nehmen, dann aber möglichst in eine positive Formulierung zu übersetzen. Dies ist auch eine der Forderungen der Themenzentrierten Interaktion (Kap. 9.3) für die Formulierung von Themen.

2. Spezifische oder allgemeine (globale) Ziele

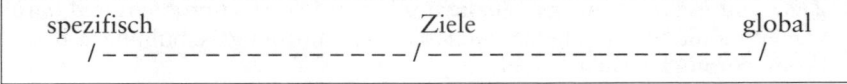

Globale Ziele sind als allgemeine Prinzipien in der Sozialen Arbeit sehr beliebt. Sie sind mit wenigen Kriterien, manchmal auch nur einem, zu umschreiben, wie z.B. Autonomie, Selbstverwirklichung, Hilfe zur Selbsthilfe. Spezifische Ziele sind sehr viel differenzierter festgelegt und daher auch bezüglich ihrer Zielerreichung besser kontrollierbar bzw. evaluierbar. Bei einem alkoholkranken Menschen wäre ein globales Ziel die Abstinenz. Spezifische Ziele, die u.U. hierarchisch und situationsspezifisch zu formulieren sind, wären etwa eine qualifizierte Entgiftung, Rückfallbearbeitung, Förderung seiner persönlichen und beruflichen Netzwerke, Selbstwertstabilisierung usw. Dabei können diese Ziele natürlich wieder als Anstrebens- oder Vermeidungsziele formuliert sein. Globale Ziele sind also in spezifische Ziele und eventuell in eine Hierarchie von spezifischen Zielen zu übertragen, was gleichzeitig heißt, Teilziele zu formulieren. Die Erreichung eines Teilzieles (Entgiftungsphase in einer Klinik) stabilisiert das Selbstwerterleben bei Klienten wie bei SozialpädagogInnen und ermutigt zum Weitermachen, selbst wenn das Endziel (dauerhafte Abstinenz, Schuldenregulierung) noch in weiter Ferne liegt.

3. Klare oder unklare Ziele

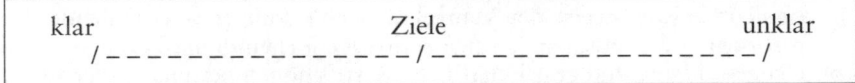

Bei klaren Zielen existieren ein oder wenige Kriterien zur Beschreibung dieses Zieles, auch um zu erkennen, ob dieses Ziel erreicht wurde oder nicht. Bei unklaren Zielen fehlen diese Kriterien für eine sichere Entscheidung: „Unser Heim muss kinderfreundlicher werden!" oder „Schule hat sich der Erziehung zu widmen!". Unklar werden diese Zielformulierungen dadurch, dass sie einen ganzen Komplex von Kriterien, die zum Teil noch dazu strittig sind, umfassen. Solche „Komplexbegriffe" müssen, um arbeitsfähig zu werden, „dekomponiert" werden (Dörner 1979, S. 81). Sie müssen in ihre Einzelteile, u.U. unter Hinzuziehung theoretischer Konzepte, zerlegt werden und es muss eindeutig sein, was denn mit „kinderfreundlich" oder „Erziehung" gemeint ist. Daraus lassen sich dann Teilziele herausarbeiten und in eine sinnvolle Struktur bringen, es kann aber eintreten, dass plötzlich eine Vielzahl von Problemen deutlich wird, die noch dazu so miteinander verbunden sind oder sich wechselseitig negativ beeinflussen, dass die Lösung eines Teilzieles neue Probleme mit sich bringt. Wenn beispielsweise als Teilziel von „Erziehung" die freiwillige, d.h. selbstentschiedene Teilnahme der Schüler am Unterricht verfolgt wird, bringt das vermutlich die Eltern und über sie die Elternvertreter auf den Plan, die befürchten, dass das weitere schulische Fortkommen ihrer Kinder dadurch (im Vergleich zu anderen Schulen) gefährdet wird, was erhebliche neue Probleme aufwirft. So sind zwar unklare Ziele in klarere Ziele umformuliert, aber es entsteht u.U. ein Mehrfachproblem und darüber wiederum die Notwendigkeit weiterer Problemlösungsbemühungen bzw. der Formulierung von neuen Zielen.

4. Einfache oder mehrfache Ziele.

```
   einfach                    Ziele                    mehrfach
   /-----------------/-----------------------/
```

Zur Strukturierung von komplexen Problemlagen schlägt Dörner (S. 83) die folgenden Möglichkeiten vor: die Differenzierung nach zentralen unf peripheren Zielen sowie nach wichtigen und dringlichen Zielen, die Delegation und die Prüfung der Vernetzung und der Art des Zusammenhangs der Ziele.
– Die Auflistung der Probleme und die Differenzierung nach zentralen und peripheren Problemen als Grundlage der Zieleformulierung: Die Familientherapie hat sehr deutlich gemacht, dass der „Symptomträger" oft nur das periphere Problem signalisiert. So kann bei einem sog. erziehungsschwierigen Jugendlichen die Partnerproblematik der Eltern das Zentralproblem sein, das, wenn es nicht erkannt und bearbeitet wird, das periphere Problem nicht lösbar macht. Dies trägt zwar (vielleicht als unbewusstes Ziel der Eltern) zur Stabilisierung des Familiensystems bei, allerdings auf Kosten des Jugendlichen. Häufig wird in der Sozialen Arbeit die Frage zu klären sein, ob denn beispielsweise der Mangel an Sachleistungen oder fehlende Informationen oder eine zu geringe individuelle Handlungskompetenz oder lebensweltliche und gesellschaftliche Restriktionen periphere oder zentrale Probleme und deren Lösung damit periphere oder zentrale Ziele sind. Bei der Mehrperspektivität von Problemen in der Sozialen Arbeit ist eine professionelle Situationsanalyse und die daraus abgeleitete Zieleformulierung für solche Entscheidungen, mit denen die ganze Arbeit steht oder fällt, unerlässlich.
– Die Auflistung der Probleme und die Differenzierung nach Wichtigkeit und Dringlichkeit dann, wenn eine Unterscheidung zwischen zentralen und peripheren Problemen und entsprechenden Zieleformulierungen nicht oder nicht hinreichend möglich ist: Als wichtig angesehen wird ein Problem nach seiner Bedeutung für das Gesamtproblem. Die Dringlichkeit lässt sich

oft vom gegebenen Zeitrahmen ableiten. Die Entscheidung für das eine oder das andere ist manchmal nicht einfach, dennoch ist es notwendig und hilfreich, sich dieses Dilemmas bewusst zu werden, was manchmal schon die Lösung ist. Wenn in einer Familie ein sexueller Missbrauch eines Kindes vorliegt oder wenn eine magersüchtige junge Frau sich fast zu Tode hungert oder wenn ein Heroinabhängiger droht, sich den „goldenen Schuss" zu setzen, dann ist es ein dringliches Ziel, das Kind, die junge Frau und den Heroinabhängigen zu schützen, wobei dies nur ein Teilziel ist, damit dann die für das Gesamtproblem wichtigeren Ziele verfolgt werden können. (Dies sind Interventionen von der Art des „Eingriffs" (Kap. 9)). Ein weiteres Beispiel: Wenn Jugendliche aus einem Heim immer wieder „abhauen" und von der Polizei wieder zurückgebracht werden, wären nach dem Kriterium der Wichtigkeit etwa eine Umorganisation nach den Erkenntnissen der neueren Heimerziehung oder entsprechend einem Soziometrischen Test (Kap. 7.6) oder die Einstellung von Mitarbeitern mit besonderen Arbeitsschwerpunkten als Ziele sinnvoll, stattdessen wird vielleicht nach dem Kriterium der Dringlichkeit verfahren, indem die Fenster vergittert oder ein Wachdienst eingestellt wird, um die verärgerte Öffentlichkeit zu beruhigen oder um die Statistik für den Jahresbericht positiv für die Einrichtung auszugleichen.
- Die Delegation: Delegieren ist eine notwendige, wenn auch schwierige Aufgabe in der Sozialen Arbeit. Manchmal ist das Loslassen von Klienten für SozialpädagogInnen ein schwer zu bewältigender Akt, dies um so mehr, je mehr die Ideologie der Allzuständigkeit hoch bewertet wird und je größer die Angst ausgeprägt ist, mit dem beruflichen Alltag nicht fertig zu werden bzw. vor „schwierigen" Klienten zu kapitulieren. Delegieren meint aber nicht abschieben. Nach Dörner ist die Delegation dadurch ausgezeichnet, dass man zwar, um bestimmte notwendige (Teil-)Ziele zu erreichen, „Detailarbeiten an andere Institutionen und Personen vergibt, aber über die Einbindung des delegierten Problems in die Gesamtproblemsituation weiter orientiert bleibt" (S. 84). Übertragen auf die Soziale Arbeit wird diese sinnvolle Delegation in den gemeindenahen Ansätzen und ganz zentral im Case Management (Kap. 5.2) verwirklicht.
- Die Prüfung der Vernetzung und der Art des Zusammenhangs der Ziele: Bei Mehrfachproblemen bzw. mehrfach möglichen Zielen kommt oft erschwerend hinzu, dass die Lösung eines Problems die Problemhaftigkeit eines anderen erhöht. Die Verknüpfung ist also negativ, d.h., wenn ein Ziel erreicht ist, dann das andere (meist) nicht. Wenn bei einer Partnerberatung als für alle sinnvollstes Ziel eine einvernehmliche Scheidung mit einem gemeinsamen Sorgerecht für die Kinder verwirklicht wird, heißt das gleichzeitig, dass nicht mehr beide Eltern gemeinsam mit den Kindern zusammen leben und wohnen. Man kann nun auf die optimale Lösung verzichten und eine Kompromisslösung als Ziel anstreben oder auch versuchen, nur das eine der sich widersprechenden Probleme zu lösen bzw. nur ein Ziel zu verfolgen und das andere Problem ungelöst lassen. Dörner (S. 85) nennt als dritte Möglichkeit „die Umgestaltung des ganzen Systems, und zwar so, dass diese negativen Abhängigkeiten innerhalb des Systems verschwinden". Bei dem Scheidungsbeispiel könnte ein weiterhin gemeinsames Haus, aber

zwei getrennte Wohnungen und eigenständige Haushalte eine solche, vielleicht auch nur befristete, Lösung sein. Bei der Problematik der Abtreibung, als weiteres Beispiel, widersprechen sich die Ziele „Schutz des ungeborenen Lebens" und „Rechte der Frauen". Der Kompromiss ist der „Beratungsschein". Die andere Lösung wäre das gänzliche Verbot, verbunden mit erheblichen Sanktionen, oder die völlige Freigabe bzw. die allein entscheidende subjektive Wahl der Frau, ohne jegliche institutionelle Einmischung. Die Umgestaltung des Systems, in dem bessere Bedingungen für Mütter mit Kindern geschaffen werden, wäre ein weiteres Ziel, das mit der Hoffnung verbunden ist, dass die Vehemenz des Problems, zumindest vom Ausmaß her, gemindert wird.

Das letztgenannte Ziel ist zwar positiv formuliert, aber unklar. Es müsste deshalb entsprechend dem Zieleraster in seiner Komplexität dekomponiert werden, es müssten Zwischenziele formuliert werden und es müssen die Vernetzung und die Art des Zusammenhangs der Ziele bedacht werden sowie eine Differenzierung nach zentralen und peripheren und nach dringlichen und wichtigen Zielen vorgenommen werden, was u.U. dann das Delegieren von Detailaufgaben zur Erreichung von Teilzielen notwendig macht. Das zeigt, dass die unverbindliche Formulierung von Zielen einfach, wenn auch fast immer wirkungslos ist, und dass die methodisch kompetent durchgeführte Zieleformulierung eine schwierige, aber unausweichliche Aufgabe der Problemlösung darstellt.

Neben solchen sich widersprechenden, negativ miteinandner verbundenen Zielen gibt es bei den Mehrfachzielen durch die Verknüpfungen der Systemvariablen weitere Ausprägungen der Ziele-Vernetzungen. So können sie miteinander positiv verknüpft sein, so dass die Erreichung des Zieles X gleichzeitig (meist) auch die Zielerreichung Y bedeutet. Wenn das Ziel „dauerhafte Abstinenz" erreicht ist, ist gleichzeitig meist auch das Ziel „gesündere Lebensweise" erreicht. Darüber hinaus gibt es Zielkriterien, die sich wechselseitig nicht beeinflussen, die also, zumindest zum Zeitpunkt ihrer Formulierung, weitgehend unabhängig voneinander sind. So wird das Ziel, für Jugendliche einen Raum zum Schachspielen in einem Jugendzentrum einzurichten, das Ziel, das Aggressionspotenial Jugendlicher in der Gemeinde zu verringern, kaum berühren.

5. Implizite oder explizite Ziele

```
explizite                    Ziele                    implizite
/ - - - - - - - - - - - - - - - / - - - - - - - - - - - - - - - /
```

Implizite Ziele sind Ziele, die zunächst nicht berücksichtigt werden, von denen man auch gar nicht weiß, dass sie angestrebt werden, da sie bei der Zieleformulierung noch nicht bekannt sind und erst mit der erfolgreichen Verfolgung eines explizit formulierten Zieles, also der Lösung eines (Teil-) Problems auftauchen. Es geht hier also um die Nebenfolgen des Problemlösungsprozesses. Dörner meint, dass es weniger ein Problem mangelnden Wissens als vielmehr des „Nicht-Wissen-Wollens" ist und zwar „nicht aus Boshaftigkeit oder Egoismus heraus, sondern wegen der Einschränkung des Denkens auf das im Moment akute Problem" (S. 86). Dies trifft in der Sozialen Arbeit auf die Klienten zu, die die Schwierigkeiten, unter denen sie ganz konkret leiden, behoben haben möchten, aber es trifft natürlich auch auf SozialpädagogInnen zu, die (nur) auf die Milderung des aktuellen Problems fokussiert sind.

Wenn ein Heroinabhängiger über Methadon substituiert wird, also statt der illegalen Droge legal mit der nicht euphorisierenden Ersatzdroge versorgt wird, ist das explizite Ziel erreicht, seinen körperlichen, geistigen und psychischen Zustand zu verbessern und ihn aus der Kriminalisierung der Drogenversorgung herauszuführen. Als implizites Problem kann dann allerdings auftauchen, dass der gleiche Klient zum Alkoholiker wird, weil er aufgrund seiner Bedürftigkeit nicht auf das Gefühl der Euphorie verzichten kann und deshalb in zunehmendem Maße Alkohol als Beigebrauch zu diesem Zweck konsumiert. Die Lösung liegt nach Dörner (S. 86) darin, nicht nur daran zu denken, was verändert werden soll, sondern auch daran, was unbedingt beibehalten werden soll, in diesem Beispiel also die Möglichkeit, euphorische Zustände zu erleben, aber eben ohne Konsum psychotroper Substanzen (etwa über meditative Übungen).

Die Methoden und Verfahren der Situationsanalyse in der Sozialen Arbeit geben Hinweise auf mögliche verborgene, implizite Probleme. So kann über das Soziale Atom oder über das Kulturelle Atom in den unterschiedlichen Variationen (Kap. 7.4 und 7.5) greifbar und nachvollziehbar eruiert werden, welche Beziehungen und welche Rollen aufrechterhalten und welche verändert werden sollen. Und es kann durch die Art der Darstellung klar verdeutlicht werden, wie das Gesamtgefüge sich ändert, wenn sich Beziehungen oder Rollen oder bestimmte Aspekte von Beziehungen und Rollen verändern. Die Rolle „kranker Junkie" und die dazugehörenden Co-Rollen und Beziehungen werden in dem Beispiel dann durch die Rolle des „gesunden Substituierten", einschließlich der dazu gehörenden Rollen und Beziehungen ersetzt, es wird aber auch deutlich, dass zu der Rolle „Junkie" etwas gehört, was in der Rolle „Substituierter" nicht gelebt werden kann, was aber lebenswichtig erscheint, nämlich das Gefühl der Euphorie. Allein diese Erkenntnis ist schon der erste Schritt zu einer weitergehenden Lösung. Es lassen sich dann aber auch bewusste Alternativen entwickeln (leicht euphorisierende Medikamente ohne Suchtpotenzial zu bestimmten Zeiten, Erlernen meditativer Verfahren), die das Durchbrechen noch verborgener neuer Probleme (Alkoholabhängigkeit) unwahrscheinlicher machen.

In der Sozialen Arbeit ist zu all den erwähnten Differenzierungen bei der Zielefomulierung darauf zu achten, ob sie selbstinitiiert sind und damit auch den Wünschen und Vorstellungen der Klienten entsprechen oder ob sie fremdinitiiert sind, durch Angehörige, Arbeitgeber, Freunde, Hausarzt, Gerichte („Therapie statt Strafe") oder auch durch SozialpädagogInnen. Fremdbestimmte, wenn auch gut gemeinte Zielvorstellungen führen meist nur zu Pseudo-Lösungen für den Klienten, bedienen allerdings häufig die verborgenen, bewussten oder unbewussten Wünsche der zielbestimmenden Personen oder Einrichtungen. Zwischen Klienten und SozialpädagogInnen kommunikativ entwickelte Zielvorstellungen, selbst wenn dabei Kompromisse von beiden Seiten gemacht werden müssen, mildern diese Gefahren. Die spezifische Methode der klientenzentrierten Gesprächsführung (Kap. 9.1) bietet hierfür eine gute Ausgangsbasis.

In vielen Einrichtungen der Sozialen Arbeit existieren aber auch eindeutige Zielvorstellungen, was so weit gehen kann, dass Klienten danach entsprechend ausgewählt werden. Wenn das so ist, dann müssen Klienten klar darüber informiert werden, damit sie wissen, worauf sie sich einlassen und damit sie sich dafür oder dagegen entscheiden können. So zu tun, als wären die Ziele – scheinbar „klientenorientiert" – erst noch auszuhandeln, wird dann zur Täuschung, die zu Enttäuschungen führt. Der klientenorientierte Ansatz hat aber auch hier seine Berechtigung, wenn die Grenzen, die durch die Institution gesetzt sind, offen gelegt werden und Klienten eine Entscheidung dann dahingehend treffen können, im Rahmen dieser Grenzen weiterzumachen oder nicht. Wenn vom Arbeitsamt ein Projekt zur Förderung der sozialen Kompetenzen von Langzeitarbeitslosen mit dem Ziel finanziell unterstützt wird, diese Arbeitslosen möglichst bald wieder in den Arbeitsprozess zu integrieren, dann muss dieses Ziel offen gelegt und für alle Beteiligten handlungsleitend sein. Das bedeutet dann z.B., dass tiefgehende persönliche Probleme (Angstattacken, Depressionen, Süchte) Ausschlusskriterien für die Klienten sind, genau so, wie eine Fokusierung auf psychotherapeutische Interventionen von Seiten der SozialpädagogInnen in diesem Rahmen unangebracht sind. Bei Auftreten solcher Probleme bei bereits laufenden Projekten wäre dies einerseits ein Kriterium, dass ein Klient an dieser Maßnahme des Arbeitsamtes nicht mehr weiter teilnehmen kann, andererseits aber auch ein dringender Anlass für die SozialpädagogInnen, eine vermittelnde Delegation an – je nach Problemlage – entsprechende Einrichtungen einzuleiten und die notwendige Unterstützung dabei zu leisten. Dies zeigt, dass die Ziele der Arbeit sich fließend verändern können und dass dieser Prozesscharakter unbedingt Beachtung finden muss.

Erschwerend kommt manchmal hinzu, dass sich bei Klienten wie bei SozialpädagogInnen neben den bewusst formulierten Zielvorstellungen zusätzlich unbewusste Ziele und Wünsche entwickeln, die u.U. die Erreichung des bewussten Zieles fördern, eventuell aber dies gerade verhindern. Wenn ein Sozialpädagoge als Richtschnur seines Handelns „einmal Sozialpädagoge, immer Sozialpädagoge!" hat und wenn er seinen Klienten vermittelt, dass er immer (Tag und Nacht) für sie erreichbar ist oder wenn ein Klient lieber dreimal in der Woche zur Beratung möchte als nur einmal oder wenn er ständig anruft, dann ist es nahe liegend, Ziele hinter den vorgegebenen Zielen zu vermuten, aber auch dringend, sie näher anzuschauen und auch als wichtige Signale zu würdigen. Sozialpädagogen haben dafür ihre Teamgespräche bzw. die Supervision (Kap. 10.2), in der Arbeit mit Klienten bieten Verfahren und Techniken der spezifischen Methoden, eventuell auch schon die Situationsanalyse (Kap. 7), hilfreiche Möglichkeiten, dies zu tun, beispielsweise das Kriterium der Kongruenz in der klientenzentrierten Gesprächsführung, der Rollentausch im Psychodrama oder das Störungspostulat in der Themenzentrierten Interaktion.

Zusammenfassend und auf einen vereinfachenden Nenner gebracht, sollten Ziele und ihre Formulierung positiv, spezifisch, klar, einfach bzw. in ihrer Interdependenz strukturiert, explizit, selbstinitiiert bzw. kommunikativ entwickelt und bewusst sein.

Die vergangenheits- und gegenwartsorientierte Situationsanalyse und die zukunftsgerichtete Formulierung von Zielen bilden dann die Grundlage für eine folgende angemessene Hypothesenbildung.

8.2 Bildung und Formulierung von Hypothesen

Wenn ein Alkoholiker in die Beratungsstelle kommt und erzählt, wie er früher, als er noch nicht so viel getrunken hat, mit seiner Frau und sie mit ihm glücklich und zufrieden war, liegt erst einmal die Vermutung nahe, eine Hypothese vom Typ „wenn A, dann B" aufzustellen. Die These, für die ja einiges spricht, wäre dann, auf diesen Fall bezogen, „wenn ich abstinent lebe, wird die Beziehung zu meiner Frau wieder gut". Diese These trifft vielfach auch zu, kann also durch die Erfahrung bestätigt werden. Dennoch sind aber auch viele Fälle bekannt, wo die Frau dem Mann, nachdem er abstinent wurde, mitgeteilt hat: „Als Du noch gesoffen hast, warst Du mir lieber als jetzt!". Solche vernichtenden Widerlegungen der den Alkoholiker stabilisierenden Annahme führen dann in Situationen, die mit dem Begriff „Rückfall" belegt werden. Wenn aber dennoch eine Annahme von diesem Typ formuliert werden sollte, müssten zunächst viel mehr Daten gesammelt werden, zumindest Stellungnahmen der Frau, um diese Hypothese besser abzusichern.

Sehr viel sinnvoller wird es sein, mit Wahrscheinlichkeiten vorlieb zu nehmen. Dann würde die Hypothesenformulierung etwa lauten, „wenn A (Abstinenz), ist die Wahrscheinlich größer (oder hoch), dass B (Beziehungsverbesserung) eintritt". Eine solche Formulierung entlastet den Professionellen, stabilisiert den Klienten vielleicht nicht so stark wie im ersten Fall, macht aber die Enttäuschung bei Nicht-Eintreten von B nicht so überwältigend. Eine Erweiterung dieser Art von Thesenformulierung wäre etwa die folgende: „Wenn A (Abstinenz), ist die Wahrscheinlichkeit hoch, dass B (Beziehungsverbesserung) eintritt, wenn zusätzlich C (Partnertherapie) und D (Beendigung der alkoholbedingten Arbeitslosigkeit) hinzukommen und E (Rückfälle) und F (alkoholbedingte geistige Schädigungen) vermeidbar sind.

Um solche Hypothesen bilden zu können, muss vorher die Analyse und die differenzierte Formulierung von Zielen (Kap. 8.1) mit dem beschriebenen Verfahren stattfinden.

Dann lassen sich unterschiedliche Typen von Hypothesen bilden, die immer eine Beziehung herstellen zwischen unabhängigen Variablen (Determinanten) und abhängigen Variablen (Resultanten) (Zetterberg 1967, S. 82 ff.). Diese Beziehungen können u.a. sein:
- deterministisch: wenn A, dann (immer) B
  Wenn L. mehr als 20 Flaschen Bier hintereinander trinkt, hat er (immer) einen Rausch.
- reversibel: wenn A, dann B; und wenn B, dann A
  Je häufiger L. trinkt, um so größer wird der Ärger seiner Frau; und je ärgerlicher Frau L. ist, desto mehr trinkt L.

- irreversibel: wenn A, dann B; aber wenn B, dann nicht A
  Wenn L. im Rausch seine Frau schlägt, weint sie; aber wenn Frau L. weint, schlägt Herr L. sie nicht.
- aufeinanderfolgend: wenn A, dann später B
  Wenn L. sich einen Rausch antrinkt, hat er am nächsten Tag einen Kater.
- koexistent: wenn A, dann auch B
  Je exzessiver L. trinkt, desto stärker wird seine Abhängigkeit.
- hinreichend: wenn A, dann B, ungeachtet alles anderen
  Wenn L. so viel trinkt, dass er 3 Promille erreicht, ist er fahruntüchtig
- bedingt: wenn A, dann B, aber nur wenn Z
  L. trinkt am letzten Tag des Monats Schnaps statt Bier bis zum Umfallen, aber nur, wenn er sein Gehalt bekommt.
- notwendig: wenn A, dann, und nur dann, B
  Wenn Alkohol verfügbar ist, dann, und nur dann kann Alkoholabhängigkeit entstehen.
- substituierbar: wenn A, dann B; aber wenn C, dann auch B
  Bei landauerndem Alkoholmissbrauch entsteht eine Abhängigkeit; aber bei lang dauerndem Medikamentenmissbrauch entsteht auch eine Abhängigkeit.
- stochastisch: wenn A, dann sehr wahrscheinlich B
  Wenn L. nach der Arbeit betrunken nach Hause kommt, ist die Wahrscheinlichkeit hoch, dass seine Frau sich zurückzieht.
- funktional: A = f (l, c, d)
  Alkoholismus ist eine Funktion aus genetischen, familialen und gesellschaftlichen Faktoren.
- interdependent: wenn A sich von a' zu a'' verändert und a'' = a' + <A> ist, dann (und nur dann) ändert sich B von b' zu b' + <B>; weiter: wenn sich B von b' zu b'' verändert und b'' = b' + <B> ist, dann (und nur dann) ändert sich A von a' zu a' – <A> usw.
  <A> und <B> sind kleine Veränderungen in den Variablen A und B. Eine kleine Veränderung in einer Variablen führt zu einer kleinen Veränderung in einer zweiten Variablen, deren kleine Veränderung wiederum eine kleine Veränderung in der ersten Variablen hervorruft usw. Eine mögliche große Veränderung läuft über eine Serie von vielen kleinen, sich wechselseitig verstärkenden Veränderungen. Eine zu starke Veränderung am Anfang dieses Prozesses würde wirkungslos verpuffen, einen positiven Veränderungsprozess verunmöglichen und unerwünschte Zustände u.U. verfestigen. Manche dieser Interdependenzrelationen sind auch ritualisiert.
  Wenn L. weniger trinkt, ist seine Frau wieder freundlicher zu ihm, was ihn dazu bringt, noch weniger zu trinken, und seine Frau wiederum, noch freundlicher zu sein usw.

Die Hypothesenformulierungen in der Praxis der Sozialen Arbeit werden, mit Ausnahmen, im wesentlichen stochastisch, funktional oder interdependent sein. Im konkreten Fall ist es aber für SozialpädagogInnen dennoch wichtig, um für die Realität offen zu bleiben, die Inhalte dieses Rasters spielerisch zu bedienen, um sich von der Vielfalt der Möglichkeiten anregen zu lassen, um vor diesem Hintergrund mit den Klienten mehr Klarheit über mögliche Verbindungen zu erarbeiten. Dann zeigt sich etwa bei der Hypothesenbildung nach dem funktionalen Muster, dass auch andere Professionelle um Rat gefragt werden müssen oder bei der interdependenten Formulierung, dass es gut ist, erst einmal ganz kleine Veränderungen anzustreben, die in dem Wechselwirkungssystem dann u.U. schneller zum Ziel führen als eine große, aber vorschnelle Veränderung.

9 Situationsinterventionen

In diesem Kapitel werden erprobte spezifische Interventionsmethoden vorgestellt, die im Rahmen verschiedener Handlungsleitender Konzepte, Arbeitsformen und Interaktionsmedien und unter der Voraussetzung kommunikativer Verständigung effektive Werkzeuge für die präventive, korrigierende und kompensierende Soziale Arbeit sind. Intervention in diesem Sinne ist ein Teil des zirkulären Problemlösungsprozesses und eine Folge einer kompetent durchgeführten Situationsanalyse.

Der Begriff Intervention umfasst diverse Bedeutungsinhalte vom Stören, Hindern, Einschreiten über Dazwischentreten und Dazwischenkommen (lat. intervenire) bis zu Vermittlung und Beistand (lat. interventus) bzw. Vermittlerin und Fürsprecherin (lat. interventrix). All diese Aspekte finden sich auch in der Sozialen Arbeit wieder. Im folgenden geht es aber nicht um Intervention i.w.S., zu der auch die Anamnese oder die Evaluation zählen könnten und auch nicht um alle möglichen Interventionsformen in der Sozialen Arbeit, sondern um spezifische Methoden der Intervention unter der eingangs formulierten Prämisse. Das heißt auch, dass es Arbeitsbereiche gibt, in denen alleine mit diesen Methoden nicht ausreichend gearbeitet werden kann. Die hier dargestellten Methoden haben andererseits ein sehr breites Anwendungsspektrum.

Müller (1997, S. 107 ff.) hat in einem umfassenderen Begriff von Intervention diesen in drei Arten unterteilt: Eingriff, Angebot und gemeinsames Handeln. Eingriffe sind immer mit Ausübung von Macht verknüpft und erfolgsorientiert, wobei im konkreten Fall von den beteiligten Professionellen (Sozialpädagogen, Ärzte, Polizei), etwa bei der Einweisung eines Jugendlichen in eine geschlossene Einrichtung oder der Herausnahme eines Kindes aus der Herkunftsfamilie nicht selten die ganze Palette der Möglichkeiten erfolgsorientierten strategischen Handelns (Abb. 7) praktiziert wird. Wenn solche Eingriffe unvermeidlich sind, lassen sich dennoch Versuche unternehmen, so weit irgend möglich, und auf alle Fälle unter Aufrechterhaltung der Integrität der Klienten, verständigungsorientiert zu handeln. Begleitung und Unterstützung (Kap. 6.2.2) als Interaktionsmedien bieten sich hier an, was auch heißt, Klienten vor Übergriffen von welcher Seite auch immer zu schützen und u.U. anwaltlich zu vertreten. Eine homöopathische Dosis löst manchmal wichtige Lösungsprozesse aus, während eine allopathische Dosierung des gleichen Mittels tödlich wirkt. Zwangseinweisungen von Alkoholikern zum Entzug wegen Selbstgefährdung, trotz allem begleitend und unterstützend gestaltet, sind nicht selten der Beginn eines erfolgreichen Ausstiegs aus der Sucht. Diese Art der Intervention wird im Folgenden nicht behandelt, da sie keiner spezifischen sozialpädagogischen Methode bedarf (wenn klientenzentrierte Gesprächsbemühungen allerdings sicherlich hilfreich sind) und da sie nicht primär sozialpädagogisch ist, wenn sie auch sozialpädagogisch im Rahmen von Begleitung, Unterstützung, Stellungnahme und Anwaltschaft hier und da verantwortet werden muss.

Bei den sozialpädagogischen Angeboten sind Rahmenangebote und Angebote i.e.S. zu unterscheiden (Müller 1997, S. 115 ff.). Dies sind Angebote, die von möglichen zukünftigen Klienten angenommen, aber auch ohne Sanktionsgefahr abgelehnt werden können. Rahmen sind Orte wie Nachbarschaftszentren, Schülertreffs oder Institutionen wie eine Suchtberatungsstelle oder das Jugendamt. Damit diese Arrangements als Angebote angenommen werden, müssen mögliche Nachfrager animiert werden (Kap. 6.2.3). Aber auch innerhalb dieser Rahmen können flexible und bedarfsangemessene Angebote gestaltet werden, die je nach Situation wieder neue Rahmenbildungen ermöglichen. So kann das Angebot im Rahmen einer Suchtberatungsstelle, der Frau eines Suchtkranken bei der Suche nach einer Selbsthilfegruppe für Angehörige behilflich zu sein, zu deren Teilnahme im neuen Rahmen einer solchen Gruppe führen, wobei dort wiederum weitere Angebote nachgefragt werden können. Müller unterscheidet mehrere Typen von Angeboten, die den Aspekt sächliche und personale Ressourcen mit dem Aspekt situationsbezogene und personbezogene Dienstleistungen verbindet (Abb. 20).

	materiell Ressourcen	immateriell Dienstleistungen
situationsbezogen	Gelder, Räume, Medien, Arbeitsmittel, Zufluchtsorte etc.	Kontakte, Netzwerke, Informationen, Fürsprachen, Einflussnahmen etc.
personenbezogen	dasein, ansprechbar sein, Zeit haben, versorgen etc.	beraten, Fähigkeiten unterstützen, Lösungen einfädeln etc.

Abbildung 20: Typen von sozialpädagogischen Angeboten (aus: B. Müller 1997, S. 118)

Die Notwendigkeit, Rahmenangebote flexibel und situationsspezifisch zu gestalten, wurde bei den Handlungsleitenden Konzepten (Empowerment, Gemeinwesenarbeit) schon beschrieben und wird zum Teil bei den spezifischen Methoden in diesem Kapitel weiter ausgeführt (Soziatrie, Soziometrie, Netzwerkarbeit), die Angebote i.e.S. leiten zum Teil schon direkter über ins inhaltliche Zentrum dieses Kapitels, das auf die dritte Interventionsart, nämlich das gemeinsame Handeln, oder genauer, auf dessen methodische Gestaltung, fokussiert ist.

Aus der großen Vielfalt sozialpädagogischer Arbeitsfelder und aus den ebenso vielfältigen Ansprüchen, in ihnen auf verschiedenen Ebenen tätig zu sein, ergeben sich bezüglich professionell methodischen Handelns erhebliche Schwierigkeiten, die weder durch einen Methodenmonismus noch durch eklektizistische Vielfalt der verwendeten Techniken und auch nicht durch sehr allgemeine und unverbindliche Verweise auf den „pädagogischen Bezug" oder den „Dialog" oder den „pädagogischen Takt" zu lösen sind. Wenn SozialpädagogInnen in der Leitung von Institutionen, als SozialmanagerInnen, als BeraterInnen, als pädagogische Fachkräfte in Psychiatrien und Gefängnissen, als HeimerzieherInnen, in der Jugendbildung, in der Altenarbeit usw. tätig sein sollen und wenn sie gleichzeitig bei alldem auch noch mehrere Perspektiven eines Problems oder einer Aufgabenstellung im Auge behalten sollen, wird sehr schnell einsichtig, dass das Lernen und Ausüben spezifischer Methoden der Problemintervention im Rahmen des Orientierungsrasters (Abb. 1) sowohl einer fundierenden Basis (Basismethoden) wie einer differenzierenden Spezialisierung (Komplementär- und Substitutionsmethoden) bedarf.

Vor einer arbeitsfeldspezifischen Differerenzierung methodischen Handelns sind von Professionellen (möglichst schon in der Ausbildung) Grundqualifikationen interventiven Handelns mit spezifischen Methoden zu erwerben, d.h. Basismethoden zu erlernen und intensiv zu trainieren, die SozialpädagogInnen zur effektiven Arbeit in den unterschiedlichen Arbeitsformen und im Rahmen Handlungleitender Konzepte (Kap. 5) befähigen. Dieses Können ist in Fort- und Weiterbildungen zu festigen und dient als Grundlage für weitere Differenzierungen und auch der Integration anderer methodischer Verfahren sowie für die kreative Entwicklung konkreter, auf das jeweilige Arbeitsfeld und seine spezifischen Aufgaben bezogenen Konzeptionen. Das heißt, dass es keine Supermethode der Problemintervention gibt, die in allen sozialpädagogischen Tätigkeitsfeldern anwendbar wäre, dass aber sehr wohl profunde spezifische Interventionsmethoden zur Verfügung stehen, die über viele konkrete Bereiche der Sozialen Arbeit hinweg sinnvoll zu praktizieren sind, ohne die sozialen Probleme nach den Methoden zu selektieren. Sie müssen aber sicherlich vielfach durch weitere Verfahrensschritte ergänzt werden, um den Klienten mit ihren spezifischen Problemen gerechter werden zu können. Hier gilt der alte philosophische Grundsatz, dass sowohl das Gesetz der Homogenität als auch das Gesetz der Spezifikation zugleich zu beachten sind. Das Rad muss nicht immer wieder neu erfunden werden, es gilt aber auch, dass nicht nur (m)ein Hammer für alle Nägel dieser Welt der geeignetste ist. Gelernte, trainierte, beherrschte und situationsspezifisch modifizierte, wenn auch begrenzte Basismethoden sind für alle Beteiligten günstiger als ein aus dem Handlungszwang heraus geborener Not-Eklektizismus.

Als Basismethoden für interventives Handeln mit einem sehr weiten Anwendungsspektrum haben sich die Klientenzentrierte Gesprächsführung nach Carl Rogers, das Psychodrama nach Jacob L. Moreno und die Themenzentrierte Interaktion nach Ruth Cohn bewährt. Sie sind der Richtung der Humanistischen Psychologie (Quitmann 1985, Karmann 1987, Schwehm 2000) zuzuordnen. Die sog. Humanistische Psychologie wurde von Abraham Maslow, Charlotte Bühler, Carl Rogers u.a. als „dritte Kraft" neben der Psychoanalyse und der Verhaltenstherapie begründet. Ganzheitliches Denken und Ressourcenorientierung sowie die Bedeutung der Qualität der Beziehung zwischen Klienten und professionellen Helfern für die Problemlösung sind zentrale Aspekte dieser Richtung. Neben den genannten Basismethoden werden die Gestaltberatung bzw. -therapie von Fritz Perls u.a., die Logotherapie von Viktor Frankl und die Familienberatung von Virgina Satir der Humanistischen Psychologie zugerechnet.

Die Wahl der genannten Methoden als Basismethoden erfolgt, neben ihrer praktischen Bewährung in vielen Tätigkeitsfeldern der Sozialen Arbeit, aufgrund ihrer außerordentlichen Nähe zu sozialpädagogischen Konzepten, die sich der Mehrperspektivität von Problemen und Situationen, der Verständigungsorientierung sowie dem Ziel einer humaneren Gestaltung lebensweltlicher Bezüge verpflichtet fühlen. Nicht eine Methode alleine kann all dies in unterschiedlichen Arbeitsfeldern zufriedenstellend leisten, dies kann nur über eine situationsgerechte Kombination dieser drei Basismethoden gelingen bzw. durch deren Ergänzung mit Verfahren aus weiteren Methoden, die hier als Komplementärmethoden bzw. Substitutionsmethoden behandelt werden (wie Methoden der Familienberatung, Verfahren aus der Transaktionsanalyse, dem Neurolinguistischen Programmieren, verhaltenstherapeutische und psychoanalytisch orientierte Verfahren bzw. weitere substitutive Methoden und Verfahren aus dem Bereich der Organisationsentwicklung, der Öffentlichkeitsarbeit, der Sozialadministration, der Sozialplanung, der Sozialberichterstattung, der Moderation oder auch der Gutachtenerstellung). Eine Entwertung von Verfahren, die aus der Psychoanalyse oder aus lerntheoretischen Ansätzen abgeleitet werden, ist damit nicht beabsichtigt. Falls diese Verfahren sinnvoll integriert werden, müssen sie bezüglich der Axiologie allerdings kompatibel sein mit den Vorstellungen, die die Humanistische Psychologie bzw. die entsprechenden Ansätze der Sozialen Arbeit vorgeben. Quer durch die genannten Orientierungen zieht sich die Aufgabe, mit einzelnen Menschen, mit Gruppen und Organisationen unter Einbeziehung von Umweltaspekten und im Sinne sozialpädagogischer Frage- und Aufgabenstellungen zu arbeiten bzw. dieses Arbeiten zu planen und zu organisieren (vgl. Kap. 5.6), was wiederum nicht ohne Menschen möglich ist. Auf einer abstrakteren Stufe geht es in der Sozialen Arbeit um eine facettenreiche „Beziehungsarbeit". Da methodisches Handeln in der Sozialen Arbeit soziales Handeln auf der Basis kommunikativer Verständigung mit dem Ziel, präventiv, korrigierend und kompensierend zu wirken, ist, gibt diese Festlegung die Richtung für die Gestaltung dieser Beziehungsarbeit einschließlich ihrer Planung und Organisation vor.

In sozialpädagogischen Arbeitsfeldern wird monomethodisch vermutlich seltener gearbeitet werden, häufiger wird es der Fall sein müssen, dass ein Integrationskonzept aus dem genannten Methodenrepertoire erst entwickelt und erprobt werden muss. Um der Komplexität von Sachverhalten in der Sozialen Arbeit gerecht zu werden, wird eine Methodenkombination oder auch eine Verfahrenskombination, manchmal auch eine Integration „methodenfremder" Verfahren in die eigene Methode bedeutsamer sein als ein Methodenmonismus. Der kreative Akt einer methodischen Neuschöpfung wird eher selten stattfinden. Vermieden werden sollte auf alle Fälle ein ausufernder Eklektizismus, der im Sinne von trial and error exzessiv angewendet wird. So kann es, als Beispiel für eine sinnvolle Kombination bzw. Integration, etwa sein, dass bei der Einrichtung einer offenen Kontakstelle entsprechend den zunächst vielleicht nur vagen Zielvorstellungen ein Konzept entwickelt wird, in dem beispielsweise bewährte psychodramatische Verfahren der Organisationsentwicklung (Soziometrie) mit Verfahren der Öffentlichkeitsarbeit kombiniert werden, die Mitarbeiter gemäß den Verfahren der Themenzentrierten Interaktion relevante Themen bearbeiten und in den Gesprächen mit möglichen finanziellen Förderern die Klientenzentrierte Gesprächsführung zum Zuge kommt und letztere auch bei den direkten Kontakten mit den Klienten im Zentrum steht, eventuell ergänzt durch „kleine" Verfahren aus dem Psychodrama wie der Skulpturarbeit etc. Wichtig ist nur, dass im Rahmen dieser sozialpädagogischen Konzeptionierung die einzelnen methodischen Mosaiksteinchen im Sinne des Interdependenzmodells (Abb. 2) kompatibel bleiben. Dies verlangt die sozialpädagogische Ethik, ohne die methodisches Handeln zu einem Sammelsurium strategischer Technizismen verkommt.

Bezüglich ihres Differenzierungsgrades sind die Basismethoden Konzepte mittlerer Reichweite, das Psychodrama ein Konzept höherer Komplexität. Diese Konzepte sind in den Dienst der Sozialen Arbeit zu stellen, die Grundlagen sind sozialpädagogische Fragestellungen, die mit diesen Methoden im Rahmen einer Monokonzeption (arbeiten mit einer Methode) oder wohl häufiger einer integrierenden Konzeption (arbeiten mit einer situationsspezifischen Kombination von Methoden oder Verfahren) bearbeitet werden. Dann zeigt sich etwa, dass ein klientenzentriertes Gespräch, zeitlich begrenzt, hilfreich ist, um zu verstehen, worum es dem Klienten überhaupt geht, und dann erst die nächsten, vielleicht „handfesteren" Schritte zu koordinieren und etwa im Sinne des Case Management (Kap. 5.2.) gemeinsam zu regeln. Dahinter steht die These, dass SozialpädagogInnen dann handlungskompetent zu nennen sind, wenn sie fähig sind, erworbene Regelsysteme flexibel und konstruktiv auf neuartige Situationen zu transformieren und anzuwenden und wenn sie auch in der Weise kreativ handeln, dass sie auf alte Situationen mit neuen oder modifizierten Handlungsmöglichkeiten reagieren. Das ist der Kern sozialpädagogischer Kreativität.

Gegen „Methoden" gibt es immer wieder zumindest zwei Argumente; das eine ist allgemein und kann unter dem Stichwort „Technologisierung" benannt werden, das andere ist spezifischer u.a. gegen die Methoden gerichtet, die hier als Basismethoden eingeführt wurden, und das unter dem Stichwort „Therapeutisierung" firmiert (vgl. auch Kap. 1).

Das erste Vorurteil gegenüber „Methoden" ist die kurzschlüssige Gleichsetzung von methodischem mit technizistischem Handeln. Eine „Technologisierung", Übertragung von Bewusstseinsinhalten aus der technisch-ökonomischen Sphäre in den lebensweltlichen Bereich hinein bzw. eine „technologische Handhabung sozialer Beziehungen" (Berger, P. u.a. 1975, S. 34), lässt sich zwar nicht grundsätzlich ausschließen, auch nicht, falls es das geben sollte, bei nichtmethodischem Handeln, sie widerspricht aber so fundamental der Ethik (Kap. 4) sozialpädagogischen Handelns, dass sie als erfolgsorientierte Strategie (Abb. 7) alles mögliche sein mag, aber nicht methodisches Handeln in der Sozialen Arbeit.

Gegen die Klientenzentrierte Gesprächsführung und das Psychodrama und selbst gegen die Themenzentrierte Interaktion wird gerne immer wieder der Einwand der „Therapeutisierung" Sozialer Arbeit erhoben, wie das folgende beispielhafte Zitat, allerdings allgemeiner formuliert, dies nahe legt: „Während Einzelfallhilfe und soziale Gruppenarbeit sich vielfach in die unzähligen Variationen psychologisch-therapeutischer Verfahren aufgelöst haben ..." (Rauschenbach u.a. 1993, S. 7). Dabei wird unterstellt, dass SozialpädagogInnen, die mit diesen Methoden arbeiten, diese im Sinne therapeutischer Settings anwenden würden. Wenn dies der Fall ist, dann ist es ohne Zweifel (Psycho-)Therapie. Bei der Kritik wird aber übersehen, dass diese relativ anwendungsneutralen oder anwendungsbreiten Methoden in ihrer Praxeologie und teilweise auch in der theoretischen Begründung offen sind für sozialpädagogische Erfordernisse, wenn sie in das Setting Sozialer Arbeit, in deren Form, integriert sind. Hinzu kommt, dass diese Methoden aus einem sehr entwickelten sozialpädagogischen Impetus heraus entstanden sind. Sie vertreten einen „kulturreformerischen bis -revolutionären Anspruch. Ob wir nun Freud, Rogers, Moreno, Cohn oder Lewin nehmen, alle gingen von einem „Unbehagen in der Kultur" aus und wollten zur Durchsetzung h u m a n e r e r Verhältnisse beitragen. Deren Ansätze nur als Methodenpools abzutun, aus denen nach Lust und Laune Teile entnommen und neu implantiert werden könnten, verkennt daher ihren Anspruch ganz grundsätzlich" (Buer 1997, S. 382). Mit diesem Zitat wird neben der eindeutigen und zweifelsohne richtigen Entgegnung auf den Therapeutisierungs-Vorwurf weiter Stellung bezogen gegen die Plünderung dieser Methoden – dies betrifft vor allem die Klientenzentrierte Gesprächsführung und das Psychodrama – und gegen eine praxeologisch verkürzte Anwendung (Abb. 2).

Beim Therapeutisierungsvorwurf wird nicht zur Kenntnis genommen, dass wesentliche Methoden in diesem Zusammenhang zwar auch psychotherapeutisch Anwendung finden, dass aber schon ihr Ursprung auf sozialpädagogische Fragestellungen bezogen war oder aber, wie bei der Psychoanalyse, sehr schnell Verbindungen zu sozialpädagogischen Arbeitsfeldern hergestellt wurden. Letzteres war ganz im Sinne Freuds, der in „Die Frage der Laienanalyse" schon 1926 die Hoffnung zu Ausdruck brachte: „Vielleicht kommt noch einmal ein Amerikaner auf den Einfall, es sich ein Stück Geld kosten zu lassen, um die social workers seines Landes analytisch zu schulen und eine Hilfstruppe zur Bekämpfung der kulturellen Neurosen aus ihnen zu machen" (1976, S. 285). Für Europa oder gar Wien sieht er diese Chance nicht realisierbar, weil die Entwicklung der Psychoanalyse hier bereits durch berufspolitische Verordnungen einem „frühzeitigen Verbottrauma" erlegen sei (S. 286). Ohne zu dramatisieren, erinnert dies doch an manche Begrenzungsversuche im Rahmen der Sozialen Arbeit, wie sie eingangs formuliert wurden (Kap. 1).

Am Beispiel des Psychodramas soll der sozialpädagogische Ursprung noch etwas verdeutlicht werden. Ähnliches, wenn vielleicht auch nicht so ausgeprägt, gilt für die Themenzentrierte Interaktion und für die Klientenzentrierte Gesprächsführung. Wenn das Psychodrama aus der pädagogischen und Sozialen Arbeit Morenos mit Kindern, Prostituierten, Tiroler Flüchtlingen entstand und über seine Arbeit in Schulen, Heimen und Gefängnissen weiter differenziert wurde, wenn Moreno die Ideen der Netzwerkarbeit und der Therapeutischen Gemeinschaft entwickelt und praktiziert hat und wenn er neben Kurt Lewin zum Mitbegründer der Handlungsforschung wurde und wenn das Psychodrama bzw. einzelne Verfahren daraus bis heute in pädagogischen, sozialpädagogischen und politischen Zusammenhängen tagtäglich Anwendung finden, dann scheint ein Vorwurf der Therapeutisierung sozialpädagogischer Praxis durch die Verwendung psychodramatischer Verfahren eigenartig, selbst wenn das Psychodrama, was ja nicht geleugnet werden muss, unter anderen Voraussetzungen auch in psychotherapeutischen Settings praktiziert wird. Eines der zentralen Ziele des Psychodramas ist das gleiche wie das der kritisch-emanzipatorischen Sozialpädagogik oder auch des Empowerment, nämlich die individuelle Autonomie zu stärken und gleichzeitig in Wechselwirkung dazu Lebenswelt und Gesellschaft humaner zu gestalten. Und dies, wie Moreno das gezeigt hat, nicht im exklusiv-therapeutischen Setting, sondern ganz im Sinne einer „Alltagsorientierung", dort, wo der natürliche Ort des Geschehens ist, und zwar mit dem Ziel eines „gelingenderen Alltags" (Thiersch), einschließlich der Umgestaltung dieses Alltags: auf der Straße, im Park, in den Unterkünften von Prostituierten, in Gefängnissen und in Heimen, wobei bei den letztgenannten die Frage der Natürlichkeit gestellt werden darf.

Bei den Forschungsmethoden scheint es im übrigen die benannten Probleme so nicht zu geben. Niemand wird sich wohl beschweren oder von einer „Soziologisierung" sprechen, wenn etwa Gruppenbeobachtungsverfahren, die aus der soziologischen Forschung stammen, bei sozialpädagogischen Forschungsprojekten Anwendung finden. Die „Tragik", dass es weder originäre Forschungsmethoden der Sozialen Arbeit noch originäre Handlungsmethoden der Sozialen Arbeit gibt, erschließt sich nicht so leicht. Die historischen Arbeitskonzepte Einzelfallhilfe, Soziale Gruppenarbeit und Gemeinwesenarbeit, die häufig ja als die „klassischen Methoden" der Sozialarbeit bezeichnet werden (vgl. Kap. 9.5), haben solche Wünsche noch bedient, wenn deren Grundlagen zum Teil auch aus der Psychoanalyse, Sozialpsychologie und Soziologie stammen.

Neben den notwendigen und in vielen Arbeitsbereichen ausreichenden Basismethoden, die vielfach bewährte und differenzierte, auf unterschiedliche sozialpädagogische Probleme zu beziehende professionelle Wege kommunikativen Verständigungshandelns sind, gibt es, um das noch einmal zu betonen, weitere spezifizierende Komplementärmethoden, die je nach sozialpädagogischem Arbeitsfeld notwendige Ergänzungen darstellen. Dann lassen sich mehrere Methodenbereiche analytisch unterscheiden, die natürlich aber eng miteinander wechselwirksam verknüpft sind. Denkbar sind weiter Substitutionsmethoden, die diese Basismethoden zum Teil ersetzen, wenn z.B. Haupttätigkeiten in der Sozialplanung, dem Sozialmanagement oder der Verwaltung liegen.

9.1 Klientenzentrierte Gesprächsführung

Sprache ist das zentralste menschliche Verständigungsmedium, so dass dem Sprechen oder einer bewussten Gesprächsführung auch in der Sozialen Arbeit eine besondere Rolle zukommt. Die in der Klientenzentrierten Gesprächsführung geforderte Grundhaltung ist zudem richtungsweisend für sozialpädagogisches Handeln, in welchen Arbeitsfeldern und im Rahmen welcher Arbeitsformen und Interaktionsmedien es immer auch stattfinden mag. Oder kürzer: Klientenzentrierte Gesprächsführung ist eine notwendige, wenn auch nicht immer hinreichende Voraussetzung sozialpädagogischen Handelns. Dies hängt damit zusammen, dass in ihr all jene Elemente integriert sind, wie sie für verständigungsorientiertes Handeln formuliert wurden (Kap. 4), ein Handeln, das wiederum die Basis für eine humane Soziale Arbeit bildet.

Die Grundzüge dieser Handlungsmethode wurden von Carl Rogers, einem der führenden Persönlichkeiten der Humanistischen Psychologie, entwickelt. Er hat diese Methode über Jahrzehnte hinweg ausdifferenziert und in ihrer Bedeutung für Fragestellungen der Beratung, Pädagogik, Psychotherapie, Politik, Bildungsreform, Managementberatung, Gruppenarbeit u.a. diskutiert (Rogers 1983a, 1985, 1991, GwG 1987). Sie wird in diesen und weiteren Bereichen bis heute praktiziert. Aufgrund dieser breiten Anwendbarkeit schlägt Rogers den Begriff „personenzentrierter Ansatz" (1983b, S. 471) vor, der, je nach Spezialisierung, die weiterhin gängigen Begriffe wie nichtdirektive Beratung/Therapie, klientenzentrierte Beratung/Therapie, Gesprächspsychotherapie und eben auch klientenzentrierte Gesprächsführung umfasst.

Rogers (1902–1987) wuchs in den USA in einer sehr religiös orientierten Familie auf dem Lande auf. Die Auseinandersetzung mit diesen beiden Bereichen, mit dem religiösen und dem ländlichen Leben, haben ihn stark geprägt, ebenso wie später, als Gegenbewegung zu der sich eher abschottenden Familie, die Philosophie der Begegnung (Buber, Moreno). Nach wechselnden Studien der Agrarwissenschaften, der Theologie und Pädagogik sowie der klinischen Psychologie arbeitete er lange Jahre in einer öffentlichen Erziehungsberatungsstelle. Diese beraterische und therapeutische Tätigkeit mit Eltern, Kindern und Jugendlichen verband er wechselwirkend dazu mit Fragen der wissenschaftlichen Psychologie. So war er einer der ersten klinischen Psychologen, die das, was sie taten, auch evaluierten, um die Wirksamkeit und die Auswirkungen des Handelns zu überprüfen.

9.1.1 Menschenbild

Der personenorientierte Ansatz geht konsequent von der Annahme aus, dass der Mensch gut sei, dass er von Natur aus zum Positiven strebt, dass die angeborene „Kraft des Guten" (so ein Buchtitel von Rogers (1985)) wirksam werde, wenn das entsprechende förderliche Klima gegeben ist: „Mir ist immer wieder aufgefallen, dass die Gattung Mensch über bestimmte inhärente Eigenschaften verfügt, die oft mit Begriffen wie positiv, sich weiter entwickelnd, konstruktiv, realistisch oder vertrauenswürdig beschrieben werden" (Rogers 1991, S. 300). Er formuliert einmal ein sehr einprägsames Bild von Kartoffelpflanzen, die, wenn sie im Keller liegen bleiben, lange Wassertriebe hin zum Licht bilden, die dann irgendwann abknicken. Die Kartoffel wird schimmelig und verfault. Die gleiche Kartoffel wird, wenn sie frühzeitig oder zumindest noch rechtzeitig in die Erde kommt, gedüngt, gewässert und von der Sonne bestrahlt wird, sich zu einem schönen Strauch mit gelben Blüten entwickeln und neue Kartoffeln erzeugen. Wenn, könnte man hinzufügen, nicht doch noch ein Kartoffelkäfer dazwischenkommt. Dieses Beispiel mit der Kartoffelpflanze ist bei Rogers aber nicht nur eine Metapher, sondern sie verweist auf die grundlegende Philosophie des personenorientierten Ansatzes, wenn Rogers von einer kosmischen kreativen Kraft, einer „schöpferischen Tendenz" ausgeht, die sich universal „auf allen Ebenen offenbart" (1991, S. 301). Hier zeigt sich eine sehr ähnliche philosophische Basis, die den klientenorientierte Ansatz mit dem Psychodrama (Kap. 9.2) und der Themenzentrierten Interaktion (Kap. 9.3), aber auch, weitergedacht, mit der Empowerment-Idee (Kap. 5.1) verbindet.

9.1.2 Theoretische Konzepte

Rogers geht auf seiner philosophischen Grundlage von einer Aktualisierungstendenz, einem Streben nach Selbstverwirklichung aus sowie dem menschlichen Bedürfnis nach positiver Beachtung und Wertschätzung. Das heißt nun nichts anderes, als dass in jedem Menschen eine Kraft angelegt ist, die es ihm ermöglicht, seine potenziellen Anlagen zu entwickeln und dass jeder Mensch gleichzeitig auf Beziehung, auf Begegnung mit anderen Menschen als Konstituenten seiner persönlichen Entwicklung angewiesen ist. Wenn die Erfahrungen von Kindern kongruent sind zu ihren Bedürfnissen, Wünschen, wenn also neue Erfahrungen zur momentanen Selbststruktur des Kindes passen, werden diese Erfahrungen in das Selbtkonzept integriert und weiter entwickelt. Dieser Prozess wird im Verlaufe der frühkindlichen Sozialisation und auch später des öfteren mehr oder weniger ausgeprägt gestört, manchmal auch durch rigide Erziehungsmaßnahmen blockiert. Hier zeigt sich wieder das alte Problem der Notwendigkeit einer spannungsreichen Balance zwischen Vergesellschaftung (Einführung in die Werte und Normen) und der Individuation des Menschen, also, wie Goffman dies einmal formulierte, zugleich so zu sein, wie alle anderen Gesellschaftsmitglieder (Soziale Identität) und so zu sein, wie kein anderes Gesellschaftsmitglied (Personale Identität). Theoretisch grundlegend wird dieses Thema in der Theorie der Symbolischen Interaktion (Helle 1977, Stimmer (c) 2000) behandelt, die einen erheblichen Einfluss auch auf die pädagogische (Meinberg 1988, Oelkers 2000) und sozialpädagogische Diskussion (Thiersch 1977) hatte und hat. Dieses Spannungsverhältnis zwischen Vergesellschaftung und Individuation liegt auch dem Menschenbild von Ruth Cohn zugrunde (Kap. 9.3), wenn sie in dem ersten Axiom davon spricht, dass Autonomie immer nur in Abhängigkeit entwickelt werden kann. Ähnlich sieht es auch Moreno (Kap. 9.2), der rollenkonformes Handeln und spontanes widerspenstiges Rollenspiel in situationsspezifischen Wechselwirkungen als identitätsbildend sieht.

Häufig, das ist der sozialisationsnotwendige Normalfall, entstehen primäre Inkongruenzen zwischen Selbstwahrnehmung und Erfahrung, wenn die eigene Bewertung eines Kindes zugunsten der Bewertungen der Eltern, der Geschwister oder der Lehrer aufgegeben wird, was über verschiedene Strategien erreicht werden kann. Diese reichen vom wohlwollenden und bestätigenden Loben oder Belohnen, wenn das Kind den Vorstellungen der Eltern oder anderer wichtiger Personen entspricht, über „Gegenwirken" (Nohl), Zwang und Bestrafung sowie dem Erwecken von Schuldgefühlen bis hin zu verrückt machenden Kommunikationsmustern, wie sie dem erfolgsorientierten Handeln (Abb. 7) zugrunde liegen. Eine Lösung wäre nach Rogers die bleibende positive Zuwendung der Eltern ihrem Kind gegenüber und das Akzeptieren der Gefühle und Wünsche des Kindes, selbst dann, wenn sie das Verhalten selbst nicht billigen. Wenn der sechsjährige Klaus seinem Freund wutentbrannt einen Stock auf den Kopf haut, weil der ihm vorher sein Lieblingsspielzeug zerbrochen hat, würde das heißen, dass die Mutter von Klaus, die anwesend war und den Verlauf mitbekommen hat, ihrem Sohn zwar zu verstehen gibt, dass sie es nachvollziehen kann, dass er sehr wütend ist, dass sie ihm aber genauso klar deutlich macht, dass sie es auf keinen Fall gut heißen kann, dass er es seinem Freund Uwe auf diese Weise heimzahlt. Der Effekt der Integration kleiner verändernder Aspekte in das

Selbstbild wäre allerdings wieder zunichte gemacht, wenn der Vater, von diesem Vorfall unterrichtet, seinem Sohn wütend eine Ohrfeige gibt, weil er (der Sohn) immer noch nicht gelernt hat, sich zu beherrschen.

Rogers hat in 19 Thesen eine „Theorie der Persönlichkeit und des Verhaltens" formuliert (1973, S. 417 ff.), durch die seine Grundideen sehr deutlich werden. In der These 11 bezieht er sich auf die Verarbeitung von Erfahrungen. Diese werden entweder

a) „symbolisiert, wahrgenommen und in eine Beziehung zum Selbst organisiert,
b) ignoriert, weil es keine wahrgenommene Beziehung zur Selbst-Struktur gibt, oder
c) geleugnet oder verzerrt symbolisiert, weil die Erfahrung mit der Struktur des Selbst nicht übereinstimmt" (S. 434).

Bei der ersten Verarbeitungsvariante könnte es sein, dass der aggressive Akt von Klaus lediglich ein „Ausrutscher" war und dass die Erfahrungen, vor allem die Rückmeldung der Mutter, durchaus zu seinem Selbstbild passt und deshalb ohne große Schwierigkeiten integriert werden kann. Das entspricht der 12. These: „Die vom Organismus angenommenen Verhaltensweisen sind meistens die, die mit dem Konzept vom Selbst übereinstimmen" (S. 437).

Sehr viel häufiger wird es allerdings bei einem solchen Beispiel sein, dass das Zuschlagen dem Klaus ein befriedigendes Gefühl verschafft hat, leider hat es nur die Mutter mitbekommen und ihn ermahnt, auf solche Attacken zu verzichten, selbst wenn sie verstehen kann, dass er wütend auf Uwe war. Wenn dies zu einer, vielleicht nur kleinen, Veränderung der Selbststruktur führen soll, wird es durch das verständigungsorientierte Klima, das die Mutter schafft und das frei ist von Strafen und Gewalt, unterstützt. In der 17. These meint Rogers dazu: „Unter bestimmten Bedingungen, zu denen in erster Linie ein völliges Fehlen jedweder Bedrohung für die Selbst-Struktur gehört, können Erfahrungen, die nicht mit ihr übereinstimmen, wahrgenommen und überprüft und die Struktur des Selbst revidiert werden, um derartige Erfahrungen zu assimilieren und einzuschließen" (S. 445).

Dabei spielt sicher oft das schon erwähnte Bedürfnis nach Anerkennung eine bedeutsame Rolle, also ein Prozess, in dem die soziale Umwelt mit einbezogen ist. Rogers (zit. n. Wild 1983, S. 66) hat das „Bedürfnis nach sozialer Anerkennung" und den „Wunsch nach Selbstachtung" postuliert. Aus diesen beiden Aspekten bzw. aus der befriedigenden Balance dieser beiden Bedürfnisse entwickelt sich das Selbstwertgefühl. Das Bestätigtwerden ist eine der wesentlichen Triebfedern menschlicher Entwicklung, Nichtbeachtung wirkt psychisch und physisch tödlich, neben der Bestätigung ist Nicht-Bestätigung eine hilfreiche Aktion, Pseudo-Bestätigung dagegen, so tun als ob, also Wertschätzung vortäuschen, ist eine inhumane Strategie (Abb. 7). Theorien zu Störungen des Selbstwerterlebens und deren Bedeutung für die menschliche Sozialisation haben zu dieser Thematik differenzierte Erkenntnisse erbracht (Ziehe 1975, Stimmer 1987).

Klaus kann die Zerstörung seines Spielzeugs dann auch ignorieren, wenn diese Erfahrung keine Bedeutung für ihn hat, wenn sie also kein Bedürfnis seines Selbst berührt, weil etwa das Spielzeug für ihn seinen Wert längst verloren hat. Er kann natürlich auch die Stellungnahmen seiner Mutter ignorieren, zerknirscht blicken und die nächste, günstigere Gelegenheit abwarten, Uwe eins auszuwischen. Die zuletzt genannte Variante wäre auf Dauer allerdings schädlich, da dadurch wichtige Erfahrungen geleugnet werden. Verleugnung (in der unbewussten Form die „Verdrängung" der Psychoanalyse) oder die verzerrte Symbolisierung von Wahrnehmungen führt zu Inkongruenzen und in der Folge zu psychischen, körperlichen und sozialen Problemen. Wenn Klaus seine Mutter ob ihrer Ermahnungen (unter der Annahme, dass sie nicht vertständigungsorientiert gehandelt hätte) hasst und am liebsten auch gleich verprügelt hätte, dies aber nicht tut, um sich ihre Zuwendungen nicht zu verscherzen, kann er diese Wahrnehmung verleugnen und dadurch verhindern, dass sie symbolisiert und damit bewusst gemacht wird. Er kann sie aber auch auf verzerrte Weise symbolisieren, die aber mit seinem Selbst übereinstimmt und sie etwa als Schlafstörungen oder Kopfschmerzen wahrnehmen.

Bei entsprechenden stark ausgeprägten Inkongruenzen ist sozialpädagogische Unterstützung, Beratung oder Therapie angebracht. Die abgewehrten Erfahrungen werden darüber der persönlichen Erfahrung zugänglich und schließlich in das Selbst integriert. Über eine stärkere Selbstexploration – ermöglicht durch die im folgenden Abschnitt beschriebene Haltung – wird dieser Prozess gefördert, ein Vorgang, der Rogers immer wieder überrascht hat: Die KlientInnen können „jeden nur denkbaren Weg einschlagen, tatsächlich entscheiden sie sich aber immer nur für solche, die positiv und konstruktiv sind. Ich kann mir dies nur damit erklären, dass dem menschlichen Organismus eine richtungsweisende Kraft innewohnt – eine Tendenz zu wachsen, sich zu entwickeln und die ihm gegebenen Möglichkeiten voll auszuschöpfen" (1991, S. 301).

9.1.3 Sozialpädagogische Haltung

Voraussetzung für einen Beziehungsprozess, in dem die Aktualisierungstendenz angeregt wird, ist ein Klima, „das es den Menschen gestattet, zu s e i n – ob es sich nun um Klienten, Schüler, Arbeiter oder Gruppenmitglieder handelt" (Rogers 1991, S. 301). Es müssen also Rahmenbedingungen geschaffen werden, die Bedrohungen, Strafen, Manipulationen vermeiden helfen. Das, was SozialpädagogInnen auf der Beziehungsebene zu diesem förderlichen Klima beitragen können, hat Rogers mit den Begriffen der Empathie, der unbedingten Wertschätzung und der Kongruenz oder Echtheit zusammengefasst, die eine grundsätzliche Haltung den Klienten gegenüber kennzeichnen (1985, S. 20 ff.):
- Empathie: Mit diesem Begriff des einfühlenden Verstehens wird eine Haltung, aber auch eine Fähigkeit umschrieben, die so grundsätzlich ist, dass sie in vielen Identitätstheorien und Handlungsansätzen als Schlüssel des Verstehens anderer Menschen (und in der Spiegelung durch andere Menschen als Zugang zu sich selbst) verstanden wird. So zum Beispiel bei Mead (1945, S. 445): „assuming the role of another", oder bei Adler (in Köppe, 1979, S. 49), wonach jemand Gemeinschaftsgefühl zeigt, der „mit den Augen eines anderen sehen, mit den Ohren eines anderen hören und mit dem Herzen eines anderen fühlen" kann, oder bei Freud (1978, S. 419): „Ein Erzieher kann nur sein, wer sich in das kindliche Seelenleben einfühlen kann" und, was wiederum Rogers Standpunkt sehr nahe kommt, wenn er meint, dass mögliche Erfolge von Erstkontakten sehr schnell verscherzt werden, „wenn man von Anfang an

einen anderen Standpunkt einnimmt als den der Einfühlung, etwa einen moralisierenden, oder wenn man sich als Vertreter oder Mandatar einer Partei gebärdet" (1978, S. 474).
Dieser Perspektivewechsel, der als Rollentausch im Psychodrama (Kap. 9.2) als eine der Grundtechniken gezielt genutzt wird, ist nicht nur von emotionaler, sondern ebenso auch von kognitiver Qualität. Es ist ein Sich-Hineinversetzen in die Wahrnehmungswelt von Klienten, „als ob" es die eigene wäre. Daraus ergeben sich zumindest zwei Probleme. In der Sozialen Arbeit ist die Differenz der Lebenswelten zwischen Klienten und Professionellen nicht selten so erheblich, dass dieser Perspektivenwechsel von Seiten der SozialpädagogInnen nur schwer oder auch gar nicht gelingen mag. Die Klienten fühlen sich dann nicht verstanden, die Beziehung zerbricht, bevor sie überhaupt richtig begonnen hat, das Ende ist Verärgerung und Verunsicherung bei den Klienten wie bei den Professionellen. Das zweite Problem besteht in der Nichtbeachtung des „als ob". Dem Einschwingen in die fremde Lebenswelt muss ein distanzierendes Ausschwingen folgen, nur so kann die Aufgabe des Professionellen erfüllt werden, dem Klienten aus dieser Position heraus fragend mitzuteilen, was wahrgenommen wurde. Lösungen dieser Probleme lassen sich nicht erzwingen, sie sind allerdings durch Erfahrung und Reflexion im Rahmen zirkulärer Problemlösungsprozesse wesentlich zu verbessern. Verstanden werden heißt beachtet werden und der Beachtung wert zu sein. Empathisches Verstehen hat somit einen stabilisierenden Wert für Klienten, der oft schon ausreicht, um die Selbstaktualisierung positiv zu mobilisieren und handlungsanregend zu wirken. Es eröffnet darüber hinaus die Basis für eine vertrauensvolle Beziehung zwischen Klienten und SozialpädagogInnen, die wiederum die Grundlage für effektives sozialpädagogisches Handeln darstellt. Vielleicht ist dies jenes „leidenschaftliche Verhältnis", das Nohl (1933, S. 22) als Teilaspekt des „pädagogischen Bezugs" nennt.
- Wertschätzung: Mit diesem Begriff ist das bedingungsfreie Akzeptieren dem Klienten gegenüber gemeint. In der Sozialen Arbeit ist die Ansicht gängig, dort anzufangen, wo der Klient momentan steht. Das Kriterium der bedingungslosen Wertschätzung macht dies griffiger, nämlich einen Klienten in seinem Mensch-sein ohne Vorbedingungen zu respektieren, ohne dass damit immer auch seine Handlungen akzeptiert würden. Wenn der Leiter einer Institution, in der gewalttätigste junge Männer leben, von diesen sagt: „Was sie getan haben ist schlimm und kriminell, aber sie sind gute Jungs", dann wird das vielleicht spontan Widerspruch hervorrufen, aber es illustriert genau das, was mit dem Kriterium der Wertschätzung gemeint ist. Das Beispiel zeigt auch, wie schwierig es in der Sozialen Arbeit sein kann, das Akzeptieren des Menschen von der Beurteilung seiner Taten zu differenzieren. Fixer, Gewalttäter, Vergewaltiger, Frauen, die ihre Kinder aussetzen, Magersüchtige, Obdachlose, Alkoholiker ... sie werden üblicherweise nach ihren Taten beurteilt. Ein Merkmal, eine Rolle löscht alle anderen Möglichkeiten und Fähigkeiten aus. Vor dieser Sichtweise sind auch SozialpädagogInnen nicht gefeit. Das Akzeptanz-Kriterium gibt aber immer wieder Anlass zu Reflexion und es schützt die Klienten. Es vermittelt ihnen Sicherheit und eine verlässliche Atmosphäre und trägt zu dem Beziehungs-Klima bei, das für Veränderungsprozesse notwendig ist, indem es vor allem das Selbstwertgefühl stärkt, das bei

den meisten Klienten der Sozialen Arbeit beschädigt ist. Dadurch, dass der Sozialpädagoge den Klienten wertschätzend annimmt, sind bei diesem erste kleine Schritte in Richtung einer Auseinandersetzung mit den belastenden Erfahrungen möglich, wodurch wiederum die Selbstannahme möglicher wird. Bei allem Bemühen wird es dennoch in manchen Fällen Grenzen der Wertschätzung geben. Um nur ein Beispiel zu nennen: SozialpädagogInnen, deren Väter Alkoholiker waren, haben aufgrund dieser Erfahrung nicht selten Schwierigkeiten, mit Alkoholikern zu arbeiten. Das kann sich einerseits in einer bewussten oder unbewussten Ablehnung solchen Klienten gegenüber äußern, andererseits aber auch in einer erdrückenden Überfürsorglichkeit. Beide Verhaltensweisen bedienen Inkongruenzen in der Lebensgeschichte der SozialpädagogInnen und behindern die realitätsgerechte Wahrnehmung und die Wertschätzung des Gegenüber. Im Sinne Rogers' ist es nötig, diese Inkongruenzen wahrzunehmen und diese Erfahrungen eben gerade nicht zu verzerren oder zu verleugnen, was es u.U. nötig macht, im kollegialen Gespräch oder in der Supervision, sich Klarheit zu verschaffen und mögliche Wege zu erarbeiten, was eventuell wiederum bedeuten kann, nach dem Delegationsprinzip für den Klienten eine geeignetere Kollegin oder einen Kollegen zu suchen.

- Kongruenz: Mit diesem Begriff wird die Übereinstimmung der Gedanken und Gefühle mit dem, was sprachlich und durch Mimik und Gestik geäußert wird, bezeichnet. Es ist die „Echtheit" von SozialpädagogInnen gemeint und zwar in dem Sinne, dass sie gegenüber ihren Klienten keine Rolle spielen, keine Fassade aufbauen und sich hinter ihr verstecken, sondern das, was die Klienten bei ihnen bewirken (die Gegenübertragung in der Psychoanalyse) oder die Situation bei ihnen auslöst, erst einmal bewusst und unverzerrt wahrnehmen und dann diese Einstellungen und Gefühle den Klienten in angemessener Weise mitteilen, sich ihnen gegenüber transparent machen. Dahinter steht nach Weinberger die Annahme, dass „1. der Klient nur dadurch, dass Sie ihm als Person begegnen, Vertrauen fassen kann, über sich, seine gefühlsmäßigen Erlebnisse und seine Probleme zu sprechen; 2. der Klient nur so angeregt wird, auch in seinem Verhalten offener und echter zu sein, d.h., sich auch traut, schrittweise mehr er selbst zu sein" (1995, S. 42). Auch bei diesem Kriterium kann es wieder einige Probleme geben. Wenn die eben beschriebene Wirkung erzielt werden soll, werden an SozialpädagogInnen erhebliche Ansprüche bezüglich ihrer Fähigkeiten zur Selbstreflexion gestellt werden. Im idealtypischen Falle wären sie frei von all dem, was die Psychoanalyse an Abwehrmechanismen erforscht hat oder aber, sie könnten sich diese jeweils in der Interaktion gleich bewusst machen. Nun ist es aber so, dass neben Übertragungen sich etwa Projektionen oder Verleugnungen erst einmal unbewusst entwickeln und u.U. zu verzerrten Interaktionen führen. Das heißt aber, dass die Wahrnehmungen häufig erst einmal sehr diffus sind und eventuell erst über eine gewisse Zeitspanne des Nachdenkens oder auch in der Supervision klarer werden. Die Forderung, das Wahrgenommene, wenn auch vorsichtig fragend, dem Klienten mitzuteilen und zwar nicht nur Positives, sondern auch Gefühle wie Angst oder Langeweile, bedarf der Kontrolle, soll sie nicht nur der Entlastung der Professionellen dienen. Diese Forderung entspricht auch dem Postulat der Themenzentrierten Interaktion (Kap. 9.3) „Störungen haben Vorrang". Ruth Cohn hat allerdings die Warnung der „selektiven Authentizität" formuliert, d.h., die Mitteilungen auszuwählen danach, ob sie zu dem Zeitpunkt und in der Situation für das Gegenüber wirklich hilfreich sind. Ähnlich sieht es auch Rogers, hier auf SozialpädagogInnen formuliert: so ist ihr „Erleben dem Bewusstsein zugänglich, es kann in der Beziehung erfahren und, falls es angebracht erscheint, kommuniziert werden" (1985, S. 20).

Die berechtigte Hoffnung ist, dass nicht nur SozialpädagogInnen diese drei Kriterien zu verwirklichen versuchen, sondern dass im interaktiven Prozess des sozialpädagogischen Arbeitens auch die Klienten selbst es lernen, auf der Beziehungsebene empathischer, wertschätzender und kongruenter zu werden. Vor dem Hintergrund der Sozialisationstheorie der Symbolischen Interaktion (Helle 1977, Stimmer 2000) geschieht Entwicklung durch die Spiegelungen (Bestätigung, Nichtbestätigung) durch Interaktionspartner bzw. durch den Perspektivenwechsel, durch den jemand sich selbst mit den Augen eines anderen sieht. Dies findet in der klientenzentrierten Situation statt, ist allerdings, allein schon aus zeitlichen Gründen sicher nur sehr unterschiedlich realisierbar.

Die drei Kriterien bilden wechselwirkend ein System, das als sozialpädagogische Haltung bezeichnet werden kann, eine Haltung allerdings, die ständig im Fluss ist, die manchmal in Annäherung erlebt und gelebt werden kann, die aber nie als Gegenstand in Besitz genommen werden kann. Das heißt, diese Haltung ist ein Idealtypus, dem sich konkrete SozialpädagogInnen in der Realität der Sozialen Arbeit nur immer mehr oder weniger nähern werden. Der Anspruch bleibt, sich um diese Haltung zu bemühen, von der Rogers meint, dass sie für Wachstumsprozesse im Sinne der Förderung der Aktualisierungstendenz notwendig und auch ausreichend sei. Wie anfangs schon erwähnt, ist das Bemühen um diese Haltung eine notwendige Basis in der Sozialen Arbeit, im Zweiergespräch wie bei allen andern Arbeitsformen und Interaktionsmedien, wenn sie auch sicher nicht ausreichend ist, um alle auftretenden Probleme angemessen zu bewältigen.

9.1.4 Verfahren und Techniken

Die Rezeption des klientenorientierten Ansatzes in Deutschland hat in den 60er und 70er Jahren durch entsprechende Veröffentlichungen (Tausch 1968, Weber 1974) den Eindruck erweckt, als wären trainierbare Techniken wie das aktive Zuhören oder das Spiegeln emotionaler Inhalte das Wesentliche an dieser Methode. Hinzu kam das Bemühen des wissenschaftlichen Nachweises der Effektivität dieses Ansatzes (Minsel 1974, Tausch 1968) einschließlich der Entwicklung von Fragebögen für die Praxis, die es erlauben sollten, die drei Kriterien der Haltung, nun häufig als Therapeutenvariable bezeichnet, und weitere Verhaltensweisen von Professionellen zu kontrollieren und bezüglich ihrer Effektivität zu überprüfen. Klienten und Professionelle haben durch diese Fragebögen Anreize, sich selbst und den jeweils anderen bezüglich der Ermöglichung von Entwicklung im Sinne des klientenorientierten Ansatzes einzuschätzen (zu den Fragebögen: Bommert 1977, S. 93 ff., Weber 1974, S. 97 ff. und 154 f.)

Es ist allerdings nur die Einseitigkeit in der Vermittlung dieser Methode im Rahmen von Ausbildungen, die solche Sammlungen von Techniken und Lern- und Trainingsprogrammen suspekt macht. Dadurch wird der Eindruck erweckt, als würde jemand, der die dort aufgestellten Forderungen erfüllt, etwa ein klientenorientierter Berater sein. Ansonsten sind diese Bemühungen, eingebettet in die Gesamtsicht dieser Methoden, hilfreiche Handreichungen für die Ausbildung und für die Praxis. Hier lässt sich auch noch einmal der Unterschied zwischen Technik und Methode verdeutlichen. Aktives Zuhören und das Spiegeln emotionaler Inhalte können als Techniken auch strategisch benutzt werden, zur Methode des personorientierten Ansatzes wird dieses Handeln erst, wenn diese Techniken im weiteren Rahmen der Axiologie und Theorie integriert sind.

Rogers hat diese Thematik schon 1951 eindeutig und für methodisches Handeln auch allgemeingültig formuliert: „Nach unserer Erfahrung ist ein Berater, der versucht, eine Methode anzuwenden, zum Misserfolg verurteilt, solange diese Methode nicht mit seinen eigenen Grundeinstellungen übereinstimmt. Auf der anderen Seite kann der Berater (...) nur teilweise erfolgreich sein, wenn sich seine Einstellungen nur unzulänglich in geeigneten Methoden und Techniken durchführen lassen" (1983, S. 34). Diese Formulierung bezeichnet auch ein Dilemma in der Sozialen Arbeit, wenn einerseits versucht wird, „methodenlos" Handlungsleitende Konzepte, wie das Empowerment oder gar Prinzipien wie Hilfe zur Selbsthilfe, praktisch handelnd umzusetzen oder andererseits Verfahren oder Techniken, aus dem methodischen Zusammenhang gerissen, anzuwenden, weil sie gerade „in" sind.

Einige wesentliche Techniken im personorientierten Ansatz, die die Gesprächsführung kennzeichnen sind so allgemein gebräuchlich geworden, dass sie in vielen Konzepten inzwischen als bedeutsam angesehen werden. Diese Techniken sind geeignete, hilfreiche Werkzeuge zur praktischen Umsetzung der personorientierten Haltung (Bemühen um Empathie, Wertschätzung, Echtheit), über die ein Klima geschaffen wird, das den Klienten zur Selbstexploration anregt, ihn Inkongruenzen erkennen lässt und die Selbstaktualisierungstendenz von ihren Blockaden befreit. Stichwortartig werden einige dieser Techniken im folgenden angeführt (Weber 1974, Weinberger 1980, S. 114 ff.):

- Spiegeln: Verbalisierung von Erlebnisinhalten durch die Technik des Spiegelns der inneren Welt des Klienten, seiner Gefühle und Einstellungen sowie seiner Wünsche, Hoffnungen und Ziele. Dabei geht es nicht um ein „papageienhaftes" Wiederholen, sondern um konstruktives, weiterführendes Spiegeln, um das, was der Klient vielleicht noch nicht in Worte fassen kann oder was er ausblendet, verfügbar zu machen.
- Aktives Zuhören: Dieser Begriff geht weit über das Hören hinaus und meint ein Wahrnehmen mit allen Sinnen. Tomatis (1987) hat für die pränatale ganzheitliche Beziehung zwischen Mutter und Kind den Begriff des „Horchens" eingeführt, der diese Art des Eingestimmtseins prägnant beschreibt und der grundlegend ist für pädagogische und therapeutische Beziehungen (Stimmer 2000).
- Strukturierung: Rekapitulieren (Zusammenfassung wesentlicher Punkte), Betonung des „Hier und Jetzt" (Was bedeuten Äußerungen zur Vergangenheit für die heutige Situation?) und Gegenüberstellung (einerseits – andererseits).
- Stimulierung zur Differenzierung: Perspektivenwechsel (Betrachtung von mehreren Standpunkten aus), Konkretisierung (abstrakte Aussagen konkreter formulieren), Akzentuieren (Übertreiben beim Spiegeln von Aussagen) und

positive/negative Verbalisierung (wenn Aussagen positive wie negative Aspekte enthalten, wird einer der beiden zur weiteren Differenzierung aufgegriffen).

Das Bemühen, diese Techniken zu praktizieren, schließt die folgenden „Gefahren und Laster der Gesprächsführung" (Weber 1974, S. 32 ff.) zwar nicht grundsätzlich aus, sie verringert aber die Wahrscheinlichkeit ihres Auftretens bzw. ihre Dauer: Dirigieren, Ratschläge, Mahnungen, debattieren, Streitgespräche führen, dogmatisieren, einseitig diagnostizieren, interpretieren, verallgemeinern, bagatellisieren, moralisieren, monologisieren, rationalisieren, abschalten, abstrahieren usw. Diese Gegenüberstellung zeigt einerseits, was eine klientenorientierte Gesprächsführung nicht ist und sie macht andererseits vielleicht noch ein wenig deutlicher, was sie ist.

Wenn in einem Psychotherapieprozess hinsichtlich des Bezugs vom Therapeuten zum Problem des Klienten das von Bommert formulierte Vorgehen meist angebracht sein mag, gilt dies so eindeutig für die Beratung und die allgmeine Gesprächsführung in der Sozialen Arbeit sicher nicht: Der Therapeut bemüht sich, „den „direkten" Weg von sich aus zum Problem des Klienten ... zu vermeiden, d.h. – so weit möglich – seine eigenen Sichtweisen, Arten des Herangehens an Probleme, Erfahrungen und Einschätzungen zum Problem oder zur Problemlösung zurückzustellen" (Bommert 1977, S. 62). In den Tätigkeitsfeldern sozialer Arbeit müssen ergänzende Techniken hinzukommen, allerdings immer unter der Prämisse personorientierten Handelns und situationsangemessen. Nach der Definition von Beratung (Kap. 6.1) in der Sozialen Arbeit ist in ihr immer auch ein informativer Aspekt enthalten. Aber nur informieren ist keine klientenzentrierte Beratung, sondern vielleicht eine sinnvolle und weiterführende Auskunft. Falls eine Beziehung sich postiv entwickelt hat, verträgt sie meist auch verständigungsorientierte Konfrontationen. Eine ironisierende Bloßstellung von Klienten dagegen widerspricht der sozialpädagogischen Ethik und zerstört die Grundlage einer Arbeitsbeziehung. Wenn Arbeitslosigkeit eingetreten ist und Armut droht, kann in der Sozialen Arbeit dieses Problem nicht nur auf der subjektiven Ebene behandelt werden, so wichtig dieses auch sein mag, da die Situationsdefinitionen das Handeln bestimmen. Zu einer realiätsgerechteren Situationsdefiniton gehören aber auch lebensweltliche und gesellschaftliche Aspekte, deren Wahrnehmung durch SozialpädagogInnen angeregt werden und die für die Problemlösung als relevant erkannt werden müssen.

Weinberger (1980, S. 122 ff.) nennt im Rahmen der klientenzentrierten Gesprächsführung einige „Techniken direkter Verhaltensstimulierung", die in der Sozialen Arbeit sinnvoll in die klientenzentrierte Gesprächsführung integriert werden können:
- Bekräftigen von angemessenen Verhaltensweisen,
- stimulieren von angemessenen Verhaltensweisen,
- hinterfragen von unangemessenen Verhaltensweisen,
- Fragen stellen und
- konfrontieren.

In der Sozialen Arbeit müssen aber, wie eben erwähnt, die lebensweltlichen und gesellschaftlichen Rahmenbedingungen für die Verhaltensweisen in ihren manchmal zentralen Funktionen eindeutig bestimmt und reflektiert werden. Ein Widerspruch zum klientorientierten Ansatz lässt sich daraus nicht ableiten.

9.1.5 Klientenzentrierter Ansatz vs. Gesprächspsychotherapie

Dass in der Sozialpädagogik zwar Techniken aus diesem Ansatz praktiziert werden (häufig, ohne die Verbindung dazu herzustellen) und dass in Handlungsleitenden Konzepten wie dem Empowerment eine sehr ähnliche Axiologie und Haltung gefordert wird, rettet den personorientierten Ansatz nicht vor Zurückweisung als nicht-pädagogisch, sondern eben psychotherapeutisch. Dies hat viele Gründe, wie sie auch bei der Diskussion des Psychotherapievorwurfs eingangs schon erwähnt wurden. Zu vermuten ist, dass die Kritiker sich selbst einer solchen Ausbildung nicht unterzogen haben (das gilt auch für andere Methoden), also methodisches Handeln nur aus Veröffentlichungen (oder auch kurzfristigen schlechten Erfahrungen) kennen und von daher ihrer Kritik unterziehen. Die häufigste Fehleinschätzung entsteht aus der Gleichsetzung des „personorientierten Ansatzes" mit der „Gesprächspsychotherapie". Die Gesprächspsychotherapie und ihre Handlungsmodalitäten werden dann unter den Voraussetzungen sozialpädagogischer Settings kritisiert, was nicht schwerfällt, und der personorientierten Ansatz dann pauschal für die Soziale Arbeit notgedrungen abgelehnt. Dies hängt auch mit der Schieflage der Öffentlichkeitsarbeit der „Gesellschaft für wissenschaftliche Gesprächspsychotherapie (!) e. V." zusammen, die die Ausbildung in Deutschland organisiert und die sich als „Fachverband für Psychotherapie und Beratung" versteht, aber wohl aus alten Gewohnheiten und berufspolitischen Gründen (Anerkennung als Therapieverfahren) es versäumt hat, den Ansatz von Rogers in seiner Gesamtheit angemessen zu repräsentieren. Dies ist der Verwirklichung seiner Hoffnung einer „stillen Revolution" – der Ausbreitung der beschriebenen Haltung in alle menschliche Bereiche hinein – nicht gerade förderlich:
- Gesprächspsychotherapie (in therapeutischen Settings),
- personzentrierte Beratung (in den verschiedenen Settings des Interaktionsmediums Beratung) und
- klientenzentrierte Gesprächsführung (als allgemeine Gesprächsform verständigungsorientierten Handelns in den verschiedenen Settings aller Interaktionsmedien)

sind gleichberechtigte, aber bezüglich ihrer Anwendungsmodalitäten verschiedene Teilbereiche des personorientierten Ansatzes, wobei die von Rogers geformte Grundhaltung die verbindende Basis darstellt. Auf der Grundlage einer solchen Differenzierung ließen sich dann spezifische Verfahren, auch für die Soziale Arbeit, entwickeln, eine Aufgabe, die noch weitgehend offen ist.

Weiterführende Literatur:

Rogers, C. R., Die klientenzentrierte Gesprächspsychotherapie, München 1983.
Rogers, C. R., Die Kraft des Guten, Frankfurt 1985.
Weinberger, S., Klientenzentrierte Gesprächsführung. Eine Lern- und Praxisanleitung für helfende Berufe, Weinheim 2003 (9. Aufl.).
Gesellschaft für wissenschaftliche Gesprächspsychotherapie (GWG) (Hrsg.); Zeitschrift Gesprächspsychotherapie und Personzentrierte Beratung, Köln (GwG-Verlag).

9.2 Psychodrama

„Psychodrama" wird hier als Kürzel für das Gesamtwerk Jacob Levi Morenos (1889–1974) und die theoretischen und praktischen Weiterentwicklungen verwendet. Es beinhaltet
- Psychodrama i.e.S. als handlungsorientierte, interaktive Methode psychosozialer Gruppenarbeit mit dem Focus auf die szenische Darstellung,
- Soziometrie als Verfahren zum Verstehen und zur Analyse zwischenmenschlicher Beziehungssysteme mit dem Ziel der Um- oder Neugestaltung dieser Netzwerke (Soziales und Kulturelles Atom (Kap. 7.4 und 7.5), Soziometrischer Test (Kap. 7.6),
- die mikro-soziologische Interaktions-, Rollen- und Sozialisationstheorie und
- die im Judentum verankerte und vor allem durch den Existentialismus geprägte Philosophie und Anthropologie (Buber 1989).

Die psychodramatische Haltung in der Sozialen Arbeit, das psychodramatische Wahrnehmen, Verstehen und Helfen ist idealtypisch geprägt von diesem komplexen und dynamischen Interdependenzgefüge. Im Psychodrama ist das primäre Ziel nicht die „Psychiatrie", die Heilung individueller Seelen, sondern die „Soziatrie", die Heilung von Beziehungen, Gruppen, Gemeinschaften, Gesellschaften. Es geht also letztendlich um eine humanere Gestaltung gesellschaftlicher Realität über das Medium der Veränderung zwischenmenschlicher Beziehungen, seien sie nun gerade im aktiven Entstehen oder seien sie bereits zu Institutionen, Normen, Wertehierarchien, Symbolen, also zu „Kulturkonserven" (Moreno) geronnen. Soziatrie wird damit zur Voraussetzung von Psychiatrie und macht diese, utopisch gedacht, im Endeffekt überflüssig. Dies sind Gedanken, wie sie heute unter den Stichworten „Schaffung gesundheitsförderlicher Lebenswelten" und „Förderung subjektiver Autonomie" in Konzepten des Empowerment (Kap. 5.1), der Gemeindepsychiatrie und Gemeindepsychologie (Röhrle 2000), der Gesundheitsförderung (Waller 2000), der sozialen Netzwerkarbeit (Kap. 5.3) und im Selbsthilfeansatz (Schneider-Schelte) diskutiert werden.

9.2.1 Entwicklung

Das Psychodrama ist bis heute eng verbunden mit dem Leben und dem Werk des Psychiaters und Soziologen J. L. Moreno, der zunächst ganz alltagsorientiert in Wien sozialpädagogische Themen handelnd umsetzte (Versuche, eine Prostituiertengewerkschaft anzuregen, ein Internierungslager soziometrisch umzugestalten, spontane Spiele mit Kindern in den Parks, Straßentheater, Stegreifspiele usw.). Ab 1925 integrierte er in den USA die Gruppenarbeit und soziometrische Untersuchungen in die Soziale Arbeit (u.a. in Schulen, Gefängnissen, Erziehungsheimen, Krankenhäusern) und baute das System des Psychodramas im therapeutischen Bereich und bezüglich der theoretischen Fundierung differenziert weiter aus. In der Bundesrepublik wurde das Psychodrama mit Beginn der 70er Jahre zunächst vor allem im psychotherapeutischen Bereich unter Beschränkung auf die Gruppenmethode betrieben. Die soziometrischen Verfahren wurden, abgekoppelt vom Psychodrama, als soziologische Methode der Gruppenanalyse und in der Schule als gruppenpädagogische Verfahren angewendet. Langsam kam es dann, beginnend Mitte der 80er Jahre, zur Kenntnisnahme des Gesamtwerkes Morenos einschließlich seiner pädagogischen, sozialpädagogischen und sozialpolitischen Zielrichtung, wie sich das inzwischen in vielen Veröffentlichungen spiegelt: Psychodrama in der Arbeit mit Familien (Psychodrama 1989), Politische Aspekte (Psychodrama, 1990), Sozialpädagogik (Stimmer 1992), Sucht (Stimmer 1993), Psychodramapädagogik (Springer 1995), Arbeit mit Kindern (Weber/Klein 1995), Organisationsentwicklung (Meyer-Anuth/Klein 1995), Heimerziehung (Stimmer/Rosenhagen 1999), u.v.a.

9.2.2 Menschenbild und theoretische Konzepte

Die Theorie des Psychodramas baut auf der Annahme auf, dass der Mensch ein schöpferisch handelndes Wesen ist, dass Handeln in Rollen stattfindet und jeweils interdependent auf andere Rollenträger bezogen ist und dass diese Rollen in einem lebenslangen Sozialisationsprozess erlernt und auch immer wieder modifiziert werden. Leben und Lernen bedarf also der Gemeinschaft (Natorp), wobei die einseitige und rationale „Wort-Belehrung" (Pestalozzi) durch ganzheitliches interaktives Handeln ersetzt wird. Daraus leiten sich als theoretische Konzepte die psychodramatische Interaktions-, Rollen-, und Sozialisationstheorie ab. Die Basis der Interaktionstheorie bildet das Begriffspaar „Begegnung" und „Kulturkonserve". Begegnung als kommunikatives Handeln (Abb. 7) bezeichnet eine Beziehungsweise, bei der die Interaktionspartner wechselseitig empathisch aufeinander bezogen sind und sich jeweils realitätsgerecht wahrnehmen. In modernen Industriegesellschaften ist diese Form menschlicher Beziehung zumindest bedroht. Entfremdungsprozesse des Menschen von sich selbst, vom Mitmenschen, von der Natur und vom Kosmos sind soziokulturell bedingte Folgen, die gleichzeitig die Grundlagen für psycho-soziale Konflikte und Störungen bilden. Mit diesem Prozess ist eine zu rigide Ausrichtung auf Kulturkonserven verbunden, die sich im Verlauf der gesellschaftlichen Entwicklung herausgebildet haben (Bücher, Filme, Riten, Normen, Werte, Institutionen usw.). Diese haben zwar eine durchaus positive, stützende und entlastende Funktion, solange sie jeweils den Bedürfnissen der Menschen kreativ angepasst und modifiziert werden. Sie haben allerdings verheerende Auswirkungen, wenn sie als „soziale Tatsachen" (Durkheim) quasi ein Eigenleben führen und den Menschen in seiner Entwicklungsmöglichkeit behindern (vgl. Kap. 4.3). Daraus leitet Moreno (ähnlich wie das später auch im Empowermentansatz formuliert wird (Kap. 5.1.)) das Grundziel des psychodramatischen Handelns ab, nämlich Menschen in ihren Begegnungskompetenzen zu stärken und ihre Fähigkeiten zu Spontaneität und Kreativität zu fördern und dadurch die Entfremdungsaspekte zu mildern und alte Kulturkonserven sinnvoll zu verändern bzw. neue schöpferisch zu gestalten. Auf dieser Grundlage entwickelt Moreno seine Rollentheorie, mit der er neben G.H. Mead (1968; erstmals 1934) und R. Linton (1979; erstmals 1936) zu einem Klassiker der Rollentheorie wurde. Diese zeichnet sich vor allem dadurch aus, dass sie dem individuellen Aspekt der Gestaltung gesellschaftlich vorgegebener Rollenerwartungen einen hohen Stellenwert einräumt, bis hin zur völligen Umgestaltung von Rollen. Die Elemente sozialer Rollen lassen sich dann differenzieren in (Moreno 1960):

- das role-taking und role-acting, also das Übernehmen von Rollen und Spielen dieser Rollen nach dem vorgegebenen Muster,
- das role-playing, das spielerische Umgehen mit und das Ausprobieren von Rollen, und
- schließlich das role-creating, das kreative Umgestalten und eventuell sogar Neugestalten von Rollen.

Je nach Situation sind unterschiedliche Schwerpunktsetzungen sinnvoll, bei Kindern auf dem Spielplatz ist das spontane Rollenspiel erwünscht und wird gefördert, bei einem Chirurgen im Operationsteam hätte ein zu spontanes Rollenverhalten u.U. tödliche Konsequenzen für Patienten. Psychische Gesundheit und soziale Beziehungsfähigkeit setzen allerdings die Kompetenz zur Flexibilität des Rollenspiels voraus, eine Fähigkeit, die bei Erwachsenen häufig erst durch die psychodramatische Arbeit wiedergewonnen oder auch erst erworben werden muss. Die Identität des Menschen entwickelt sich im Erlernen und Spielen von Rollen in lebenslangen Sozialisationsprozessen. Pädagogisches Rollenspiel und Psychodrama finden hier ihre identitätsbildende bzw. identitätsmodifizierende Funktion. Die grundlegenden Schritte der Rollenentwicklung werden in der Psychodramatheorie in einem Phasenmodell differenziert beschrieben (Moreno/Moreno 1944, Stimmer 1982, S. 147 ff.), von der engen Verbundenheit zwischen Mutter und Kind bis hin zur reflexiven Selbstwahrnehmung durch die sozialen Spiegelungen der Interaktionspartner.

Auf die herausragende Bedeutung des Spiels als pädagogische Methode hat Fröbel schon um 1820 hingewiesen. Trotz der Bedeutsamkeit des Spiels für die kulturelle Entwicklung (Huizinga 1975), für die Pädagogik (van der Kooij 1991), für die Soziologie (Runkel 1986), für die Sozialisationstheorie (Mead 1968) und für die alltägliche Lebensgestaltung durch die Kinder selbst, ist das psychodramatische „Spiel", die „szenische Gestaltung" als etwas „Kindliches" oder zu „Emotionales" oder ganz einfach als „Theater" doch lange auf Vorbehalte gestoßen, was die Auseinandersetzung und die Anerkennung in „akademischen Kreisen" lange erschwert hat. Andererseits wird das „Rollenspiel" heute in den vielfältigsten Formen und abgelöst von den psychodramatischen Wurzeln in der Sozialen Arbeit angewendet und seine Wirksamkeit für Veränderungsprozesse genutzt.

Neben diesen Theorien sind es vor allem zwei weitere theoretische Annahmen, die Schwerpunkte der psychodramatischen Theorie und Praxis (in der Umsetzung dieser Ideen in Verfahren) deutlich machen:
- Das „soziale Atom" (Moreno 1936; Kap. 7.4) als die kleinste interessierende Untersuchungseinheit, das sozio-emotionale Beziehungsgeflecht, das durch je emotional bedeutsame Menschen gebildet wird und in das der einzelne Mensch in unterschiedlichen Konstellationen sein Leben über eingebunden ist, das ihn prägt und das er zugleich gestaltet. Der Mensch „ist" in dieser Sicht sein soziales Atom, es verleiht ihm Identität, wie es auch ein Ursprung von Konflikten ist.
- Die soziometrischen Verfahren zur Analyse bzw. zum Verstehen und zur Umgestaltung von Gruppen (Moreno 1974 und 1981; Kap. 7.6). In der Intention von Moreno geht dies weit über die psycho-soziale Gruppenarbeit hinaus in Richtung Netzwerkarbeit (Kap. 5.3 und 9.4.1) bis hin zu einer

„Neuordnung der Gesellschaft". Es wird u.a. ein Prozess angeregt, in dem die Gruppenmitglieder als aktive Mitforscher engagiert sind und durch den das Beziehungsnetz der sozio-emotionalen Tiefenstruktur von Gruppen, das – dies ist ein grundlegendes Axiom – durch Anziehung und Abstoßung gebildet wird, bewusstgemacht wird (soziometrischer Test (Kap. 7.6). Da psychosoziale Konflikte um so wahrscheinlicher werden, je größer die „soziodynamische Differenz" (Moreno 1981, S. 177) zwischen offizieller Oberflächenstruktur und der Tiefenstruktur ist, können aus dem soziometrischen Test notwendige Veränderungen der konkreten sozialen Oberflächenstruktur (institutionelle Vorgaben, Hierarchien, Normen usw.) abgeleitet und die Gruppe oder Institution so umgestaltet werden, dass die Diskrepanz möglichst gering gehalten wird. Durch viele kleine kreative Veränderungen, das ist die Hoffnung Morenos, entwickeln sich im Sinne evolutionärer Fortschritte oder durch die „soziometrische Revolution" (in: Leutz 1974, S. 2) ganze Kulturen hin zu mehr Humanität und Selbstbestimmung.

9.2.3 Gruppenarbeit

Psychodrama i.e.S. als Gruppenmethode ist u.a. durch die beschriebenen theoretischen Konzepte begründet. Sie ist eine „Beziehungspädagogik", also ein Lernfeld für Beziehungsgestaltung, bzw. eine Interaktionstherapie, für die die szenische Darstellung auf unterschiedlichen Ebenen zentral ist: konfliktbezogen-gegenwartsorientiert, ursachenbezogen-vergangenheitsorientiert und verhaltensmodifizierend-zukunftsorientiert.

Die „Instrumente" des Psychodramas („Arrangements" nach Giesecke: Kap. 6.2.3) sind
- die „Bühne", der Spielraum für den Situationsaufbau und die Gestaltung der Szenen,
- die Protagonisten, die Klienten, die ihre Themen auf der Bühne darstellen,
- die Mitspieler oder Hilfs-Iche, die im Spiel Rollen übernehmen,
- die Gruppe, die als Resonanzboden für das Geschehen dient,
- die Psychodrama-Leiter, die nach psychodramatischen Regeln das Spiel strukturieren, und
- die verschiedenen Verfahren und psychodramatischen Techniken, die heute in großer Zahl zur Verfügung stehen. Als Grundtechniken finden dabei Anwendung
  – das Doppeln als empathisch unterstützende Intervention (A begleitet B, versetzt sich in ihn und spricht u.U. seine Gedanken und Gefühle aus),
  – der Rollentausch als Intervention, die den Perspektivenwechsel ermöglicht und die Du-Erkenntnis fördert (A übernimmt die Rolle von B und handelt in ihr) und
  – das Spiegeln als Intervention, die die Ich-Erkenntnis anregt (A wird von B dargestellt, wobei A sich aus einer räumlichen Distanz selbst betrachtet).

Idealtypisch läuft das Psychodrama in drei Phasen ab, in der Realität sozialer Gruppenarbeit gibt es dabei aber in der zweiten Phase viele situationsspezifische Variationen:

- In der Erwärmungsphase werden über verschiedene Techniken die Gruppe und ein Protagonist für die psychodramatische Handlung sensibilisiert und aktiviert,
- in der darauf folgenden Spielphase wird das Thema, das sich herauskristallisiert hat, auf der Bühne nach einem jeweils ganz konkreten Situationsaufbau in Szene gesetzt, und
- in der Abschlussphase
  - sprechen die Gruppenteilnehmer im „sharing" (teilen, mitteilen) über die eigene Betroffenheit, die das Spiel bei ihnen ausgelöst hat („Kenne ich das, was ich im Spiel wahrgenommen habe auch aus meinem eigenen Leben?"), wobei diese Rückmeldungen die ProtagonistInnen meist entlasten (auch andere kennen diese Probleme),
  - sie tauschen sich über ihre Wahrnehmungen als Rollenspieler (Hilfs-Iche) im Psychodrama (Rollenfeedback) aus („Ich als „Vater" habe erlebt, dass ...") sowie über
  - ihre Identifikationen mit verschiedenen Personen im psychodramatischen Spiel aus (Identifikationsfeedback: „Ich habe mich mit X identifiziert und dabei erlebt, dass ...")

Je nach Verlauf der Erwärmungsphase wird die Spielphase mehr personorientiert oder mehr gruppenorientiert sein, oder sie dient der soziometrischen Klärung von Beziehungsstrukturen. Häufig gehen die Orientierungen aber auch ineinander über, bauen aufeinander auf oder werden spontan verändert.

Im personorientierten Psychodrama können u.a. unterschieden werden:
- das tiefen-psychologisch-therapeutische Psychodrama, wo in der Spielphase der gegenwärtige Konflikt in Szene gesetzt und von da aus sich ergebende Szenen der Vergangenheit, häufig mit einem ausgeprägt kathartischen (befreienden) Erleben, gespielt werden,
- das themenzentrierte Psychodrama, wo zu einem Thema von unterschiedlichen Gruppenteilnehmern kurze Episoden (Vignetten) gespielt werden, und
- das Pädagogische oder zukunftsgerichtete Rollenspiel, in dem lebenspraktische Themen spielerisch erprobt werden (Kap. 9.2.4).

Im gruppenorientierten Psychodrama können u.a. gespielt werden:
- das gruppenzentrierte Psychodrama, in dem sozio-emotionale Beziehungen bzw. Konflikte der Gruppenteilnehmer bearbeitet werden,
- Stegreifspiele, also spontane realitätsnahe oder fantasierte Spiele, die meist von einem Gruppenmitglied ohne Vorgaben eingeleitet werden und an denen sich weitere Gruppenmitglieder ohne Rollenvorgaben beteiligen und
- Soziodramen (Kap. 9.2.4), in denen sich die Teilnehmer im Spiel mit kulturellen Normen, Vorurteilen und Ideologien unzensiert auseinander setzen und u.U. auch in kulturell fremde Rollen schlüpfen.

Zur Klärung von Beziehungsstrukturen stehen die auf die beschriebenen soziometrischen Verfahren zurückgehenden Techniken wie der soziometrische Test (bezogen auf die Gruppe; Kap. 7.6) und das „Soziale Atom" (bezogen auf einzelne Mitglieder; Kap. 7.4) zur Verfügung.

9.2.4 Psychodrama in der Sozialen Arbeit

Menschen verarbeiten Informationen unterschiedlich. Die einen sind eher visuell eingestimmt, sie brauchen bildhafte Vorstellungen, andere auditiv, sie brauchen gesprochene Sprache, wieder andere müssen Dinge greifen, um sie zu begreifen usw. Je mehr Möglichkeiten der Wahrnehmung und Verarbeitung von Informationen in einer beratenden, pädagogischen, therapeutischen oder auch alltäglichen Situation verfügbar gemacht werden, um so größer ist die Wahrscheinlichkeit, dass die Wahrnehmungsfähigkeit bei Klienten gesteigert und emotionale und kognitive Prozesse und darüber wieder Handlungsbereitschaft in Gang gesetzt werden können. Informationsmedien (Abb. 21) reichen von Texten

Informationsmedien
Formen der Wissensvermittlung

Text	Abhandlung, Erörterung Forschungsbericht, Analyse Essay, Roman Protokoll, Bericht	Lesen
Erzählung	Vortrag, Rede Interview Diskussion Gespräch, Referat	Hören
Graphik	Diagramm Schaubild Schema Zeichnung	Sehen
Bild	Standbild Skulptur Aktionssoziometrie Arbeiten mit Ton	Mitgestalten Sehen Spüren
Szene	Rollenspiel Stegreifspiel Psychodrama Soziodrama	Mitspielen Spüren Hören Sehen

Abbildung 21: Informationsmedien

(Broschüren, Abhandlungen), die gelesen werden, über die Rede (Vortrag, Diskussion), die gehört bzw. gesprochen wird, und über grafische Veranschaulichungen (Abbildungen, Diagramme), die gesehen werden, bis hin zu statischen Bildern (Zeichnungen, Skulpturen) und zu dynamischen Szenen (Filme, Rollenspiele). Bei den letztgenannten Medien kommt zum Sehen und Hören bzw. Sprechen dann auch das spürbare Greifen, das Mitgestalten und Mitspielen, das auch mit Riechen, das manchmal sogar mit Schmecken verbunden ist, hinzu. Dies unter der Voraussetzung, dass Klienten aktiv in das Geschehen mit eingebunden und eben nicht nur als inaktive Konsumenten zugelassen werden. Eine der Anforderungen an das methodische Handeln ist es, ein ausgewogenes und situationsspezifisches Verhältnis in der Anwendung dieser Informationsmedien zu finden. Im Psychodrama werden alle Sinne animiert und damit alle Informationsmedien integriert.

Im Zusammenhang mit der szenischen Darstellung wird noch ein weiterer Vorteil des Psychodramas deutlich, nämlich der Lehrsatz Morenos „Handeln vor Reden!". Nach wie vor gilt ja in vielen Bereichen der Sozialen Arbeit das „KAP-Modell" (K=Knowledge, A=Attitude, P=Practice (Young 1967)) als erfolgversprechend, d.h. der Weg, der von der Wissensvermittlung über die Einstellungsänderung zur gewünschten Verhaltensänderung führen soll. Falls aber Änderungen des aktuellen Verhaltens erreicht werden sollen, kann genau beim Verhalten angesetzt werden, zunächst in der Semi-Realität (noch nicht ganz Realität, aber auch nicht unrealistischer Schonraum) der psychodramatischen Bühne, so dass im Handeln und über den Szenenaufbau, das Doppeln, den Rollentausch und das Spiegeln sich Einstellungsänderungen und weiter lebendiges Wissen „wie von selbst", jetzt nach dem „PAK-Modell", ergeben und dieses „Wissen" nun wirklich integrierter Bestandteil des Identitätsprozesses werden kann.

In der Sozialen Arbeit ist es möglich, das Psychodrama mit einem hohen Stellenwert in die Arbeit zu integrieren. So ist es in dem Beispiel der Nachsorge bei Alkoholabhängigkeit (Kap. 2.1) denkbar, die gesamte Gruppenarbeit mit psychodramatischen Verfahren zu bestreiten. Das beginnt beispielsweise mit dem „Sozialen Atom" und dem „Kulturellen Atom" (Kap. 7.4 und 7.5) als Situationsanalyseverfahren über themenzentrierte Psychodramen (Rückfall, Suchttypen, Abstinenz) oder Soziodramen (typische Alkoholiker treffen auf typische Abstinenzler) bis hin zum zukunftgerichteten Rollenspiel, in dem mögliche Situationen vorwegnehmend im psychodramatischen Spiel schon einmal erlebt und Verhaltensweisen trainiert werden können (Verführung zum Trinken an Sylvester, Vorstellungsgespräch beim neuen Arbeitgeber).

Häufiger wird es so sein, dass psychodramatische Verfahren, manchmal auch nur einzelne Techniken mit anderen Verfahren kombiniert werden, beispielsweise wenn in TZI-Gruppen (Kap. 9.3) Blockaden entstehen und es über Verbalisierung alleine schwierig ist, den Gruppenprozess wieder in Gang zu bringen. Dann ist es hilfreich, über ein Rollenspiel zu verdeutlichen, was gemeint ist, aber über Worte nicht angemessen vermittelt werden konnte.

Weiter stehen viele Verfahren zur Verfügung, die als bedeutsame Elemente die sozialpädagogische Arbeit beleben, wie beispielsweise die folgenden:
- „Soziometrische Landkarte" zum Gruppenbeginn („Erwärmungsphase"): Dieses Verfahren, das eine Gruppengröße von nicht mehr als dreißig Personen voraussetzt, verschafft allen Teilnehmern und SozialpädagogInnen einen

Überblick über die vorhandenen Vorerfahrungen, Wünsche und Erwartungen und fördert gleichzeitig den ersten Kontakt der Teilnehmer untereinander auf spielerische Weise. Dadurch wird die Basis für ein effektives Arbeitsklima ermöglicht und darüber hinaus entsteht ein sichtbar gemachtes Netzwerk von Verbindungen der Gruppenteilnehmer untereinander bezüglich bestimmter Fragestellungen. Die Teilnehmer stehen von ihren Plätzen auf und ordnen sich auf einer gedachten Diagonale bezogen auf bestimmte Themen zwischen den beiden Polen zu. Bei einer Gruppe von Pflegeeltern, die vom Jugendamt bezüglich ihrer Rechte und Pflichten beraten werden, könnte eine Eingangsfrage lauten: „Wie groß sind meine Kenntnisse zu diesem Thema?". Der eine Pol wäre dann mit „überhaupt keine Ahnung", der andere mit „ich bin Experte auf diesem Gebiet" zu bezeichnen. Eine weitere Frage könnte sein: „Was erwarte ich von dieser Beratung?". Die Teilnehmer gehen in den Raum, sprechen über den Stand ihrer Kenntnisse und über ihre Erwartungen und ordnen sich dementsprechend einander zu, so dass ein lebendiges Bild der Kenntnis- und Erwartungsschwerpunkte erkennbar wird und u.a. auch dem Berater Sicherheit gibt, mit seinen Inhalten nicht daneben zu liegen oder sie eben noch auf die Bedürfnisse der Teilnehmer abstimmen zu können.

- „Skulpturarbeit": Hier geht es darum, in kleinen wie in Großgruppen Inhalte, auch theoretischer Art, über Gegenstände zu verbildlichen und damit erlebbar zu verdeutlichen, sie greifen und besser begreifen zu können. So werden etwa bei der Beratung und Betreuung von langzeitarbeitslosen Menschen Organisationsstrukturen eines Betriebes oder die ganz persönliche Bedeutung von Arbeitslosigkeit mit Stühlen und anderen Gegenständen im Raum aufgestellt und die Verbindungen der einzelnen Bereiche mit Schals o.ä. dargestellt. Oder in einer gemischtgeschlechtlichen Gruppe von aidskranken Menschen bauen die Frauen eine Skulptur „aidskranke Frau" und die Männer eine weitere „aidskranker Mann". Der folgende Austausch zwischen den Gruppen wird viele Ängste und Vorurteile offenlegen, die sonst verborgen geblieben wären und die nun Anlass für weitere sozialpädagogische Interventionen sein können. Dann wird der hohe Komplexitätsgrad mancher Fragestellung deutlich, vielleicht auch die Erkenntnis, dass es keine eindeutige Antwort im Sinne von richtig oder falsch gibt und Entscheidungen letztlich eigenverantwortlich getroffen werden müssen. Eine Variante, die schon in Richtung Rollenpiel geht, ist die, dass die Stühle mit Menschen besetzt werden. Die Gruppe formuliert dann, unterstützt durch den Sozialpädagogen (über die Technik des Doppelns), je nach Bedeutung des Stuhls, ganz bestimmte Aussagen, die von den jeweiligen Teilnehmern übernommen werden (Rolleneinführung). In diesen verschiedenen Rollen nehmen die Teilnehmer Kontakt miteinander auf und tauschen sich entsprechend ihrer Rolleneinführung aus, wobei spontane Weiterentwicklungen aus dem Rollenspiel heraus zugelassen werden können. Aus diesen Erfahrungen werden, was in der Nachbesprechung meist sehr deutlich wird, viele Facetten zum Thema erst wahrgenommen, die etwa bei einem Vortrag nicht spürbar geworden wären. Es ist ja ein großer Unterschied, ob jemand etwas über betriebliche Organisation oder über die Bedeutung von Arbeitslosigkeit erzählt oder ob diese Aspekte sichtbar und greifbar über Skulpturen in den Raum gestellt werden oder ob Teilnehmer in die Rollen von Betriebsleitern (Rollenübernahme), Personalchefs, Angelernten usw.

schlüpfen und aus diesen Rollen heraus die Welt wahrnehmen und in ihnen agieren und damit neue Erfahrungen sammeln.
- „Zukunftgerichtete Rollenspiele": Dieses Verfahren setzt üblicherweise kleinere Gruppen voraus oder auch größere, deren Teilnehmer schon intensiveren Kontakt miteinander haben. Hier können zukünftig zu lösende Aufgaben nach den Regeln des Psychodramas schon einmal erlebt und Verhaltensweisen trainiert werden. Die Situation wird aufgebaut und wichtige Inhalte kurz umrissen. Die Teilnehmer spielen nach den Vorgaben in ihren Rollen die Szene, können dabei u.U. ihre Rollen auch nach eigenen Vorstellungen gestalten. Über das Spiegeln erleben Klienten sich zusätzlich aus der räumlichen Distanz heraus, was meistens schon Ideen auslöst, wie sich Verhalten ändern sollte, was vorher im Geschehen der Szene nicht möglich war. Durch die Nachbesprechung, bei der die Teilnehmer ihre eigenen Erlebnisse einbringen sowie ihre Wahrnehmungen als Zuschauer äußern können und die Rollenspieler ihre Erfahrungen in den gewählten Rollen wiedergeben, eröffnen sich viele neue weiterführende inhaltliche Möglichkeiten. Dies ist meist eine sehr entängstigende Übung, die häufig schon mögliche Fallen und Gefahren deutlich werden lässt, was die Voraussetzung dafür ist, diese in der Realität zu vermeiden. Zukunftgerichtete Rollenspiele haben ein sehr breites Anwendungsgebiet, das fast alle Tätigkeitsfelder der Sozialen Arbeit umfasst und das auf positive Situationsveränderungen zielt und auf die Kompetenzen von Klienten ausgerichtet ist. So können sich jugendliche Gewalttäter, die auf einen Täter-Opfer-Ausgleich vorbereitet werden, schon vorher mit dieser Situation auseinander setzen, das gleiche gilt natürlich für die Opfer. Jugendliche in geschlossenen Einrichtungen können sich so auf die vielfältigen Situationen, die nach ihrer Entlassung auf sie zukommen, konkret einstellen. Ein Student, der vor lauter Prüfungsangst schon nicht mehr denken kann, erlebt die Prüfung, unterstützt (gedoppelt) durch den Gruppenleiter oder auch durch Gruppenteilnehmer und nimmt dieses stabilisierende Erleben mit in die reale Prüfung. Verschämte Sozialhilfeberechtigte lernen einen selbstbewussteren Umgang mit den Mitarbeitern des Sozialamtes usw.
- „Soziodrama" (Leutz 1974, S. 116 ff.; Moreno 1989, S. 51 f.). Bei diesem Verfahren tritt die persönliche Ausgestaltung von Rollen zurück zugunsten der Rollenübernahme nach ideologischen Vorgaben und gesellschaftlichen oder subkulturellen Vorurteilen. Den theoretischen Hintergrund bildet die Rollentheorie Morenos (Kap.9.2.2), in der soziale Rollen gesehen werden als ein Beziehungsverhältnis von persönlichen und kollektiven Elementen. Wenn es im Psychodrama sonst immer darum geht, den persönlichen Aspekt, die spontane und kreative Gestaltung vorgegebener Rollenmuster zu betonen, sind es im Soziodrama der kollektive Aspekt und das Gruppentypische, die ganz im Zentrum stehen. Dadurch werden kollektive Ideologien der eigenen Gruppe und die anderer Gruppen deutlich, verständlicher und vielleicht auch modifizierbar, was die notwendige Kooperation von Gruppen mit unterschiedlichen Interessen zumindest erleichtert.

Ein bewährtes Verfahren ist das „Soziodrama – x – Eck", das meist in Form eines Dreiecks praktiziert wird und das auf dem Boden markiert wird. Wenn in einem Jugendzentrum Fremdenfeindlichkeit zum Thema wird, dann würden zwei Gruppen gebildet, die jeweils kompromisslos ihre Meinung vertreten, die einen sind „ohne wenn und aber" für, die anderen ebenso vehement gegen Ausländer. Überhaupt und grundsätzlich. Eine dritte Gruppe nimmt die Stellung „sowohl-als auch" ein. Für jede dieser Gruppen kann ein kurzer Text mit Argumenten verfasst werden, dann ordnen sich diese Gruppen auf dem fiktiven Dreieck, dessen Seiten jeweils eine der drei Meinungsgruppen bildet und das mit Schals o.ä. im Raum markiert wird, zu. Die jeweiligen Gruppen tauschen sich erst untereinander zu ihrem Thema aus, wählen dann jeweils ein Mitglied, das stellvertretend nach vorne geht und die Argumente vorträgt, jeweils durch Doppeln von den anderen Gruppenmitgliedern unterstützt. Es kommt dann üblicherweise zu einem sehr lebendigen Streitgespräch zwischen den drei Gruppen, in dem in den jeweiligen Rollen die Vorurteile der Gruppen vehement ausgetauscht werden. Nach einiger Zeit rücken auf ein Zeichen des Gruppenleiters die Gruppen, für diese überraschend, im Uhrzeigersinn weiter. Die Gruppe, die vorher dafür war, ist nun dagegen usw., so dass jede Gruppe über den Perspektivewechsel einmal die drei möglichen Gruppenideologien vertritt. In dem Erleben und meist auch schnellen Einleben in andere ideologische Positionen, wird u.a. deutlich, dass die Zugehörigkeit zu bestimmten Gruppen und Kollektiven die Wahrnehmung lenkt und die Haltung anderen Gruppen gegenüber fast reflexartig prägt. Gerade in der Jugendarbeit, bei der ja häufig unterschiedliche Meinungen aufeinander prallen, ist es besonders wichtig, die Voraussetzungen für kommunikatives Handeln zu schaffen, indem kommunikationsbehindernde und -verzerrende Faktoren, wie es Vorurteile und Ideologien sind, gemeinsam möglichst weit aufgelöst werden, wobei es schon äußerst hilfreich ist, sich der eigenen Vorurteile überhaupt bewusst zu werden.

Das Soziodrama-Dreieck kann auch gut eingesetzt werden, wenn es etwa um drei Gruppierungen in einer fiktiven Institution, beispielsweise einer Srafvollzugsbehörde geht und dabei „die" Verwaltung, „die" Strafvollzugsbeamten und „die" pädagogischen Mitarbeiter in Diskussion geraten. Der Perspektivewechsel erleichtert auch hier die Wahrnehmung und den Abbau von Vorurteilen.

Eine noch spielerischere Variante des Soziodramas ist es, eine Alltagsszene wie „Fahrt mit der U-Bahn" vorzugeben, diese Szene einzurichten und mit typischen Rollen zu beleben: „Skinhead", „Türkin", „Student", „Banker", „Kinder", „Kontrolleurin" usw.

So sind es in den Tätigkeitsfeldern der Sozialen Arbeit oft nur ganz kleine Elemente aus dem Psychodrama, die in die Gesamtarbeit als hilfreiche methodische Mosaiksteinchen integriert werden können. Etwa in einer Tagesstätte für psychisch behinderte Menschen, wo neben vielen anderen und für dieses Arbeitsfeld zentralen, tagesstrukturierenden Tätigkeiten wie Kochen und Waschen und neben ergotherapeutischen Angeboten auch von einem psychodramaerfahrenen Sozialpädagogen über eine Skulpturarbeit mit Bauklötzchen Begegnung zu den Klienten hergestellt und ihnen die Möglichkeit geboten wird, selbstbestimmt ihre soziale Situation mit diesem einfachen und flexiblen Verfahren vorzustellen und gleichzeitig Möglichkeiten für Veränderungen zu erkennen (Kap. 7.4). Diese Art des Arbeitens ist aber nur möglich, wenn ein Verfahren im Rahmen der Gesamtmethode reflektiert werden kann und damit eine einigermaßen sichere Verfahrensindikation erfolgen kann, was eine entsprechende Ausbildung in der Basismethode voraussetzt. Hätte der gleiche Sozialpädagoge im Überschwang seiner psychodramatischen Kenntnisse ein pädagogisches Rollenspiel veranstaltet, wäre das ganze Unternehmen vermutlich kläglich gescheitert.

Auch die psychodramatische Haltung als solche, ganz ohne Rollenspiel, bildet einen wichtigen Beitrag für die sozialpädagogische Arbeit. Die gilt natürlich genauso auch für die Klientenzentrierte Gesprächsführung, ganz ohne Zweiersetting und für die Themenzentrierte Interaktion, ganz ohne Gruppenrunde. Am Beispiel der Straßensozialarbeit (Kap. 2.2) oder bei der Gestaltung des Heimalltags (Stimmer/ Rosenhagen 1999) könnte z.B die Idee der Soziatrie dazu beitragen, dass Sozialpädagogen animiert werden, gemeinsam mit allen Beteiligten Lebensräume so umzugestalten, dass den Wünschen und Bedürfnissen aller dort lebenden Menschen Rechnung getragen wird und dass diese Umgestaltung als gemeinsames Werk erfahren wird, was einer „wohlfahrtsstaatlichen Gemeinwesenarbeit" (Kap. 5.5.1), die wohlmeinend das Dienstleistungsangebot verbessert, ohne die Betroffenen mit einzubeziehen, genau so entgegensteht wie etwa räumliche Veränderung im Heim, architektonisch zwar bedeutsam, aber „von oben" vorgegeben. Die Soziatrie-Idee in Verbindung mit soziometrischem Denken (Kap. 7.6 und 9.2.2) fokussiert den „sozialpädagogischen Blick" (so ein Buchtitel von Rauschenbach u.a. 1993) auf lebensweltliche Zusammenhänge und auf die Notwendigkeit, diese gemeinsam, Professionelle und Klienten, zu gestalten.

Weiterführende Literatur:

Ameln, F. von, Gerstmann, R. und Kramer, J., Psychodrama, Berlin u.a. 2004.
Fangauf, U. und Stimmer, F. (Hrsg.), Zeitschrift für Psychodrama und Soziometrie, Wiesbaden (VS Verlag für Sozialwissenschaften).

9.3 Themenzentrierte Interaktion

Die Grundideen der Themenzentrierten Interaktion (TZI) als eine pädagogische Methode ganzheitlichen Lernens in Gruppen wurden von Ruth Cohn (geb. 1910) in den USA (Mitte der 50er Jahre) vor dem Hintergrund ihrer Erfahrungen mit der Psychoanalyse und Gruppen- und Erlebnistherapien sowie mit der Existentialphilosophie amerikanischer Prägung entwickelt (Matzdorf/Cohn 1983, S. 1277 ff.). Ihr ging es dabei vorrangig um die Vermittlung „lebendigen Lernens" in Familie, Schule, Hochschule, Insitutionen Sozialer Arbeit usw. 1966 gründete sie in New York das „Workshop-Institute for Living-Learning" (WILL), 1972 das WILL-Europa in Zürich, wo u.a. die Ausbildungen in Themenzentrierte Interaktion angeboten werden. Diese Methode wird heute in vielen Tätigkeitsfeldern der Sozialen Arbeit und der Pädagogik sowie in der Gruppenberatung praktiziert. Bezüglich ihres Menschenbildes zählt TZI, wie auch das Psychodrama (Kap. 9.2) und die Klientenzentrierte Gesprächsführung (Kap. 9.1), zur Schule der Humanistischen Psychologie (Einleitung Kap. 9).

9.3.1 Menschenbild

TZI basiert auf drei Axiomen (Cohn 1975, S. 120 und Matzdorf/Cohn 1983, S. 1283 ff.), die als ethische Voraussetzung für kreativ-konstruktives Handeln und Verändern, für die persönlichen Entwicklung und für die Gestaltung des sozialen und des natürlichen Lebensraumes gelten:
- Das erste Axiom bestimmt den Menschen als in einem Spannungsfeld zwischen Autonomie („psychobiologische Einheit") und Interdependenz („Teil des Universums") lebend und sich verwirklichend. Selbstbestimmtes Leben ist somit nur möglich im wechselseitigen Austausch und damit in der Abhängigkeit von anderen Menschen, von Institutionen, von Gesellschaften, vom Kosmos: „Die Autonomie des Einzelnen ist um so größer, je mehr er sich seiner Interdependenz mit allen und allem bewusst wird" (Matzdorf/Cohn 1983, S. 1283). Normenkonformität ist somit neben Autonomie und Selbstverwirklichung ein konstitutiver Bestandteil menschlichen Handelns, wie dieses wiederum eingebunden ist in universale Gesetzmäßigkeiten.
- Die Werthaftigkeit individuellen Seins wie der natürlichen, sozio-kulturellen und letztendlich kosmischen Umwelten ist Gegenstand des zweiten Axioms: „Ehrfurcht gebührt allem Lebendigen und seinem Wachstum. Respekt vor dem Wachstum bedingt bewertende Entscheidungen. Das Humane ist wertvoll: Inhumanes ist wertbedrohend" (S. 1287). Das ist eine eindeutige Stellungnahme, die eine Reduzierung des Menschen auf Zweckrationalität, Effektivität, instrumentelle Vernunft ebenso als inhuman entlarvt wie die Verselbstständigung ökonomischer und bürokratischer Prinzipien bei der Gestaltung menschlicher Lebensräume. Auch das Ausblenden emotionaler Lebensprozesse beschränkt menschliches Sein und bedeutet einen Verlust an Freiheit.
- Das dritte Axiom knüpft an das erste an, indem es den Rahmen für freie Entscheidungen bedingt sieht durch innere (Ängste, Zwänge, Abwehrmechanismen ...) und äußere Grenzen (Herrschaftstrukturen, Arbeitslosigkeit, Krankheit ... . Aber: „Erweiterung dieser Grenzen ist möglich" (S. 1290). Das Bewusstwerden dieser Abhängigkeiten ist zugleich die Voraussetzung für verantwortete Entscheidungen sowie für die Erweiterung der Grenzen selbst.

In der TZI-Gruppenarbeit wird als Ziel angestrebt, autonome Entwicklungen anzuregen und zugleich interdependente Zusammenhänge aufzudecken und erlebbar zu machen, innere und äußere Grenzen bewusst werden zu lassen und bewertende Stellungnahmen zu ermöglichen. Das Strukturmodell bildet dafür den Arbeitsrahmen, das Verfahren dient der Entwicklung eines förderlichen Arbeitsklimas.

9.3.2 Strukturmodell

In der praktischen Arbeit steht im Mittelpunkt zunächst ein Thema, eine Aufgabe, ein Problem, ein Ausschnitt aus der Lebenswelt, die in einer Gruppe diskutiert und bearbeitet werden. Solche Gruppen können sich spontan bilden, wie in einem Jugendhaus, wenn das Gerücht umgeht, es soll geschlossen werden, oder in einem Heim, wenn es Übergriffe gegen einen Erzieher gab. Dies allerdings unter der Voraussetzung, dass ein TZI-erfahrener Mitarbeiter diese Chancen zur Gruppenarbeit nutzt. TZI-Gruppen arbeiten aber normalerweise als offene oder geschlossene Gruppen, die über einen längeren Zeitraum bestehen, wie etwa in einer Drogenberatungsstelle, wo in einer Nachsorgegruppe über Rückfall, Arbeitslosigkeit oder Partnersuche gesprochen wird oder in einem Jugendamt, wo Pflegeeltern rechtliche Probleme ihres Status diskutieren. Aus der jeweiligen Gruppensituation heraus entwickeln sich die Inhalte, die Themen oder auch Themenreihen, die den Einstieg in die Gruppenarbeit nach TZI bilden.

Bei der sozialpädagogischen Gruppenarbeit nach TZI in präventiver, korrigierender oder kompensierender Absicht zeigt sich üblicherweise sehr schnell, dass noch so wichtige Inhalte nicht bearbeitet werden können, wenn das kognitive und emotionale Beteiligtsein der einzelnen Gruppenmitglieder und die Beziehungen untereinander in ihrer Bedeutung für eine konstruktive Problemlösung unterschätzt werden. TZI beachtet genau diese Notwendigkeiten, indem gleichrangig neben dem sachlichen Gruppenthema die einzelnen Personen in ihrer Befindlichkeit (Ich; intraindividuelle Prozesse) und die Dynamik der Gruppe (Wir; interaktives Geschehen; interindividuelle Prozesse) im Verständigungsprozess in einem ausgewogenen Verhältnis zum Tragen kommen. Da menschliches Leben gewöhnlich nicht im Labor stattfindet, sondern bezüglich einer Umwelt gestaltet wird, bezieht die TZI neben dem Thema, dem Ich und dem Wir als vierte Variable den Lebensraum (Globe) in ihr methodisches Handeln mit ein. In der Abbildung 22 ist dieses Strukturmodell (dem „Arrangement" nach Giesecke; Kap. 6.2.3) der TZI veranschaulicht.

So einleuchtend das Modell zunächst in seiner idealtypischen Form erscheint, so treten in der konkreten Gruppenarbeit doch auf allen vier Ebenen viele Störfaktoren auf, die zur Bewältigung eine kompetente Gruppenleitung voraussetzen.

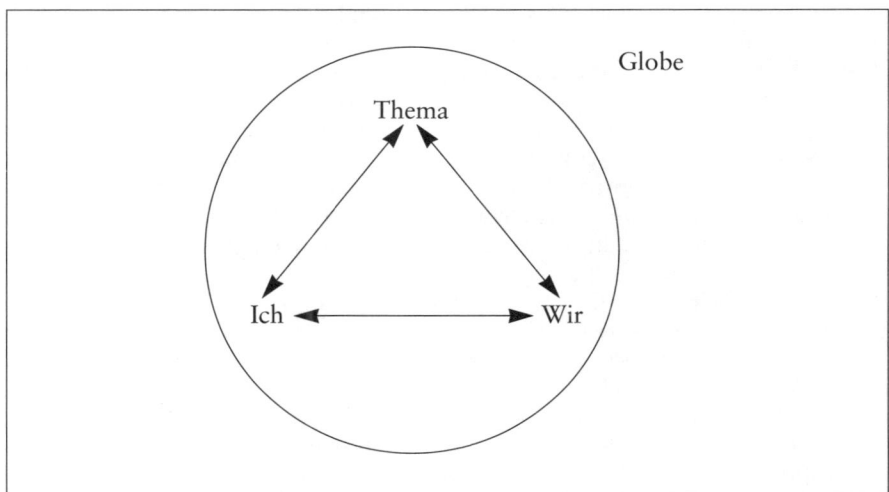

Abbildung 22: Das Strukturmodell der TZI

Die Grundannahmen
- die Gruppe bearbeitet ein Thema und
- will dabei sowohl auf der sachlichen Ebene informative Erkenntnisse erzielen,
- wie aber auch darauf achten, was das Thema für jeden einzelnen Gruppenteilnehmer im Hier und Jetzt und in seiner Lebensgeschichte bedeutet und
- zugleich die Gruppenprozesse allgemein und speziell bei diesem Thema beachten und
- all dieses auch noch mit der gegebenen Umwelt, in der dieses Thema behandelt wird, kritisch in Verbindung setzen,

beinhalten im Detail Konflikte, die angemessen gelöst werden müssen, um der Grundidee verständigungsorientierten Handelns und lebendigen Lernens in unterschiedlichen Lernfeldern (Kap. 6.2.3) einigermaßen gerecht werden zu können.

Im Folgenden werden einige Beispiele für Konflikte, bezogen auf die vier Ebenen des Strukturmodells, benannt:
- Eine Schwierigkeit auf der thematischen Ebene ist etwa eine zu geringe sachliche Kompetenz in der Gruppe, so dass dann gerne auf die anderen Variablen ausgewichen wird und die Arbeitsgruppe beispielsweise zu einer Selbsterfahrungsgruppe wird. TZI-Gruppen bedürfen bei fortlaufenden Gruppen der intensiven thematischen Vorbereitung, sei es durch einzelne Gruppenmitglieder, durch den Gruppenleiter, durch das vorherige gemeinsame Lesen von Grundlagentexten oder das Einladen von Experten. Auch in sich spontan bildenden Gruppen ist es natürlich hilfreich, wenn wenigstens einer der Teilnehmer über sachliche Informationen verfügt, um das Ganze nicht zum wirkungslosen und im Endeffekt kränkenden Schattenboxen werden zu lassen. Wenn es organisationsbezogen um die Einrichtung von Fixerstuben, um die Betreuung von Langzeitarbeitslosen oder um eine effektivere Schuldnerberatung geht oder klientenbezogen um die Gruppenarbeit mit missbrauchten Frauen im Frauenhaus, mit jugendlichen Straftätern im Strafvollzug oder mit Erzieherinnen im Kindergarten, die die Einbeziehung der Eltern fördern wollen, wie auch immer – es sind erhebliche sachliche Kompetenzen nötig, um die Gruppenarbeit effektiv gestalten zu können und ein Scheitern zu verhindern. Bei der Beratung von Drogenabhängigen in einer TZI-Gruppe mit dem Thema „Hilfemöglichkeiten" müssen beispielsweise Fragen zur Selbsthilfe, zu Entzugseinrichtungen, zu Therapiemöglichkeiten und deren Finanzierung, zu Substitutionsprogrammen und zu rechtlichen Fragen einwandfrei, sachlich und kompetent behandelt werden können.

Die Themenfindung, die Themenformulierung und die Themeneinstimmung sind weitere Aspekte, von deren Planung und Gestaltung die Effektivität der Gruppenarbeit abhängig ist. Die Themenfindung in der Sozialen Arbeit ist häufig in groben Umrissen vorformuliert. Es geht dann eben grundsätzlich um die Problemsituationen, die Klienten in eine TZI-Gruppe geführt haben. Das kann in einem Heim eine Gruppe zur Vorbereitung Jugendlicher auf Vorstellungsgespräche sein oder in einem Frauenhaus eine Gruppe zum Thema Männergewalt oder in einer öffentlichen Jugendeinrichtung eine Gruppe, die sich mit Umweltgefahren auseinander setzt, oder in einem Drogen-Café eine Gruppe, die sich die Umgestaltung dieser Einrichtung vorgenommen hat.

In TZI-geleiteten Gruppen ist dann allerdings darauf zu achten, dass das konkret zu behandelnde Thema vom Oberthema abgeleitet und differenziert aktualisiert wird. Wenn zum Thema „Gewaltprävention schon im Kindergarten" die Eltern von den Erzieherinnen eingeladen werden, werden die sinnvollen Differenzierungen von den Bedürfnissen und Fragen der anwesenden Teilnehmer abhängen, die in die Themenfindung so weit wie möglich mit einbezogen werden sollen. Die Themenformulierung im Sinne der TZI, die am Anfang jeder Gruppensitzung möglichst gemeinsam entwickelt werden soll (eventuell erst in Kleingruppen), teilweise aber auch den Teilnehmern vorgegeben wird, ist ein wichtiges Steuerungsinstrument für den Gruppenprozess. Das Thema sollte in der Regel den Ich-Aspekt, den Wir-Aspekt und den Sach-Aspekt enthalten und eindeutig formuliert sein. Durch entsprechende Formulierungen kann aber ein Aspekt besonders hervorgehoben werden, wenn bestimmte Entwicklungstendenzen in der Gruppe verstärkt oder abgeschwächt werden sollen. Beispielhaft könnte so eine Themenformulierung bei dem Kindergartenbeispiel lauten: „Wie erlebe ich Aggressionen und wie gehe ich damit um?". Und eben nicht: „Aggressive Kinder sind eine Gefahr für die Gesellschaft".

Die Themeneinstimmung ist häufig schon gegeben, wenn es um emotional sehr bewegende Sachverhalte geht. Dann ist es eher notwendig zu versuchen, die Wogen der Erregung zu glätten, ohne zu kränken. Häufig werden sich SozialpädagogInnen als Gruppenleiter aber etwas einfallen lassen müssen, um ein TZI-gemäßes konstruktives Arbeitsklima anzuregen. Das können, je nach Gruppengröße, Thema und Teilnehmerinteressen unterschiedlich anwendbar, ein kurzes anregendes Referat oder gut ausgewählte Videoszenen sein oder ein „Blitzlicht", wo jeder, der möchte, kurz ausspricht, was ihm gerade durch den Kopf geht oder ein „brainstorming", wo etwa die Teilnehmer auf einem Zettel aufschreiben, was ihnen am Thema wichtig ist, wobei die Zettel dann an die Wandtafel geheftet und zugeordnet werden (Moderationstechniken; Kap. 9.4.2) oder die Aufteilung der Gesamtgruppe in Kleingruppen und dem anschließenden Bericht im Plenum oder die Arbeit mit Skulpturen und Rollenspielen (Kap. 9.2.4) o.ä. sein.

- Die Einbeziehung der Umweltebene (Globe) setzt, ganz im Sinne der Multiperspektivität (Kap. 3.5), die für sozialpädagogisches Handeln grundlegend ist, ebenfalls erhebliche konkrete Kenntnisse bezüglich der Organisation, innerhalb derer die Gruppenarbeit stattfindet, sowie des weiteren gesellschaftlichen Umfeldes voraus (sozialstaatlicher Rahmen, rechtliche Vorgabe). Hier muss das Alltagswissen in der Gruppe, das häufig von Vorurteilen und diffusen Fantasien geprägt ist, durch fachliches Wissen erweitert werden, das durch einzelne Gruppenmitglieder genauso wie vor allem aber durch den Gruppenleiter klientenorientiert einzubringen ist.
- Gruppenteilnehmer sind von verschiedenen Themen oder Teilthemen unterschiedlich betroffen, manchmal ganz plötzlich erschüttert. Neben dem kognitiven Mich-In-Beziehung-Setzen ist somit das emotionale Erleben mit seinen Ängsten, Schuldgefühlen und Beschämungen ein wichtiger Bestandteil der Ich-Variable, den es zu beachten und ernst zu nehmen gilt. Da dabei unbewusste Prozesse üblich sind, die sich als Übertragungen und Projektionen oder auch als körperliche Phänomene zeigen, muss deren Bearbeitung Gegenstand

der Gruppenarbeit werden, um die Arbeitsfähigkeit in der Gruppe zu gewährleisten und u.U. wichtige Aspekte des Themas, die darüber signalisiert werden, nicht zu übergehen. Die TZI-Arbeit im Rahmen des Empowermentkonzeptes (Kap. 5.1) mit einer Elterninitiative, die sich aufgrund von Leukämieerkrankungen ihrer Kinder, die in der Nähe eines Atomreaktors leben, konstituiert hat, bedarf wahrscheinlich einer höheren Beachtung dieser Ich-Variablen als die Beratung von Lehrern zur Gestaltung einer Unterrichtseinheit „Ökologie".

- Kommunikationsstörungen verhindern ein effektives Arbeitsklima. Wenn Aggressionen, die auf der Beziehungsebene ausgetragen werden müssten, auf der Sachebene ausgekämpft werden, wenn Isolierte isoliert bleiben, wenn sich heimliche Leiter entwickeln, wenn destruktive Züge sich in der Gruppe ausweiten, dann ist eine Situation entstanden, die einen kommunikativen Verständigungsprozess unmöglich macht. Die realtitätsgerechte Wahrnehmung des interaktiven Geschehens und die häufig schwierige Bearbeitung gruppendynamischer Prozesse wird damit zu einer weiteren Voraussetzung einer sachlichen Zusammenarbeit. Hier sind vor allem auch die unterschiedlichen Ansprüche und Bedürfnisse an die Gruppenleitung in den verschiedenen Phasen der Gruppenentwicklung zu beachten und richtig einzuschätzen.

9.3.3 Gruppenarbeit

Um die idealtypischen Grundannahmen, die im Strukturmodell der TZI formuliert werden, in der Realität der konkreten TZI-Arbeit annähernd zu erfüllen und damit die konfliktträchtigen und kreativitätshemmenden Situationen zu minimieren, wurden in der TZI zwei handlungsleitende Techniken (Postulate) entwickelt und die Leitungsfunktion spezifisch gestaltet.

Die beiden Postulate „Sei Dein eigener Gruppenleiter!" und „Störungen haben Vorrang" klingen allerdings harmloser als sie sind. Sie fordern auf zu einer autonomen Selbstdarstellung und spontanen Stellungnahme. Beides muss üblicherweise aber erst gelernt werden und bezeichnet deshalb eher eine erstrebenswerte Zielvorgabe als ein Faktum. In einer kurzfristigen TZI-Beratung von Leitern von Jugendfeuerwehren zur Gestaltung ihrer Jugendarbeit bleibt man von diesen Zielvorstellungen u.U. sehr weit entfernt, in einer langfristiger angelegten TZI-Arbeit mit den Beteiligten von Case Management-Projekten (Kap. 5.2) zur Förderung der Kooperation und Koordination lassen sich diese Postulate wohl eher verwirklichen. Aber schon der Weg in diese Richtung eröffnet bereits neue Aspekte einer demokratischeren und kreativeren Gruppenarbeit.

Nach dem erstgenannten Postulat trägt jedes Gruppenmitglied entsprechend seinen momentanen Möglichkeiten in der Bewusstmachung seiner eigenen Vorstellungen, Wünsche und Bedürfnisse Verantwortung für sich selbst und auch für die Arbeitsfähigkeit der Gruppe. Die individuellen Möglichkeiten mögen manchmal durch psychische Konflikte, durch altersspezifische Defizite, durch momentane Verstörtheiten oder kognitive Verunsicherungen eingeschränkt sein, so dass das Postulat nur begrenzt verwirklicht werden kann und andere Gruppenmitglieder als Hilfs-Iche „einspringen" müssen, ohne jedoch in eine Haltung des Manipulierens und des Zwang-Ausübens zu verfallen.

Das zweite Postulat bezieht sich auf alle Störungen, die Gruppenmitglieder bei sich oder im Gruppenraum wahrnehmen. Diese Störfaktoren, die einzelne Gruppenteilnehmer daran hindern, sich an der gestellten gemeinsamen Aufgabe zu beteiligen, können körperliche, emotionale und kognitive Abläufe genau so sein wie äußere Gegebenheiten: Kopfschmerzen, Aggressionen, Verständnisschwierigkeiten bzw. die schlechte Luft im Raum oder der Lärm von außen, all dies und vieles mehr ist Anlass, sie als Störungen ernst zu nehmen, sie anzumelden, gemeinsam in der Gruppe zu besprechen und Lösungen dafür zu finden, um wieder freier für die Realität der Interaktionen in der Gruppe zu werden. In manchen Gruppen wird die Technik des Anmeldens von Störungen zu einem Spiel pervertiert, das die TZI-Arbeit zerstört. Das ist andererseits aber auch ein wichtiger Hinweis für Störungen in der Gruppe, die dann von der Gruppenleitung, vielleicht auch von Gruppenmitgliedern selbst, zum Thema gemacht werden kann und muss. Cohn hat für die sinnvolle Verwendung des Störungspostulats den Begriff der „selektiven Authentizität" geprägt und meint damit, dass es auch wichtig ist, Störungen reflektiert und ausgewählt anzumelden und nicht um jeden Preis. Manchmal ist es günstig, Störungen bei sich wahrzunehmen, ohne sie gleich zu äußern, wenn etwa ein wichtiger Gruppenprozess im Gange ist oder wenn eine Äußerung einen Teilnehmer in der Situation, in der sie geäußert würde, zu sehr treffen würde.

Neben der Verwendung dieser Postulate ist die Gestaltung der Leitungsfunktion ein wesentliches Kriterium für eine gelingende TZI-Gruppenarbeit. Leiter und Leiterinnen von TZI-Gruppen sollten fähig sein, die Leitung je nach Situation flexibel auf einem Kontinuum zu gestalten, das durch die beiden Extrempunkte „klare, eindeutig strukturierte Leitung" und „zum Gruppenmitglied werden" beschrieben werden kann. Ihre Hauptaufgabe besteht darin, darauf zu achten und dies aktiv zu fördern, dass die im Strukturmodell genannten Variablen in ausgeglichener Weise während der Arbeit berücksichtigt werden. Je nach Gruppenprozess kann die TZI-Gruppenleitung ein durchaus schwieriges Unternehmen werden, das von den Gruppenleitern erhebliche sachliche und soziale Kompetenzen abfordert. Eine gründliche Ausbildung in dieser Methode sowie praktische Erfahrungen unter Supervision sind deswegen notwendige Voraussetzungen auch für diese Art von Gruppenleitung.

Ergänzend zu einer sinnvollen Anwendung der Postulate und einer kompetenten Gruppenleitung fördern verschiedene Regeln ein kreatives Gruppenklima und vermindern die Gefahren von Kommunikationsstörungen. Als bewährte Regeln gelten (Matzdorf/Cohn 1983, S. 1297 f.):
- „Sprich nicht per man, sondern per ich!",
- „Formuliere Deine Fragen so, dass Deine Absichten deutlich werden!",
- „Seitengespräche haben Vorrang!" (sie sollen angesprochen werden, da sie u.U. eine Störung anzeigen oder vielleicht einen wichtigen Beitrag zum Thema leisten),
- „Halte Dich mit Interpretationen zurück, formuliere stattdessen Deine persönlichen Reaktionen!",
- „Beachte Deine Körpersignale und die der anderen Gruppenmitglieder!",
- „Sei authentisch und selektiv in Deinen Rückmeldungen" (eine brutale Offenheit wirkt nur zerstörerisch).

Diese Gruppenregeln sollen aber nicht als rigides Zwangskorsett verstanden, sondern flexibel gehandhabt werden. Weitere Regeln kann die Gruppe selbst erarbeiten. Alle Regeln sind aber immer wieder auf ihre Sinnhaftigkeit hin zu überprüfen und eventuell zu modifizieren oder als nicht mehr förderlich aufzugeben.

Weiterführende Literatur:
Langmaack, B., Einführung in die themenzentrierte Interaktion (TZI). Leben rund ums Dreieck, Weinheim 2004.
Matzdorf, P. und *Cohn, R.*, Themenzentrierte Interaktion, in: Corsini, R. (Hrsg.), Handbuch der Psychotherapie, Band 2, Weinheim 1983, S. 1272–1314.
WILL International (Hrsg.), Zeitschrift: Themenzentrierte Interaktion, Main (Matthias-Grünewald-Verlag).

9.4 Komplementäre Verfahren

Je nach Arbeitsfeld und situationsspezifischen Anforderungen bzw. zur weiteren Differenzierung der Basismethoden im Sinne einer Integration ist es sinnvoll bzw. notwendig, weitere Verfahren in die Arbeit mit einzubeziehen. Um die Auswahl dieser Verfahren zu begrenzen, werden nur die näher ausgeführt, die in einem anderen Zusammenhang in dieser Arbeit schon erwähnt wurden und die zugleich in der Sozialen Arbeit breit anwendbar sind. Einige weitere werden am Ende lediglich aufgelistet.

9.4.1 Netzwerkförderung

Die Bedeutung des Netzwerkansatzes als Handlungsleitendes Konzept und die Netzwerkförderung wurden in den Kap. 5.3 bzw. 5.3.3 ausführlicher dargestellt. Im folgenden geht es um die, dort auch schon erwähnten, spezifischen Verfahren der Netzwerkförderung:
- Die Helferkonferenz: Dieses Verfahren ist dann zweckmäßig, wenn, wie im Case Management (Kap. 5.2), ein Klient in ein Netzwerk von unterschiedlichen Hilfebereichen oder Institutionen eingegliedert ist. Alle beteiligten sozialen Dienste, SozialpädgogInnen und die jeweiligen Klienten bilden in dieser Konferenz ein (kurzfristiges) Netzwerk, in dem versucht wird, Fragen gemeinsam zu erörtern (Problemsicht, Zielvorstellungen, Lösungsmöglichkeiten, Angebote) und eine verbindliche Vereinbarung zu finden, die von allen Beteiligten getragen wird. Die dabei möglicherweise auftretenden Probleme (Konkurrenzen, Vorurteile bei den beteiligten Institutionen; unterschiedliche Sichtweisen und persönliche Rivalitäten zwischen den Professionellen; Diskrepanz zwischen Schweigeverpflichtung und Informationswünschen; Ohnmachtsgefühle bei den Klienten usw.) machen es zwingend erforderlich, dass ein gemeinsam getragenes methodisches Vorgehen vereinbart wird. Für Helferkonferenzen bietet sich die Themenzentrierte Interaktion (Kap. 9.3) besonders an, da über diese Methode ein Thema (Problem) mit den individuellen

Aspekten der einzelnen Teilnehmer (Betroffenheiten, Sichtweisen) und mit dem Gruppenprozess (Umgang der Teilnehmer miteinander) verbunden wird und zudem auch noch die Reflexion des Umfelds mit einbezogen wird. Dabei kann es sicher zu sinnvollen Modifizierungen kommen, wie etwa die Einbeziehung von Moderationstechniken (Kap. 9.4.2) oder von Verfahren aus dem Psychodrama (Kap. 9.2). Wie im einzelnen die Helferkonferenz auch gestaltet wird, die Grundsätze der klientenzentrierten Gesprächsführung (Kap. 9.1) werden auf jeden Fall zentraler Bestandteil sein müssen.
- Netzwerk-Konferenz: Bei diesem Verfahren werden alle Mitglieder eines sozialen Netzes, wie sie etwa über ein Soziales Atom (Kap. 7.4) erhoben werden können, real mit den professionellen Helfern zusammengeführt. Das Ziel ist die gemeinsame Erörterung des Problems, die Suche nach Lösungswegen und die Eruierung von Unterstützungsbereitschaft der Menschen im primären und sekundären sozialen Netz (Kap. 5.3.2), um darüber das Potenzial an Ressourcen zu erschließen. Eine Netzwerk-Konferenz sollte nach Fyrand (in Bullinger/Nowak 1997, S. 195) aus acht bis fünfzehn Personen bestehen, die mit einer Person oder einer Familie in einer bedeutungsvollen Beziehung stehen. Speck/Attneave (1976) haben im Rahmen der Familentherapie zwar mit 50 und mehr Teilnehmern gearbeitet, die Empfehlung von Fryand scheint aber dennoch realitäsgerechter zu sein, was die Teilnahmebereitschaft von Klienten und deren Netzwerkantagonisten, aber auch die Arbeitsmöglichkeiten (Zeit, Finanzierung) von SozialpädagogInnen betrifft. Für kleinere Netzwerk-Konferenzen gelten methodisch die gleichen Voraussetzungen wie für die Helferkonferenzen, wobei es u.U. für Klienten sehr viel schwieriger sein wird, mit den realen Personen und den oft konflikthaften Beziehungen seines sozialen Netzes direkt konfrontiert zu werden. Eine am Wohl des Klienten orientierte Zurückhaltung mit und während dieses Verfahrens ist deshalb hier ganz besonders angebracht.
- Psychodramatische Netzwerkkonferenz: Die Semi-Realität des psychodramatischen Settings (Kap. 9.2) bietet beste Möglichkeiten, die Vorteile der Netzwerkkonferenz zu nutzen, ohne deren mögliche Nachteile in Kauf zu nehmen. In der sozialen Netzwerkarbeit in Gruppen übernehmen GruppenteilnehmerInnen die Rollen des Netzwerkes eines Gruppenmitglieds und spielen eine Netzwerkkonferenz. Ein Klient setzt sich dann auf der psychodramatischen Bühne mit den Personen seines Netzwerkes nach den Regeln des Psychodramas auseinander. Dabei werden seine Ängste und Befürchtungen in Bezug auf bestimmte Personen deutlich, aber auch die Beziehungen, die für ihn in seinem Netz unterstützend oder auch ungeklärt sind. Daran kann in den weiteren Schritten dann gearbeitet werden. Eine solche psychodramatische Netzwerkkonferenz kann auch als Vorbereitung für eine folgende konkrete Netzwerkkonferenz genutzt werden, u.U. auch diganostisch dafür, ob diese wirklich angebracht ist, oder was eventuell weiter vorbereitend zu erfolgen hat (Einzelgespräche, Auswahl der Teilnehmer, Zeitpunkt, Setting). In manchen Fällen wird die Konfrontation des psychodramatischen mit dem konkreten Netzwerk bedeutsam sein, wenn es darum geht, Fantasien, Fremd- und Selbstbilder, Meinungen und Vorurteile im Sinne eines Perzeptionstests, bei dem die Wahrnehmung des Klienten (und aller weiteren Netzwerkbeteiligten) überprüft werden kann, aufzuklären. Dies ist ein wichtiger Schritt, um dann

zu entscheiden, ob und wie das Netzwerk eventuell umgestaltet werden soll. Eine Variante dazu wäre es, die Teilnehmer der Psychodramagruppe, die die psychodramatische Netzwerkkonferenz als Mitspieler oder als beteiligte Zuschauer erlebt haben, in die konkrete Netzwerkkonferenz mit einzubinden, um aus ihren Rückmeldungen heraus die eine oder andere Anregung zu bekommen.

- Soziodramatische Netzwerkförderung: Das Soziodrama, ein Verfahren der Basismethode des Psychodramas (Kap. 9.2), ist vor allem dort relevant, wo es um Vorurteile, verfestigte Meinungen und Rollenmuster und um Ideologien geht, die häufig verhindern, dass eine Verknüpfung von Netzwerken überhaupt zustande kommen kann. Dabei wird die Semirealität der psychodramatischen Bühne genutzt, um fremde Lebenswelten und Netzwerke besser kennen zu lernen und zu verstehen und dann darüber, über die Reflexion der eigenen Vorurteile, einen veränderten Zugang zu diesen Netzwerken in der Realität zu finden. Insofern ist es auch ein geeignetes Mittel für SozialpädagogInnen, die eigenen lebensweltlichen Grenzen zu überwinden und einen Zugang zu manchmal sehr fremden Welten von KlientInnen, aber auch zu anderen Professionen zu finden. Das „Soziodrama-x-Eck" (Kap. 9.2.4) ist eine konkrete Umsetzung dieser Idee. Ein weiteres Beispiel ist etwa die Vorgabe, in einer Gruppe soziodramatisch eine Szene zu gestalten, in der bei einer Demonstration „d i e Polizei" mit „d e n Rechtsextremisten" und „d e n Bürgern" und „d e n linken Gegendemonstranten" zusammentrifft. Dabei geht es darum, sich auf die Rollen so einzulassen und sie so zu spielen, wie sie den, manchmal reflexartig wirkenden, ideologischen Rollenmustern entsprechen. Die Spieler treten dabei nicht als private Individuen auf, sondern als Repräsentanten einer bestimmten Kultur, einer Teilkultur oder eben eines Netzwerkes und vertreten deren typische Rollenmuster. Durch die Bearbeitung der Erlebnisse in diesen Rollen in der psychodramatischen Reflexionsphase werden die eigenen vorurteilsbehafteten Wahrnehmungs- und Denkmuster, die durch kollektive Vorstellungen und Erfahrungen geprägt sind, zugänglich und darüber auch der Weg für eine Netzwerkförderung in der Realität geebnet. Wenn in einer multikulturell geprägten Gemeinde mit rigiden wechselseitigen Netzwerkgrenzen beispielsweise die „Alteingesessenen" oder spezielle Jugendgruppen zunächst über dieses soziodramatische Vorgehen spielerisch ihre Grenzen erweitern, ist zumindest die Hoffnung berechtigt, in weiterer netzwerkförderlicher Absicht auch die konkreten Grenzziehungen zu überwinden.

Es ist auch möglich, wenn auch nicht immer ganz einfach, soziodramatisch Vertreter der einzelnen, zunächst noch abgegrenzten Netzwerke, zuammenzuführen. In dem eben genannten Beispiel würde das bedeuten, mit mehreren Gruppen etwa mit türkischen Jugendlichen, die schon länger in der zweiten Generation in der Gemeinde leben, mit Jugendlichen aus Aussiedlerfamilien, mit „rechten" einheimischen Jugendlichen und mit Mitgliedern der Jugendfeuerwehr – oder wie immer die problemspezifische Zusammenstellung sinnvoll erscheint – zusammenzuführen. Je nach Problemstellung werden unterschiedliche Szenen gespielt – beispielsweise die direkte oder indirekte (Mobbing) Abweisung eines Jugendlichen aus Russland durch einige Mitglieder der Jugendfeuerwehr – und dann nach den Regeln des Psychodramas bearbeitet.

Dabei kommt es nach Moreno, und das ist die spezifische Wirkung des Soziodramas, zu einer Art kollektiven Identität, d.h. die Mitglieder der jeweiligen Gruppen identifizieren sich mit dem Protagonisten auf der Bühne, der sie als Gruppe vertritt. Die jeweils anderen Gruppen werden zugleich zu Reaktionen und eigenen Darstellungen angeregt, so dass über diesen Austausch eine Verständigung und ein verändertes Verhalten in der konkreten Lebenswelt angeregt wird.

9.4.2 Moderation

Im Rahmen der Netzwerkförderung, aber auch vielen weiteren Arbeitszusammenhängen ist die Moderation ein nützliches Verfahren für die Leitung von Besprechungen, Arbeitsgruppen, Diskussionen und Konferenzen mit dem Ziel zu gestalten, die Potenziale der beteiligten Menschen zu fördern und sie gemeinsam sach- oder aufgabenbezogen kooperativ zu nutzen. Das Menschenbild, das hinter diesem Verfahren zum Ausdruck kommt, entspricht mit den Prinzipien der Eigenverantwortlichkeit, der Handlungsorientierung, der Gleichberechtigung und der Ganzheitlichkeit dem der Humanistischen Psychologie und ist daher weitestgehend mit den hier verhandelten spezifischen Methoden und Handlungsleitenden Konzepten kompatibel und daher, je nach Bedarf, integrierbar. Vor dem theoretischen Hintergrund der Kommunikationspsychologie und der Gruppendynamik wurden vielfältige Moderationstechniken entwickelt.

Zentral ist bei der Moderation die Präsentation über das Visualisieren: „Visualisierung gibt der Thematik ein Gesicht, ähnlich wie Moderation als Ganzes der Gruppe zu einer Gestalt verhilft. Sie ergänzt das gesprochene Wort, indem sie seine syntaktische, semantische und pragmatische Bedeutung noch einmal symbolisiert, und zwar nicht nur in Form der Schrift, sondern auch mit Bildern, Graphiken, Farben, Zuordnungsbegriffen und anderem mehr. Damit wird die Visualierung zum angemessenen Arbeitsmedium der Gruppe" (Böning 1994, S. 88).

Medien der Visualisierung sind
- Flipcharts (im Grunde überdimensionierte Notizblöcke, die auf einem Gestell befestigt sind);
- Pinwände, die über die Verwendung von Packpapier beschrieben und an denen Kärtchen mit Nadeln befestigt werden können. Sie sind das meist verwendete Medium der Moderation, sozusagen ihr Erkennungszeichen;
- Overheadfolien, die schon vorbereitet und grafisch entsprechend gestaltet werden können oder die auch erst während der Moderation beschrieben werden und über entsprechende Projektoren auch größeren Gruppen zugänglich gemacht werden können;
- schriftliche Unterlagen (Handouts), die auch etwas ausführlicher gestaltet werden können und die, je nach Bedarf, vorher versandt oder vor oder auch erst nach der Moderationssitzung verteilt werden.

Der zweite große Aufgabenbereich des Moderationsverfahrens sind die „Abfragetechniken", die „eine umfassende und übersichtliche Speicherung von Teilnehmerbeiträgen im Arbeitsprozess" gestatten (Böning 1994, S. 112):

- Punktabfragen (Ein- und Mehrpunktfragen): Sie dienen der Klärung der Meinungen und Einstellungen aller Teilnehmer und fördern durch das Setting den Kontakt untereinander. Dabei werden entweder eine oder eben mehrere Fragen an der Pinwand formuliert und alle Teilnehmer vergeben ihre Punkte (kleine Papierpunkte) als Beantwortung der Frage(n). Dabei ist der grafischen Kreativität keine Grenze gesetzt. Beispielsweise kann die Frage „Haben wir unser Thema im Griff?" über die Zuordnung der Punkte auf einem Kontinuum zwischen „ja völlig" und „überhaupt nicht" beantwortet werden.
- Zuruf- und Kartenabfrage: Zu einer visualisierten Frage werden den ModeratorInnen bei der Zurufabfrage spontan Antworten zugerufen und von diesen aufgeschrieben und zugeordnet. Die Kartenabfrage verläuft ähnlich. Alle Teilnehmer schreiben ihre Antworten auf Kärtchen, die dann eingesammelt, sortiert und nach Oberbegriffen gruppiert werden. „Diese Technik stellt oft bei größeren Gruppen und heiklen Themen die Standard-Technik der Orientierung und Problemanalyse dar. Sie erlaubt (auch anonym), zu Problemen spontan Stellung zu nehmen" (Böning 1994, S. 123).

Weiter kann auch mit dem sog. Mind-Mapping, das ähnlich wie die Zurufabfrage abläuft, gearbeitet werden, dabei werden die Antworten allerdings von den ModeratorInnen einer bereits bestehenden klaren Gliederung zugeordnet. Eine weitere hilfreiche Technik, die auch in vielen anderen Zusammenhängen Verwendung findet, ist die Aufteilung einer großen Gruppe (Plenum) in Kleingruppen, wo verschiedene Sichtweisen diskutiert und vertieft werden können, um die Ergebnisse dann über Visualisierungstechniken dem Plenum wieder zugänglich zu machen.

Der Vorteil dieses strukturierten und Lösungsprozesse klar strukturierenden Verfahrens liegt zudem vor allem darin, dass mehrere Informationsmedien (Abb. 21) benutzt werden, was die Quote dessen, was inhaltlich von den Teilnehmern behalten wird, erhöht, und dass über die verwendeten Techniken immer auch der kommunikative Gruppenprozess angeregt wird. Verführerisch sind die Techniken, die aber nur scheinbar einfach sind. ModeratorInnen müssen Gruppenarbeitsmethoden beherrschen, um die Techniken der Moderation effektiv einsetzen zu können und GruppenleiterInnen, beispielsweise im Rahmen von Themenzentrierter Interaktion (Kap. 9.3), müssen umgekehrt die Techniken der Visualisierung und die Fragetechniken beherrschen, um das Verfahren der Moderation in ihre Gruppenarbeit zu integrieren.

9.4.3 Zukunftswerkstatt

Die Zukunftswerkstatt ist wie die Moderation ein sehr variabel in vielen Arbeitsfeldern einsetzbares Verfahren, wenn es um die spielerische, fantasievolle und kreative Auseinandersetzung mit der Realität und ihrer konstruktiven Veränderung im Rahmen einer Gruppenarbeit (Klientengruppen, Arbeitsteams, Freizeitgruppen, Selbshilfegruppen, Bürgerinitiativen ...) geht. Jungk und Müllert (1989) haben mit dem von ihnen entwickelten Verfahren eine demokratisierende Form der offensiven Gemeinwesenarbeit (Kap. 5.5.1) im Sinn gehabt: „In ihr erhalten die Sonst-Nicht-Gefragten die Möglichkeit, sie betreffende Probleme zu behandeln und Lösungen zu enwickeln" (S. 17), oder: „Wo immer solche Zukunftswerkstätten abgehalten wurden, war das Interesse lebhafter als bei üblichen Veranstaltungen. Die Teilnehmer merkten, dass sie nicht nur Zuhörer, sondern Mitmacher waren und selber Antworten auf ihre Misere geben konnten. Ihre schlummernde Kreativität wurde endlich gefordert, geweckt und zur Entfaltung gebracht. Man kritisierte Bestehendes und konzipierte Gewünschtes" (S. 15).

Der Weg von der Kritik des Bestehenden hin zur Konzeption des Gewünschten verläuft bei der Arbeit mit der Zukunftswerkstatt unter Zuhilfenahme von Moderationstechniken (Kap. 9.4.2) nach einer Vorbereitungsphase (Jungk/Müllert 1989, S. 73 ff.), bei der u.a. das Werkstatt-Thema entwickelt wird, in den folgenden drei Phasen ab (S. 88 ff.):

- In der Beschwerde- und Kritikphase werden alle negativen Erfahrungen gesammelt, beispielsweise zum Thema „Ausländerfeindlichkeit in unserer Gemeinde".
- In der Fantasie- und Utopiephase können tabulos und frei fantasierend (auch völlig unrealistische) Wünsche und Träume geäußert werden, beispielsweise harmonische Vorstellungen eines paradiesischen Zusammenlebens aller Bevölkerungsgruppen in der Gemeinde.
- In der Verwirklichungs- und Praxisphase wird die Realität wieder mit einbezogen und die Entwürfe bezüglich ihrer Umsetzungsmöglichkeit geprüft und das weitere Vorgehen geplant, beispielsweise die Gründung eines türkisch-deutschen Kulturvereins.

Neben der Verwendung der Moderationstechniken lassen sich auch handlungsorientierte Verfahren aus dem Psychodrama (Kap. 9.2) sinnvoll und weiterführend mit der Zukunftswerkstatt verbinden. So können im Sinne der Skulpturarbeit (Kap. 9.2.4) die Inhalte der drei Phasen im Raum mit Gegenständen symbolisiert und dokumentiert werden, wobei durch die räumliche Zuordnung auch eine szenische Ordnung der drei Phasen bewirkt wird. Wenn die erste und die zweite Phase unter Nutzung des gesamten Raums als zwei Endpunkte eines Kontinuums gedacht und aufgebaut werden, dann kann der Raum dazwischen genutzt werden, beispielsweise zu erproben (indem die Symbole bewegt und umgestellt werden), inwieweit bzw. unter welchen Modifizierungen bestimmte Inhalte der Fantasiephase sich der Realität annähern lassen bzw. was in der Realität zunächst unbedingt zu verändern ist, dass diese Inhalte umgesetzt werden können.

Über das psychodramatische Rollenspiel (Kap. 9.2.3) lassen sich weiter die drei Phasen auf eine sehr erlebnisnahe Weise nachdrücklich vergegenwärtigen. Das kreative Fantasiespiel wirkt auf eine eindringlichere Art, als „nur" darüber reden und das Gesprochene zu visualisieren (Abb. 19). Zugleich haben solche Spiele eine befriedigende und befreiende Kraft, selbst wenn die Zwänge der Realität eine spätere Umsetzung verhindern. Einmal wenigstens psychodramatisch erlebt zu haben, wie schön es im Paradies ist, um bei dem obigen Beispiel zu bleiben, setzt kreative Kräfte frei, die für die Umsetzung des Möglichen genutzt werden können. Die Planungen können zusätzlich schon einmal im zukunftsgerichteten Rollenspiel (Kap. 9.2.4) realisiert werden, es können mögliche Varianten erprobt und daraufhin überprüft werden, ob sie den Wünschen und Bedürfnissen der Teilnehmer wirklich gerecht werden oder was im Vorfeld noch zu erledigen ist, um ihre letztendliche Umsetzung in der Realität zu gewährleisten.

Abschließend sollen wieder im Sinne einer Anregung zur weiteren Bearbeitung einige nützliche komplementäre Interventionsmethoden und -verfahren bzw. auch einige Techniken daraus aufgelistet werden, die für spezielle Fragestellungen und Aufgaben in der Sozialen Arbeit sich als sinnvoll erwiesen haben:
- Anti-Aggressivitäts-Training (Weidner 1993; Kurz-Porträt: Weidner 2000)
- Gestalttherapie (Perls 1977, Rahm 1990; Kurz-Porträt: Lemke 1988)
- Neurolinguistisches Programmieren (James/Woodsmall 1992, Stahl 1988)
- Projektmethode (Frey 1998)
- Systemische Familientherapie (Hoffman 1995, Oswald/Müllensiefen 1985; Kurz-Porträt: Hanswille 2000)
- Transaktionsanalyse (Berne 1970, Rautenberg/Rogoll 1980; Kurz-Porträt: Hagehülsmann 1983)
- Verhaltenstherapie (Reinecker 1987; Kurz-Porträt: Adam-Lauer (a) 2000)

Weiterführende Literatur:

Böning, U., Moderieren mit System, Wiesbaden 1994.
Bullinger, H. und Nowak, J., Soziale Netzwerkarbeit, Freiburg 1998.
Jungk, R. und Müllert, N. R., Zukunftswerkstätten. Mit Fantasie gegen Routine und Resignation, München 1989.
Kuhnt, B. und *Müllert, N. R.*, Moderationsfibel Zukunftswerkstätten. Verstehen – Anleiten – Einsetzen, Neu Ulm 2004.

9.5 Exkurs: Klassische Methoden

Einige Aspekte der Entwicklung der drei „klassischen Methoden" werden im Folgenden diskutiert, ohne allerdings im Rahmen dieses Exkurses dem Anspruch auf Vollständigkeit gerecht werden zu wollen oder dies in der Kürze zu können. Eine sehr differenzierte und anschaulich geschriebene Abhandlung liegt von C.W. Müller in zwei Bänden vor (1994 und 1997). Zeitlich ist das Thema hier auf die erste Hälfte des 20. Jahrhunderts beschränkt. Die lange Vorgeschichte (christliche Liebestätigkeit, gegenseitige Risikoabsicherungen durch mittelalterliche Gilden und Knappschaften, caritative Versorgung Bedürftiger durch Vermögende, Elberfelder System [Armenordnung von 1852], Auswanderungsberatung, Seemannsfürsorge u.a) bleibt in diesem Exkurs daher ebenso ausgeblendet wie Ansätze methodischen Handelns, wie sie in den Arbeiten etwa von Pestalozzi, Wichern, Nohl, Aichhorn, Redl, Bettelheim, Korczak u.a. zu rekonstruieren wären.

In der ersten Hälfte des 20. Jahrhunderts entstanden Grundlagen für heutige Handlungsleitende Konzepte, Arbeitsformen und Methoden in der Sozialen Arbeit. Neben dem rein historischen Interesse („back to the roots") sind viele auch heute noch relevante Aspekte für das methodische Handeln zu erkennen: dies betrifft etwa die Notwendigkeit einer gekonnten Situationsanalyse („Social diagnosis") für die Wirksamkeit des gesamten weiteren Hilfeverlaufs oder die Bedeutung von Gruppen als Ort und als Medium, um lebendiges Lernen zu ermöglichen und die Effektivität sozialpädagogischer Interventionen zu steigern

("Gruppenpädagogik", "Gruppenarbeit") sowie auch die Erkenntnis des prägenden Einflusses von Umweltstrukturen und -prozessen für das Verstehen sozialpädagogisch relevanter Phänomene ("Gemeinwesenarbeit").

Die „Einzelfallhilfe" (case work, auch Einzelhilfe), die „Gruppenarbeit" (group work) und die „Gemeinwesenarbeit" (community organization) können heute als „klassische Methoden" der Sozialen Arbeit bezeichnet werden oder im Rahmen einer „Methodengeschichte" diskutiert werden. Durch den Begriff „klassische Methoden" wird auf deren historische Zuordnung, vor allem aber auf deren Bedeutsamkeit für die Geschichte methodischen Handelns in der Sozialen Arbeit und für die Professionalisierung Sozialer Arbeit verwiesen. Falls sie auch heute noch ab und zu als die „Methoden der Sozialarbeit" bezeichnet werden, wird die Methodenentwicklung in Deutschland seit den 1960er Jahren allerdings ausgeblendet. Bei den „klassischen Methoden" handelt es sich nach dem Verständnis der Systematik dieses Buches (Abb. 1) um Arbeitsformen, innerhalb derer verschiedene strukturierte Methoden, Verfahren und Techniken zur Anwendung kommen. Darauf hat Pfaffenberger in seinem Bemühen um eine terminologische Klärung in der Sozialen Arbeit schon 1981 hingewiesen.

Hinter den „klassischen Methoden" der Sozialen Arbeit stehen natürlich Personen, „Klassiker", die diese „Methoden" kreativ entwickelt haben. „Klassiker" haben den Fortschritt ihrer Wissenschaft maßgeblich beeinflusst. Sie haben im Bereich der Sozialen Arbeit – angeregt durch soziale Probleme ihrer Zeit – Themen aufgegriffen, bewusst gemacht und überragend weiterentwickelt. Zudem wurden dadurch zukünftig – wenn auch häufig durch historische und ideologische Hemmnisse behindert und verzögert – Bezugnahmen, Auseinandersetzungen und Weiterführungen angeregt. Zu diesen „Klassikern" gehören im Kontext der Sozialen Einzelfallhilfe ohne Zweifel Mary Richmond und Alice Salomon, auf die im Folgenden besonders eingegangen wird.

9.5.1 Soziale Einzelfallhilfe

Die Soziale Einzelfallhilfe als älteste klassische Methode ist, wie sich aus dem Begriff selbst ergibt, methodengeleitete Soziale Arbeit mit einzelnen Menschen, teilweise auch mit Familien, wobei die persönliche Hilfe im Vordergrund steht. Zentrale Idee ist die Stärkung der Klienten mit dem Ziel, sie zu befähigen, ihre Probleme selbst lösen zu lernen („Hilfe zur Selbsthilfe"-Prinzip). Soziale Arbeit mit einzelnen Personen oder Familien obliegt um 1900 noch weitgehend ehrenamtlichen Kräften und beginnt erst allmählich, sich als Profession zu entwickeln. Einen herausragenden Beitrag dazu hat Mary Richmond (1861–1928) geliefert, die berechtigterweise als Begründerin der Sozialen Einzelfallhilfe gilt. Ab 1889 arbeitete sie zunächst als Schatzmeisterin, später als Geschäftsführerin einer karitativen Einrichtung in Baltimore. Dort war sie u.a. mit der Ausbildung von Hausbesucherinnen – den berühmten „friendly visitors" – befasst. Nach einer Dozententätigkeit an der Sommerschule für Philanthropie (heute: „Schools of Social Work") in New York legte sie das Fundament für ihre heutige Bedeutung als Klassikerin der Sozialen Arbeit. Auf der Grundlage einer von ihr geleiteten Feldforschung verfasst sie das für das methodische Handeln in der Sozialen Arbeit „nachhaltige" Buch „Social Diagnosis" (1917). 1922 folgt „What is Social Work?. Durch empirische Erhebungen über die Arbeitsweise

von Familienfürsorgerinnen sammelte sie relevante Daten über die fürsorgerische Praxis der damaligen Zeit. Soziale Arbeit wurde so zur Erfahrungswissenschaft. Über die Analyse dieser Praxis entwickelte sie Ansätze einer Systematik methodischen Handelns:
- Ermittlung der Ursachen der Hilfebedürftigkeit (Anamnese, Situationsanalyse),
- Ordnen der erhobenen Informationen (Diagnose),
- Hilfeplanung für den Einzelfall (Behandlung).

Den Gesprächs- und Hilfeprozess zwischen Professionellen und Klienten sieht Mary Richmond als einen sozialen Lehr-Lern-Prozess. In diesem Beziehungssystem soll die Persönlichkeit der Klienten gefördert werden. Differenziertere Aussagen über die professionelle Gestaltung dieses Prozesses, wie sie heute etwa über die Klientenzentrierte Gesprächsführung nach Rogers (vgl. Kap. 9.1) oder spezieller für die Beratung suchtmittelabhängiger Menschen über das Motivational Interviewing (Miller und Rollnick 1991, Hapke u.a. 2000) vorliegen und praktiziert werden, fehlen allerdings noch.

In Deutschland war es die Volkswirtschaftlerin, Sozialpädagogin, Sozialpolitikerin und Feministin Alice Salomon (1872–1948), die, angeregt durch die Ideen von Mary Richmond u.a., die Einzelfallhilfe kreativ und erfahrungsbezogen in die Soziale Arbeit integriert hat. Sie war die Gründerin der ersten deutschen „Sozialen Frauenschule" und die Verfasserin wissenschaftlicher Standardwerke: „Soziale Therapie. Ausgewählte Akte aus der Fürsorgearbeit" (1926 gemeinsam mit Siddy Wronsky und Eberhard Giese) und „Soziale Diagnostik" (ebenfalls 1926). Begrifflich hat sich Alice Salomon dabei an der Medizin orientiert (Sozialarbeiter als „Sozialmediziner"), inhaltlich sind ihre Ausführungen allerdings Soziale Arbeit in Reinform. Sich heute noch über die Anlehnung an medizinische Begriffe zu mokieren (z.B. Fegert 2002, S. 125 f.) anstatt die Inhalte zu würdigen, bleibt daher unverständlich.

Für Alice Salomon ist Soziale Arbeit eine Kunst des Fallverstehens (demonstriert in „Soziale Therapie") und des entsprechenden professionellen Handelns. Soziale Diagnosen („Situationsanalysen") bilden die Grundlage, professionelle Hilfen (spezifische Handlungsmethoden) zu entwickeln und zu sichern. Dabei gilt es zu unterscheiden, inwiefern äußere Hilfeleistungen ausreichend oder weitere psychosoziale Hilfen gewünscht und notwendig sind.

Alice Salomon entwickelte ein Phasenmodell professionellen Helfens (vgl. Kuhlmann 2004, S. 17 ff.), wie es auch heute (wieder) in Variationen üblich ist und auch bei Mary Richmond anglegt war:
- Erkundigungen einziehen,
- Ressourcenermittlung in der Lebenswelt,
- Stellvertretende Deutung (vorsichtig die Konflikte hinter den Symptomen erhellen, unbewusste Hoffnungen, Lebenspläne, Träume),
- Hilfeplan erstellen,
- Interventionen,
- Evaluation.

Ein kurzes Zitat macht zusammenfassend die Einordnung des Denkens und Handelns von Alice Salomon als nachwirkende Klassikerin der Sozialen Arbeit treffend deutlich: „Methoden" sind nach Salomon „zwar unentbehrliche ‚Werkzeuge' – aber eben nicht mehr als Werkzeuge, die erst durch die kreative Handhabung, durch emotionale Sensibilität und Solidarität mit den Klienten wirksam werden" (Kuhlmann 2002, S. 24).

Die weitere Entwicklung in Deutschland führte vom methodischen Handeln in der Sozialen Einzelfallhilfe (kurz: Ermittlung – Diagnose – Behandlung) zu den tragischen und unmenschlichen Gewaltakten im Nationalsozialismus (Ausgrenzen – Aussondern – Ausmerzen). Die Jüdin Alice Salomon, eine der ganz Großen der Sozialen Arbeit, starb vergessen 1948 in New York.

Die Entwicklung in den USA nach Mary Richmond ist dadurch gekennzeichnet, dass ihre Erkenntnisse in die akademische Ausbildung einiger Universitäten einflossen und dass sich unterschiedliche Richtungen („Schulen") herauskristallisierten:

- Der diagnostische Ansatz: Zentral sind dabei die ausführliche Anamnese und die Zuordnung der gewonnenen Fakten in ein psychoanalytisches oder entwicklungspsychologisches Störungsraster. Die Behandlung nach der Anamnese und Diagnose ist stark durch das Expertenurteil geprägt.
  Eine Weiterentwicklung des diagnostischen Ansatzes ist der psychosoziale Ansatz, bei dem Probleme nicht isoliert Individuen zugeordnet werden, sondern deren Lebenswelt und soziale Situation in den Blick genommen und die Problemlösungen in diesem Kontext gesucht werden.
- Der funktionale Ansatz: Die Funktion der Sozialen Arbeit in einer Gesellschaft wird hier als Dienstleistung gesehen, die von den Klienten gewünscht wird oder ihnen zuträglich erscheinen. Veränderungsprozesse von Klienten sollen unterstützt, die Vermittlung von Hilfen soll über den Beziehungsprozess zwischen Professionellen und Klienten gestaltet werden. Soziale Einzelarbeit wird hier zur „Beziehungsarbeit".
- Der Problemlösungsansatz: Hier werden Elemente aus den genannten Ansätzen integriert. Über Ich-Stärkung (Ressourcenerschließung, Kompetenzenförderung, Ich-Unterstützung) sollen Klienten motiviert und befähigt werden, ihre Kompetenzen neu zu entdecken und wahrzunehmen sowie ihre speziellen Schwierigkeiten bzw. ihr Leben im Allgemeinen besser zu bewältigen.

Weiterentwicklungen unterschiedlicher Aspekte der Sozialen Einzelfallhilfe finden sich heute speziell in den Handlungsleitenden Konzepten des Empowerment (vgl. Kap. 5.1) und vor allem des Case Management (vgl. Kap. 5.2).

9.5.2 Soziale Gruppenarbeit

Die Bedeutung von Gruppen („primäre Netzwerke") für die physische, kognitive, psychisch-emotionale, moralische, kulturelle und soziale Entwicklung war lange bekannt, bevor die Soziale Gruppenarbeit im engeren Sinne oder die Gruppenpädagogik als methodische Konzepte institutionalisiert wurden. Besonders herausragende Beispiele sind das sozialpädagogische Wirken von Pestalozzi, Wichern und Korczak. Die Differenzierung des Begriffs „Arbeit mit Gruppen" in „Soziale Gruppenarbeit" und „Gruppenpädagogik" kann aus dessen historischen Wurzeln abgeleitet werden, die weiter unten kurz beschrieben werden. Soziale Gruppenarbeit heute kann allerdings als Oberbegriff verstanden werden, dem die Gruppenpädagogik subsumiert wird, deren Besonderheit die eindeutige erzieherische Arbeit mit Gruppen und in Gruppen ist.

Einige Aspekte sozialpsychologischer und soziologischer Theorienbildung, die eine Begründung für die Soziale Gruppenarbeit bieten, sollen kurz erwähnt werden: Charles H. Cooley (1864–1929) unterscheidet in seiner berühmten Gruppentypologie Primär- und Sekundärgruppen (vgl. Netzwerktypen Kap. 5.3.2). Die erstgenannten sind z.B. Familien-, Kinderspiel- oder Nachbarschaftsgruppen, die über persönliche, direkte Beziehungen (face-to-face) ein ausgeprägtes „Wir-Gefühl" vermitteln und grundlegend wichtig für die Persönlichkeitsbildung sind, die also eine hohe Sozialisationsrelevanz besitzen. Hieraus lässt sich die Bedeutung von Gruppen für die „Re-Sozialisation" ableiten. Sekundärgruppen sind dagegen durch ihre Zweckorientierung und rationale Organisation gekennzeichnet. Sie sind insbesondere für Fragen des Sozialmanagement (vgl. Kap. 5.6) relevant. Bezüglich des personorientierten Handelns im Rahmen von Sozialmanagement sind die Untersuchungen in den Hawthorne-Werken (1926–1932) (Mayo, Roethlisberger, Dickson u.a.) sehr erhellend. Hier wurde u.a. das Phänomen erforscht, dass sich im Rahmen von Organisationen neben den zweckrational geplanten Gruppenbildungen (formelle Gruppen) über persönliche Beziehungen primärgruppennahe informelle Gruppen bilden, die für das Befinden der Gruppenmitglieder wie auch für die Arbeitsleistung von größter Bedeutung sind. Sie können u.U. aber auch die Zielsetzungen der Organisation unterlaufen. Jacob L. Moreno (1889–1974) hat für die Untersuchung (Situationsanalyse) dieser Phänomene seine soziometrischen Verfahren und für die Bearbeitung (Intervention) der daraus resultierenden Probleme diverse psychodramatische Verfahren entwickelt. Samuel N. Eisenstadt (geb. 1923) verweist auf die besondere Bedeutsamkeit von primärgruppenhaften Beziehungen in jugendlichen Gleichaltrigengruppen für die Sozialisation in modernen Gesellschaften als Übergangsphänomen (interlinking sphere) von der Kindheit zum Erwachsenenalter. Zu den wichtigen frühen Ideengebern der Sozialen Gruppenarbeit gehört schließlich auch Kurt Lewin (1890–1947), einer der Pioniere der „Gruppendynamik", auf den weiter unten noch eingegangen wird.

Für das professionelle Handeln in der Sozialen Arbeit ist eine anthropologische Konstante zu bedenken, dass nämlich der Mensch ein Gruppenwesen ist, normalerweise von Gruppen stärker geprägt wird als von Einzelpersonen – mit Ausnahme vielleicht der pränatalen und ersten postnatalen Mutter-Kind-Beziehungen – und ohne Bindungen an Gruppen nicht überlebensfähig wäre. Die hohe Bedeutung von Gruppen für die Identitätsbildung, für eine flexiblere Gestaltung eingefahrener Rollenmuster, für die Veränderung von rigiden Sichtweisen, für die emotionale und soziale Unterstützung, für Sozialisations- und (Um-) Lernprozesse, für das Bestätigen anderer und das Bestätigtwerden durch andere, für den Aufbau und die Aufrechterhaltung von Beziehungen usw. wird im Rahmen der Sozialen Gruppenarbeit professionell ausgestaltet. Der Wert der Sozialen Gruppenarbeit lässt sich des Weiteren durch folgende Aspekte bestätigen: Effektivitätssteigerung (es können gleichzeitig mehrere Personen erreicht werden), geringer ausgeprägte Gefahr einer Abhängigkeit der Klienten von einem Professionellen (im Gegensatz zur Einzelarbeit), Entlastung vom Fixierungszwang auf die eigenen Konflikte (auch andere Gruppenteilnehmer haben Probleme), lebendiges Lernen wird ermöglicht (im Austausch mit anderen Gruppenteilnehmern), unterschiedliche Führungsstile können erlebt werden (Leitung von Untergruppen) u.a.

In einer historischen Betrachtung der Sozialen Gruppenarbeit lassen sich mehrere Stränge unterscheiden. Dabei wird auch deutlich, dass die Grundlagen der heutigen Arbeitsform Gruppe sehr viel weniger als bei der Einzelfallhilfe durch herausragende Einzelpersonen aus dem Bereich der Sozialen Arbeit geprägt wurden.

In Deutschland waren es zunächst bürgerliche Pädagogen, die das Gruppenleben auch als pädagogisches Medium erkannten. Sie waren begeistert von der zu Beginn des 20. Jahrhundert sich entwickelnden Jugendbewegung (u.a. mit dem Ziel der Selbsterziehung) und versuchten, deren Ideen, Prinzipien und Lebensstile im Rahmen einer Reform der Schule zu realisieren. Reformpädagogische Vorstellungen sollten die damals anerkannten pädagogischen Handlungsweisen und Einrichtungen ersetzen oder doch zumindest ergänzen. Bekannte Reformpädagogen waren u.a. Georg Kerschensteiner, Peter Petersen und Hermann Lietz. Gemeinsam war ihnen und anderen Reformpädagogen die Erkenntnis der herausragenden Bedeutung der Gruppe als Erziehungs- und Sozialisationsmedium. Parallel dazu verlief die proletarische Jugendbewegung mit ihrem Einfluss auf sozialistische Jugendgruppen und Jugendorganisationen.

Ein zweiter Hauptstrang ist mit der sog. Gruppendynamik in den USA durch Kleingruppenforscher angelegt, die zunächst in den zwanziger Jahren Schülergruppen in sog. Sommerlagern beobachteten. Hier und in späteren Untersuchungen interessierten Fragen zu Genese und Funktion von sozialen Gruppen, zu in Gruppen ablaufenden Prozessen, zu Führungsstilen sowie zu Interventionsinstrumentarien zur Veränderung von Gruppenstrukturen und -prozessen. In den dreißiger und vierziger Jahren sind es neben der oben erwähnten Hawthorne-Untersuchung und der sich entwickelnden Gruppenpsychotherapie vor allem die Arbeiten von Kurt Lewin und Jacob Levi Moreno, die die „Gruppendynamik" weiter voranbrachten. Kurt Lewin (1890–1947) war ein einflussreicher Pionier der Sozialpsychologie und neben anderem auch Begründer der Gruppendynamik. Eine der grundlegenden Annahmen, die auch in der Gestaltpsychologie und der Systemtheorie gängige Meinung sind, verdeutlichen seine Sicht der Abläufe in einer Gruppe: die Eigenschaften und auch Fähigkeiten einer Gruppe sind über die Summe der Eigenschaften und Fähigkeiten der einzelnen Gruppenmitglieder nicht zu verstehen, sie sind verschieden. Des Weiteren ist die Erkenntnis wichtig, dass die Strukturen und Prozesse in eine momentane Situation eingebettet sind, so dass neben der Beziehungsdynamik auch das soziale Umfeld wesentlich für den Verlauf einer Gruppenarbeit wird. Lewin hat auch ein bekanntes Phasenmodell entwickelt, in dem gesetzmäßige Verläufe in Gruppen konstruiert sind: Fremdheits-, Orientierungs-, Vertrautheits-, Differenzierungs- und Abschlussphase. Dabei werden nicht von jeder Gruppe notwendigerweise alle Phasen nacheinander durchlaufen. Manchmal endet der Gruppenprozess in der dritten Phase, oder es wird eine Phase wiederholt usw. Bekannt ist auch die von ihm und seinen Mitarbeitern entwickelte Typologie der Führungsstile der Gruppenleiter – autokratischer, demokratischer und laissez-faire Stil –, die in Deutschland bis in die sechziger Jahre hinein für Diskussionsstoff sorgte. Jacob Levi Moreno (1989–1974) ist über seine Methode des Psychodramas (Rollenspiel, soziodramatische und soziometrische Verfahren) einer der nachhaltigsten Väter der Sozialen Gruppenarbeit, bei der vor allem auch die emotionale Beziehungsstruktur berücksichtigt wird. Sein Werk wird im Kapitel 9.2 ausführlich behandelt.

In Deutschland bekam die Soziale Gruppenarbeit nach dem Zweiten Weltkrieg einen hohen Stellenwert, zunächst vor allem im Rahmen des Unternehmens „Reeducation", also der Demokratisierungsbestrebungen der Alliierten in den westlichen Besatzungszonen in den Jahren nach Beendigung des Zweiten Weltkriegs (Jugendhof Vlotho, Haus am Rupenhorn). Besonders bekannt wurde das Haus Schwalbach und seine langjährige Leiterin Magda Kelber durch deren gruppenpädagogische Initiativen.

Die heutige Methoden und Verfahren der Arbeit mit Gruppen wurden in den Kapiteln 9.2 bis 9.4 vorgestellt.

9.5.3 Gemeinwesenarbeit

Über die Gemeinwesenarbeit wird eine Erweiterung der individualisierenden Problemanalyse und der Problemlösungsversuche entwickelt: Gesellschaftliche Strukturen – die Gesamtgesellschaft oder regionale Einheiten wie Stadtteile – rücken in das Blickfeld und in das Interesse der Professionellen der Sozialen Arbeit. In der Sozialen Einzelfallhilfe und in der Sozialen Gruppenarbeit wurden Umweltfaktoren natürlich nicht gänzlich ausgeblendet, jedoch nur als Randbedingungen bedacht.

Im Folgenden sollen einige Klassiker der Gemeinwesenarbeit und ihre Werke beispielhaft genannt werden. Gemeinsam ist ihnen allen, dass sie, beunruhigt durch die gesellschaftlichen Verhältnisse ihrer Zeit, aus humanitären, religiösen und sozialistischen Positionen und Motiven heraus tätig wurden, um unterprivilegierte Bevölkerungsgruppen – Elendsquartiere, 10 Stunden und mehr Arbeitszeit, Frauen- und Kinderarbeit, geringer Lohn, unterentwickeltes Gesundheits- und Bildungswesen, Alkoholismus – zu unterstützen und bei der Um- oder Neugestaltung ihrer Lebensumstände in den Arbeiterquartieren aktiv zu begleiten. Dabei spielt die die sog. Settlementbewegung in England und in den USA eine herausragende Rolle.

- Henrietta und Samuel Barnett: Der Gemeindepfarrer Barnett gründete mit seiner Frau 1884 das erste Settlement – soziales Zentrum – in einem Londoner Elendsquartier: Toynbee Hall (benannt nach dem Sozialreformer Toynbee). Sie und Studierende der Universität Oxford wollten über diese Niederlassungen neue Möglichkeiten – Bildung, lokale Beschäftigung, nachbarschaftliche Kontakte, Freizeitgestaltung, Clubs für Kinder, Jugendliche und Erwachsene – erarbeiten und im direkten Zusammenleben mit den Menschen in diesem Stadtteil gestalten. Toynbee Hall wurde zum Vorbild für Zentren, über die Bildungs- und Sozialleistungen angeboten und soziale Reformen vorangetrieben wurden.
- 1889 gründete Jane Addams mit Ellen Gates Starr – inspiriert vom Toynbee Hall – das Hull House in Chicago, eines der ersten „Siedlungshäuser" der USA. Das soziale Milieu war allerdings anders als in London: qualifizierte Arbeiter aus Europa, politische Flüchtlinge, die arbeitswillig waren und auch Arbeit fanden – allerdings unter den unmenschlichen kapitalistischen Bedingungen Nordamerikas. Daraus ließen sich auch die speziellen Ziele von Jane Addams und ihren MitstreiterInnen ableiten, nämlich die Arbeits- und Lebensbedingungen der Menschen zu verbessern, dies auch über politische Aktivitäten (Kommunalpolitik, gewerkschaftlichen Einsatz u.a.).

Im Deutschland der ersten Hälfte des 20. Jahrhunderts kam es, sicher auch beeinflusst durch die Settlementbewegung zu einigen bemerkenswerten Gründungen – neben dem Volksheim Hamburg (durch Walter Claasen) war es vor allem die Soziale Arbeitsgemeinschaft Berlin Ost (SAG), die von dem ehemaligen Pfarrer Friedrich Siegmund Schultze gegründet wurde, der 1911 mit seiner Familie und Freunden in das Berliner Arbeiterviertel Ost zog. Die Versöhnung der Klassen, der politischen Parteien und der Religionen war ihr Ziel. Nach der Gründung der SAG wurden einige der Pläne auch verwirklicht: Knabenclubs, Jugendgerichtshilfe, Männerabende, „Kaffeklappe" (ähnlich den heutigen Teestuben) sowie Rechtsberatung. Nach 1920 wurden weitere Arbeitsgemeinschaften in ganz Deutschland gegründet, so dass es 1925 zur „Deutschen Vereinigung der Nachbarschaftssiedlungen" kam.

Nach Oelschlägel (2000, S. 259) sind die genannten Merkmale der Settlementidee – auch in der Satzung der SAG verankert – so, dass man von Vorläufern – hier von Klassikern – der Gemeinwesenarbeit sprechen kann: „konsequente Quartiersorientierung, Errichtung von Gemeinwesenzentren (Volkshäuser), Aktivierung der Nachbarschaft (und) Versuch einer theoretischen Klärung (der) stadtteilorientierten Arbeit".

Nach 1933 mussten in Deutschland viele dieser Einrichtungen ihre Arbeit aufgeben. In den 1950er Jahren kam „Gemeinwesenarbeit" als Import (über Reeducationsprogramme und Studienreisen) aus den USA und den Niederlanden wieder nach Deutschland, allerdings geprägt von einem eher harmonisierenden Gesellschaftsverständnis. Hier war es – wie auch bei der Vermittlung von case work – Hertha Kraus, die nach Ende des Zweiten Weltkriegs die amerikanische community organization der deutschen Sozialen Arbeit zu vermitteln versuchte. Hertha Kraus gehörte zu den ersten deutschen Emigrantinnen, die aus den USA nach Deutschland kamen in dem Bestreben, die Verbindung der deutschen Sozialarbeit mit der internationalen Entwicklung wieder herzustellen. C. W. Müller macht – vor dem Hintergrund der historischen Entwicklung in den USA – darauf aufmerksam (1997, S. 105 ff.), dass es sinnvoll ist, zwischen community organization (Gemeinwesenarbeit) und community development (Gemeindeaufbau) zu unterscheiden. Das erste ist der Begriff für den Versuch, über Gemeinwesenarbeit Elendsviertel human umzugestalten (community organization), das zweite der Begriff für den Versuch, beim Entstehen neuer Stadtteile Professionelle der Sozialen Arbeit von vornherein als kompetente Mitgründer zu beteiligen (community development). Ersteres dient der Konfliktvermeidung über Ressourcenförderung, letzteres dem Aufbau gesundheitsfördernder Lebenswelten.

Erst 1960 ist Gemeinwesenarbeit als eigenes Ausbildungsgebiet der Sozialen Arbeit diskutiert worden. Die Idee der Gemeinwesenarbeit kam dann erst über die Studenten- und Sozialarbeiterbewegung der 1960er Jahre voll ins Bewusstsein der Professionellen der Sozialen Arbeit. Die weitere Entwicklung und die unterschiedlichen Praxiskonzepte wurden im Kapitel 5.5.1 beschrieben.

Weiterführende Literatur:

Hering, S. und Münchmeier, R., Geschichte der Sozialen Arbeit, Weinheim 2005.
Müller, C. W., Wie Helfen zum Beruf wurde, Weinheim 1994 und 1997 (2 Bände).

10 Reflexion

Selbstevaluation (Kap. 10.1) und Supervision (Kap. 10.2) sind zwei Instrumente der Reflexion professionellen Handelns. Selbstevaluation ist eine notwendige, von den SozialpädagogInnen eigenständig durchgeführte Teilphase klientenbezogenen methodischen Handelns im Problemlösungsprozess (Abb. 1). In den meisten Formen der Supervision werden Professionelle der Sozialen Arbeit selbst zu Klienten, die sich von SupervisorInnen bezüglich ihrer Berufsrolle beraten lassen. Selbstevaluation und Supervision ergänzen sich im besten Falle wechselseitig mit dem Ziel der Reflexion, wenn die Inhalte und die einzelnen Schritte des Vorgehens auch unterschiedlich sind. In der Praxis verwischen die Grenzen zwischen beiden manchmal, wenn Selbstevaluation in eine kollegiale Supervision übergeht, wozu die Verführung in kleinen Gruppen groß ist, oder Supervision die Aufgaben der Selbstevaluation übernimmt.

Auf einen kurzen Nenner gebracht ist Selbstevaluation ein Reflexions- und Lernarrangement (Kap. 6.2.3), über das PraktikerInnen eigenständig und empirisch fundiert Dokumentationen, Analysen und Bewertungen der eigenen Arbeit durchführen mit dem Ziel der Optimierung und Innovation dieser Arbeit. Eine Bewertung, eine Beurteilung erfolgt also auf der Basis strukturiert erhobener Daten. Inwieweit die Ergebnisse dann in der Institution oder in den jeweiligen Abteilungen veröffentlicht werden sollen, ist strittig. Es setzt sich aber wohl die durchaus realitätsgerechte Meinung durch, dass verallgemeinerbare Daten, die die Arbeit einer Einrichtung betreffen, veröffentlicht werden sollten, natürlich unter Wahrung der Anonymität. Die Ursprungsdaten verbleiben bei den SozialpädagogInnen, die die Evaluation durchgeführt haben. Die Selbstevaluation wird zur alltäglichen Daueraufgabe, bei der vor allem kognitive Aspekte bedeutsam sind und bei der es nicht nur um Konflikte und Probleme geht, sondern um die Bewertung von Prozessen bzw. Teilprozessen, bei denen natürlich auch positive Verläufe Gegenstand der Beurteilung werden.

In Abgrenzung zur Selbstevaluation stehen bei der Supervision im Zentrum Konflikte und Probleme, die SozialpädagogInnen in ihrer beruflichen Rolle mit Hilfe eine Beraters (Supervisor) oder eines kollegialen Beraterteams (kollegiale Supervision) bearbeiten, wobei hier nicht nur kognitive Aspekte, sondern bevorzugt auch die emotionalen Aspekte von Konflikten und der Konfliktbewältigung eine Rolle spielen. Im Gegensatz zur Selbstevaluation ist Supervision sporadisch (etwa nur bei auftretenden Konflikten) oder in längeren, aber regelmäßigen Zeitabständen geplant. Dokumentationen der Arbeit spielen in der Supervision eine geringe Rolle, eventuell werden sie aber punktuell mit einbezogen (Tonbandaufnahme, Videoband, Klientenfragebogen). Eine Bewertung der Arbeit von SupervisandInnen findet, wie in der Beratung allgemein, grundsätzlich nicht statt, dagegen werden Handlungsalternativen entwickelt und, je nach Methode, u.U. auch trainiert. Ob Supervision als Standard-Reflexionsmöglichkeit in der Sozialen Arbeit für alle SozialpädagogInnen verbindlich eingeführt werden sollte, auch im Sinne der Qualitätsförderung, mag strittig sein, eine Indikation besteht auf alle Fälle dann, wenn Konflikte bei einzelnen MitarbeiterInnen oder im Team über kollegiale Beratung nicht angemessen gelöst werden können. Zur psycho-sozialen Hygiene dient die Supervision allerdings allemal.

Wenn während des Selbstevaluationsprozesses Konflikte auf der emotionalen Ebene einzelner MitarbeiterInnen oder im Team deutlich werden oder wenn die Gruppendynamik eines Teams dabei eine kognitive und sachbezogene Auseinandersetzung nicht mehr möglich macht oder wenn die Beziehungen von einzelnen MitarbeiterInnen oder eines Teams zur Institution gestört sind, dann ist die Bearbeitung dieser Konflikte Stoff und Aufgabe für die Supervision und nicht für die Selbstevaluation. Letztere wird u.U. erst über das Zwischenstadium Supervision wieder ermöglicht. Wo diese Grenzen verwischt werden, wenn etwa ein Teammitglied bei der Selbstevaluation in die Rolle eines Supervisors wechselt oder gar die ganze Gruppe zur Supervisorin eines Mitarbeiters wird, werden die Ziele der Selbstevaluation verlassen, was aufgrund der entstehenden Diffusität meist zu erheblichen neuen Problemen führt. Denkbar ist es natürlich schon, dass gut kooperierende Teams einen solchen Wechsel von der Selbstevaluation zur kollegialen Supervision und wieder zurück zur Evaluation erfolgreich vollziehen, dann aber nur unter der Prämisse einer eindeutigen Vereinbarung. Umgekehrt können auch in der Supervision Lösungen gefunden werden, die dann wieder in die Selbstevaluation einfließen und dort Gegenstand der Bewertung werden.

In den folgenden beiden Kapiteln werden die beiden Reflexionsinstrumente und die in ihnen praktizierten Methdoden bzw. Verfahren näher beschrieben.

10.1 Selbstevaluation

10.1.1 Begriff

Selbstevaluation, ein Begriff, dessen Verwendung in der Sozialen Arbeit noch nicht sehr eindeutig ist, wird hier als Teilprozess des methodischen Handelns in der Sozialen Arbeit diskutiert, der in den zirkulären Problemlösungsprozess eingebunden ist (Kap. 3.6). Diese Form der Evaluation ist nach Heiner eine selbst durchgeführte und selbst entschiedene Bewertung der eigenen Arbeit: „Auf der Grundlage systematisch gesammelter und ausgewerteter Informationen wird bei der Selbstevaluation das eigene Handeln mit seinen Konsequenzen dokumentiert, analysiert und bewertet, ... was von der systematischen, empirisch fundierten Reflexion fachlichen Handelns bis zur Durchführung kleinerer sozialwissenschaftlicher Untersuchungen über die Leistungsfähigkeit der eigenen Organisation oder Organisationseinheit" reicht (2000, S. 590).

Von der Selbstevaluation kann die Fremdevaluation unterschieden werden, die entweder als externe Fremdevaluation (Fachleute von außen beurteilen die Effektivität einer Institution) durchgeführt oder auch als eine im Rahmen einer Dienstaufgabe „interne Fremdevaluation" angeordnet wird, dann nämlich, wenn „nicht das eigene Handeln, sondern das von KollegInnen und MitarbeiterInnen evaluiert wird" (Heiner 2000, S. 590).

Im Folgenden geht es, orientiert am klientenbezogenen methodischen Handeln, ausschließlich um die Reflexion des eigenen professionellen Handelns von SozialpädagogInnen. Es werden also keine Verfahren der empirischen Sozialforschung zur externen Fremdevaluation (Uhl 2000), wie sie beispielsweise im Rahmen von Begleitforschungen zur Bewertung neuer Projekte in der Sozialen Arbeit Verwendung finden, diskutiert. Es werden auch keine forschungsmethodischen Verfahren, die in kleinerem Rahmen vielleicht hier und da auch in der Selbstevaluation Verwendung finden (Interviewtechniken, Fragebogenkonstruktion und -auswertung, Inhaltsanalyse) vorgestellt. Es geht vorrangig um die praxisbezogenen und praxismöglichen Verfahren, die ohne zu großen zeitlichen und finanziellen Aufwand von den methodisch handelnden PraktikerInnen der Sozialen Arbeit selbstständig und kompetent angewendet werden können.

Die Selbstevaluation lässt sich nach Heiner (2000, S. 591 ff.) inhaltlich nach dem Umfang des Untersuchungsgegenstandes, nach der Zahl der Beteiligten und nach der Breite der Fragestellung näher bezeichnen:
- Vom Umfang her kann das gesamte Angebot einer Institution untersucht werden, die Selbstevaluation kann sich aber auch nur auf Teilbereiche daraus beziehen (Öffentlichkeitsarbeit, Kooperation mit anderen Institutionen) oder auch nur auf einen Teil der Klienten (jugendliche Heroinabhängige, Magersüchtige) oder auf bestimmte Aspekte des klientenbezogenen methodischen Handelns. Letzteres interessiert hier im weiteren Verlauf, so dass nur dieser Aspekt weiter diskutiert wird.
- Wenn das methodische Handeln im Zentrum der Überlegungen steht, dann wird es sich von der Zahl der Beteiligten her im Wesentlichen um einzelne Personen und kleine Gruppen bzw. Teams (von 5–8 Personen) handeln und nicht um alle Mitarbeiter einer Großorganisation.
- Durch die Fokussierung der Selbstevaluation auf das methodische Handeln ist die Breite der Fragestellung schon begrenzt. Es geht um die Qualität der Planung und Durchführung von klientenbezogenen Problemlösungsprozessen, also um eine „detaillierte, empirisch fundierte Reflexion einzelner Angebote" (S. 592) und nicht um die, notwendigerweise über komplexere empirische Forschungsmethoden zu erhebende, Evaluation der gesamten Programmen einer Institution.

10.1.2 Verfahren

Selbstevaluation als ein Selbstbewertungsprozess des sozialpädagogischen Handelns unterliegt mehreren allgemeinen Bewertungskriterien, von denen die wichtigsten hier in Frageform zusammengefasst sind:
- Werden (wurden) die mit den Klienten vereinbarten Ziele erreicht?
  Daraus ergeben sich nach Heiner (1994 (a), S. 135) weitere Kategorien und Fragestellungen:
  - „Wirklichkeit: Was ist/war der Ausgangszustand? Welche Veränderungen haben stattgefunden? Stimmen die Vermutungen und die gesammelten Eindrücke über Ausgangszustand und Veränderungen?

- Wünschbarkeit: Wie sind der Ausgangszustand, die Zielsetzung und die erreichte Veränderung zu beurteilen? Entsprechen sie gesellschaftlichen und fachlichen Standards und persönlichen Überzeugungen?
- Wirksamkeit: Wie nahe ist man dem Ziel bzw. dem gewünschten Zustand gekommen, bzw. wie nahe will man ihm kommen?
- Wirtschaftlichkeit: Mit welchem Aufwand wurde das Ergebnis erreicht bzw. soll es erreicht werden?
- Verträglichkeit: Im Sinne einer „sozialökologischen" Sichtweise geht es dabei um die Passform der Lösung, d.h. um die Frage: Wie wirkt die Veränderung auf den sozialen Kontext? Dies zielt auf die Problematik, ob mit der Zielerreichung u.U. auch unerwünschte Nebenwirkungen oder implizite Probleme entstanden sind oder entstehen könnten (Kap. 8.1).

- Sind (waren) die in der Planung gewählten Elemente aus dem Orientierungsraster (Abb. 1: Theoretische Konzepte, Handlungsleitende Konzepte, Arbeitsformen, Interaktionsmedien, Methoden und Verfahren (Situationsanalyse, Intervention)) der Lösung des Problems angemessen (technologische Effektivität)?
- Ist (war) bei technologischer Angemessenheit der Planung die Qualität der Durchführung (methodische Kompetenz) gewährleistet?
- Sind (wurden) die ethischen Prinzipien (Kap. 4) methodischen Handelns verwirklicht?
- Wird (wurde) der Problemlösungsprozess (Kap. 3.6) als ein zirkulärer beachtet?
- Ist (war) es ein „Fall für" (Kap. 7) die Soziale Arbeit? Sind (wurden) die notwendigen Kooperationen mit anderen Professionen und Institutionen eingeleitet?

Diese Fragen lassen sich auf die Prozessevaluation, hier verstanden als die in den zirkulären Problemlösungsprozess integrierte Reflexion der einzelnen Schritte, wie auch auf die Ergebnisevaluation beziehen. Dabei ist es auch nötig, die in den allgemeinen Fragen enthaltenen Begriffe so zu transformieren (operationalisieren), dass sie als beobachtbares Verhalten wahrgenommen und beurteilt werden können. („Woran kann ich erkennen, dass ich dem gesetzten Ziel nahe gekommen bin?" oder: „Woran erkenne ich ein qualitativ angemessenes methodisches Handeln?" usw.). Des Weiteren ist es notwendig, die Antworten dann auch soweit wie möglich eindeutig zuzuordnen, wobei etwa Skalierungsverfahren hilfreich sind („Ja – teilweise – überhaupt nicht" oder „1..2..3..4..5..6"), die der Strukturierung und Dokumentation dienen. Bei der Prozess- wie bei der Ergebnisevaluation sind die jeweiligen Antworten natürlich Anlass, in der geplanten Weise fortzufahen bzw. mit dem Erreichten zufrieden zu sein oder aber den Problemlösungsprozess mehr oder weniger tief greifend zu modifizieren oder überhaupt in einen neuen Prozess einzusteigen. So wird die Selbstevaluation zu einem unverzichtbaren Arrangement für Lernerfahrungen (Kap. 6.2.3) von SozialpädgogInnen und damit u.a. auch ein wichtiger Baustein für die Qualitätssicherung (Meinhold 2000) in der Sozialen Arbeit, was u.a. letztendlich auch für die KlientInnen wiederum ein effektiveres Angebot ermöglicht. Die Selbstevaluation dient damit insgesamt, auf einen kurzen Nenner gebracht, der Kontrolle, der Aufklärung, der Qualifizierung und der Innovation (von Spiegel 1994 (a)).

Für den Selbstevaluationsprozess als methodisches Handeln ist die „systematische Informationssammlung", die eine „verlässliche, schriftlich gesicherte Datenbasis" ergibt, genau so unerlässlich wie die Dokumentation des gesamten Prozesses, so dass „die einzelnen Schritte auch für Außenstehende nachvollziehbar und nachprüfbar sind" (Heiner 2000, S. 595 f.). Für diesen Zweck und allgemeiner für die Selbstevaluation stehen verschiedene Verfahren zur Verfügung, die es auch erlauben, die hohe Komplexität sozialpädagogischen Handelns so zu strukturieren und zu reduzieren, dass sie SozialpädagogInnen in der Praxis ein brauchbares Handwerkszeug für die Selbstevaluation bieten. Es gibt allerdings kein Verfahren, über das der gesamte o.g. Fragenkatalog bearbeitet werden könnte, so dass die Verfahren jeweils spezifisch für spezielle Fragestellungen gewählt werden müssen. Dabei kommt hinzu, dass die Informationssammlung und die Reflexion häufig nicht eindeutig zu trennen sind, da beispielsweise die Erstellung eines Protokolls gleichzeitig schon die Reflexion beim Protokollanten anstößt oder doch auslösen könnte. Protokolle, um bei dem Beispiel zu bleiben, können natürlich auch reine Informationssammlungen sein, die dann einem Team zur Analyse und Bewertung im Sinne der Selbstevaluation dienen.

Für die Soziale Arbeit wäre es sicher sinnvoll und hilfreich, aus den vielen möglichen Verfahren und Techniken der Selbstevaluation zukünftig zu Basisverfahren zu gelangen, die breit einsetzbar sind und die durch Komplementärverfahren situationsspezifisch erweitert werden könnten und die dann, nach entsprechender Erprobung und Modifizierung, verlässliche Instrumente der Selbstevaluation bilden würden. Die im folgenden benannten Verfahren stehen in Verbindung mit den Aussagen dieser Arbeit, sie sind daraus abgeleitet bzw. sind mit ihnen kompatibel:

- Für die Informationssammlung haben sich die Führung von Journalen (mit dem Eintrag von Tagesereignissen) und Teamprotokollen (von Spiegel 1994 (b), S. 272 ff.) bewährt, die dann die Grundlage für die Analyse bilden. Sinnvoll kann dies aber nur geschehen, wenn alle Beteiligten sich auf eine für diesen Zweck brauchbare Struktur und Ordnung einigen und diese auch durchhalten.
- Zur Strukturierung der Fragestellungen und gezielten Reflexion eignet sich das allgemeine Orientierungsraster methodischen Handelns (Abb. 1) bzw. das Modell des zirkulären Problemlösungsprozesses (Abb. 5) auch für die methodische Selbstevaluation. Wurden Ebenen „übersehen" oder bewusst ausgeblendet? Wurden notwendige „zirkuläre" Schritte nicht vollzogen, also etwa von der Intervention „zurück" zur Situationsanalyse? usw.
- Zur Überprüfung, ob die Handlungsregeln der verschiedenen TeamkollegInnen mit den Arbeitsprinzipien und der dahinter stehenden Ethik einer Einrichtung übereinstimmen oder in welchem Ausmaß Abweichungen auftreten, dient die Dokumentation der Handlungsregeln (von Spiegel 1994 (b), S. 274 f.): „Jedes Teammitglied bekommt über einen bestimmten Zeitraum die Aufgabe, in regelmäßigen Abständen ganz alltägliche Entscheidungssituationen aufzuzeichnen und diese Situationen bezüglich der darin praktizierten Handlungsregeln zu analysieren".
- Mit den Verfahren der Situationsanalyse (Kap. 7) lassen sich nicht nur die Situationen von Klienten erfassen. Diese Verfahren sind auch, zum Teil jedenfalls, vielleicht auch erst in modifizierter Form brauchbare und nützliche

Instrumente für die Selbstevaluation. So lässt sich im Sinne eines Verlaufsprotokolls über die mehrfache Anwendung von PIE-Fragebögen (Kap. 7.1) schon während des Problemlösungsprozesses der Grad des Erfolges sozialpädagogischer Interventionen ablesen bzw. hinterfragen und daraus differenziert weitere Fragestellungen ableiten. Das gleiche gilt für die Arbeit mit Entdeckungskarten (Kap. 7.2) und ganz besonders für das Reflexionsraster (Kap. 7.3), in dem eine frühzeitige Evaluationsmöglichkeit (schon bezüglich der Situationsanalyse) angelegt ist. Wenn diese Verfahren in der Situationsanalyse bezüglich der Klienten sowieso schon praktiziert werden, hat die Verwendung der gleichen Verfahren für die Selbstevaluation den Vorteil, dass SozialpädagogInnen im Rahmen bewährter Denk- und Handlungsmuster bleiben können und eben nicht mit immer wieder neuen, u.U. eklektizistisch ausgewählten Techniken und Verfahren konfrontiert werden. Darüber hinaus, und das ist ein ganz wichtiger Effekt, lernen sie diese Verfahren aus eigenem Erleben kennen, was gleichzeitig dazu führen wird, diese nicht ganz einfachen Verfahren bei der Anwendung in der Arbeit mit Klienten kompetenter und sicherer umzusetzen.

- Wenn die Selbstevaluation im Team stattfindet, ist es natürlich ebenfalls sinnvoll, die Methoden oder Verfahren, die sowieso schon mit den Klienten praktiziert werden, auch für die eigene Selbstevaluationsarbeit zu nutzen:
  – So kann der dokumentierte Verlauf eines Beratungsprozesses über das psychodramatische Verfahren der Skulpturarbeit (Kap. 9.2.4) visualisiert werden, indem der zeitliche Ablauf vom Erstkontakt bis zum Abschluss der Beratung mit den entsprechenden Inhalten über Gegenstände symbolisiert wird, wodurch die Bearbeitung von weiteren Fragestellungen anregt wird und mögliche Vorschläge auch gleich wiederum entsprechend symbolisiert werden können. Natürlich kann dieses Verfahren auch bei noch nicht abgeschlossenen Prozessen für eine frühzeitige Evaluation Anwendung finden, oder es werden nach Beendigung nur Teilphasen bearbeitet. Oder es werden über ein Rollenspiel protokollierte Berichte bzw. Teile daraus in Teamgesprächen konkretisiert.
  – Neben diesen psychodramatischen Verfahren lassen sich auch die weiteren Basismethoden, die Themenzentrierte Interaktion (Kap. 9.3) und die Klientenzentrierte Gesprächsführung (Kap. 9.1) bestens für Selbstevaluationsprozesse nutzen. Letztere ist sowieso eine notwendige Voraussetzung für die Selbstevaluation im Umgang der Teammitglieder untereinander. Durch sie wird ein verständigungsorientiertes Klima möglich, ohne das eine Selbstevaluation, die ja meist auch von Befürchtungen und Ängsten der MitarbeiterInnen begleitet ist, nur begrenzt, wenn überhaupt, durchgeführt werden kann.
  – Weitere Verfahren wie das der Moderation (Kap. 9.4.2) zur Visualisierung oder das der Zukunftswerkstatt (Kap. 9.4.3) zur Planung des weiteren Vorgehens sind auch relevante Verfahren der Selbstevaluation.
- Heiner (1994, S. 142 ff.) hat ein Raster entwickelt (Abb. 23), das es erlaubt, über die Auflistung der „Anforderungen und Erwartungen des Umfelds" die eigenen zu erschließen.
- Eine in der Klientenzentrierten Beratung entwickelter und bewährer Fragebogen (Kap. 9.1.4) ermöglicht eine kontinuierliche Evaluation der einzelnen

Reflexion

Grundfragen der Selbstevaluation	Erschließungsfragen
Welche Ziele will ich ansteuern?	Arbeitsschritt: *Anforderungen und Erwartungen sortieren und abwägen* – Wer erwartet was von mir? – Welche Erwartungen muß ich erfüllen? – Welche Erwartungen will ich erfüllen? – Was halte ich außerdem für unverzichtbar? – Wie machen das andere Kolleginnen?
Was kann ich tun, um sie zu erreichen?	Arbeitsschritt: *Bedingungen für Arbeitsschwerpunkte klären* – Wozu ist die Klientin fähig und motiviert? – Wozu müßte ich wieviel Zeit aufwenden? – Welche sonstigen Ressourcen können und sollen genutzt werden? – Womit sind welche Resultate zu erreichen?
Was habe ich erreicht, und wie ist das Erreichte zu bewerten?	Arbeitsschritt: *Ergebnisse beurteilen und fachliche Standards entwickeln* – Welche Veränderungen sind eingetreten? – Sind die Arbeitsvereinbarungen erfüllt worden? – Wie beurteilen meine Kolleginnen/KooperationspartnerInnen usw. das Ergebnis? – Wie äußert sich die Klientin und ihr soziales Umfeld? – Wie zutreffend waren meine Interventionshypothesen? – Wie prompt erfolgten notwendige Kurskorrekturen? – In welchem Verhältnis steht der Aufwand zum Ergebnis?

Abbildung 23: Erschließungsfragen zu einzelnen Arbeitsschritten (aus: Heiner 1994 (b), S. 143).

Schritte und bietet gleichzeitig eine umfangreiche Dokumentation für Problemlösungsprozesse in der Sozialen Arbeit. Dabei werden nach jedem Treffen zwischen Klienten und Sozialpädagogen von beiden Fragebögen ausgefüllt, deren Ergebnisse jeweils die eigenen Erfahrung bezüglich dieses Treffens widerspiegeln (Erfahrungsbogen des Klienten und des Sozialpädagogen) und die durch eine Einschätzung des Verhaltens des Sozialpädagogen durch den Klienten ergänzt werden, so dass der Sozialpädagoge seine Wahrnehmung durch die Rückmeldungen des Klienten überprüfen und daraus eventuell notwendige Konsequenzen schon sehr frühzeitig ziehen kann. Abbildung 24 als Beispiel für einen Erfahrungsbogen des Sozialpädagogen gibt die Art dieses Fragebogens wieder. Je nach Institution und je nach Arbeitsfeld müssten solche Fragebögen den Bedürfnissen entsprechend angepasst werden. Selbst wenn nur SozialpädagogInnen diesen Fragebogen nach jedem Treffen mit ihren Klienten ausfüllen, hat dies einen erheblichen Wert für die Evaluation, da allein schon über das Ausfüllen des Fragebogens ein Reflexionsprozess in Gang gesetzt wird, dessen Ergebnisse gleich wieder in die praktische Arbeit einfließen können.

Sozialpädagogen-Erfahrungsbogen

Sozialpädagoge: .... Klient: ....
Insgesamt ....ter Kontakt am .... 20...............
Bitte beantworten Sie die folgenden Fragen unmittelbar im Anschluss an das heutige Gespräch mit Ihrem Klienten

	ja ganz genau	ja	eher ja	eher im Gegenteil	im Gegenteil	ganz im Gegenteil
1. Nach dieser Stunde fühle ich mich unbefriedigt						
2. Das Gespräch heute drehte sich oft um dieselben Inhalte						
3. Ich spürte, dass der Klient mir, bzw. dieser Form der Beratung vertrauensvoll gegenüberstand						
4. Die Haltung des Klienten mir gegenüber hat mich in meinem Verhalten verunsichert						
5. Ich hatte das Gefühl, dass der Klient sich in seinen Einstellungen und Gefühlen sehr leicht beeinflussen ließ						

Reflexion

	ja ganz genau	ja	eher ja	eher im Gegenteil	im Gegenteil	ganz im Gegenteil
6. Ich fühlte mich in der Beziehung zum Klienten sehr frei, wenig gezwungen und verhielt mich recht natürlich						
7. Ich war heute so engagiert, dass ich mich wunderte, wie schnell die Zeit verging						
8. Ich habe heute vom Klienten für meine Äußerungen oft Bestätigung erhalten						
9. Nach diesem Gespräch bin ich bezüglich des Beratungsausgangs eigentlich recht optimistisch						
10. Ich hatte heute das Gefühl, dass der Klient noch mit etwas „hinter dem Berge zurückhielt"						
11. Ich fühlte mich dem Klienten irgendwie unterlegen						
12. Ich hatte den Eindruck, dass der Klient heute wenig vorangekommen ist						
13. Es fiel mir heute schwer, die Äußerungen des Klienten angemessen zu reflektieren						

Wenn in Richtung „ja" beantwortet: Warum?
(Schildern Sie bitte kurz die Gründe, die Ihrem Eindruck nach wesentlich waren):

Abbildung 24: SozialpädagogInnen-Erfahrungsbogen (nach: Weber 1974, S. 100 f.)

Weiterführende Literatur:

König, J., Einführung in die Selbstevaluation. Ein Leitfaden zur Bewertung der Praxis Sozialer Arbeit, Freiburg 2000.
Wottawa, H. und *Thierau, H.*, Lehrbuch Evaluation, Bern u.a 2003 (3. Aufl.).

10.2 Supervision und Coaching

Als Methoden werden häufig die Basismethoden (Kap. 9) verwendet, was den zusätzlichen Effekt hat, dass, wenn diese auch in der klientenbezogenen Arbeit praktiziert werden, ein erheblicher Lerneffekt mit dem Umgang dieser Methoden quasi nebenbei stattfindet. In diesem Fall hat die Supervision auch einen mehrfachen Selbstevaluationsaspekt. Die Selbstevaluation bzw. dabei auftretende Konflikte können zum Thema der Supervision werden, es können Verfahren, die in der Supervision erlebt werden, für die Selbstevaluation (Kap. 10.1) nutzbar gemacht werden und es kann das eigene methodische Handeln bezüglich der technologischen Effektivität (Angemessenheit der gewählten Methoden und Verfahren) und die Qualität der Durchführung (Kap. 3.6) überprüft werden.

Supervision ist ein Beratungsprozess, der primär auf die Gestaltung und Reflexion beruflicher Rollen und den dabei auftretenden Konflikten und Problemen bezogen ist. Sie ist also fokussiert auf die berufsspezifischen Beziehungen
- zwischen Professionellen und Klienten („Fall"),
- zwischen Professionellen und Professionellen („Team") und
- zwischen Professionellen und Institution („Hierarchie").

Da berufliche Rollen wechselwirkend mit individuellen Lebensgeschichten wie mit organisatorischen (und gesellschaftlichen) Gegebenheiten verbunden sind, werden gegebenenfalls kurzfristig und begrenzt auch persönliche und organisatorische (gesellschaftliche) Aspekte in die Supervisionsarbeit mit einbezogen, ohne dass sie aber zur „Psychotherapie" (Belardi (a) 2000) oder zur „Organisationsentwicklung" (Belardi (b) 2000) wird. Aufgrund des speziellen Settings sind von der Tendenz her Einzelsupervisionen wohl offener (manchmal vielleicht auch verführender) für die Verbindung beruflicher mit persönlichen Rollen, Teamsupervisionen offener für die Einbeziehung des organisatorischen Umfelds.

Als spezifischer auf berufliche Praxis gerichteter Beratungsprozess unterliegt Supervision in all ihren Ausprägungsformen im Rahmen von Einzel- und Gruppensupervisionen den Definitionsbestimmungen von Beratung (Kap. 6.1). Das heißt, noch einmal kurz zusammengefasst, dass Supervision unter dem Blickwinkel idealtypischer Konstruktion ein kommunikativer Verständigungsprozess ist, der spezifisch strukturiert, supervisandenzentriert und problem-/aufgabenorientiert ist. Supervision als ein so definierter sozialer Handlungsprozess ist methodisch, theoretisch, axiologisch und wissenschaftstheoretisch zu begründen und durch evaluative Forschung bezüglich seiner Wirkungen und Nebenwirkungen kontinuierlich zu überprüfen (Kap. 3.2). Für SupervisorInnen gelten bezüglich der Selbstevaluation die gleichen Kriterien wie sie für SozialpädagogInnen beschrieben wurden (Kap. 10.1).

Unter den definierten Voraussetzungen sind Supervisionsprozesse ergebnisoffen. Mit den Supervisanden werden, orientiert an ihrer besonderen beruflichen Situation und den dabei aufgetretenen Konflikten und Problemen, mögliche konkrete Ziele erarbeitet und Möglichkeiten der Umsetzung alternativ diskutiert und eventuell auch trainiert (etwa unterschiedliche Varianten einer Beratung im Rollenspiel). Als unspezifisches Ziel können allerdings die Veränderung von problematischen handlungsleitenden Situationsdefinitionen (Thomas) und des beruflichen Handelns innerhalb dieser „Rahmen" (Goffman) formuliert werden. Die Verständigungsorientierung (Kap. 4) ist fundamental und grundsätzlich für Supervisionsprozesse. Das Bemühen um ein kommunikatives und lernförderliches Klima als Basis für komplexe Veränderungsprozesse ist wohl die Hauptaufgabe, der sich Supervisoren und Supervisorinnen zu stellen haben. Einer unreflektierten Parteilichkeit (gegenüber den Supervisanden oder gegenüber den Institutionen) wird dadurch genau so entgegengewirkt wie einer diffusen und gesichtslosen Abstinenz auf Seiten der Supervisoren. In offener und fachlich fundierter Art Stellung zu beziehen ist dagegen eine höchst erwünschte Verhaltensweise, die mit der kommunikativen Basisorientierung kompatibel ist.

Konkrete Supervision ist auf dieser Grundlage auf einem Kontinuum vorstellbar und variabel zuzuordnen, das von der Nachfrageseite her durch einen Mangel an Wissen und andererseits durch einen Mangel an professioneller Entscheidungsfähigkeit begrenzt ist. Sie dient somit also der Information und Wissensvermittlung bezüglich beruflicher Vollzüge und zugleich der Förderung professioneller Handlungskompetenzen, wenn deren Verhältnis zueinander auch in unterschiedlichen Phasen des Supervisionsprozesses verschieden gewichtet ist. Die Frage nach der Bedeutung von Beratungs- und Feldkompetenz (Kenntnisse bezüglich des Arbeitsfeldes der Supervisanden) von Supervisoren ist dann auch keine mehr des „Entweder-oder", sondern des „Sowohl-als-Auch", in ihrer Gewichtung jeweils abhängig von den Arbeitsfeldern, den Bedürfnissen der Supervisanden, den Supervisionsphasen u.a.

Supervision ist als Beratungsprozess definitionsgemäß methodisch zu begründen. Die Suche nach einer Super-Supervisionsmethode erscheint bei dem hohen Komplexitätsgrad des Arbeitsfeldes Supervision und der spezifischen Arbeitsformen (Einzel-, Gruppen- und Teamsupervision) innerhalb der Supervision kräftezehrend vergeblich und auch nicht notwendig. Im Gegenteil ist die beachtliche Vielfalt von möglichen Wegen im supervisorischen Handeln, sind die unterschiedlichen Raster, mit denen berufliche Welten und die Beziehungsmuster in ihnen, betrachtet werden können, eine notwendige Voraussetzung, um der Differenzierung, Pluralisierung und Dynamik beruflicher Rollen und Organisationen sowie den speziellen Bedürfnissen von Supervisanden gerecht werden zu können. Dies bedeutet, dass es keine Supervisionsmethode gibt, die allen Ansprüchen gleichermaßen genügen kann und dass mehrere Methoden aus unterschiedlichen Basisorientierungen (Psychoanalyse, Lerntheorien, Humanistische Psychologie, Gruppendynamik ....) gleichberechtigt nebeneinander existieren sollen, wenn ihre Spezifika, und damit ihre Grenzen, hinreichend beachtet werden. Das Kriterium der reflektierten Spezifikation macht es dann auch möglich, monomethodisch korrekt zu arbeiten, häufig wird sich allerdings eine Kombination von Methoden bzw. von Verfahren aus unterschiedlichen Methoden als effektiver erweisen, dies allerdings nicht im Sinne eines blindwütigen Eklektizismus, sondern im Sinne einer aufgabenorientierten kreativen Integration.

Ansonsten gelten alle Forderungen, wie sie bezüglich methodischen Handelns in diesem Buch formuliert wurden. Die Forderung nach intersubjektiver Überprüfbarkeit verhindert, dass Supervision zu einer „Geheimwissenschaft" wird, und sie gilt u.a. natürlich auch direkt gegenüber den Supervisanden und gegenüber den supervisorisch Handelnden (Supervision der Supervision bzw. Lehrsupervision).

Eine Sonderform von Beratung und eine verwandte Form von Supervision für Professionelle in ihren beruflichen Rollen ist das sog. Coaching, ein Begriff, der aus dem Sport Eingang in die Beratung von Führungskräften fand. Hinter diesem Begriff verbirgt sich ein unterstützend-begleitender Beratungsprozess, dessen Inhalte überwiegend berufliche Anliegen sind, wobei allerdings private Aspekte nicht grundsätzlich ausgeschlossen werden. Coaching-Klienten (sog. Coachees) sind – das unterscheidet Coaching von anderen Beratungsanlässen – Führungskräfte, also Menschen, die Managementaufgaben in Profit- und Nonprofit-Unternehmen (Betriebe, Verwaltungen, soziale Dienstleistungseinrichtungen) zu bewältigen haben. Coaching ist somit neben Führungsseminaren das zweite bedeutsame Instrument der Personalentwicklung von Führungskräften, dies mit dem Vorteil, dass aktuell anliegende Themen ohne Verzug und direkt behandelt werden können.

Auch für das Coaching gelten die Kriterien, wie sie in Kap. 6.1 für Beratung allgemein und eben für die Supervision formuliert wurden: Kommunikative Verständigung, ein strukturierter, klientenzentrierter (Klient = Coachee) und problem-/aufgabenorientierter Prozess, Förderung von Handlungs- und Entscheidungskompetenz, Erweiterung des Wissenshorizonts u.a. Als Methode ist die Klientenzentrierte Gesprächsführung (Kap. 9.1) grundlegend, die manchmal etwas abgewandelt und je nach Anlass auch ergänzt wird durch Verfahren und Techniken aus der Transaktionsanalyse, der Verhaltensmodifikation, der Systemischen Beratung u.a. Visualisierende Verfahren (Abb. 21) erweitern die Handlungsmöglichkeiten, vor allem Verfahren zur Situationsanalyse und -veränderung (Kap. 7.4 ff.), die besonders geeignet sind zur Veranschaulichung und damit zum Begreifen komplexer Situationen und Prozesse in Organisationen.

Das Hauptziel des Coaching-Prozesses ist die beratend-begleitende „Hilfe zur Selbsthilfe", also die Stärkung der Selbstregulationsfähigkeit der Klienten, um im Rahmen der komplexen beruflichen Interaktionsprozesse optimale Ergebnisse zu erzielen. Im Einzelnen gehören insbesondere dazu: Erweiterung der sozialen Handlungskompetenz sowie der Managementkompetenzen, Reflexion der Wertvorstellungen und des Menschenbildes, Umgang mit Sinnkrisen, Minderung von Stress und Burnoutsymptomen, Unterstützung bei notwendigen Veränderungen der Mitarbeiterführung, Vorbereitung auf zukünftige neue Aufgaben (bedingt durch Gesetzesänderungen, Zusammenlegung oder Auflösung von Abteilungen o.ä.), Förderung der Veränderungsbereitschaft und Veränderungskompetenzen bei schon länger andauernden Problemen (geringe Wirkung der Öffentlichkeitsarbeit, Schwierigkeiten bei der Umsetzung des Gender Mainstreaming, Mitarbeiterfluktuation, Krankmeldungen) sowie Nacharbeit neuer Erfahrungen durch besuchte Seminare oder Führungstrainings und Karriereplanung.

Der Coach (freiberuflich extern oder organisationsintern aus Stabsabteilungen, teilweise aus eigenen Coaching-Abteilungen) handelt dabei als Prozessberater und nicht – wie der Begriff „Coach" vielleicht nahe legen könnte – als Problemlöser. Auch darin unterscheidet sich Coaching nicht grundsätzlich von anderen Beratungsformen, allerdings liegt – anders als bei der psychosozialen Beratung – die Verantwortung für den Verlauf der Beratung sehr viel stärker beim Coachee. Neben den Versuchen der aktuellen beruflichen Problemlösung sind die Prävention zukünftiger Konflikte und die Steigerung der Leistungsfähigkeit weitere wichtige Aspekte des Coaching. Es geht also i.w.S. und positiv formuliert um Gesundheitsförderung, wie sie als Grundlage für das Empowerment beschrieben wurde (Kap. 5.1). Allerdings darf auch – stärker noch als bei der Supervision – die zweite Seite der Medaille nicht übersehen werden, nämlich der mögliche Konflikt zwischen den Erkenntnissen, Interessen und Bedürfnissen der Führungskräfte und den durch Effektivität und Wirtschaftlichkeit bestimmten Interessen der Organisation. Coaching wird zu einem „Spiel ohne Ende", wenn die im Coaching-Prozess erkannten notwendigen Veränderungen im Organisationsbereich nicht umgesetzt werden können oder verhindert werden.

Aufgrund des komplexen Anforderungsprofils an Führungskräfte ist Coaching eine notwendige Voraussetzung, um der beruflichen Rolle gerecht zu werden. Es bekommt damit den Stellenwert, den Supervision für Professionelle der Sozialen Arbeit im direkten Klientenbezug hat. Beim Coaching ist allerdings die Arbeit mit Einzelnen noch das populärste Beratungssetting, wenn sich derzeit auch Erweiterungen in Richtung Gruppen-Coaching für funktions- und hierarchieähnliche Führungskräfte und Team-Coaching für Teams von Führungskräften feststellen lassen. Die Bedeutung des Einzelchoachings ergibt sich einleuchtend aus der Situation, in die Führungskräfte eingebettet sind: Zeit- und Leistungsdruck, komplexe Anforderungen, Fiktion des Allround-Könners, Konkurrenzängste, Erfolgsorientierung, fehlende Rückmeldung von ängstlich abhängigen Mitarbeitern, Mobbing, Deutung von Kritik als Angriff u.a. Das heißt, dass selbstwertstabilisierende soziale Spiegelungen durch andere meist fehlen oder nur verzerrt wahrgenommen werden. Dies kann einerseits zum sozialen Rückzug mit entsprechenden Entwertungen von Mitarbeitern und Kollegen – bei gleichzeitigem Ausweichen in eine Fantasiewelt – führen oder in das Benutzen sowie die Manipulation anderer zur Aufrechterhaltung des eigenen überhöhten Selbstbildes („Ich bin der Größte!") münden. Beides sind narzisstische Verhaltensweisen, die der Stabilisierung des Selbstwertsystems dienen (vgl. Stimmer 1987). Der Coach bekommt dadurch eine Funktion als Experte, der dem Coachee verständigungsorientiert-konfrontierend den „Spiegel vorhält", ihm Rückmeldungen gibt über sein Verhalten und sein Erscheinungsbild, der mit ihm aber auch Fachthemen diskutiert, als Ausgleich zu den häufig fehlenden kollegialen Gesprächen und ihm Entlastungsmöglichkeiten bietet, die die Mitarbeiter ansonsten über informelle Gespräche wahrnehmen können.

Weiterführende Literatur:

Rauen, Ch., Coaching, Göttingen 2000 (2. Aufl.).
Schreyögg, A., Coaching, Eine Einführung für Praxis und Ausbildung, Frankfurt 2003 (6., aktualisierte und erweiterte Auflage).
Schreyögg, A., Supervision. Ein integratives Modell. Lehrbuch, Wiesbaden 2004 (4., überarbeitete und erweiterte Auflage).

11 Sozialpädagogische Kompetenzen

11.1 Von Fliegenfängern und Holzschnitzern

Sozialpädagogen als Fliegenfänger? Oder: „Wenn die Kräfte fehlen ist der Wille schon zu loben" (Richter aus dem Fernsehgericht bei SAT 1).

Die folgende Geschichte kennt fast jeder: Die Sonne scheint freundlich zum Fenster herein, das ferne Summen einer Fliege kommt immer näher, bis sie plötzlich gegen die Fensterscheibe prallt. Sie fällt aber nicht zu Boden, sondern fliegt wieder und wieder mit voller Kraft gegen die Scheibe. Zunächst genervt, dann aber doch wohlwollend nähert sich der Tierfreund dem Geschehen, versucht die Fliege mit der Hand zu greifen, um sie in die Freiheit zu entlassen, doch schon ist sie ihm entwischt und summt am anderen Ende des Fensters. Er – nun die Hände zu einer geschlossenen Kugel gefaltet, um sie ja nicht zu verletzen – nähert sich dem Schauplatz erneut ganz vorsichtig. Und es gelingt. Mit der Fliege in seinen Händen geht der Retter in kleinen Schritten zur Balkontür, öffnet die Hände ... und blickt ins Leere. Inzwischen ist das Summen und Klatschen am Fenster erneut zu vernehmen. Diesmal allerdings ganz oben links. Hier hilft nur eine Leiter, die schnell aufgestellt ist. Kaum ist unser Tierfreund oben, verlässt die Fliege ihren Landeplatz und fliegt zur rechten Seite des Fensters, auch diesmal ganz nach oben. Tierfreund runter, Leiter auf die andere Seite, Tierfreund rauf, Fliege weg. Wer sich selbst schon als Fliegenfänger betätigt hat weiß, dass dieses Spiel noch lange dauern kann. In immer wieder neuen Pirouetten jagt der Tierfreund – mal mit und mal ohne Leiter oder weiteren Gerätschaften – hinter dieser verfluchten Fliege her: manchmal gelingt die Rettung nach vielen Mühen doch noch, manchmal fällt die Fliege selbst erschöpft tot zu Boden, manchmal schlägt unser verzweifelter Fliegenfänger das dumme Vieh versehentlich oder entnervt mit der Zeitung zu Brei, manchmal bricht sich der Tierfreund beim Sturz von der Leiter das Genick (und landet auf der Liste der ungeklärten Todesfälle), während die Fliege fröhlich durch die noch offene Balkontüre in die Fliegenfreiheit entschwindet.

Sozialpädagogen als Holzschnitzer? Oder: „Was aus einem krummen Holz geschnitzt wird, kann nie ganz gerade werden" (Kant).

Die Herrgottschnitzer aus Oberammergau hatten eine lange Tradition mit klar festgelegten Regeln und verbindlichen Vorstellungen bezüglich ihrer Arbeit. Dies schloss allerdings zu keiner Zeit eine kreative Weiterentwicklung ihrer kunstvollen Handwerklichkeit aus, die, eingebettet in eine christlich-katholische Wertewelt, von Generation zu Generation weiter vermittelt wurde. Die Produkte ihrer Kunst – bemalt oder unbehandelt – haben auch heute noch einen den Betrachter anrührende Faszination. Dies, obwohl hier und da Risse im Holz zu sehen sind oder auch Ansätze von kleinen Astlöchern, die durch die Farbe hindurch scheinen.

Heutige „Schnitzer", teilweise in größeren Betrieben mit präzise eingestellten Maschinen arbeitend, fertigen Christus-, Madonnen- und Heiligenfiguren am laufenden Band. Sie könnten ebenso gut auch Zündkerzen herstellen. Ihre Schnitzfertigkeiten werden höchstens noch für eine glättende Überarbeitung benötigt. Die Bemalung der Figuren übernehmen Teilzeitkräfte und Menschen in Heimarbeit. Das Ergebnis sind schrecklich wohlgeformte Figürchen, eines wie das andere aussehend und als Souvenir gut zu verkaufen. Die Organisation des Betriebs und den internationalen Vertrieb der Produkte übernimmt ein ökonomisch an Effektivität und Effizienz orientiertes, kunstfernes Management, einschließlich der Öffentlichkeitsarbeit, des Erschließens neuer Märkte und der auf neue Nachfragen reagierenden Produktveränderungen. Über Weiterbildungen werden die Maschinenschnitzer fit gehalten.

11.2 Von Fremdgängern und Brückenbauern

Sozialpädagogen als Fremdgänger? Oder: „Fremdgehen ist die notwendige, wenn auch nicht ausreichende Voraussetzung eines geglückten Lebens" (unbekannter Autor).

„Fremdgehen" wird heute selbst im Internet verhandelt: „Anleitung zum Fremdgehen", „Seitensprung – Was habt ihr gefühlt?", „Privater Seitensprung" u.ä. Das, was zu früheren Zeiten im Verborgenen blühte und auf Emotionalität und Sexualität gerichtet war, ist aus dem Privaten in die Öffentlichkeit gehoben und dadurch auch vielfach des eigentlichen Reizes beraubt worden. Technische Anleitungen sind an die Stelle des erregend Geheimnisvollen getreten. Einige Argumente der Fremdgeher sind aber damals wie heute gleich: „Er/sie versteht mich nicht!" „Wenn er/sie nur anders wäre, bräuchte ich das ja nicht!" Aber auch, wenn auch meist unbewusst: „Es macht mir einfach Spaß, Männer/Frauen zu benutzen!" Und dergleichen mehr. Von diesem alltäglichen egozentrischen und manipulativen Fremdgehen unterscheidet sich das professionelle Fremdgehen, das – um das obige Zitat aufzunehmen – die notwendige, wenn auch nicht ausreichende Voraussetzung für ein gelingenderes kompetentes Handeln in der Sozialen Arbeit ist. Hier hat das Gehen aus den sicheren heimatlichen Gefilden hinaus in fremde Welten hinein eine dem zweckorientierten Fremdgehen im Alltag gerade entgegen gesetzte Funktion: „Ich gehe fremd, weil ich sie/ihn besser verstehen möchte!" „Er/sie darf so sein, wie er/sie ist!" „Ich versuche, mich mit ihm/ihr zu verständigen!" Über das alltägliche Fremdgehen werden Lebenswelten nicht selten zerstört, zumindest bedroht, über das professionelle Fremdgehen jedoch besteht die Hoffnung, durch Verständigung und Verstehen Lebenswelten gemeinsam wieder verfügbar zu machen, sie realitätsgerecht umzugestalten und dadurch wieder lebenswerter werden zu lassen.

Sozialpädagogen als Brückenbauer? Oder: „Eine neue Brücke aus Stein ist an Stelle der alten erbaut worden" (Thornton Wilder).

Der Versuch, eine stabilere Brücke zu bauen, welche die alte, schon marode Hängebrücke von San Luis Rey in Peru ersetzen sollte, bei deren Einsturz fünf

Reisende 1714 in die Tiefe gerissen wurden, war mit der Hoffnung verbunden, dass sich ein solches Unglück künftig vermeiden ließe. Mit dem Unglück – beschrieben in Wilders „Die Brücke von San Luis Rey" – verbunden war die Frage, ob eine schicksalhafte Fügung diese fünf Reisenden mir ihren sehr verschiedenen Lebensgeschichten auf diese Brücke geführt hat oder ob sich dies nur zufällig so ereignet hat. Hätte vielleicht frühzeitiger die Gefahr erkannt werden können? Ist eine steinerne Brücke, die über eine Schlucht geführt wird, die beste Lösung? Wird sie die nächste Erschütterung, tief aus der Erde, unbeschadet überstehen? Wird zukünftig eine solche Brücke überhaupt benötigt bzw. wer entscheidet darüber? All diese Fragen – und weitere, die gestellt werden müssen – beinhalten philosophische, fachliche und kommunikative Aspekte und führen zu der Überlegung, welche Kompetenzen Sozialpädagogen erwerben müssen, um dieser Brückenmetapher annähernd gerecht zu werden. Dies wird im Folgenden weiter diskutiert.

Im Vorwort dieses Buches wurden einige wenig erfreuliche Erfahrungen bezüglich der Praxis methodischen Handelns in der Sozialen Arbeit benannt, die in der Einleitung dann durch weitere Anmerkungen ergänzt wurden, die die Problematik dieses zentralen Bereiches der Sozialen Arbeit betonten (Entwertungsrituale, „Methodenkritik", Theorie-Praxis-Dilemma ...). Von dieser Defizitorientierung ausgehend, wurden dann die weiteren Überlegungen in Richtung einer Ressourcenorientierung gelenkt, um über diesen Weg professionelle Möglichkeiten methodischen Handelns zu erschließen und darüber die allgemeinen Fragen, die aus den beiden Praxisbeispielen (Kap. 2) abgeleitet wurden, kompetenter beantworten zu können. Dies wird durch das Hauptanliegen dieses Buches ermöglicht, nämlich eine Systematik klientenbezogenen methodischen Handelns zu entwickeln (Abb. 1), um darüber einem ausufernden und zufälligen Eklektizismus zu begegnen, sozialpädagogisches Handeln überschaubarer und überprüfbarer zu machen, die wichtigsten Eckpunkte einer umfassenden Planung zu benennen und spezifische Basismethoden und -verfahren für die Situationsanalyse, die Situationsinterventionen und die Reflexion des Handelns zu beschreiben. Um die Basismethoden situationsspezifisch angemessen modifizieren und ergänzen zu können, ist einerseits umfassendes Sachwissen um weitere Möglichkeiten nötig, andererseits ist aber vor allem auch die sozialpädagogische Kreativität gefragt, über die, unter Zugrundelegung axiologischer und theoretischer Fragestellungen, die einzelnen Ebenen des Orientierungsrasters (Abb. 1) zu einem konstruktiv-verständigungsorientierten Handlungskonzept zu verbinden sind.

Neben der Sachkompetenz ist in der professionellen sozialpädagogischen Praxis Beziehungskompetenz zu erwerben und zu fördern. Beziehungskompetenz wird hier definiert als ein System sich wechselseitig beeinflussender Aspekte, nämlich Sozialkompetenz (Beziehung herstellen, verständigungsorientiert handeln ...), Methodenkompetenz und Selbstkompetenz (Reflexion auf die eigenen Motive und Kapazitäten ...). Sozialpädagogische Handlungskompetenz lässt sich dann wie in Abbildung 25 untergliedern.

Die Aufgabe der Ausbildung ist es, Sachkompetenz und Beziehungskompetenz grundlegend zu vermitteln und es nachvollziehbar zu machen, dass erst beide zusammen Handlungskompetenz in einem umfassenden Sinne ermöglichen.

Das Bemühen um Handlungskompetenz beginnt in der Ausbildung, endet aber nicht mit ihr. Im Gegenteil ist die Förderung dieser Teilkompetenzen ein lebenslanger Prozess mit manchen Rückschritten und Konflikten, aber der unabweisbaren Notwendigkeit, immer wieder (neu) zu lernen, einen verständigungsorientierten Umgang mit anderen Menschen (KlientInnen, KollegInnen, anderen Professionellen) und mit sich selbst zu praktizieren. Einen Beitrag dazu leisten Selbstevaluation und Supervision (Kap. 10) und darüber hinaus die Wahrnehmung von Selbsterfahrungsmöglichkeiten.

Eine in den Tätigkeitsfeldern der Sozialen Arbeit von den SozialpädagogInnen praktizierte konstruktiv-kreative Verbindung von Sach- und Beziehungskompetenzen im Rahmen zirkulärer Problemlösungsprozesse ließe die folgende Aussage endgültig der Vergangenheit angehören: „Ähnlich wie die Erzieher neigen auch die Sozialarbeiter dazu, plausible Prinzipien für wirksame Methoden zu halten und gute Absichten mit guten Resultaten zu verwechseln" (Brezinka 1969).

Eine Absicht dieses Buches ist es, einen Beitrag dafür zu leisten, die Inhalte dieses Zitats mittelfristig und dauerhaft zu widerlegen.

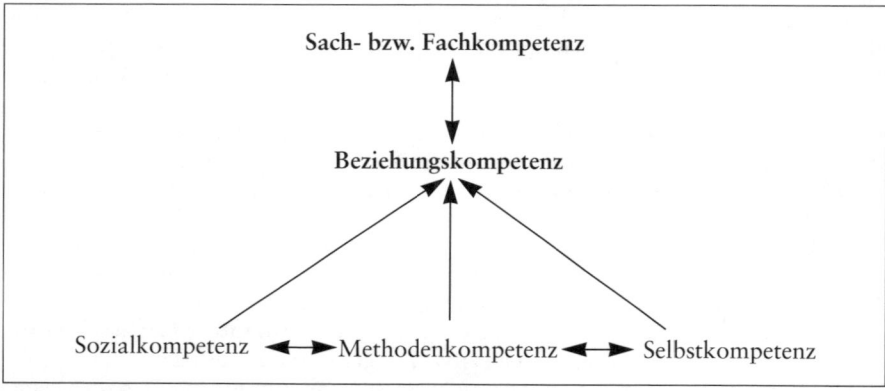

Abbildung 25: Aspekte sozialpädagogischer Handlungskompetenz

Literatur

Adam-Lauer, G. (a), Verhaltenstherapie, in: Stimmer, F. 2000 b, S. 782–787.
Adam-Lauer, G. (b), Verhaltensdiagnostik, in: Stimmer, F. 2000 b. S. 771–776
Adler, H., Eine gemeinsame Sprache finden. Klassifikationen in der Sozialen Arbeit Ein Versuch: das Person-in-Evironment-System (PIE), in: Blätter der Wohlfahrtspflege – Deutsche Zeitschrift für Sozialarbeit, 9 und 10, 1998, S. 190–192.
Adler, H., Das Person-in-Environment-System (PIE). Vorteile einer eigenständigen, standardisierten Diagnostik in der Sozialen Arbeit, in: Heiner, M. (Hrsg.), Diagnostik und Diagnosen in der Sozialen Arbeit. Ein Handbuch, Berlin 2004, S. 165–182.
Adler, R. (Hrsg.), Qualitätssicherung in der Betreuung, Köln 2003.
Amann, A., Lebenslage und Sozialarbeit. Elemente zu einer Soziologie von Hilfe und Kontrolle, Berlin 1983.
Ameln, F. von, Gerstmann, R. und Kramer, J., Psychodrama, Berlin 2004.
Ansen, H., Soziale Beratung, in: Stimmer, F. 2000 b, S. 632–637.
Asnen, H., Klinische Sozialarbeit, in: sozialmagazin, 25, Heft 2, 2000, S. 15–26.
Antonovsky, A., Health, stress, and coping: New perspectives on mental and physical well-being, San Francisco 1979.
Antonovsky, A., Meine Odysee als Stressforscher, in: Argument AS 193, 1991, S. 112–130.
Bales, R. F., Die Interaktionsanalyse: Ein Beobachtungsverfahren zur Untersuchung kleiner Gruppen, in: König, R. (Hrsg.), Beobachtung und Experiment in der Sozialforschung, Bd. 2, Köln 1965, 3. Aufl., S. 148–167.
Bales, R. F. und Cohen, St. P., SYMLOG, Stuttgart 1982.
Bamberger, G. G., Lösungsorientierte Beratung, Weinheim 1999.
Barthelmess, M., Systemische Beratung, Weinheim 1999.
Becker, P., Die Bedeutung integrativer Modelle von Gesundheit und Krankheit für die Prävention und Gesundheitsförderung, in: Paulus, P. (Hrsg.), Prävention und Gesundheitsförderung, Köln 1992, S. 91–108.
Belardi, N., Supervision. Von der Praxisberatung zur Organisationsentwicklung, Paderborn 1994.
Belardi, N., Beratung. Eine sozialpädagogische Einführung, Weinheim 1996.
Belardi, N. (a), Organisationsentwicklung, in: Stimmer, F. 2000 b, S. 462–467.
Belarif, N. (b), Psychotherapie und Sozialpädagogik, in: Stimmer, F. 2000 b, S. 543–549.
Bellermann, M., Sozialpolitik, Freiburg 1998 (3. Aufl.).
Berger, P. L., Berger, B. und Kellner, H., Das Unbehagen in der Modernität, Frankfurt, 1975.
Berne, E., Spiele der Erwachsenen. Psychologie der menschlichen Beziehung, Reinbek 1970.
Bienwald, W., Betreuungsrecht, Bielefeld 1999.
Bienwald, W. (a), Betreuung und Betreuungsrecht, in: Stimmer, F. 2000 b, S. 85–91.
Bienwald, W. (b), Vormundschaft und Pflegschaft, in: Stimmer, F. 2000 b, S. 794–799.
BMJFFG (Bundesministerium für Jugend, Familie, Frauen und Gesundheit) (Hrsg.), Achter Jugendbericht – Bericht über Bestrebungen und Leistungen der Jugendhilfe, Bonn 1990.

Bock-Rosenthal, E., Soziologische Aspekte sozialer Arbeit mit Einzelnen, Gruppen und Gemeinwesen, in: Biermann, B., Bock-Rosenthal, Doehlemann, M., Grohall, K.-H. und Kühn, D., Soziologie. Gesellschaftliche Probleme und sozialberufliches Handeln, Neuwied 1992, S. 335–379.
Böning, U., Moderieren mit System, Wiesbaden 1994.
Bolte, K. M., Freiheit in der Gesellschaft, in: ders., Der achte Sinn. Gesellschaftsprobleme der Gegenwart, Bad Harzburg 1971, S. 105–158.
Bommert, H., Grundlagen der Gesprächspsychotherapie, Stuttgart 1977.
Bommert, H. und Plessen, U., Psychologische Erziehungsberatung, Stuttgart 1978.
Brack, R., Methoden der Sozialarbeit, in: Deutscher Verein für private und öffentliche Fürsorge (Hrsg.), Frankfurt 1993, 3. Aufl.
Brack, R. und Geiser, K., (Hrsg.), Aktenführung in der Sozialarbeit, Bern 1996.
Brandell, J.R., Theory and Practice in Clinical Work, New York 1997.
Bronfenbrenner, U., Die Ökologie der menschliche Entwicklung, Stuttgart 1981.
Brumlik, M., Advokatorische Ethik, Bielfeld 2004 (2. Aufl.).
Buer, F., Zur Dialektik von Format und Verfahren. Oder: Warum eine Theorie der Supervision nur pluralistisch sein kann. In: OSC, 4, 1997, Heft 4, S. 381–394.
Buer, F. (Hrsg.), Morenos therapeutische Philosophie, Opladen 1989.
Bullinger, H. und Nowak, J., Soziale Netzwerkarbeit, Freiburg 1998.
Caplan, G., Principles of preventiv psychiatry, New York 1964.
Capra, F., Wendezeit. Bausteine für ein neues Weltbild, Bern 1986, 11. Aufl.
Cohn, R., Von der Psychoanalyse zur Themenzentrierten Interaktion, Stuttgart 1975.
Dahrendorf, R., Lebenschancen, Frankfurt 1979.
Deutscher Berufsverband für Sozialarbeit, Sozialpädagogik und Heilpädagogik (Hrsg.), Qualitätskonzept für die Sozialarbeit in den psychiatrischen Kliniken, Berlin 2002.
Diewald, M., Soziale Beziehungen: Verlust oder Liberalisierung. Soziale Unterstützung in informellen Netzwerken, Berlin 1991.
Dollase, R., Soziometrische Techniken, Weinheim 1976.
Dörner, K., Köchert, R., von Laer, G. und Scherer, K., Gemeindepsychiatrie, Stuttgart 1979.
Dörner, D., Die Logik des Misslingens. Strategisches Denken in komplexen Situationen, Reinbek 1992.
Elias, N., Über den Prozess der Zivilisation, Bern 1969 (Frankfurt 1978).
Elias, N., Was ist Soziologie? München 1970.
Elias, N., Soziologie und Psychiatrie, in: Wehler, H.-U. (Hrsg.), Soziologie und Psychoanalyse, Stuttgart 1972.
Engelke, E., Theorien der Sozialen Arbeit, Freiburg 1998.
Etzioni, A., Die Entdeckung des Gemeinwesens. Ansprüche, Verantwortlichkeiten und das Programm des Kommunitarismus, Stuttgart 1995.
Ewers, M., Schaeffer, D., Case Management in Theorie und Praxis, Bern 2000.
Fangauf, U. und Stimmer, F. (Hrsg.), Zeitschrift für Psychodrama und Soziometrie Wiesbaden: VS Verlag für Sozialwissenschaften
Fasching, H. und Lange, R. (Hrsg.), Sozial managen, Bern 2005.
Fegert, J. M. und Schrapper, Chr. (Hrsg.), Handbuch Jugendhilfe – Jugendpsychiatrie. Interdisziplinäre Kooperation, Weinheim 2004.
Feinbier, R. J., Klinische Sozialarbeit, Sankt Augustin 1997.
Feuerlein, W., Küfner, H., Ringer, Ch. und Antons, K., Münchner Alkoholismustest (MALT), Weinheim 1979.
Fischer, T., Erlebnispädagogik. Das Erlebnis in der Schule, Frankfurt 1999.
Fischer, T. und Ziegenspeck, J. W., Handbuch Erlebnispädagogik. Von den Ursprüngen bis zu Gegenwart, Bad Heilbrunn 2000.
Fox, J., Renaissance einer alten Tradition. Playback-Theater, Köln 1996.

Frenzel, P., Keil, W., Schmid. P.F. und Stölzl, N. (Hrsg.), Klienten-/ Personzentrierte Psychotherapie. Kontexte, Konzepte, Konkretisierungen, Stuttgart 2001.
Freud, S., Die Frage der Laienanalyse. Unterredungen mit einem Unparteiischen, in: ders. Gesammelte Werke, London 1976, 5. Aufl., Band XIV, S. 209–296 (erstmals 1926).
Freud, S., Das Interesse an der Psychoanalyse, in: ders. Gesammelte Werke, London 1978, 7. Aufl., Band VIII, S. 389–420 (erstmals 1913).
Freud, S., Zur Einleitung der Behandlung, in: ders. Gesammelte Werke, London 1978, 7. Aufl., Band VIII, S. 453–478 (erstmals 1913).
Frey, K., Die Projektmethode. Der Weg zum bildenden Tun, Weinheim 1998, 8. Aufl.
Friedländer, W. A. und Pfaffenberger, D. (Hrsg.), Grundbegriffe und Methoden der Sozialarbeit, Neuwied 1969.
Fröhlich, W. D., Beratung, in: dtv-Wörterbuch zur Psychologie, München 1994, S. 85 f.
Fürst, J., Ottomeyer, K. und Pruckner, H. (Hrsg.), Psychodrama-Therapie, Stuttgart 2004.
Galuske, M., Methoden der Sozialen Arbeit. Eine Einführung, Weinheim 1998.
Geißler-Piltz, B., Mühlum, A. und Pauls, H., Klinische Sozialarbeit, Stuttgart 2005.
Giddens, A., Die Konstitution der Gesellschaft, Frankfurt 1997, 3. Aufl.
Giesecke, H., Offensive Sozialpädagogik, Göttingen 1973.
Giesecke, H., Pädagogik als Beruf. Grundformen pädagogischen Handelns, Weinheim 2003 (8. Aufl.)
Giesecke, H., Wie lernt man Werte? Grundlagen der Sozialerziehung, Weinheim 2005.
Gillich, St. (Hrsg.): Profile von Streetwork und Mobiler Jugendarbeit. Antworten der Praxis auf neue Herausforderungen, Gelnhausen 2004.
Girtler, R., Zehn Gebote der Feldforschung, in: Stimmer, F. 2000 b, S. 811.
Goffman, E., Interaktionsrituale, Frankfurt 1971.
Grawe, K., Donati, R. und Bernauer, F., Psychotherapie im Wandel. Von der Konfession zur Profession, Göttingen 1995.
Gref, K., Was macht Streetwork aus? Inhalte – Methoden – Kompetenzen, in: Becker, G. und Simon, T. (Hrsg.), Handbuch Aufsuchende Jugend- und Sozialarbeit, Weinheim 1995, S. 13–20.
GWG (Gesellschaft für wissenschaftliche Gesprächspsychotherapie) (Hrsg.), Rogers und die Pädagogik, Weinheim 1987.
GWG (Gesellschaft für wissenschaftliche Gesprächspsychotherapie) (Hrsg.), Die klientenzentrierte Gesprächspsychotherapie, Frankfurt 1983.
Habermas, J., Theorie des kommunikativen Handelns, Frankfurt 1981, Bd. 1.
Hanswille, R., Familientherapie, in: Stimmer, F. (Hrsg.) 2000 b, S. 230–235.
Hapke, U., Kreemer, G. und Rumpf, H.-J., Motivational Interviewing, in: Stimmer, F. (Hrsg.), Suchtlexikon, München 2000, S. 410–413.
Harnach-Beck, V., Psycho-soziale Diagnostik in der Jugendhilfe, Weinheim 1997, 2. Aufl.
Hauser, A., Neubarth, R. und Obermair, W. (Hrsg.), Praxis-Handbuch soziale Dienstleistungen, Neuwied 2000.
Heckmair, B. und Michl, W., Erleben und Lernen. Einführung in die Erlebnispädagogik, München 2004 (5. Aufl.).
Heiner, M., Rein ins politische Treiben der Stadt! Aufbau und Pflege politischer Netzwerke in der Gemeinwesenarbeit, in: sozial extra 7/8, 1993, S. 13–17.
Heiner, M. (a), Selbstevaluation als Qualifizierung in der Sozialen Arbeit, Freiburg 1994.
Heiner, M. (b), Reflexion und Evaluation methodischen Handelns in der Sozialen Arbeit, in: dies. u.a., Methodisches Handeln in der Sozialen Arbeit, Freiburg 1994, S. 102–183.
Heiner, M., Selbstevaluation. in: Stimmer, F. 2000 b, S. 590–597.
Heiner, M. (Hrsg.), Diagnostik und Diagnosen in der Sozialen Arbeit. Ein Handbuch, Berlin 2004.

Heiner, M., Meinhold, M., Spiegel, H. von und Staub-Bernasconi, S., Methodisches Handeln in der Sozialen Arbeit, Freiburg 1994.
Helle, H. J., Verstehende Soziologie und Theorie der Symbolischen Interaktion, Stuttgart, 1977.
Hering, S. und Höpfner, N., Pädagogische Diagnostik, in: Stimmer, F. 2000 b, S. 478–482.
Hering, S. und Münchmeier, R., Geschichte der Sozialen Arbeit, Weinheim 2005.
Herrenbrück, S., Öffentlichkeitsarbeit, in: Stimmer, F. (Hrsg.), 2000 b, S. 458–462.
Herriger, N., Präventives Handeln und soziale Praxis, Weinheim 1986.
Herriger, N., Empowerment in der Sozialen Arbeit, Stuttgart 2002 (2. Aufl.).
Herriger, N. (a), Empowerment, in: Stimmer, F. (Hrsg.), 2000 b, S. 174–181.
Herriger, N. (b), Prävention und Jugendhilfe, in : Stimmer, F. (Hrsg.), 2000 b, S. 504–509.
Herriger, N. (c), Soziale Probleme, in: Stimmer, F. (Hrsg.), 2000 b, S. 645–650.
Hey, G., Perspektiven der Sozialen Arbeit im Gesundheitswesen, Lage 2000.
Hinte, W., Die mit den Wölfen tanzen. Intermediäre Instanzen in der Gemeinwesenarbeit, in: Sozial extra 1, 1993, S. 9–12.
Hinte, W. und Karas, F., Studienbuch Gruppen- und Gemeinwesenarbeit, Neuwied 1989 (1998).
Hoffman, L., Grundlagen der Familientherapie, Salzhausen 1995, 3. Aufl.
Holmes, T. H. und Rahe, R. H., The social readjustment rating scale, in: J. Psychosom. Res., 11, 1967, S. 213–218.
Houben, A., Klinisch-psychologische Beratung, München 1975.
Hufenus, H., Erlebnispädagogik – Grundlagen, in: Herzog, F. (Hrsg.), Erlebnispädagogik. Schlagwort oder Konzept? Luzern 1993, S. 85–99.
Huizinga, J., Homo ludens, Hamburg 1975.
Iwaszkiewicz, H., Bürgerinitiative und Bürgerpartizipation, in: Schultze, A. (Hrsg.), Soziale Gemeinwesenarbeit. Arbeitshilfen für die Praxis, Freiburg 1972, S. 20–23.
Jakob, G. und Wensierski, H.-J. v. (hrsg.), Rekonstruktive Sozialpädagogik, Weinheim 1997.
James, T. und Woodsmall, W., Time Line. NLP-Konzepte zur Grundstruktur der Persönlichkeit, Paderborn 1992.
Jungk, R. und Müllert, N. R., Zukunftswerkstätten. Mit Fantasie gegen Routine und Resignation, München 1989.
Kähler, H. D., Erstgespräche in der sozialen Einzelhilfe, Freiburg 1997, 3. Aufl.
Kähler, H. D., Erstgespräch, in: Stimmer, F., 2000 b, S. 188–193.
Kanfer, F. H., Reinecker, H. und Schmelzer, D., Selbstmanagement-Therapie, Berlin 1991.
Karas, F. und Hinte, W., Grundprogramm Gemeinwesenarbeit, Wuppertal 1978.
Karmann, G., Humanistische Psychologie und Pädagogik, Bad Heilbrunn 1987.
Karls, J. M. und Wandrei, K. E., PIE Manual. Person-in-Envorinment System, Washington, D. C., 1994.
Karsten, M.-E. (a), Sozialberichterstattung, in: Stimmer, F. (Hrsg.) 2000 b, S. 616–618.
Karsten, M.-E. (b), Sozialmanagement, in: Stimmer, F. (Hrsg.) 2000 b, S. 670–673.
Keim, K. D., Milieu in der Stadt. Ein Konzept zur Analyse älterer Wohnquartiere, Stuttgart 1979.
Keupp, H., Soziale Netzwerke, in: Reinhold, G. (Hrsg.), Soziologielexikon, München 1997, 3, Aufl., S. 576–580.
Keupp, H. und Röhrle, B. (Hrsg.), Soziale Netzwerke, Frankfurt 1987.
Kieser, A. (Hrsg.), Organisationstheorien, Stuttgart 1999 (3. Aufl.).
Klein, U. (Hrsg.), Soziometrie, Psychodrama, 7, 1994, Heft 2.
Köppe, W., Alfred Adler, in: Rattner, J. (Hrsg.), Pioniere der Tiefenpsychologie, Wien 1979, S. 37–61.
König, J., Einführung in die Selbstevaluation. Ein Leitfaden zur Bewertung der Praxis Sozialer Arbeit, Freiburg 2000.

König, R. (Hrsg.), Handbuch der empirischen Sozialforschung, Stuttgart 1967, Band 1.
Koestler, A., Der Geist in der Maschine, Wien 1968.
van der Kooij, R., Pädagogik und Spiel, in: Roth, L. (Hrsg.), Pädagogik, München 1991, S. 241–255.
Kreft, D. und Lukas, H. u.a., Perspektivewandel der Jugendhilfe, Nürnberg 1990, 2 Bde.
Krohwinkel, M. u.a., Der pflegerische Beitrag zur Gesundheit in Forschung und Praxis. Schriftrenreihe des Bundesministeriums für Gesundheit, Band 12, Baden-Baden 1992.
Kuhlenkampf, M., Das „Soziale Netzwerkinventar" in: Psychodrama – Zeitschrift für Theorie und Praxis von Psychodrama, Soziometrie und Rollenspiel (Hrsg. Ulf Klein), 1991, Heft 2, S. 173–184.
Kuhnt, B. und Müllert, N. R., Moderationsfibel Zukunftswerkstätten. Verstehen – Anleiten – Einsetzen, Neu Ulm 2004.
Langmaack, B., Einführung in die themenzentrierte Interaktion (TZI). Leben rund ums Dreieck, Weinheim 2004.
Lassahn, R., Pädagogische Anthropologie. Eine historische Einführung 1983.
Lassahn, R., Pädagogische Anthropologie, in: Stimmer, F. (Hrsg.) 2000 b, S. 474–478.
Lazarus, R. S. und Folkman, S., Stress, appraisal and coping, New York 1974.
Lauer, H., Jugendhilfe, in Stimmer, F. (Hrsg.) 2000 b, S. 351–355.
Lemke, U., Gestalttherapie, in: Ansanger, R. und Wenninger, G., Handwörterbuch Psychologie, 1988, 4. Aufl.
Leutz, G., Psychodrama, Berlin 1974.
Linton, R., Mensch, Kultur, Gesellschaft, Stuttgart 1979 (erstmals engl. 1936)
Löcherbach, P., Klug, W., Remmel-Fassbender, R. und Wendt, W. R. (Hrsg.): Case-Management. Fall- und Systemsteuerung in Theorie und Praxis, München 2005 (3. Aufl.).
Löwitsch, D.-J., Einführung in Pädagogische Ethik, Darmstadt 1995.
Lüssi, P., Systemische Sozialarbeit. Praktisches Lehrbuch zur Sozialberatung, Bern 1995, 3. Aufl.
Lukas, H. und Strack, G. (Hrsg.), Methodische Grundlagen der Jugendhilfeplanung, Freiburg 1996.
Marburger, H., Entwicklung und Konzepte der Sozialpädagogik, München 1979.
Martin, E., Sozialpädagogische Berufsethik, Weinheim und München 2001.
May, R., Die Kunst der Beratung, Mainz 1991.
Matzdorf, P. und Cohn, R., Themenzentrierte Interaktion, in: Corsini, R. J. (Hrsg.), Handbuch der Psychotherapie, Weinhem 1983, Bd. 2, S. 1272–1314.
Mead, G. H., The philosophy of the act, Chicago 1945.
Mead, G. H., Geist, Identität und Gesellschaft aus der Sicht des Sozialbehaviorismus, Frankfurt 1968 (erstmals engl. 1934).
Meinberg, E., Das Menschenbild der modernen Erziehungswissenschaft, Darmstadt 1988.
Meinhold, M., Qualitätssicherung und Qualitätsmanagement in der Sozialen Arbeit, Freiburg 1998.
Meinhold, M., Qualitätssicherung – Qualitätsmanagement, in: Stimmer, F. 2000 b, S. 551–557.
Merten, R., Professionalisierung, in: Stimmer, F., 2000b, S. 515–520.
Miller, W.R. und Rollnick, S., Motivierende Gesprächsführung Ein Konzept zur Beratung von Menschen mit Suchtproblemen, Freiburg im Breisgau 1999.
Minsel, W.-R., Praxis der Gesprächspsychotherapie, Graz 1974.
Mitschke, Th. von und Böhlich, S., Modernes Management in Non-Profit-Organisationen, in: Hauser, A., Neubarth, R. und Obermair, W. (Hrsg.), Praxis-Handbuch soziale Dienstleistungen, Neuwied 2000, S. 3–18.
Moeller, M. L., Selbsthilfegruppen, Reinbek 1978.
Moeller, M. L., Anders helfen. Selbsthilfegruppen und Fachleute arbeiten zusammen, Stuttgart 1981.

Moreno, J. L., Das Stegreiftheater, Potsdam 1924.
Moreno, J. L., Who shall survive? A new approach to the problem of human interrelations, Washington 1934 (deutsch: Die Grundlagen der Soziometrie, Opladen 1974).
Moreno, J. L., Organization of the social atom, in: Sociometry Review, 1, 1936, S. 11–16 (deutsch: Die Organisation des sozialen Atoms, in: ders., Soziometrie als experimentelle Methode, Paderborn 1981, S. 85–92).
Moreno, J. L., The social atom and the death, in: Sociometry Vol. 3(2), 1947, S. 115–132 (deutsch: Das soziale Atom und der Tod, in: ders., Soziometrie als experimentelle Methode, Paderborn 1981, S. 93–97).
Moreno, J. L., Role, in: ders., The sociometry reader, Glencoe, Ill., 1960, S. 80–85 (deutsch: Rolle, in: Petzold, H. und Mathias, U., Rollenentwicklung und Identität, Paderborn 1982, S. 259–266).
Moreno, J. L., Psychiatry of the twentieth century: Function of the universalia: time, space, reality and cosmos, in: Psychodrama, Vol. 3, Beacon, N. Y., 1969, S. 11–23 (deutsch: Moreno, J. L., Morenos philosophisches System, in: ders., Psychodrama und Soziometrie, hrsg. von J. Fox, Köln 1989, S. 31–43).
Moreno, J. L., Die Grundlagen der Soziometrie. Wege zur Neuordnung der Gesellschaft, Opladen 1974.
Moreno, J. L., Soziometrie als experimentelle Methode, Paderborn 1981.
Moreno, J. L., Die Entwicklung des kulturellen Atoms beim psychiatrischen Patienten, in: Petzold, H. und Mathias, U., Rollenentwicklung und Identität, Paderborn 1982, S. 295 f. (erstmals 1940).
Moreno, J. L., Ein Bezugsrahmen für das Messen von Rollen, in: Petzold, H. und Mathias, U., Rollenentwicklung und Identität, Paderborn 1982, S. 301–309 (erstmals 1940).
Moxley, D. P., The Practice of Case Management, Newbury Park, CA 1989.
Mühlum, A., Sozialarbeit und Sozialpädagogik. Ein Vergleich, Frankfurt 1996, 2. Aufl.
Müller, B., Sozialpädagogisches Können. Ein Lehrbuch zur multiperspektivischen Fallarbeit, Freiburg 1997, 3. Aufl.
Müller, C. W., Wie Helfen zum Beruf wurde. Methodengeschichte der Sozialarbeit, Band 1 (1883–1945), Weinheim 1994, 4. Auflage und Band 2 (1945–1990), Weinheim 1997, 3. Aufl.
Müller, C. W., Klassische Methoden der Sozialarbeit, in: Stimmer, F. (Hrsg.) 2000 b, S. 382–386.
Müller, C. W. und Nimmermann, P., Stadtplanung und Gemeinwesenarbeit, München 1971.
Müller-Kohlenberg, H., Laienkompetenz im psycho-sozialen Bereich. Beratung-Erziehung-Therapie, Opladen 1996.
Münder, J., Greese, D., Jordan, E., Kreft, D., Lakies, T., Lauer, H., Proksch, R. und Schäfer, K., Frankfurter Lehr- und Praxiskommentar zum Kinder- und Jugendhilfegesetzt, Münster 1991.
Nestmann, F., Förderung sozialer Netzwerke – eine Perspektive pädagogischer Handlungskompetenz, in: Neue Praxis, 19, 1989, S. 107–123.
Nestmann, F., Beratung, soziale Netzwerke und soziale Unterstützung, in: Beck, M., Brückner, G. und Thiel, H.-U. (Hrsg.), Psychosoziale Beratung, Tübingen 1991, S. 47–69.
Nestmann, F., Engel, F. und Sickendieck, U. (Hrsg.), Handbuch der Beratung, Tübingen 2004, 2 Bände.
Noack, W., Gemeinwesenarbeit. Ein Lehr- und Arbeitsbuch, Freiburg 1999.
Nohl, H., Die Theorie der Bildung, in: Nohl/Pallat, Handbuch der Pädagogik, Langensalza 1933, Bd. 1.
Odierna, S. und Berendt, U. (Hrsg.), Gemeinwesenarbeit. Entwicklungslinien und Handlungsfelder, Neu Ulm 2004.

Oelkers, J., Theorien der Erziehung – Erziehung als historisches und aktuelles Problem, in: Roth, L. (Hrsg.), Pädagogik, München 1991, 230–240.
Oelkers, J., Pragmatismus, in: Stimmer, F. (Hrsg.) 2000 b, S. 509–512
Oelschlägel, D., Gemeinwesenarbeit, in: Stimmer, F. (Hrsg.) 2000 b, S. 258–264.
Ortmann, F., Sozialplanung, in: Stimmer, F. (Hrsg.) 2000b, S. 687–690.
Oswald, G. und Müllensiefen, D., Psycho-soziale Familienberatung, Freiburg 1985.
Pauls, H., Klinische Sozialarbeit. Grundlagen und Methoden psycho-sozialer Behandlung, Weinheim 2004.
Pauls, H., Klinische Sozialarbeit, Stuttgart 2005.
Paulus, P., Soziale Netzwerke, soziale Unterstützung und Gesundheit, in: Homfeldt, H. G. und Hünersdorf, B. (Hrsg.), Soziale Arbeit und Gesundheit, Neuwied 1997, S. 175–203.
Pearlin, L. I. und Schooler, C., The structure of coping, in: J. of Health and Social Behavior, 19, 1978, S. 2–21.
Pearson, R. E., Beratung und Soziale Netzwerke, Weinheim 1997.
Perls, F., Grundlagen der Gestalttherapie, München 1977.
Pfaffenberger, H., Soziale Fallarbeit, soziale Gruppenarbeit, soziale Gemeinwesenarbeit, in: Kerkhoff, E. (Hrsg.), Handbuch Praxis Sozialarbeit und Sozialpädagogik, Düsseldorf 1981, Bande 2, S. 3–16.
Pühl, H. (Hrsg.), Handbuch der Supervision, Berlin 1990 (Bd. 1) und 1994 (Bd. 2).
Psychiatrie-Enquête der Bundesregierung, Bonn 1974.
Quitmann, H., Humanistische Psychologie, Göttingen 1985.
Rahm, D., Gestaltberatung. Grundlagen und Praxis integrativer Beratungsarbeit, Paderborn 1990, 6. Aufl.
Raiff, N.R. und Shore, B. K., Fortschritte im Case Management, Freiburg 1997.
Rauen, Ch., Coaching, Göttingen 2000 (2. Aufl.).
Rauschenbach, Th., Ortmann, F. und Karsten, M.-E. (Hrsg.), Der sozialpädagogische Blick. Lebensweltorientierte Methoden in der Sozialen Arbeit, Weinheim 1993.
Rautenberg, W. und Rogoll, R., Werde, der du werden kannst. Anstöße zur Persönlichkeitsentwicklung mit Hilfe der Transaktionsanalyse, Freiburg 1980.
Reinecker, H., Grundlagen der Verhaltenstherapie, München 1987.
Rieth, E., Fragebogen für Alkoholkranke, in: ders., Alkoholkrank? Bern 1970, S. 104–110
Röhrle, B., Glüer, S. und Sommer, G., Gemeindepsychologie, Tübingen 1995.
Röhrle, B., Gemeindepsychologie, in: Stimmer, F. 2000 b, S. 255–258.
Röhrle, B., Netzwerk, in: Stimmer, F. 2000 b, S. 450–454.
Roesler, M., Das Kulturelle Atom nach J. L. Moreno. Ein psychodramatisches Instrument zur Erfassung der Persönlichkeit, in: Psychodrama, 4, Heft 2 1991, S. 187–201.
Rogers, C. R., Die klientenzentrierte Gesprächspsychotherapie, Frankfurt 1983 a (engl. 1951).
Rogers, C. R., Klientenzentrierte Psychotherapie, in: Corsini, R. J., Handbuch der Psychotherapie, Weinheim 1983 b, Bd. 1, S. 471–512.
Rogers, C. R., Die Kraft des Guten, Frankfurt 1985.
Rogers, C. R., Rogers, Kohut und Erickson: Eine persönliche Betrachtung über einige Ähnlichkeiten und Unterschiede, in: Zeig, J. K. (Hrsg.), Psychotherapie, Entwicklungslinien und Geschichte, Tübingen 1991, S. 299–313.
Ross, M. G., Gemeinwesenarbeit – Theorie, Prinzipien, Praxis, Freiburg 1971.
Runge, M. und Rehfeld, G., Indikationstellung zur Geriatrischen Rehabilitation – Aufzählung von Diagnosen genügt nicht, in: Krankenhaus Umschau, 65, 10, Beilage Special Nr. 7, 1996, S. 20–26.
Runkel, G., Soziologie des Spiels, Frankfurt 1986.
Schenk, M., Das Konzept des sozialen Netzwerkes, in: Neidhardt, F. (Hrsg.), Gruppensoziologie, Opladen 1983, S. 88–104 (Sonderheft 25 der Kölner Zeitschrift für Soziologie und Sozialpsychologie).

Schluchter, W., Rationalismus der Weltbeherrschung, Frankfurt 1980.
Schlüter, W., Sozialphilosophie für helfende Berufe, München 1995 (3. Aufl.).
Schlüter, W., Sozialphilosophie, in: Stimmer, F. 2000 b, S. 683–687.
Schmidt, L. R., Klinische Psychologie, in: Schmidt, L.R. (Hrsg.), Lehrbuch der Klinischen Psychologie, Stuttgart 1984, S. 3 29.
Schneider-Schelte, H., Selbsthilfe, in: Stimmer, F. 2000 b, S. 597–600.
Schreiber, J, Aufsuchende Jugend- und Sozialarbeit, in: Stimmer, F. (Hrsg.) 2000 b, S. 55–57.
Schreyögg, A., Supervision. Ein integratives Modell, Paderborn 1992.
Schreyögg, A., Coaching. Eine Einführung für Praxis und Ausbildung, Frankfurt 2003 (6., aktualisierte und erweiterte Auflage).
Schreyögg, A., Supervision. Ein integratives Modell. Lehrbuch, Wiesbaden 2004 (4., überarbeitete und erweiterte Auflage).
Schulz, W., Philosophie in der veränderten Welt, Pfullingen 1972.
Schulz von Thun, F., Miteinander Reden. Störungen und Klärungen, Reinbek 1998.
Schwarzer, R., Psychologie des Gesundheitsverhaltens, Göttingen 1992.
Schwarzer, R. und Leppin, A., Soziale Unterstützung und Wohlbefinden, in: Abele, A. und Becker, B. (Hrsg.), Wohlbefinden. Theorie, Empirie, Diagnostik, Weinheim 1991, S. 175–189.
Schwehm, H., Humanistische Psychologie, in: Stimmer, F. 2000 b, S. 313–320.
Seligman, M.E.P., Helplessness, San Francisco 1975; deutsch: Erlernte Hilflosigkeit, Weinheim, 1986, 3. Aufl.
Sieckendiek, U., Engel, F. und Nestmann, F., Beratung. Eine Einführung in sozialpädagogische und psycho-soziale Beratungsansätze, Weinheim 1999.
Simmel, G., Soziologie. Untersuchungen über die Formen der Vergesellschaftung, Berlin 1908.
Sommer, G. und Fydrich, Th., Soziale Unterstützung. Diagnostik, Konzepte, Tübingen 1989.
Speck, R. V. und Attneave, C. L., Die Familie im Netz sozialer Beziehungen, Freiburg im Breisgau 1976.
Spiegel, H. von, Aus Erfahrung lernen. Qualifizierung durch Selbstevaluation, Münster 1993.
Spiegel, H. von (a), Selbstevaluation als Mittel beruflicher Qualifizierung, in: Heiner, M. (Hrsg.), Selbstevaluation als Qualifizierung in der Sozialen Arbeit, Freiburg 1994, S. 11–55.
Spiegel, H. von (b), Arbeitshilfen für das methodische Handeln, in: Heiner, M., Meinhold, M., von Spiegel, H. und Staub-Bernasconi, S., Methodisches Handeln in der Sozialen Arbeit, Freiburg 1994, S. 218–287.
Spiegel, H. von, Methodisches Handeln in der Sozialen Arbeit. Grundlagen und Arbeitshilfen für die Praxis, Stuttgart 2004.
Stahl, T., Triffst Du 'nen Frosch unterwegs ... . NLP für die Praxis, Paderborn 1988.
Standards of Practice for Case Management, from the Case Management Society of America, in: Journal of Care Management, 1, 3, 1995, S. 6–16.
Stark, W., Empowerment. Neue Handlungskompetenzen in der psycho-sozialen Praxis, Freiburg 1996.
Staub-Bernasconi, S., Soziale Probleme – Soziale Berufe – Soziale Praxis, in: Heiner, M., Meinhold, M., von Spiegel, H. und Staub-Bernasconi, S., Methodisches Handeln in der Sozialen Arbeit, Freiburg 1994, S. 11–101.
Staub-Bernasconi, S. (a), Soziale Arbeit, in: Stimmer, F., München 2000 b, S. 619–625.
Staub-Bernasconi, S. (b), Soziale Arbeit als Menschenrechtsprofession, in: Stimmer, F., 2000 b., S. 626–632.,
Staub-Bernasconi, S. (c), Systemtheorie, in: Stimmer, F., 2000 b, S. 740–747.
Steffan, W., Streetwork/Aufsuchende Arbeit, in: Stimmer, F. (Hrsg.), 2000 a, S. 567–547.

Steffan, W. (Hrsg.), Straßensozialarbeit – Eine Methode für heiße Praxisfelder, Weinheim 1989.
Stein, A., Sozialtherapeutisches Rollenspiel, Frankfurt 1983.
Stimmer, F., Jugend und Gesellschaft: Aspekte der Figurationssoziologie, in: ders. (Hrsg,), Soziologie der Lebensalter. Kindheit und Jugend, München 1980, S. 176–188.
Stimmer, F., Der Beitrag J. L. Morenos zu einem interaktionistischen Ansatz einer Theorie der Institutionalisierung, in: Helle, H. J. (Hrsg.), Kultur und Institution, Berlin 1982, S. 131–155.
Stimmer, F., Narzissmus. Zur Psychogenese und Soziogenese narzisstischen Verhaltens, Berlin 1987.
Stimmer, F., Familie und Persönlichkeitsbildung. Sozialisation im Spannungsfeld des modernen Alltags, in: Soziologisches Jahrbuch, 6, 1990 – I–II, S. 359–386.
Stimmer, F. und Rosenhagen, G., Ein Ariadnefaden im sozialpädagogischen Labyrinth? in: Psychodrama – Zeitschrift für Theorie und Praxis von Psychodrama, Soziometrie und Rollenspiel (Hrsg. Ulf Klein), 1991, Heft 1, S. 79–94.
Stimmer, F., Lokale Sozial- und Gesundheitsdienste: Voraussetzungen und Chancen einer gemeindenahen Suchtkrankenhilfe am Beispiel einer Region, in: Sozialwissenschaften und Berufspraxis, 15, Heft 1, 1992, S. 63–78.
Stimmer, F. und Rosenhagen, G., Psychodrama, in: Colla, H., Gabriel, Th., Millham, S., Müller-Teusler, St. und Winkler, M. (Hrsg.), Handbuch Heimerziehung und Pflegekinderwesen in Europa, Neuwied 1999, S. 979–989.
Stimmer, F. (a) (Hrsg.), Suchtlexikon, München 2000.
Stimmer, F. (b) (Hrsg.), Lexikon der Sozialpädagogik und der Sozialarbeit, München 2000, 4. ergänzte und überarbeitete Aufl.
Stimmer, F. (c), Theorie der Symbolischen Interaktion, in: ders. 2000 b, S. 761–764.
Stimmer, F. (d), Pränatale Co-Existenzen, in: Psychodrama. Zeitschrift für Theorie und Praxis von Psychodrama, Soziometrie und Rollenspiel, München 2000, S. 19–49.
Stimmer, F. (e), Familiale Beziehungsräume, in: Psychodrama. Zeitschrift für Theorie und Praxis von Psychodrama, Soziometrie und Rollenspiel, München 2000, S. 5–12.
Stimmer, F. und Rethfeld, St., Person-in-Environment – Diagnostik und visualisierende Verfahren, in: Heiner, M. (Hrsg.), Diagnostik und Diagnosen in der Sozialen Arbeit. Ein Handbuch, Berlin 2004, S. 190–202.
Straus, F., Netzwerkanalyse – Egozentrierte Netzwerkkarten als Instrument zur Erhebung von sozialen Beziehungen in qualitativen Interviews. Materialien (48) eines Teilprojekts SFB 333, LMU München, Institut für Psychologie, München 1994.
Stüwe, G., Erlebnispädagogik, in: Kreft, D. und Mielenz, I., Wörterbuch Soziale Arbeit, Weinheim, 4. Aufl., S. 168–170.
Tausch, R., Gesprächspsychotherapie, Göttingen 1968.
Terhart, E., Empirische Sozialforschung – Qualitative Verfahren, in: Stimmer, F. 2000 b, S. 161–169.
Theunissen, G. und Plaute, W., Handbuch Empowerment und Heilpädagogik. Freiburg im Breisgau 2002
Thiersch, H., Kritik und Handeln. Interaktionistische Aspekte der Sozialpädagogik, Neuwied 1977.
Thiersch, H., Lebensweltorientierte Soziale Arbeit, Weinheim 1997, 3. Aufl.
Thiersch, H., Soziale Beratung, in: Beck, M., Brückner, G. und Thiel, H.-U. (Hrsg.), Psycho-soziale Beratung, Tübingen 1991, S. 23–35.
Thiersch, H., Frommann, A. und Schramm., D., Sozialpädagogische Beratung, in: Thiersch, H., Kritik und Handeln. Interaktionistische Aspekte der Sozialpädagogik, Neuwied 1977, S. 95–130.
Thomas, W. I., The Unadjusted Girl, Boston, 1931.
Tomatis, A. A., Der Klang des Lebens. Vorgeburtliche Kommunikation – Die Anfänge der seelischen Entwicklung, Reinbek 1987.

Trojan, A. (Hrsg.), Wissen ist Macht – Eigenständig durch Selbsthilfe in Gruppen, Frankfurt 1986.
Uexküll, Th. von, Lehrbuch der Psychosomatischen Medizin, München 1981.
Uhl, A., Evaluationsforschung, in: Stimmer, F. 2000 b, S. 219–225.
Walker, K. N., MacBride, A. und Vachon, L. S., Social support networks and the crisis of bereavment, in: Social Science and Medicine, 1977, 11, S. 35–41.
Waller, H., Gesundheitswissenschaft, Stuttgart 1996.
Waller, H., Gesundheitswissenschaft, in: Stimmer, F. 2000 b, S. 281–287.
Watzlawick, P., Weakland, J. H. und Fisch, R., Lösungen, Bern 1974.
Watzlawick, P., Beavin, J. H. und Jackson, D. D., Menschliche Kommunikation, Bern 1996, 9. Aufl.
Weber, M., Der Beruf zur Politik, in ders., Soziologie, Weltgeschichtliche Analysen, Politik, Stuttgart 1964, S. 167–185.
Weber, M., Wirtschaft und Gesellschaft, Tübingen 1976.
Weber, W., Wege zum helfenden Gespräch, München 1974.
Weidner, J., Anti-Aggressivitäts-Training für Gewalttäter, Bad Godesberg 1993.
Weidner, J., Anti-Aggressivitäts-Training, in: Stimmer, F. 2000 b, S. 33–37.
Weil, M., Schlüsselkomponenten einer effizienten und effektiven Diesntleistung, in: Wendt, W. T. (Hrsg.), Freiburg 1995, S. 84–123.
Weinberger, S., Klientenzentrierte Gesprächsführung. Ein Lern- und Trainingsprogramm, Weinheim 1980.
Weinberger, S., Klientenzentrierte Gesprächsführung. Ein Lern- und Trainingsprogramm für helfende Berufe, Weinheim 1995, 6. Aufl.
Wendt, W. R. (Hrsg.), Unterstützung fallweise. Case Management in der Sozialarbeit, Freiburg 1995, 2. Aufl.
Wendt, W. R., Case Management im Sozial- und Gesundheitswesen, Freiburg 1997.
Wendt, W. R., Case Management, in: Stimmer, F., 2000 b, S. 117–119.
Wendt, W. R. (a), Klinische Sozialarbeit, in: Stimmer, F., 2000 b, S. 391–393.
Wilber, K., Eros, Kosmos, Logos, Frankfurt 1996.
Wild, A., Die Persönlichkeitstheorie von Rogers und die Ziele des psycho-therapeutischen Handelns, in: GWG (Gesellschaft für wissenschaftliche Gesprächspsychotherapie) (Hrsg.), Die klientenzentrierte Gesprächspsychotherapie, Frankfurt 1983, S. 61–71.
Winkler, M., Eine Theorie der Sozialpädagogik, Stuttgart 1988.
Wohlfahrt, N. und Breitkopf, H., Selbsthilfegruppen und Soziale Arbeit, Freiburg 1995.
Wottawa, H. und Thierau, H., Lehrbuch Evaluation, Bern u.a 2003 (3. Aufl.).
Young, M. A., Review of research and studies of health education practice, in: Health Education Monographs, No. 23, 1967.
Zeitschriften (Basismethoden):
  Klein, U., (Hrsg.), Psychodrama. Zeitschrift für Theorie und Praxis von Psychodrama, Soziometrie und Rollenspiel, Köln-München (inSzenario Verlag).
  Fangauf, U. und Stimmer, F. (Hrsg.), Zeitschrift für Psychodrama und Soziometrie, Wiesbaden (VS Verlag für Sozialwissenschaften).
  Gesellschaft für wissenschaftliche Gesprächspsychotherapie (GWG) (Hrsg.), Zeitschrift Gesprächspsychotherapie und Personzentrierte Beratung, Köln (GwG-Verlag).
  WILL International (Hrsg.), Zeitschrift: Themenzentrierte Interaktion, Main (Matthias-Grünewald-Verlag).
Zetterberg, H. L., Theorie, Forschung und Praxis in der Soziologie, in: König, R. (Hrsg.), Handbuch der empirischen Sozialforschung, Stuttgart 1967, Bd. 1, S. 64–104.
Ziegenspeck, J. W., Erlebnispädgogik, in: Stimmer, F. (Hrsg.), 2000 b, S. 183–187.
Ziehe, Th., Pubertät und Narzissmus, Frankfurt 1975.
Zygowski, H., Grundlagen psycho-sozialer Beratung, Opladen 1989.

Peter Eisenmann

Werte und Normen in der sozialen Arbeit

2006. 260 Seiten. Kart.
€ 24,–
ISBN 3-17-018443-1

Das Buch beschäftigt sich mit der zentralen Frage nach einem wertorientierten und an Normen ausgerichteten sozialen Handeln und dessen philosophisch-ethischer Grundlegung. Neben ethischen Wert- und politischen Grundwerte-Konzepten, dem Verständnis sozialer Normen und spezifischer Formen ethischen Handelns im Kontext des Sozialen thematisiert das Buch u.a. die kardinale Forderung nach Herstellung und Bewahrung „Sozialer Gerechtigkeit" als besondere Herausforderung normenorientierter Sozialer Arbeit. Das Buch will dabei nicht nur ein theoretisches Fundament legen, sondern zugleich praxisorientiert vorgehen, indem es klare Bezüge zu verschiedenen Handlungsfeldern und Aufgabenbereichen herstellt.

Der Autor:

Prof. Dr. Peter Eisenmann lehrt an der Fachhochschule Würzburg-Schweinfurt in den Studiengängen Soziale Arbeit und Pflegemanagement.

W. Kohlhammer GmbH · 70549 Stuttgart
Tel. 0711/7863 - 7280 · Fax 0711/7863 - 8430

Franz Hamburger

Einführung in die Sozialpädagogik

2003. 234 Seiten. Kart.
€ 18,–
ISBN 3-17-016957-2
Grundriss der Pädagogik/Erziehungswissenschaft Band 17
Urban Taschenbuch Band 677

Die Sozialpädagogik ist ein breites und vielseitiges Praxisfeld. Konflikte und Krisen im Lebenslauf werden sozialpädagogisch begleitet von der Kindheit bis ins Alter. Die praktischen Hilfen sollen die Entfaltung des Individuums ebenso wie die Ordnung der Gesellschaft gewährleisten. Die sozialpädagogische Praxis ist somit Teil der sozialstaatlichen Sicherung, die sich gegenwärtig in einem dramatischen Umbau befindet. Auf die Praxis der Sozialen Arbeit, deren Voraussetzungen, Dynamiken und Folgen bezieht sich die wissenschaftliche Sozialpädagogik. Mit ihren Begriffen und Theorien strukturiert sie den „sozialpädagogischen Blick" auf die Wirklichkeit.

In diesem Band werden nicht nur Theorie und Praxis der Sozialpädagogik einleitend beschrieben, auch ihre Geschichte und die Perspektiven der weiteren Entwicklung werden diskutiert. Hinweise zum Studium und ein Serviceteil machen diesen Band zur Orientierungs- und Arbeitshilfe für Studierende.

Der Autor:

Professor Dr. Franz Hamburger lehrt am Pädagogischen Institut der Johannes Gutenberg-Universität Mainz.

W. Kohlhammer GmbH · 70549 Stuttgart
Tel. 0711/7863 - 7280 · Fax 0711/7863 - 8430

Maja Heiner

Professionalität in der Sozialen Arbeit
Theoretische Konzepte, Modelle und empirische Perspektiven
2004. 178 Seiten. Kart.
€ 23,–
ISBN 3-17-018120-3

Die Breite des Berufsfeldes, die Heterogenität der Aufgabenstellungen sowie die Diffusität und Widersprüchlichkeit der Erwartungen, die an die Fachkräfte der Sozialen Arbeit gerichtet werden, erschweren die Abklärung der gemeinsamen und zugleich kennzeichnenden Merkmale dieses Berufes und seiner professionellen Identität. Das Buch entwickelt ein tätigkeitübergreifendes Professionsverständnis für die soziale Arbeit. Neben der Analyse des Selbstverständnisses, des situativen Vorgehens, der erlebten Schwierigkeiten, Nöte und Erfolge liefert das Buch eine Typologie der Handlungsmodelle von Fachkräften der Sozialen Arbeit. Dabei werden die grundlegenden und typischen Anforderungen, vor denen alle Angehörige dieses Berufes stehen, in Beziehung gesetzt zu den tätigkeitsspezifischen Ausprägungen, die spezielle Profile konstituieren.

Die Autorin:

Professor Dr. Maja Heiner lehrt und forscht am Institut für Erziehungswissenschaft im Arbeitsbereich Sozialpädagogik an der Universität Tübingen.

W. Kohlhammer GmbH · 70549 Stuttgart
Tel. 0711/7863 - 7280 · Fax 0711/7863 - 8430

Albrecht Brühl/Wolfgang Deichsel/
Gerhard Nothacker

Strafrecht und Soziale Praxis

2005. 404 Seiten. Kart.
€ 37,–
ISBN 3-17-018540-3

In Ausbildung und Praxis der Sozialarbeit und Sozialpädagogik sind strafrechtliche Kenntnisse unerlässlich. Sozialarbeiterinnen und Sozialarbeiter sind vor allem in der Jugendgerichtshilfe und in der Bewährungshilfe, im Sozialdienst des Strafvollzugs und in Einrichtungen der Straffälligen- und Haftentlassenenhilfe professionell Beteiligte am Prozess der Bestrafung und der Resozialisierung. Das Buch enthält im ersten Teil die Rechtsgrundlagen des gesamten Strafrechts und behandelt im zweiten Teil die einzelnen Aufgabenfelder der Sozialarbeit. Es ist als Lehr-, Lern- und Arbeitsbuch für Ausbildung und Praxis angelegt und erfüllt zugleich die Anforderungen, die an ein Handbuch gestellt werden.

Die Autoren:

Prof. Dr. jur. Albrecht Brühl war u.a. Strafrichter und lehrt am Fachbereich Sozialpädagogik der Fachhochschule Darmstadt. *Prof. Dr. jur. Dipl.-Soziologe Wolfgang Deichsel* war u.a. Strafverteidiger und lehrt an der Evangelischen Hochschule für Soziale Arbeit Dresden (FH). *Prof. Dr. jur. Dipl.-Soziologe Gerhard Nothacker* war u.a. Jugendamtsleiter und lehrt am Fachbereich Sozialwesen der Fachhochschule Potsdam und am Institut für Rehabilitationswissenschaften der Humboldt-Universität zu Berlin.

W. Kohlhammer GmbH · 70549 Stuttgart
Tel. 0711/7863 - 7280 · Fax 0711/7863 - 8430